- Abteufung
- klüftiges kristalines Gestein
- Prospektionsmethode
- Kluftwasser
- Geoelektrik
- elektromagnetische Verfahren

S. 101 Methoden der Hydrogeologie
S. [illegible] [illegible] Kluftzonen

Hans-Dieter Betz – Phänomen Wünschelrute
Was Rutengänger wirklich können. Ein Forschungsbericht.

Neuausgabe des 1990 im Umschau Verlag, Frankfurt am Main, erschienenen Werks „Geheimnis Wünschelrute – Aberglaube und Wahrheit über Rutengänger und Erdstrahlen“ von Hans-Dieter Betz. Seit jener Veröffentlichung wurde keine vergleichbare Studie über das Phänomen der Radiästhesie mehr publiziert.
Der Drachen Verlag hat sich daher entschlossen, den ursprünglichen Text bis auf wenige zeitliche Anpassungen unverändert neu herauszubringen und somit diese wichtige Grundlagenarbeit für die Fachwelt wieder zugänglich zu machen.

Umschlaggestaltung: Nele Hybsier
Layout, Satz und Herstellung: www.humantouch.de
Druck und Bindung: Finidr, s.r.o., Český Těšín
Printed in Czech Republic

ISBN 978-3927369-16-0

Hans-Dieter Betz

Das Wünschelruten-Phänomen

Was Rutengänger wirklich können.
Ein Forschungsbericht.

DRACHENVERLAG

Zum Geleit 8

Vorwort 10

Einführung 12

1 Rutengänger – Scharlatane oder Naturtalente? 17

Rutengänger im Spiegel der Presse 18
Drei Kategorien phantastischer Behauptungen 19
Die Wünschelrute – ein Sex-Objekt? 22
Theorie-Vorstellungen in der Radiästhesie 23
Die Wünschelrute – Kaffeesatz-Ersatz oder aussagekräftiges Instrument? 24

2 Erfahrungen aus Jahrhunderten 26

Antike Berichte 26
Dreihundert Jahre – und kein Fortschritt 27
Unbehagen über moderne Vertreter der Radiästhesie 29
Hundert Jahre Rutengänger-Tests 32
Die herrschenden Meinungen 33
Im Namen des Volkes 33
Standpunkte in der Medizin 35
Erklärungen der Geologen 37
Ein überflüssiger Streit 40
Ansichten von Physikern 42
Beurteilung durch Vertreter der Radiästhesie 43

3 Ungewöhnliche Leistungen herausragender Rutengänger 46

Der Reichsbahnamtmann Georg Kittemann 46
Wasser im Felsenhang 48
Im Westerwald 48
Bewertung durch die Reichsbahn 50
Die Prämie 51
Ein unterirdischer Fluss bei Holzkirchen 53
Überraschung am Irschenberg 55
Die Rutenmeisterin Emmy Kittemann 56
Eine Molkerei benötigt mehr Wasser 56
Bohrung im Hunsrück 58
Ein Skeptiker wird überzeugt 58
Harte Arbeit: 113 Meter durch Granit 59
Nachhilfe an der Autobahn 59

Guter Rat war billig 60
Rutengänger als Ausweg 60
Wassereinbruch auf der Tauernautobahn 61
Die Entdeckung der Benedictus-Quelle 62
Vorgeschichte 62
Spaziergang im Kurgarten 63
Rutengänger contra Wissenschaft 64
Die erste Bohrung – ein scheinbarer Fehlschlag 66
Überraschung am Bohrloch 70
Erklärungsversuche 71
Heilwasser im Bohrloch II 73
Beurteilung der Fakten 74

4 Brunnen in Sri Lanka 80

Eine kleine Schrift mit großer Wirkung 80
Schwieriger Beginn 84
Experiment auf dem Schulhof 86
Das Projekt 88
Wasser für Vavuniya 90
604 Brunnen auf dem Lande 91
Süßwasser am Salzmeer 94
Die unglaubliche Bilanz 95
Vergleich mit anderen Projekten 97
Gegenargumente und Einwände 98
Die Hypothese vom glücklichen Zufall 98
Ist Brunnen-Bohren überall erfolgreich? 99
Super-Beobachter? 101
Kontroll-Experimente in Sri Lanka 105
Wassersuche in anderen Trockengebieten 110
Wassersuche in Nigeria 112
Karstwasser im Kongo 112
Auf einer Insel der Philippinen 117
Vier Quellen im Schacht – eine präzise Vorhersage 123
Mineralwasser im Dornenwald 125
Besuch auf der Feuerinsel 127
Wasser im Wadi Ayyan 130
Auf den Spuren von Mose 132
Ein Blitz aus heiterem Himmel 135
Zusammenarbeit – Devise der Zukunft? 137

5 Ein Testort im Spessart 139

Auf der Suche nach Kohlensäure und Sprudelwasser 139
Zwei Rutengänger finden ein Kluftsystem 142
Bestätigung durch geophysikalische Messungen 147
Geoelektrik 148
Strahlenmessungen 148
Überraschende Bodenschwingungen 149
Rutengänger-Experimente am Bohrpunkt 151

6 Das Münchener Forschungsprojekt 154

Ein Nachmittag in der Villa Hammerschmidt 154
Die 3-Tage-Diskussion der Experten 156
Suche nach Stecknadeln im Heuhaufen (Durch das Tal der Enttäuschungen) 158
Lichtblicke 161
Die Kommission tagt 163
Institut gesucht 164
Coup im Pressereferat 165
Rutengänger im Härtetest 167
Drei Hypothesen 167
Das Scheunen-Experiment oder die Suche nach X = Y 168
Die Laufbrett-Experimente 177
Wasser – kein Reiz für Rutengänger? 187
Wasser garantiert 188

7 Aktuelle Bestandsaufnahme und Erklärungsversuche 190

Was können Rutengänger wirklich? 190
Ja oder Nein – das ist die Frage 190
Der Ort gibt den Ton an 191
Breit gestreut und scharf gebündelt 192
Das Rätsel der Tiefenbestimmung und andere Spezialitäten 195
Unverstandene Sensibilitäten bei Mensch und Tier 196
Hypersensorische Leistungen von Tieren 196
Ergebnisse beim Menschen 198
Hypothesen 200
Erklärungsspektrum 200
Verfügen Rutengänger über einen Magnet-Sinn? 202
Elektromagnetische Felder 204
Infraschall 205
Modellprinzipien 206

Gefragt sind Beiträge aus den Wissenschaften 208
Biologisch-medizinische Projekte 208
Geophysikalische Projekte 209

8 Krankheit als Standortproblem? 213

Erfahrungen und Beobachtungen 213
Behauptungen und Konsequenzen 213
Der Fall von Pohl 215
Suche nach krankmachenden Plätzen 218
Hausuntersuchungen 218
Linien im Übermaß 224
Objektivierung biologisch wirksamer Zonen 225

9 Einwände und Kritiker 229

Beweise, Beweise 229
(Weg-)Erklärungsversuche oder Einwände in vier Stufen 230
Alles schon widerlegt („Gemessen und nichts gefunden") 233
Theorie-Einwände 235
Die Rolle der Fehlschläge 236
Extreme Kritik 238
Kreuzzügler gegen die Wissenschaft 241
Der 1-Million-Dollar-Bluff 243
Show-Time in Australien 244
Zauberer kontra Wissenschaft 245

10 Das Rutengänger-Phänomen als wissenschaftliches Grenzgebiet 248

Über vierzehn Gräben musst du gehn 248
Abgrenzung zur Parapsychologie 251
Fernmutungen 251
Was ist paranormal? 253
Anomalien in der Naturwissenschaft 254
Rutengänger und Wissenschaft 256
Forschung auf Grenzgebieten – private und offizielle Erkenntnis 261

Schlusswort 265

Anhang 267
Interview mit Hans Schröter 268
Literaturverzeichnis 280

Zum Geleit

WENN MAN ALS ARZT vorwiegend Schwerkranke behandelt, ihre Leiden miterlebt, zu einer Art Schicksalsgefährte auf der schwersten Lebensstrecke wird, drängen sich immer wieder die gleichen Fragen auf:

- Gibt es denn keine Möglichkeit, solche Krankheiten zu vermeiden?
- Was wurde falsch gemacht im Vorfeld der Krankheit?
- Warum kann man sie in manchen Fällen mit keinem Mittel anhalten – weder mit der herkömmlichen sogenannten Schulmedizinn noch mit Naturheilkunde?

Im Rahmen solcher Überlegungen und Diskussionen mit Kollegen und Patienten taucht dann manchmal auch das Thema „Erdstrahlen“ auf und wird Anlass zu heftig geführten Debatten. Gibt es sie überhaupt? Wenn ja, können sie tatsächlich krank machen? Wenn sie krank machen, wie kann man sie erkennen und – noch wichtiger – wie vermeiden?

Solche ungeklärten Fragen waren vor vielen Jahren für den „Natur und Medizin e. V., Födergemeinschaft für Erfahrungsheilkunde“, Anlass, ein Forschungsprojekt an der Universität München zu initiieren, das endliche Klarheit ins Dunkel der Unsicherheit bringen sollte.

Professor Hans-Dieter Betz und Professor Herbert König sind seither in Zusammenarbeit mit verschiedenen anderen Universitätsinstituten mit Gründlichkeit und großer Genauigkeit dem Phänomen „Erdstrahlen“ nachgegangen.

Über den ersten Abschnitt, den wissenschaftlich geführten Nachweis zur Existenz des Rutengänger-Phänomens, berichteten die beiden Autoren ausführlich in ihrem Buch „Erdstrahlen? Der Wünscherutenreport – Wissenschaftlicher Untersuchungsbericht“. Dieser Bericht wendet sich zwar ausdrücklich an interessierte Laien, enthält aber auch tiefgehende wissenschaftliche und damit nicht leicht verständliche Beweisführungen, die hauptsächlich für Naturwissenschaftler gedacht sind.

Darum ist es zu begrüßen, dass Hans-Dieter Betz in dem vorliegenden Werk das Thema „Erdstrahlen“ noch einmal in erweiterter Form behandelt – die Teilaspekte Wassersuche in Trockenzonen und Krankheit durch „Erdstrahlen“ sind diesmal enthalten – und auch für den Nichtfachmann gut verständlich und in spannender Form darstellt. Dies geschieht jedoch immer auf der Basis nachprüfbarer Belege und vor dem Hintergrund streng durchgeführter wissenschaftlicher Forschungen. So kann man schon jetzt sagen, endlich ist es gelungen, die „Erdstrahlen“-Diskussion aus dem okkulten Halbdunkel herauszuholen und sie in das helle Licht wissenschaftlicher Betrachtungsweisen zu rücken.

Dort gehört sie hin, wenn wir die vielen noch weiterhin offenen Fragen klären wollen, die so viele Menschen bewegen.

Dann erst lässt sich zuverlässiger erkennen, ob Krankheiten auch durch das Phänomen „Erdstrahlen“ mitverursacht werden können, und gegebenenfalls, ob das eingangs erwähnte Ziel erreichbar ist: schweren Krankheiten vorzubeugen und , wenn diese bereits aufgetreten sind, sie besser heilen zu können.

Dr. Veronica Carstens

Vorwort

Das hohe Alter eines Themas stellt keine Garantie für einen optimalen Stand der Diskussionen darüber dar. Rutengänger und „Erdstrahlen" beschäftigen die Menschheit seit Urzeiten, und dennoch ist das allgemeine Verständnis dieses Gebiets auf einem zutiefst vorwissenschaftlichen Niveau verblieben. Gewiss lassen sich die Mehrzahl der hierdurch aufgeworfenen Fragen auch heute noch nicht mit der letztlich gewünschten Sicherheit beantworten; es besteht jedoch eine Fülle von eigentlich unübersehbaren Beobachtungen und Fakten über die Leistungsfähigkeit von Rutengängern, die im Umfang ständig wachsen und doch zu Unrecht im Nebel des Kontroversen ein verstecktes und unnötigerweise umstrittenes Dasein führen.

Sowohl die ausgeprägte Komplexität des Themas, seine meist in weit übertriebenem Maß angenommene Verwobenheit mit okkulten, esoterischen und irrationalen Bereichen wie auch die gemeinhin leicht erkennbaren Fehlleistungen von Rutengängern haben es bis heute verhindert, eine minimale Übereinstimmung in den Ansichten der Grundtatsachen zu erlangen. Eine nachhaltige Verbesserung des Kenntnisstands über das vielschichtige Thema, das allgemein mit dem Sammelbegriff „Radiästhesie" bezeichnet wird, wäre für Öffentlichkeit und Wissenschaft nicht nur wünschenswert, sondern auch möglich.

Dieses Buch stellt einen Versuch dar, die geheimnisvollen Tätigkeiten von Rutengängern nicht nur mit Kritik und schonungsloser Offenheit, sondern auch mit Fairness und Verständnis aus der Sicht des Naturwissenschaftlers möglichst objektiv zu beleuchten. Das Ergebnis mag für viele eine Überraschung darstellen: Trotz aller durch Fluten von Scharlatanerie und Fehlverhalten berechtigten Einwände erweisen nachprüfbare Befunde einen bislang unerklärten, harten Kern an Fähigkeiten von Rutengängern. Damit gewinnt die Erscheinung neue Dimensionen des Interesses für manche Laien und moderne wissenschaftliche Disziplinen.

Unzweifelhaft reiht sich das spannende Thema in die lange Liste heißer Eisen ein, die tabubelegt in akademischer Verbannung verharren. Aber durch Schweigen und Verdrängen finden sich selten Lösungen und Chancen für erweitertes Erkennen. Mit den Darlegungen dieses Buchs sind Appelle verbunden, historisch gewachsene Vorurteile zu überkommen und Grenzgebiete unvoreingenommener zu betrachten, als dies bisher geschehen ist. Begründeter Anlass dazu sind die hier präsentierten Beiträge zum Lüften der dichten Schleier über den Geheimnissen der Wünschelrute. Obwohl auch weiterhin dringende Notwendigkeit zu vernünftiger Skepsis besteht, rechtfertigt das inzwischen angesammelte Wissen über die

Rutengänger eine rationale Bestandsaufnahme und ihre Einbeziehung in künftige Forschungen.

Danksagungen

Es ist mir ein herzliches Bedürfnis, den vielen Personen und Institutionen zu danken, die in verschiedenartigster Weise zum Entstehen dieses Buchs beigetragen haben. Da meine Vorarbeiten zum Thema des Buchs schon lange vor Abfassung des Manuskripts begannen und in sehr unterschiedliche Kreise reichten, ist es inzwischen unmöglich geworden, alle Namen von Informanten und Gesprächspartnern sowie von Mitarbeitern und projektfördernden Damen und Herren einzeln zu nennen.

Besonderer Dank gilt Frau Emmy Kittemann und der Stadt Tegernsee, ohne deren reichhaltige Unterlagen und Berichte das Kapitel 3 nicht zustande gekommen wäre. Ich war sehr davon beeindruckt, wie klar und unmissverständlich Frau Kittemann trotz ihres hohen Alters mir ihr Wissen um die Geheimnisse der Wünschelrute anvertraute.

Durch ungewöhnlich glückliche Umstände war es möglich, die Arbeiten von Herrn Hans Schröter und seine faszinierenden Rutengänger-Tätigkeiten aus allernächster Nähe zu begleiten und einen reichhaltigen Erfahrungsschatz zu sammeln; ihm und der Gesellschaft für Technische Zusammenarbeit (GTZ) sei für die Überlassung und Verwendung von wichtigen Unterlagen ganz herzlich gedankt. Die Kapitel 4 und 5 wären ohne diese großzügige Mithilfe nicht entstanden.

Schließlich ist es mir ein aufrichtiges Anliegen, den Begründern der Stiftung Natur und Medizin, voran Herrn Altbundespräsident Professor Dr. Karl Carstens und seiner Frau Dr. Veronica Carstens, für tatkräftige Unterstützung zu danken. Ihren Initiativen ist es zu verdanken, dass ich dieses interessante und aufregende Thema über lange Zeit so intensiv verfolgen konnte.

Einführung

Wissenschaftler schreiben normalerweise Bücher über ihre vertraute Fachdisziplin. Es müssen schon außergewöhnliche Gründe vorliegen, damit ein Physiker anstelle von Atomen und Elektronen die geheimnisvollen und scheinbar fernab der Naturwissenschaften liegenden Fähigkeiten von Rutengängern als Thema wählt. So merkwürdig es auch klingen mag: Den entscheidenden Anstoß dazu, und damit letztlich für dieses Buch, hat eine Mineralquelle gegeben, der Benediktus-Brunnen im Heilbad Tegernsee. Die Quelle ist nur eine in der langen Reihe anerkannter Bäder im Alpenraum, und weder ihre mineralische Zusammensetzung noch ihre Schüttung wäre Anlass für eine besonders spezielle Beachtung gewesen. Es war vielmehr die Art ihrer Entdeckung, die vor vielen Jahren mein Interesse weckte: Als traditionell skeptischer Physiker wurde ich nämlich mit der Erzählung konfrontiert, dass nach weithin bekannten Berichten zwei Rutengänger die Quelle aufgefunden und sogar ihre Eigenschaften in unglaublichen Details vorhergesagt hätten. Nach dem Stand der Wissenschaft musste das ein Märchen sein, das nicht ernst genommen werden durfte. Aber trotzdem: Alle Angaben über die Auffindung der Quelle waren glaubwürdig und stellten sich auch als nachprüfbar richtig heraus. Sollte es also entgegen verbreiteter Meinung die geheimnisvolle Fähigkeit der Rutengänger tatsächlich geben? Als Naturwissenschaftler und Forscher wurde ich neugierig.

Vielleicht konnten die einschlägigen Werke der Universitätsbibliothek die für mich entstandene Frage beantworten, vielleicht waren Probleme dieser Art im Grund schon gelöst, und ich wusste es nur noch nicht? So machte ich mich auf die Suche nach entsprechender Fachliteratur. Das Ergebnis war eine tiefe Enttäuschung. Selbst mit den modernsten Methoden der Informationsbeschaffung – ich suchte mittels weltweit vernetzter Computer wissenschaftliche Bibliotheksbestände bis in die USA ab – war nicht ein einziges vernünftiges Buch über die Radiästhesie (von lat. *radius,* „Strahl", und griech. *aisthanomai,* „empfinden"; der Begriff wurde 1913 von dem französischen Geistlichen Abbé Alexis Bouly eingeführt) aufzufinden, das meiner Neugier und meinen Erwartungen an brauchbaren Antworten auch nur annähernd entgegengekommen wäre.

Vielmehr bestätigte sich mein Verdacht auf eine Merkwürdigkeit, die auch in anderen Grenzbereichen der Wissenschaft immer wieder zu beobachten ist, nämlich die offensichtliche Unausgewogenheit der Prioritäten in der Forschung. Einerseits wird aus verständlichen und teilweise zwingenden Gründen viel Geld und geistige Kreativität aufgewendet, um die Erforschung des Weltalls und der Atomkerne voranzutreiben, nicht zu reden von der Entwicklung immer fürchterlicherer Waffen und sonstigen zweifelhaften Zielsetzungen moderner Techniken. Aber andererseits haben sehr naheliegende und vergleichsweise einfache Fragen, zum Beispiel welche Fähigkeiten der Mensch nun wirklich besitzt, noch keine befriedigende Aufmerksamkeit gefunden. Da hilft auch nicht der Einwand, es gebe ja doch genügend Informationen, und es ließen sich Meinungen zu unserem Thema ohne allzu viel Aufwand in reichlicher Zahl ausfindig machen. Dementgegen stellt sich nämlich schnell heraus, dass es sich bei diesen Meinungen eher um diverse Glaubensbekenntnisse handelt, die unterschiedlicher und abenteuerlicher kaum sein könnten. Das Ergebnis meiner ersten Recherchen war nicht Klarheit, sondern totale Verwirrung. „Befürworter" und „Gegner" scheinen oft völlig festgefahrene und konträre Standpunkte einzunehmen. Die einen sind von der Realität des Rutengänger-Phänomens absolut überzeugt, die anderen vertreten mit ebenso fester Bestimmtheit das Gegenteil. Einfache Logik sagt uns aber: Es können nicht beide Ansichten zugleich wahr sein!

Was tun? Es gab zwei Möglichkeiten. Entweder das Problem ignorieren und auf dem Kehrrichthaufen ungelöster Fragen der Menschheitsgeschichte belassen, oder den Versuch zur Aufhellung unternehmen. Die erste Alternative wäre natürlich die einfachste und bequemste gewesen. Aber war das Problem vielleicht nicht doch zu wichtig, um weiterhin ein Schattendasein führen zu müssen? Man könnte geltend machen, dass es nicht besonders aufregend wäre, eine Quelle mehr oder weniger zu finden und Rutengänger in unserer heutigen Zeit kein relevantes Thema mehr darstellen würden. Bei etwas näherem Hinsehen entpuppt sich dieser Standpunkt aber aus mindestens drei Gründen als wenig überzeugend.

Erstens weiß fast jeder, dass Rutengänger unter anderem vorgeben, ominöse „Erdstrahlen" aufspüren zu können, die an bestimmten Orten zur Auslösung von Krankheiten führen würden. Ist diese Gefahr real oder nicht? Offenbar vermag es heute niemand mit der nötigen Sicherheit zu sagen. Sollte nicht schon dies ein Punkt des Interesses sein, nachdem im Zusammenhang mit der Erhaltung und Verbesserung der Volksgesundheit bereits wesentlich weniger gewichtigen Verdachtsmomenten mit dem vollen Instrumentarium moderner Medizintechniken zu Leibe gerückt worden ist?

Zweitens gibt es den zwar weniger bekannten, aber dennoch um so erstaunlicheren Befund, dass Rutengänger – allerdings in relativ seltenen Fällen – noch heute bei der Erschließung von Grundwasservorkommen offensichtlich gute Dienste leisten, vor allem in Trockengebieten von Ländern der Dritten Welt. Sie füllen dabei eine Lücke, die durch praktische Faktoren und Unvollkommenheit moderner Techniken bedingt ist. Zwar bilden solche erfolgreiche rutengängerische Aktivitäten eine Ausnahmeerscheinung, aber wenn deren Nutzen als im Prinzip gesichert gelten könnte, würde ihre gewinnbringende Ausweitung als begleitende Maßnahme zu konventionellen Wassererschließungen durchaus von nicht unerheblichem Interesse sein.

Nicht zuletzt hat sich der Mensch schon immer für die Erforschung seiner eigenen Fähigkeiten und Sinneskanäle interessiert. Drittens könnte demnach zur Debatte stehen: Besitzt der Mensch noch weitere, bisher unerkannte Sensibilitäten, gleichsam „Nebensinne", zur Wahrnehmung von Umweltreizen? Nachdem in neuerer Zeit die überraschendsten Sinnesleistungen bei Tieren festgestellt wurden und die Biotechnik solchen natürlichen Sensor-Effekten immer mehr Aufmerksamkeit zwecks Nachahmung widmet, wäre eine kritische Prüfung der in Rede stehenden Fähigkeiten von Rutengängern sehr wohl zu vertreten.

Ich entschied mich daher für die zweite Alternative, einen Beitrag zur aktiven Forschung zu versuchen und mich nicht damit abzufinden, die Frage „Existiert ein echtes Rutengänger-Phänomen – ja oder nein?“ weiterhin so unbefriedigend offen zu belassen. Es musste doch eine eindeutige Antwort geben, die zugleich mit allen beobachteten Fakten in Übereinstimmung zu bringen war. So begann ich mit der Intensivierung von Nachforschungen über den Kenntnisstand zum Themas und erkundete die Möglichkeiten zur Etablierung eines geeigneten Forschungsprojekts.

Die Realisierung dieser gut gemeinten Absichten führte direkt in des Teufels Küche. Bald zeigte sich, dass die Hauptschwierigkeit gar nicht in der Erforschung selbst liegt, sondern in der Schaffung der dafür erforderlichen Vor- und Randbedingungen. Die Radiästhesie steht allgemein, und insbesondere bei Wissenschaftlern beliebiger Fachrichtungen, in derart schlechtem Ruf, dass man bei einer Beschäftigung mit dem Thema seinen eigenen guten Ruf auf unzumutbare Weise riskiert. Das ließe sich eventuell noch verkraften, aber schlimmer: Es schien für ein solches Vorhaben keinerlei Chance für Unterstützung aus der Wissenschaft zu geben. Wohlgemerkt, keine offizielle Unterstützung. In privaten Gesprächen hat sich die Mehrzahl aller Befragten den obigen drei Argumenten gegenüber sehr wohl als aufgeschlossen erwiesen und die Notwendigkeit einer Forschungsmaßnahme eingeräumt.

Es gab bereits Erfahrungen anderer Wissenschaftler, die sich auf riskantes Terrain gewagt hatten: „Es wurde uns geraten, dieses Buch aus guten Gründen nicht zu schreiben.“ So beginnt der dennoch publizierte Bericht dreier Archäologie-Experten über Erfahrungen mit Rutengängern bei der Suche nach verborgenen Mauerresten aus antiker Zeit. Nicht etwa im Mittelalter ist dies geschehen, sondern erst vor kurzem in den 80er-Jahren in England (Bailey, Cambridge und Briggs 1988).

Ein anderer Autor befasste sich mit den seit historischen Zeiten bekannten, aber in der heutigen Wissenschaft ignorierten oder sogar bekämpften Erdbebenvorzeichen, die vor allem in unerklärlichem Verhalten von Tieren bestehen, und bemerkt in seinem überaus beeindruckenden und aufrüttelnden Buch aus dem Jahr 1978: „Ohne verfahrene Fronten, ohne Gefühle für Ungerechtigkeit, ohne Herausforderung, ohne als unfair empfundene Niederlagen wäre dieses Buch nie geschrieben worden“ (Tributsch 1978a).

Welch ermunternde Aussichten für Forschung auf Grenzgebieten! Solche Beispiele ließen sich noch vielfach vermehrt aufzählen. Zumindest war nun besser zu verstehen, warum sich bisher unter den Hunderttausenden von Wissenschaftlern noch nicht ein einziger mit dem erforderlichen Nachdruck so für das Rutengänger-Thema eingesetzt hat, dass es im Ergebnis wenigstens zu einer glaubhaften Situationsanalyse gekommen wäre, von Erklärungen und Theorien gar nicht zu reden.

Also doch aufgeben? Die Anerkennung der bestehenden Realitäten, die antiquierten Bedingungen und oft mittelalterlich anmutenden Hindernisse für Forschung auf

Grenzgebieten hätte es geboten – wenn nicht drei unerwartete Umstände eingetreten wären und die Lage in selten günstiger Weise gewendet hätten. Kein Geringerer als der seinerzeit amtierende Bundespräsident, Professor Dr. Karl Carstens, hatte zusammen mit seiner Frau Dr. Veronica Carstens und anderen Initiatoren eine Stiftung zur Förderung der Erfahrungsheilkunde ins Leben gerufen, die sich auch für das Thema „Erdstrahlen" und Rutengänger einzusetzen gedachte. Gleichzeitig und unabhängig davon war aufgrund mehrerer parlamentarischer Initiativen im Deutschen Bundestag eine Kommission „Unkonventionelle Methoden der Krebsbekämpfung" berufen worden, für die das Thema Geobiologie ebenfalls auf der Tagesordnung stand. Gesundheits- und Forschungsministerium waren dabei federführend und hatten ausreichend Forschungsmittel zur Hand – die nur darauf warteten, unter entsprechenden (sehr strengen) Bedingungen abgerufen zu werden. Im Kapitel 6 wird das daraufhin zustandegekommene Münchener Forschungsprojekt noch näher beschrieben. Damit waren endlich die Voraussetzungen geschaffen, eine umfassende Untersuchung der Radiästhesie-Thematik unter Beteiligung vieler Fachwissenschaftler durchzuführen.

Ein dritter glücklicher Zufall darf nicht unerwähnt bleiben. Die Gesellschaft für Technische Zusammenarbeit (GTZ), eine der Bundesregierung unterstehende Organisation, hatte mit dem Einsatz eines ihrer Wasserbau-Experten, zugleich ein begabter Rutengänger, bei der Grundwassererschließung in Ländern der Dritten Welt überraschend gute Erfahrungen gemacht, vor allem im Hinblick auf Wirtschaftlichkeit und Zeitersparnis. Sie konnte sich daher nicht der Verpflichtung entziehen, diese unkonventionelle Verfahrensweise – sehr zum Leidwesen mancher etablierter Wissenschaftskreise – in praktischen Feldtests näher zu untersuchen. Nichts lag also im Sinn meiner Sache näher, als hier eine enge Konsultation und Zusammenarbeit anzustreben.

Diese Kombination selten günstiger Umstände wurde genutzt und führte auch prompt zu einer Fülle von Ergebnissen, die ein neues Licht auf eine der geheimnisvollsten Fähigkeiten des Menschen werfen. Der daraus entstandene wissenschaftliche Forschungsbericht legt hierzu ein klares Zeugnis ab (König und Betz 1989). Noch sind wir erst am Anfang der Erkenntnis, aber ein Weg zum Fortschritt ist aufgezeichnet und wird vielleicht weiter begangen werden. Obwohl meine Forschungsarbeiten völlig ungewohnte Probleme und Schwierigkeiten brachten, gestalteten sie sich von der ersten Minute an überaus spannend und die Mühe lohnend. Ich lernte nicht nur vieles über die Rutengängerei, sondern auch über Strukturen und Mechanismen des Wissenschaftsbetriebs einschließlich der Menschen, die darin und dahinter stecken. Diese gesellschaftlichen Zusammenhänge prägen das Umfeld unseres eigentlichen Themas in markanter Weise und spielen für meine Darstellungen eine große Rolle. In seinem Licht sollten die berichteten Tatsachen gesehen und bewertet werden. Es geht dabei nicht um passives Beklagen oder aktives Anklagen bestehender Zustände, sondern um einen konstruktiven Beitrag zum Füllen einer historisch gewachsenen Wissenslücke. Überdies soll damit ähnlich denkenden Menschen Anlass und Mut gegeben werden, das Anpacken schwieriger oder gar aussichtslos erscheinender Themen nicht zu scheuen.

Dieses Buch ist kein Ausflug in die Traumwelt der „Esoterik", Transzendenz oder Parapsychologie, sondern es berichtet über reale und in allen Details nachprüfbare Begebenheiten. Damit entfallen freilich romanhafte Spannungen und lustige Geschichten über Rutengänger, die gemeinhin zur Kurzweil des Lesens beitragen würden. Dennoch bilden die teilweise unerwartet gegensätzlichen Argumente und Bewertungen von Pro- und Contra-Vertretern des Themas einen fast krimihaften Prozesshintergrund, der für alle diejenigen kaum Langeweile aufkommen lassen dürfte, die nun wirklich genauer wissen wollen, was es mit den Rutengängern auf sich hat.

Meinem Anliegen kann ich nur gerecht werden, wenn ich mich bei den Darstellungen der Beobachtungen und deren Interpretationen zum Anwalt der bisher nicht ausreichend vertretenen Sache mache. Doch darf daraus nicht geschlossen werden, ich würde das Anliegen einseitig oder gar voreingenommen betreiben – den Rutengängern wird kein Freibrief ausgestellt, die Suche nach stichhaltigen und unverrückbaren Tatsachen, nach Wahrheit, umfassendem Verständnis, sowie die Trennung von Spreu und Weizen bleiben das erklärte Ziel.

Anstatt mit endlosen Zitaten wahre oder vermeintlich wahre Geschichten über Rutengänger zu erzählen, beschränkt sich die Darstellung der Basisfakten auf nur wenige, aber reichhaltige Schwerpunkte, nämlich auf die Leistungen zweier nicht mehr aktiver Meister unter den Rutengängern, den Dauereinsatz eines Spitzenvertreters moderner Anwendung radiästhetischer Methodik sowie das umfangreiche Münchener Forschungsprojekt. Alle diese Teile beweisen für sich, wie lohnend eine genauere Beschäftigung mit den besonderen Fähigkeiten ausgewählter Menschen, der Rutengänger, zu werden vermag, und wie spannend und überraschend ein altes Thema sein kann, das noch immer voller Geheimnisse steckt – das Abenteuer Wünschelrute.

1 Rutengänger – Scharlatane oder Naturtalente?

Ein älterer Mann wandert durch das von hellem Mondenschein erleuchtete Dunkel über Feld und Flur zu einem Bach und schneidet um Mitternacht von einem Weidenbaum gabelförmige Zweige ab – Wünschelruten –, um damit nach Wasser, Erzen und verborgenen Goldschätzen zu suchen oder die Zukunft zu weissagen ... Nicht selten machte man sich früher ein solches oder ähnliches Bild von den geheimnisumwobenen Rutengängern und ihren ominösen Fähigkeiten. Heute, im beginnenden 21. Jahrhundert, verhält sich das im Prinzip nicht viel anders. Noch immer ist das Wünschelruten-Phänomen ein weißer Fleck auf der Landkarte der Wissenschaft, und die ansonsten klügsten Köpfe haben meist nur verzerrte Vorstellungen davon.

Zwar sind die Weidenruten heute kaum noch aktuell und durch moderne Werkstoffe sowie antennenförmige Gebilde ersetzt worden; auch die Suche nach Wasser und verborgenen Rohstoffen spielt im Tätigkeitsbereich der Rutengänger nur noch eine untergeordnete Rolle und wurde durch das nicht minder problematische Aufspüren von gesundheitsschädlichen „Erdstrahlen" verdrängt. Aber ein wesentlicher Fortschritt ist in den vergangenen Jahrhunderten weder im Verständnis noch bei der realistischen Einordnung der Phänomene in wissenschaftliche oder gesellschaftliche Bereiche zu verzeichnen gewesen.

Das ist umso erstaunlicher, als sich schon immer viele Menschen mit dem Problem „Erdstrahlen" und Rutengehen beschäftigt haben. Vor allem im süddeutschen Raum trifft man kaum jemanden, der nicht berichtet, er selbst oder ein naher Verwandter habe schon einmal einen Rutengänger kommen lassen, seltener zur Wassersuche, öfter wegen Empfehlungen zum Wegrücken von Betten, um den gefährlichen „Erdstrahlen" zu entgehen. Und nicht selten bemühen fachkundige Auftraggeber neben geologisch ausgebildeten Experten auch Rutengänger zur Wassersuche – wenngleich das meist auf diskreter Ebene geschieht und nur in einer Minderzahl von Fällen in größerem Kreis bekannt wird –, und nicht wenigen Geologen und Brunnen-Bohrunternehmern ist die erfolgreiche Anwendung rutengängerischer Methoden alles andere als fremd. Warum ist die wahre oder vermeintliche Fähigkeit von Rutengängern dennoch ein Geheimnis geblieben?

Auch im „Großen Brockhaus" findet sich keine nennenswerte Erleuchtung. Immerhin blieben die Wissensexperten neutral vorsichtig und bieten folgende, teilweise leicht angestaubt anmutende Aufklärung: „... gegabelter Zweig (meist Haselnuss) oder zur Gabel geformter Draht, mit dem Wünschelrutengängern bei Geländebegehung infolge Ausschlagens der Wünschelrute das Auffinden unterirdischer Vorkommen von Wasser, Erzen u.a. möglich sein soll. Die Ausschläge der gespannt gehaltenen Wünschelrute sollen beim Begehen des Nutzungsgeländes Art und Tiefe des gesuchten Vorkommens anzeigen; in seiner Wirksamkeit umstritten."

Umstrittene Dinge brauchen ihre Zeit, die offenen Probleme müssen ausdiskutiert werden. Sind nun Rutengänger Scharlatane oder verkannte Naturtalente?

Rutengänger im Spiegel der Presse

Die Tätigkeit der Rutengänger spielt sich keineswegs nur im Verborgenen ab. Vor allem sieht sich die Öffentlichkeit unablässig mit dem Thema konfrontiert, das stets für Überraschungen und Verwirrungen sorgt und eine Vielfalt an publizistischer Aufmerksamkeit weckt. Eine kurze Blütenlese quer durch die naiven, unkritischen, neutralen, realistischen, skeptischen oder böswilligen Schlagzeilen der Presse mag dies verdeutlichen:

- Strahlungszentrum Maulwurfshügel – AZ-Reporter beim Wünschelruten-Kurs.
- Mit Wünschelruten auf der Suche nach Krankheitszonen – Heilpraktiker griffen absichtlich Reizthema für Tagung in München auf.
- Der Erfolg von Rutengängern ist belegt – Schon in biblischer Zeit wurde mit der Zweiggabel nach Verborgenem gesucht.
- Mit Rute und Bohrer zur Unterwelt.
- Vor dieser Frau ist keine Quelle sicher – Die Magierin von München.
- Wer löst das Rätsel der B2? Manche glauben, dass Unfälle durch unterirdische Wasseradern verursacht werden können.
- Herumpendeln in der Grenzzone – Radiästhesie: Forschung mit der Hypothek des Okkulten. Neben Scharlatanen und Autodidakten interessieren sich mehr und mehr auch Wissenschaftler für die Kräfte rätselhafter Erdstrahlen.
- Amtlicher Hokuspokus? Wassersuche mit der Wünschelrute – Kirchzarten will Versorgung unkonventionell sichern.
- Primitiv, töricht und wertlos – Ein vernichtendes Gutachten.
- Wohnungsmediziner bestreiten Existenz von Erdstrahlen.
- „Erdstrahlen" sollen Krebsgefahren bergen – Die Ärzteschaft warnt erneut eindringlich vor Aberglauben.
- Erdstrahlen – Die lassen Frau Carstens nicht ruhen. Erdstrahlen und was damit zusammenhängt, sind kein Forschungsgegenstand für die Physik – zuständig in der Medizin sind dafür die Psychopathologen!
- Wissenschaftler nach langen Testreihen: An Wünschelruten ist doch was dran.

Mit diesen Beispielen, die sich tausendfach vermehren ließen, sollen lediglich die Vielfalt der Meinungen und Beobachtungen sowie die totale Konfusion, ja die Hilflosigkeit illustriert werden, die allseits mit großer Deutlichkeit hervorsticht – und zugleich die Kompliziertheit des Themas erkennen lässt. Verständlich, dass sich die Schulwissenschaften bisher nicht zuständig fühlten, hier ordnend und klärend einzugreifen, obwohl ein Laie natürlich erwartet, dass sich Forscher mit allem beschäftigen sollten, was noch als ungeklärt gilt. Immerhin mussten sich vorwiegend Geowissenschaftler, Juristen und Mediziner des öfteren mit den Ansprüchen und Auswüchsen der Rutengängerei befassen und sahen sich gelegentlich genötigt, Stellungnahmen abzugeben – was nicht leicht ist, wenn man über keine solide Basis an Erkenntnis verfügt und die verschiedenen, oft abenteuerlichen Behauptungen der Rutengänger nicht gut einzuordnen vermag.

Drei Kategorien phantastischer Behauptungen

Eine Grundfrage muss darin gesehen werden, was nun überhaupt die Leistungen und Fähigkeiten von Rutengängern sind, die im Streit um Für und Wider zur Debatte stehen. Schon diese Frage lässt sich keineswegs so leicht beantworten, wie man zunächst annehmen sollte. Die Meinungen darüber gehen jedenfalls auch unter „Experten" ziemlich weit auseinander. Betrachtet man die Gesamtheit des Leistungsspektrums, das sich Rutengänger selbst zuweisen und im Lauf der Geschichte für sich reklamiert haben, so lassen sich folgende drei Kategorien von Fragestellungen aus verschiedenen Bereichen unterscheiden:

- Geologie: Suche nach Substanzen im Untergrund der Erde;
- Geobiologie: Suche nach Orten mit biologischer Wirksamkeit;
- Parapsychologie: Lösung „unmöglicher" Aufgaben.

Als Beispiel zur ersten Kategorie wollen wir aus später noch ersichtlich werdenden Gründen die behaupteten unglaublichen Fähigkeiten von Rutengängern bei der Wasserfindung ausführlich beschreiben. Wenn es um die Standortbestimmung eines Brunnens geht, so seien angeblich folgende Erkundungen mit rutengängerischen Methoden möglich:

- Lage der unterirdischen Wasserführung, Bohransatzpunkte, Fließrichtung;
- Tiefe des Wasservorkommens;
- Ergiebigkeit (Schüttung);
- Qualität.

Bevor wir diese wahrlich phantastischen Ansprüche näher erörtern, noch ein Wort zur Terminologie. Aufgrund des laienhaften Bilds, das sich viele Rutengänger irrtümlicherweise von den Verhältnissen im Untergrund machen, wird oft von „Wasseradern" gesprochen, die aufzufinden seien. Diese unglückliche Wortwahl und den undifferenzierten Gebrauch nehmen Fachleute, insbesondere Geowissenschaftler, in der Regel zum Anlass, die Sache der Rutengänger schon im Vorfeld abzuschmettern: Es gebe nämlich in Wirklichkeit gar keine solche Adern. Das Wasser würde vielmehr in mächtigen, großflächigen und mehr oder weniger durchlässigen Schichten vorkommen. Genauer gesagt, das Wasser bewegt sich in der Regel entweder in mehr oder weniger grobporigen Schichten wie Sanden und Kiesen flächenhaft über größere Areale, oder es fließt in Hohlräumen fester Gesteine in ausgedehnten flachen Volumina. Sicherlich ist die genannte Sprechweise der Rutengänger bei Anwendung auf beliebige Situationen unhaltbar. Aber die wissenschaftlich korrekte Darstellung muss doch sehr differenziert gesehen werden. Unzweifelhaft gibt es nämlich je nach Untergrund durchaus örtlich stark variierende Wassermengen, mit denen Rutengänger-Reaktionen korreliert sein könnten. Hier erkennt der Leser bereits die unglückselige Aufschaukelung zu extremer Meinungsbildung, die es in Zukunft endlich zu überwinden gilt.

Man muss kein ausgebildeter Hydrogeologe sein, um demnach die unbestreitbare Richtigkeit folgenden Bilds zu erkennen: In vielen Gebieten der Erde finden sich die besagten großflächigen Grundwasserleiter und Aquifere, so dass an nahezu beliebiger Stelle einer Bohrung ein gewisser Erfolg beschieden sein wird. Aber nicht immer kann man sich das Grundwasser-Reservoir als einen großen See vorstellen, der an jeder Stelle gleich gut angezapft werden kann. Je nach den im Untergrund vorhandenen Schichten ist die Durchlässigkeit oder Wasserwegsamkeit keineswegs immer gleich, so dass an verschiedenen Stellen sehr unterschiedliche Schüttungen angetroffen werden können und von vorneherein nicht feststeht, ob eine wirtschaftliche Erschließung überhaupt möglich sein wird.

Noch wesentlich extremere Verhältnisse sind in kristallinem Untergrund zu erwarten, also vorwiegend in gebirgigen Gegenden. Hier können die Durchlässigkeiten mangels ausreichender Klüftung des Felsengesteins so gering sein, dass ein Loch effektiv trocken bleibt, so tief man auch bohrt. Dazwischen gibt es jede denkbare Variante der Klüftung und damit die unterschiedlichsten Möglichkeiten zur Wassererschließung. Von besonderem Interesse sind räumlich enge Klüfte oder Spalten. Wenn derartige Gegebenheiten vorliegen, ist es durchaus nicht ungewöhnlich, Wasser eben nur an relativ eng begrenzten Stellen oder Bereichen aufzufinden, eine Situation, die der Vorstellung von „Wasseradern" gelegentlich recht nahe kommt. Gerade wenn dieser Fall eintritt, könnte die erste der vier aufgezählten Fähigkeiten von Rutengänger-Angaben, die präzise Ortsbestimmung, möglicherweise einen Sinn ergeben.

Die anderen drei Punkte der Liste stellen nur ungefähre Angaben der Rutengänger dar, sind also als Schätzwerte aufzufassen. Ihre Genauigkeit wird aber als ausreichend gut bezeichnet, so dass darauf basierend praktische Bohrungen geplant werden könnten. Unterstellt man die Richtigkeit der so definierten vier Vorhersagemöglichkeiten, müßte man als Hydrogeologe Luftsprünge vollführen und nahezu an ein Wunder glauben. Es gibt nämlich bis heute keine technischen Möglichkeiten, derartig detailliert Vorhersagen betreffs Wasservorkommen überhaupt oder auf ähnlich schnelle und einfache Art und Weise bewerkstelligen zu können, wie dies gute Rutengänger offenbar tun. Wen wundert es demnach, wenn die zuständigen Fachleute diesen angeblichen Fähigkeiten mit einem Höchstmaß an Skepsis begegnen?

Das Spannende an der Geschichte stellen nun die Erfahrungen dar, die man mit wenigen, ausgewählten Rutengängern bei solchen speziellen Aufgaben der Wasserfindung tatsächlich machen kann. Die Kapitel 3 und 4 beschäftigen sich ausschließlich mit dieser Frage, und wir bemühen uns darin um die Klärung, ob die phantastischen

Behauptungen in das Reich der Fabel zu verweisen sind oder die vermeintlichen Wunder nicht doch wahr sein könnten.

Erheblich schwieriger gestaltet sich der Versuch, die als zweite Kategorie genannten Behauptungen geobiologischer Art zu überprüfen. Hier steht zur Debatte, dass es ominöse „Erdstrahlen“ gebe, die radiästhetisch erfasst werden könnten und bei längerer Einwirkung auf den Menschen zu gesundheitlichen Störungen führen würden. Wer also sein Bett über einer solchen Stelle platziert hat, riskiere beispielsweise eine Krebserkrankung. Als teilweise Erklärung wird zudem in der überwiegenden Zahl von Fällen interpretiert, dass die betreffenden Stellen oder Zonen durch „Wasseradern“ verursacht seien. Die „Störzonen“ werden routinemäßig mit Genauigkeiten bis zu Zentimetern geortet, und das auch noch in beliebigen Stockwerken mehrstöckiger Häuser. Um das Maß voll zu machen, werden den betroffenen Bewohnern zur Abschirmung der „gefährlichen Erdstrahlen“, und damit zum Schutz vor Erkrankungen, die wunderlichsten und ersichtlich unsinnigsten Geräte angeboten und verkauft.

Es bedarf wiederum keiner besonderen Fachkenntnisse, um hier konstatieren zu dürfen, dass derartige Behauptungen in solcher Form nicht vorstellbar sind. In Kapitel 8 werden wir noch genauer beleuchten, inwieweit es sich einerseits um Irreführung und Angstmacherei handelt, und ob andererseits bei solchen biologisch-medizinisch orientierten Problemstellungen nicht doch irgendwelche Teilaussagen von Radiästheten Bestand haben könnten.

Die nächste und letzte Kategorie der vermeintlichen oder tatsächlichen Fähigkeiten stellt eine nochmalige Steigerung der Künste dar und betrifft die „unmöglichen“ Aufgaben, die Rutengänger oder Pendler angeblich lösen könnten. Darunter fallen vor allem sogenannte Fernmutungen. Dabei wird dem Akteur, wo immer er sich aufhält, ein Plan oder eine Landkarte vorgelegt, und er bestimmt darauf die Lage der „Wasserader“ oder „Störzone“, ohne je vor Ort gewesen zu sein. Unglücklicherweise werden derartige Handlungen historisch deshalb der Radiästhesie zugeordnet, weil sich der Akteur bei seinen Feststellungen zuweilen einer Wunschelrute oder eines Pendels bedient. Ohne Zweifel handelt es sich aber bei den besagten Vorgehensweisen um ein Thema der Parawissenschaften, das im Kapitel 10 etwas näher analysiert wird. Es kann nicht deutlich genug betont werden, dass es in erster Näherung der Dinge wirklich nicht gerechtfertigt ist, die skizzierten Fernmutungen und verwandte Tätigkeiten, wie etwa das Auffinden von vermissten Personen, Dieben, Mördern oder verlorener Gegenstände aus der Ferne, unter die klassische Rutengängerei einzuordnen. Denn die Akteure könnten für ihre Vorhersagen – und tun es auch des öfteren – anstatt einer Wünschelrute genausogut Kaffeesatz, Kristallkugeln oder rein mentale Hilfsmittel einsetzen. Schon daraus ist ersichtlich, dass eine klare Trennung solch exotischer Vorgänge von der rutengängerischen Vor-Ort-Suche nach bestimmten Zonen angebracht ist.

Da wir an einer möglichst übersichtlichen Klärung der Dinge interessiert sind, sollen die komplizierteren und besonders exotischen Teile des Gesamtthemas zweckmäßigerweise erst einmal außer Acht bleiben. Unsere Aufmerksamkeit gilt daher im Folgenden dem einfacheren und grundlegenderen Typ von radiästhetischen Fähigkeiten, der Frage, ob es rein ortsabhängige Reaktionen von Personen gibt, die keiner trivialen Erklärung zugänglich sind.

Die Wünschelrute – ein Sex-Objekt?

Unter den Vertretern exotischer Ansichten befinden sich nicht nur Rutengänger, sondern zuweilen auch Wissenschaftler, einschließlich solcher, die sich dafür halten. Eine besonders amüsante Darstellung über die Wünschelrute als infantile Wunschphantasie erschien in einer Zeitschrift für klassische Psychoanalyse; Sigmund Freud musste wieder einmal für pervertierte Ideen seiner Epigonen herhalten (Bauer 1983). Es heißt dort zum Problem mit den Rutengängern: „Zur Beantwortung der Frage, warum dieser Aberglaube im 20. Jahrhundert noch immer existiert und gegenüber wissenschaftlicher Aufklärung immun ist, können wir nicht auf rationale Erklärungen zurückgreifen. Seit der Entdeckung der Psychoanalyse durch Sigmund Freud können wir auf eine Wissenschaft zurückgreifen, die irrationale Phänomene zu erklären vermag. Ihre Erkenntnisse wollen wir im Folgenden verwenden, um das Geheimnis um die Zauberkraft der Wünschelrute aufzudecken."

Und dann deckt der Autor schonungslos Tiefenpsychologisches auf. Kundige Leser mögen bereits ahnen, was des Rätsels Lösung sein wird; was lässt sich mit Freud nicht alles sexistisch erklären? Lassen wir den Autor der Kuriosität halber nochmals zu Wort kommen: „Die Wünschelrute zeigt verblüffende Ähnlichkeit mit dem männlichen Genitale, nicht nur in der Form (ein langer Stiel mit zwei kürzeren, aber dickeren Anhängseln im schrägen Winkel dazu). Die Wünschelrute ist elastisch und biegsam, sie wird wie der stolz erigierte Penis eines kleinen Knaben mit der ‚aehrigen Spitze' nach oben getragen ...

Der Wünschelrutengänger versieht sich in seiner Phantasie also mit einem überdimensionalen Penis, mit dem er einen Schatz sucht. Kaum hat er diesen gefunden, so gerät die Rute (resp. das männliche Glied) in die oben erwähnten Zuckungen, Auf- und Abwärtsbewegungen, ja, unter Umständen verkrümmt sie (es) sich sogar. Auch der Rutengänger selbst kann körperlich gereizt werden, ... körperliche Reaktionen, die eher an einen Geschlechtsakt denn an das Halten einer Astgabel erinnern ...

Halten wir fest: Die Wünschelrute ist für den Rutengänger anscheinend ein Ersatz(objekt) für das männliche Genitale, der Vorgang des Ausschlagens über dem Schatz scheint ein(e) Ersatz(handlung) für den Geschlechtsverkehr in Form des Inzest zu sein ..."

Man mag sich schmunzelnd fragen, ob der Autor seine Phantasien wirklich ernst meinte oder sich eher einen etwas makabren Spaß erlaubte – wobei noch offen wäre, ob er sich eher über seine Fachkollegen oder über die Rutengänger lustig machen wollte. Über die tatsächlichen Leistungsmerkmale von Rutengängern und Hintergrundbefunde hat er jedenfalls keine blasse Ahnung erkennen lassen. Auf solche Weise kommen wir der Lösung des Problems wahrlich nicht näher. Es bleibt zu hoffen, dass sich seriöse Vertreter der Psychologie ein wenig mehr dem Studium der Fakten zur Radiästhesie widmen und die eben zitierten Auslassungen am besten in der Versenkung verschwinden lassen.

Theorie-Vorstellungen in der Radiästhesie

Da es die Rutengängerei schon seit urdenklichen Zeiten gibt und sich Menschen der verschiedensten Ausbildungs- und Interessenrichtungen mit deren ungewöhnlichen Fragestellungen beschäftigt haben, ist ein Hypothesen- und Erklärungsspektrum entstanden, das an Vielfalt und Kuriositäten seinesgleichen sucht. Neben ersichtlich unhaltbaren und mit naturwissenschaftlichen Fakten im Widerspruch stehenden Pseudo-Erklärungen hat es bereits in frühester Zeit kluge Köpfe gegeben, die das gut beobachtbare Erscheinungsspektrum erstaunlich realistisch deuteten, ohne dabei allerdings zu einer Theorie vorstoßen zu können. Letzteres ist schließlich bis heute noch nicht in befriedigendem Maß gelungen.

Die Mehrzahl aller Rutengänger waren und sind erfahrungsgemäß wissenschaftliche Laien. Es verwundert daher nicht, dass sich im Lauf der Zeit die abstrusesten Theorien über „Erdstrahlen" herausgebildet haben, über die man nur den Kopf schütteln kann, geschweige denn, dass sie für ernsthafte Wissenschaft ein Thema sein könnten. Um jedoch aufzuzeigen, wie verfahren die Situation der Radiästhesie zu betrachten ist, seien einige der unzähligen „Theorien" mit Stichworten angedeutet, die nicht nur etwa in mittelalterlichen Zeiten, sondern auch noch in unserer Zeit ihre Anhänger gefunden haben und bedauerlicherweise weiter finden werden.

Eine Mehrzahl der nicht ernst zu nehmenden Vorstellungen missbraucht von vorneherein naturwissenschaftlich gesicherte Begriffe und vermischt diese mit esoterischen und paranormalen Elementen. Eine Trennung von physikalischen und mehr ins Okkulte gehenden Hypothesen wird nur in den seltensten Fällen vorgenommen. Meist geht man von der Realität der sogenannten Erdstrahlen aus, die von allen Körpern und Dingen abgestrahlt und von Rutengängern mit enormer Sicherheit erspürt würden. Es gibt keine Teilchen- oder Strahlungsart aus der Physik, die hier noch nicht als ursächlich angesehen worden wäre, seien es Elektronen, Ionen, Radioaktivität unter Einschluss von thermischen Neutronen und Höhenstrahlung, chemische Schwingungen, Mikrowellen und sämtliche anderen Frequenzbereiche des elektromagnetischen Spektrums, einschließlich statischer elektrischer und magnetischer Felder, sowie diverser Auf- und Entladungseffekte. In der nächsten Ebene finden sich Psychophysik, neuartige Schwingungen, Grund- und Kopfstrahlen, Biostrahlen, Bione, Gestirnstrahlen, Od oder Prana, Emanationen, tellurische Einflüsse, rhabdomotorische Kräfte, Aura, Tele- oder Psychokinese, Telepathie, Weissagekunst, Mental-Orientierung, andere nicht-materielle Effekte und geistige Kräfte in buntesten Assoziationen.

Und all dies könne nur der Rutengänger oder Pendler unter Zuhilfenahme seiner einfachen, in phantasiereichsten Variationen vorhandenen Wünschelruten oder Pendel subjektiv erfassen, ohne dass eine objektive physikalische Messung möglich wäre – Wunder als Regelfall?

Will man, als „aufgeklärter" Mensch und Skeptiker, sich die Sache einfach machen, dann nimmt man herausgegriffene Behauptungen aus den Kreisen der Rutengänger unter die Lupe, deckt schnell Widersprüche auf, führt das Vorstellungsgebäude mittels bescheidenster Anwendung logischen Denkens ad absurdum und weist damit die gesamte Radiästhesie in das Reich der Mystik und Phantasie. Fazit: Kein Thema für die Wissenschaft. – Ist es aber wirklich so einfach?

Zu leicht verfällt man bei der Betrachtung schwieriger Themen der Neigung, sich klüger als die anderen zu dünken. So enthält zwar die kritisierte Rutengänger-Literatur überproportional viele Widersprüche und eindeutige Irrungen, aber zumindest zwischen den Zeilen lassen sich Gedanken erkennen, die im Rahmen erkenntnistheoretischer Überlegungen durchaus ihren Platz haben könnten. Auf der Basis zeitgemäßen Wissens zur Schau gebrachte Überheblichkeit, wie sie von Seiten sich aufgeklärt dünkender, einäugiger Wissenschaftler immer wieder festzustellen ist, kann keine Alternative zur Gewinnung von Klarheit aufgebaut werden. Noch ist nicht entschieden, ob die wirklich vorhandenen und zu diskutierenden Fähigkeiten von Rutengängern im Bild der heutigen Naturwissenschaften in vollem Maß unterzubringen sind oder ob die bisher nur schemenhaft erkannten Wechselwirkungen zwischen Umwelt und Bewusstsein des Menschen im Sinn der Geist-Materie-Beziehung einer Erweiterung bedürfen. Aktuelle Erkenntnisse aus gänzlich anderen Disziplinen, wie zum Beispiel der akademischen und klinischen Psychologie und Neurophysiologie, können durchaus dahingehend verstanden werden, dass den derzeit etablierten Paradigmen ein Mangel an Universalität anhaftet und neue Wege des Denkens und Verstehens in Erwägung gezogen werden sollten.

Die Wünschelrute – Kaffeesatz-Ersatz oder aussagekräftiges Instrument?

Wenn da nur nicht die beobachtbaren Fakten wären – fernab jeder Theorie- und Hypothesenvorstellung. Und Wissenschaft beginnt nun einmal mit dem Experiment, nicht mit fertigen Theorien. Ist man an einer wahren Aufdeckung der Sachverhalte interessiert, dann tut man gut daran, sämtliche Theorien oder Erklärungsversuche zunächst weitgehend zu ignorieren und im ersten Schritt der Bemühungen vornehmlich die Faktenlage zu klären. Wenn dies mit Unvoreingenommenheit, Offenheit, Umsicht, aber auch mit der nötigen Vorsicht geschieht, dann wird man nämlich aus dem angebotenen Kehrrichthaufen der gesamten Befunde nicht alles endgültig dem Müll der Geschichte zuordnen können. Ob und wie die berühmten Stecknadeln im Heuhaufen der Radiästhesie tatsächlich gefunden werden, ist daher Gegenstand aller folgenden Erörterungen.

Jedem wird klar sein, dass solche Bemühungen um Aufklärung sehr schwierig und aufwendig sein müssen. Der geballte Sachverstand der Menschheit hat die meisten naheliegenden und einfachen Probleme der Natur und der Erscheinungen in beachtlichem Maß gelöst. Wenn aber eine Fragestellung wie die der Rutengängerei seit Urzeiten ansteht und von keiner Seite bisher auch nur halbwegs einleuchtend oder befriedigend eingeordnet werden konnte – von stichhaltigen Erklärungen ganz zu schweigen –, dann darf man ziemlich sicher sein, dass es keine schnelle Patentlösung geben kann. Auch nicht für Neunmalkluge.

Freilich lässt sich auch kaum von Anfang an vorhersagen, ob und in welchem Maß eine Klärung der anstehenden Frage für die menschliche Gesellschaft wichtig sein wird. Dennoch gibt es gewichtige Gründe – wir haben sie in der Einleitung bereits aufgezeigt –, eine Aufhellung der durch die Rutengänger aufgeworfenen Problematik anzustreben. Sollten sich die ominösen Fähigkeiten zweifelsfrei als nicht beobachtbar herausstellen, so wäre ein bedeutender Beitrag zur „Psychohygiene" geleistet. Die Radiästhesie wäre dann mit Weissagungen aus Kaffeesatz gleichzusetzen, und man könnte Irrglauben und Täuschung aufgrund einer soliden Argumentationsbasis bekämpfen. Sollten sich dagegen unbestreitbare, neuartige Effekte nachweisen lassen, wäre die Wünschelrute unter gewissen Bedingungen ein aussagekräftiges Instrument, und es stünden eine Reihe grundlegender Fragen an: Gibt es einen neuen, noch nicht erkannten Sinnes- oder Wahrnehmungskanal des Menschen? Lässt sich dieser technisch nachvollziehen und praktisch nutzen? Führen die Antworten hierauf zu neuen Dimensionen des Wissens?

Fragen, die einer ernsthaften Beachtung wert sind.

2 Erfahrungen aus Jahrhunderten

Antike Berichte

Zum Thema Wünschelrute und Rutengänger liegen Erfahrungsberichte in nahezu unübersehbarer Fülle vor. Der historische Ursprung der Rutengängerei ist nicht bekannt, liegt aber weit in vorgeschichtlichen Perioden. Womöglich zeigen sogar Felszeichnungen aus der Steinzeit vor 17 000 Jahren Rutengänger bei ihrer Arbeit. Stichhaltige Informationen gibt es darüber, dass man sich beispielsweise in China schon während der Yü-Dynastie vor Jahrtausenden mit dem Problem „guter" und „schlechter" Plätze befasste. Noch heute wird in den meisten Büchern über Wünschelruten die Darstellung durch Georgius Agricola in „De re metallica" aus dem Jahr 1557 zur Illustration verwendet. Dieses Werk erreichte eine große Verbreitung und wurde 1912 in Amerika durch eine Übersetzung ins Englische durch den späteren amerikanischen Präsidenten Herbert Hoover bekannt. Agricola hat sich selbst mit Skepsis über die Wünschelruten geäußert, aber das Für und Wider wogte zu allen Zeiten hin und her. Auch die kirchlichen Institutionen schwankten und haben die Rutengängerei teils verteufelt, teils gefördert; unbestritten waren nicht wenige der bekannt gewordenen Rutengänger Geistliche. Trotz aller angesammelter Erfahrungen blieb es dabei, dass die Rutenkundigen bis heute eine Art Schattendasein führten, von vielen offen bekämpft und von vielen meist unauffällig genutzt.

Traditionell waren die Suche nach geeigneten Wohn- und Schlafstätten, Wasser- und Rohstoffvorkommen vorwiegendes Ziel rutengängerischer Bemühungen. Erst in neuerer Zeit traten geobiologische Aspekte in den Vordergrund und haben die Bevölkerung durch maßlose Übertreibungen, unter anderem mit Titeln wie „Krebs durch Erdstrahlen", in unangemessener Weise verunsichert und damit nicht nur in medizinischen Kreisen für berechtigten Unmut gesorgt. Die Befunde aus diesem Themenbereich sind entsprechend der komplexen Beziehungen zwischen externen Faktoren und beobachtbaren Befindlichkeitsstörungen des Menschen äußerst undurchsichtig. In Anbetracht all der entstandenen Verwirrung und der denkbaren Konsequenzen ist es ganz besonders schwer geworden, einen Kern der möglichen biologischen Wirksamkeit ortsabhängiger Felder zu untersuchen und vielleicht herauszuarbeiten.

Über die Erfolge von Rutengängern bei der Wassersuche liegen dagegen wesentlich konkretere und im Prinzip besser nachprüfbare Erfahrungen und Berichte vor. Selbst moderne Hydrologen verleihen gelegentlich – natürlich meist in bedeckter und öffentlich nicht erkennbarer Form – ihrer Verwunderung Ausdruck, wie man wohl früher in geologisch schwierigem Gelände erfolgreich Wasser gefunden habe, ohne erst zahlreiche Misserfolge in Kauf nehmen zu müssen und ohne über das heute umfangreiche Wissen über hydrogeologische Zusammenhänge zu verfügen, nicht zu reden von den zahlreichen modernen und überaus effektiven technischen Erkundungs- und Bohrverfahren. Es wird der vorgefundenen Situation sicherlich nicht gerecht, für diese älteren Leistungen ohne eine genauere Überprüfung ausschließlich mehr oder weniger triviale Ursachen geltend zu machen.

Wir wollen darauf verzichten, in endloser Reihe vermeintliche oder tatsächliche Erfolge von Rutengängern aus antiker und historischer Dokumentation auszubreiten. In der Literatur ist das bereits mit großer Ausführlichkeit geschehen, ohne dadurch in der Allgemeinheit oder in akademischen Gefilden einen nachhaltigen Eindruck hinterlassen zu haben, der wenigstens in der Wissenschaft vernünftige Konsequenzen nach sich gezogen hätte. Die Skeptiker würden nämlich über eine neuerlich erstellte Liste von Rutengänger-Erfolgen nur die Achseln zucken und der Einfachheit halber unterstellen, dass es sich abermals um einseitige, verzerrte oder unrichtige Darstellungen handelte – eine detaillierte Nachprüfung wäre ohnehin nur selten möglich und umso schwieriger, je weiter zurück die Angelegenheit datiert und je weniger Originalmaterial zur Einsicht vorhanden ist.

Ferner soll der Leser nicht durch eine Überfülle von Literaturzitaten beeindruckt werden, die sich leicht nennen ließen. Ihr Aufsuchen dagegen wäre recht mühsam und ihre Relevanz ohne eingehendere Kenntnis der Hintergründe meist nicht leicht einzuschätzen. Die Berufung auf antike Überlieferungen ist für eine Neubeurteilung der Situation ebenfalls verzichtbar. Vielmehr werden wir uns auf eine kurze Analyse der bisherigen Vorgänge beschränken und dabei einige ältere Zitate in Erinnerung rufen; dies erscheint vor allem deswegen nicht ohne Interesse, weil sich damit überraschende und bemerkenswerte Analogien zum Meinungs- und Beobachtungsspektrum der allerneuesten Zeit auftun. In den hier präsentierten Darstellungen von Beweismaterial werden wir uns dann auf nur drei Rutengänger stützen, allerdings in extensiver Art und Weise, sowie die Ergebnisse des größten Untersuchungsprojekts aus den Jahren 1987 bis 1989 zugrunde legen, das jemals zu dem Thema „Erdstrahlen“ und Rutengänger durchgeführt worden ist.

Dreihundert Jahre – und kein Fortschritt

Der uralte, durch kontrovers erscheinende Fakten verursachte Glaubensstreit pro und contra Rutengänger dauert bis heute an und ist vom allgemeinen Bildungs- und Informationsstand der Diskutanten weitgehend unabhängig. Er grenzt in der Regel ans Ideologische und entfernt sich dadurch von der Sachlichkeit. Bezeichnend ist für die aktuelle Situation, dass die verschiedenen Pro- und Contra-Argumente, die in neuerer Zeit vorgebracht werden, sich seltsamerweise kaum von denjenigen unterscheiden, die wir aus der Zeit um die Jahrhundertwende und früher kennen. Trotz vielseitiger Einzelerkenntnisse ist dabei nicht einmal ein minimaler Grundkonsens über die Beurteilung des Phänomens Wünschelrute erreicht worden. Bereits im Jahr 1807 beklagte

Johann Christoph von Aretin in einem Rückblick auf das 18. Jahrhundert den zögerlichen Fortschritt mit folgenden Worten: „Die Versuche, welche man mit der Wünschelrute gemacht hat, gehören unter die außerordentlichen Erscheinungen in der Natur, und ihre Folgen können von der höchsten Wichtigkeit sein. Ebendaher ist es unumgänglich notwendig, hier mit Strenge, Misstrauen und verdoppelter Vorsicht zu Werke zu gehen. Von der anderen Seite muss man die Zweifelsucht nicht zu weit treiben, sondern ihr dann Grenzen setzen, wenn eine lange Reihe übereinstimmender Tatsachen es gebietet.

Diese Sätze sind so einfach, dass man glauben sollte, jeder vernünftige Mensch müsse von ihrer Wahrheit durchdrungen sein. Dessenungeachtet zeigt die literarische Geschichte der Wünschelrute, dass einesteils zu große Leichtgläubigkeit, andernteils übertriebene Zweifelsucht die Fortschritte der Entdeckungen über diesen Gegenstand gänzlich gehemmt haben, so dass wir bis zum Jahre 1807 hierin nicht weiter gekommen sind, als man vor hundert Jahren gewesen ist."

Etwa hundert Jahre später schrieb Graf von Klinckowstroem in der Naturwissenschaftlichen Wochenschrift im Jahr 1918 unter anderem die noch heute unvermindert gültigen Sätze über die Rutengängerei: „Das Problem ist zum Gegenstand lebhafter Erörterungen geworden, die in ihren Ergebnissen miteinander oft in krassem Widerspruch stehen. Der Grund für diese Divergenz der Ansichten liegt wohl darin, dass das Wünschelrutenphänomen eine weit kompliziertere Erscheinung ist, als es zunächst den Anschein hat, da es auf der Grenzscheide verschiedener Disziplinen gelegen ist und von der schmalen Basis einer einzelnen Fachwissenschaft aus nicht hinreichend geklärt werden kann. Heute haben auch Einsichtige erkannt, dass das Wünschelrutenphänomen in erster Linie eine physiologische Erscheinung ist, und außer Geologen und Hydrologen haben hier auch der Psychologe, der Physiker und der Volkskundler ein Wort mitzusprechen.

In einem Punkt herrscht wohl nur eine Meinung: Die Wünschelrute ist der ‚Fühlhebel einer nervösen Erregung des Körpers'. Überdie Ursachen dieser nervösen Erregung sowie über die Art, wie sich diese in die Bewegung der Wünschelrute umsetzt, gehen die Ansichten bereits auseinander. In der Tat können die Ursachen sehr verschiedener Art sein."

Er stellt daraufhin fest, dass diese Ursachen für den Rutenausschlag sowohl durch eine physikalische Einwirkung und dadurch bedingte reflektorische Effekte, als auch durch psychische Faktoren oder unbewusste Wahrnehmung erklärt werden könnten. Besondere Erwähnung als Störursache findet die bereits im Jahr 1798 vorgebrachte Möglichkeit ideomotorischer Bewegungen. Schließlich begründet er, warum angemessene Rutengänger-Experimente im freien Gelände stattfinden sollten, die Versuchsbedingungen hierfür jedoch schwer zu präzisieren seien. Heute, nach einem Jahrhundert voller explodierender Kenntnisse in der Wissenschaft, lässt sich der Sachverhalt auf diesem speziellen Grenzgebiet kaum wesentlich präziser formulieren.

Ähnlich objektive Äußerungen finden sich bei einer Reihe anderer Autoren von der Jahrhundertwende bis heute, so bei Barrett (1897), in den „Schriften des Verbandes zur Klärung der Wünschelrutenfrage" (1912–1929), bei Klinckowstroem (1918),

Barrett und Besterman (1926), Klinckowstroem und Maltzahn (1931), Fritsch und Jelinek (1936), Tromp (1949), Brüche (1962) und Hansen (1982).

Fritsch untersuchte die Problematik aus der neutralen Sicht des Rundfunk-Ingenieurs und vermochte es nicht, das Beobachtungsmaterial mit bekanntem Wissen zu erklären (1936): „Der Leser wird erkennen, dass das Problem der Wünschelrute trotz seines hohen Alters bis heute keine einwandfreie Lösung gefunden hat, dass eine solche ungemein schwierig ist, dass aber gerade heute mehr denn je das Bestreben vorherrscht, diese Frage mit dem Werkzeug der modernen Wissenschaft zu bearbeiten und zu klären. Wer Rutenforschung betreibt, darf sich nicht starr an das halten, was die heutige Wissenschaft für richtig erachtet. Er darf kein Vorurteil kennen. Er muss sich aber ebenso hüten, Phantastereien zum Opfer zu fallen."

Wir müssen konstatieren, dass in langen Zeiträumen in der Tat kein nennenswerter oder effektiv wirksamer Fortschritt zu verzeichnen war. Wohl hat sich die Datenbasis zur Beurteilung der Lage eindrucksvoll verbreitert, die „Fallserien" steigen in ihrer Zahl unvermindert an. Es konnten aber keine allgemein anerkannten Konsequenzen daraus gezogen werden. Im Gegenteil, die neuere Literatur stellt in mancher Hinsicht sogar einen schweren Rückfall in vorwissenschaftliche, längst vergangen geglaubte Zeiten dar.

Unbehagen über moderne Vertreter der Radiästhesie

Unter Missachtung aller als objektiv zu bezeichnenden Feststellungen früherer Experten erlauben sich zahlreiche Vertreter der modernen Radiästhesie derart extreme Ansichten, dass sie von den aufgeschlossensten Befürwortern des Gebiets schon vor Jahrhunderten deswegen geächtet worden wären. Nichts gegen Vielfalt und Freiheit der Meinungen, aber ohne ein Mindestmaß an Verantwortlichkeit wird der Sache und auch der Gesellschaft kein Dienst erwiesen. Diese Kritik zielt vor allem auf die weithin verbreitete Unterstellung, dass die Wünschelrute ein Instrument nach dem Motto „Jeder kann alles" darstelle.

So beginnen nicht wenige der neuesten Bücher zum Thema mit der Behauptung „Jeder kann Rutengehen". Es folgen einige einfache Anleitungen zur Handhabung einer Rute, und dann geht es mit Volldampf los: Ort und Tiefe von Leitungen werden bestimmt, Quantitäten mental erfragt und Methoden zu Fern- oder Kartenmutungen erläutert. Das Einmaleins erscheint dagegen vergleichsweise schwierig. Anleitungen zum Pendeln enthalten gleich zu Beginn die unverantwortlichsten Aufgabenstellungen, wie etwa mittels des Pendelns über einer Fotografie auf Krankheiten oder Kriminalität der betreffenden Person zu schließen. Auch werden „Lehrgänge" nach dieser Art unvermindert angeboten, und man kann sich nur über die geduldige Gutgläubigkeit der Mehrheit aller daran Teilnehmenden wundern.

Bei Wochenendkursen für Anfänger spielt sich in der Regel kaum etwas anderes ab. Systematisch wird Gutgläubigen eingeredet, die geistigen Kräfte ließen sich auf so einfache Weise zur Lösung jeder beliebigen Aufgabenstellung einsetzen. Selbstkritische

Abb. 2.1 Klassische Wünschelrute. Die V-Form ist einer zugeschnittenen Astgabel nachempfunden (auch Gabelrute). Die Drehachse liegt waagrecht und quer zur Laufrichtung. Das Material ist nicht entscheidend; meist wird Kunststoff oder Stahldraht verwendet.

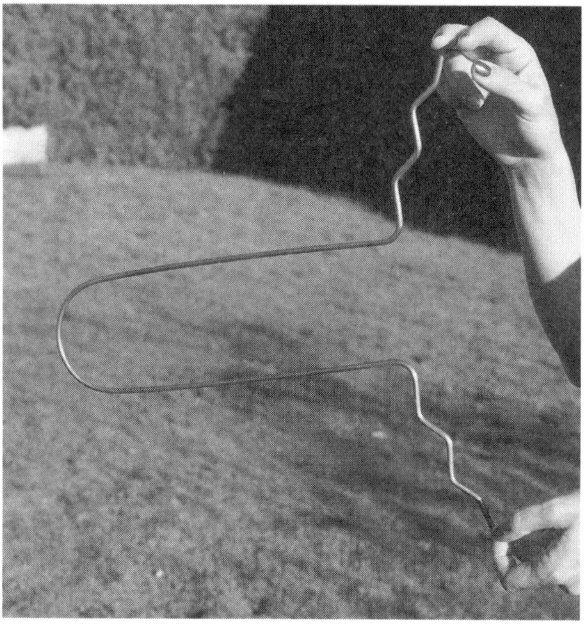

Abb. 2.2 Wünschelrute mit vertikaler Drehachse, eine sogenannte Vertikalrute, gefertigt aus Messing.

Kontrollen stehen meist nicht auf der Tagesordnung – sie würden die Unhaltbarkeit der vermittelten „Lehrmeinung" auch dem wissenschaftlichen Laien sofort erkennbar werden lassen.

Erst in allerjüngster Zeit besinnen sich Radiästhesie-Vereinigungen wieder darauf, die tatsächlich alte Tradition von Blind- und Doppelblindtests erneut aufleben zu lassen und sich neuartige Prüfungsmethoden für die Fähigkeit ihrer Mitglieder zu überlegen. Die Ergebnisse des Münchener Forschungsprojekts waren hierzu ein wesentlicher Anstoß.

Es sollte für einen halbwegs kritischen Menschen eigentlich keine besondere Schwierigkeit darstellen, die genannten plumpen Irreführungen und maßlosen

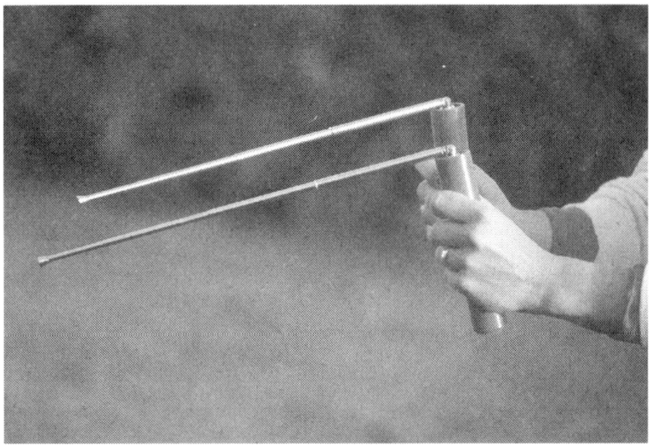

Abb. 2.3 Wünschelrute mit vertikaler Drehachse. Die parallel geführten horizontalen Stäbe der sogenannten Winkelrute können sich zur Seite drehen, sich öffnen oder sich überkreuzen.

Abb. 2.4 Wünschelrute mit horizontaler Drehachse. Sie wird ähnlich wie eine V- bzw. Gabelrute gehandhabt und von Rutengängern als sogenannte Lecherantennte bezeichnet, weil sie dem vor allem in der Mikrowellentechnik bekannten Prinzip der Lecherleitung nachempfunden ist.

Übertreibungen als solche zu durchschauen. Problematischer wird es, die unkritischen Mischungen von wahren und falschen Informationen bezüglich beobachteter Leistungen von Rutengängern und zugehörigen Theorie-Vorstellungen zu beurteilen. So berichtet zum Beispiel Christopher Bird in seinem umfangreichen Buch „Wünschelrute" (1987) über zahlreiche gut recherchierte Begebenheiten, insbesondere nachgewiesene Erfolge von Rutengängern bei der Wassersuche. Aber er mischt auch ungeprüfte Geschichten hinzu, die nach allgemeiner Erfahrung kaum eine Chance aufweisen, tatsächlich die Realität widerzuspiegeln. Insbesondere wird den paranormalen Effekten eine vollkommen unangemessene Bedeutung zugespielt, und Fakten werden mit Wundern und Wunschdenken vermengt. Das Ergebnis: Kritiker nehmen die gesamte Präsentation von Bird nicht ernst, obwohl ein beachtlicher Teil seiner Berichte unbedingte Aufmerksamkeit verdient und für kritisch Interessierte beste Anregungen vermittelt.

Um es kurz zu formulieren: Auch nach intensivem Bemühen zum Auffinden objektiver Literatur verbleibt unter dem Strich eine eklatante Marktlücke in umfassender und zugleich objektiver Berichterstattung über „Erdstrahlen" und Rutengänger. Man muss schon extrem interessiert und hartnäckig sein und sich der Mühe unterziehen, eine Unmenge Literatur zu durchforsten, um sich nach und nach eine eigene Meinung bilden zu können, abgesehen von der noch ungleich aufwendigeren Möglichkeit, solide durchdachte Experimente mit Rutengängern selbst durchzuführen. Wer nimmt das schon auf sich und hat die entsprechende Zeit dazu? Am allerwenigsten die Vertreter der etablierten Wissenschaften, auf deren Meinung es letztlich immer ankommen wird, wenn es um Forschung oder offizielle Stellungnahmen geht.

Hundert Jahre Rutengänger-Tests

Zu jeder Zeit erregten die Ansprüche der Rutengänger bei den Adressaten erhebliche Zweifel am Wahrheitsgehalt der unglaublich anmutenden Behauptungen. Es kam daher immer wieder zu Überprüfungen durch kritische Einzelpersonen sowie durch Gremien und Kommissionen, im 20. Jahrhundert vielfach auch zu wissenschaftlichen Untersuchungen und Experimentreihen. Zu diesen Unternehmungen liegen ausführliche, teilweise nach den Standpunkten der Berichterstatter gefärbte Beschreibungen vor. Eine Sammlung tatsächlich oder vermeintlich negativ ausgegangener Rutengängertests findet sich zum Beispiel bei Prokop und Wimmer (1985), über eine Reihe erfolgreich verlaufener Prüfungen lässt sich bei Wetzel (1933), Oberneder (1960) und Bird (1987) nachlesen.

Aus den Jahren 1954 bis 1990/91 sind 21 zum Teil relativ anspruchsvolle Untersuchungen bekannt geworden, die sich vorwiegend im Rahmen universitärer Forschung abspielten und im Literaturverzeichnis aufgeführt werden. Diese neueren Bemühungen gehen den Problemkreis von den verschiedensten, jeweils sehr speziellen Standpunkten aus an und zeigen das unvermindert anhaltende Interesse am Thema. Die Ergebnisse sind ein ernst zu nehmendes Indiz dafür, dass sich die beobachtbaren Befunde nicht so leicht in die eine oder andere Extremkategorie „es gibt kein Phänomen“ oder „Phänomen bewiesen“ einsortieren lassen. Weithin unbekannt ist die erstaunliche Tatsache, dass die überwiegende Zahl dieser 21 Untersuchungen für die Existenz eines echten Rutengänger-Phänomens zu sprechen scheint beziehungsweise dies sogar ausdrücklich feststellt. Bei aller verbliebenen Unsicherheit darf jedenfalls nicht behauptet werden, es gebe keinerlei angemessene Untersuchungen, oder es lägen gar ausschließlich nur negative Resultate vor.

Wie nicht anders zu erwarten, lassen sich bei jeder wissenschaftlichen Studie Vorbehalte oder Mängel geltend machen. So haben die meisten der genannten Untersuchungen viel zu komplizierte Fragestellungen verfolgt oder nicht genügend Umfang und Sicherheit in der Ausführung erkennen lassen. Dies war einer der Hauptgründe, weswegen das Bundesministerium für Forschung und Technologie 1987 eine ausgedehnte und bestens überwachte Studie an Münchener Universitätsinstituten gefördert hat (siehe Kapitel 6). Zusammen mit den neuesten Erkenntnissen aus den Projekten der Deutschen Gesellschaft für Technische Zusammenarbeit (GTZ, siehe Kapitel 4) sind nunmehr eindeutige und unmissverständliche Fakten geschaffen, die weitere Forderungen nach neuen Rutengänger-Tests nach altem Muster als reichlich überflüssig und antiquiert erscheinen lassen. Eine neue Phase der Forschung zur gezielten Aufklärung der noch immer unerklärten und ominösen Vorgänge ist angezeigt.

Es wird noch deutlich werden, dass ein Hauptpunkt der Auseinandersetzungen mit der *Treffsicherheit* von Rutengängern zu tun hat. Die Skeptiker konzentrieren sich meist auf die zweifellos vorhandenen Fehlschläge radiästhetischer Aktivitäten und meinen, durch möglichst lange Listen solcher Vorkommnisse die Unsinnigkeit der fraglichen Behauptungen auch prinzipiell zu erweisen. Es ist ihnen dabei nicht klar, dass sie mit dieser Argumentation lediglich die meist geringe *Trefferquote* beurteilen und diese zu Recht als nicht so hoch erkennen, wie sie von den Rutengängern im Zug einer weitverbreiteten Selbstüberschätzung vorgegeben oder – unbewusst oder bewusst – vorgetäuscht wird. Die von den Skeptikern nur allzu gerne postulierte Nicht-Existenz des Phänomens an sich ist damit aber in keiner Weise berührt. Es ergibt doch nur dann Sinn, die Zahl schlechter und guter Ergebnisse statistisch gegeneinander abzuwägen, wenn man die praktische Anwendbarkeit der Rutengänger-Methodik abschätzen möchte. Geht es jedoch eingeschränkt erst einmal um die Kernfrage, ob an der Rutengängerei überhaupt etwas daran sein könnte – unabhängig von Fragen der praktischen Erfolgsquoten –, dann genügt im Prinzip eine einzige erfolgreiche Experimentreihe als Beweis, sofern sie mit der erforderlichen Akribie durchgeführt worden ist und statistische Argumente berücksichtigt. Und diese Kernfrage allein muss das erste Ziel einer wissenschaftlichen Durchleuchtung sein.

Die herrschenden Meinungen

Im Namen des Volkes

Die Jurisprudenz drängt sich bestimmt nicht danach, auf dem heiklen Gebiet der Radiästhesie Recht zu sprechen. Sie wird aber zunehmend häufig dazu gezwungen, weil eine große Zahl von Rutengängern und Pendlern immer wieder dunklen und betrügerischen Geschäften mit der Angst der Bevölkerung vor „Erdstrahlen" nachgeht. Dass es sich dabei um eine bewusste oder auch unbewusste Irreführung der Kunden handelt, ist zwar in den meisten Fällen allzu offensichtlich, jedoch nicht immer leicht nach den Regeln der gesetzlichen Vorschriften amtlich feststellbar. Strafanzeigen, Prozesse, Verurteilungen und Freisprüche durchziehen die Rechtsgeschichte der letzten Jahrhunderte in bunter Folge, und es gibt in der Sache kaum ein denkbares Urteil, das nicht schon einmal gefällt worden wäre. In Ermangelung wissenschaftlicher Grundlagenkenntnisse ist der große Streubereich der Rechtsprechung wohl unvermeidbar. Die Mehrzahl der ergangenen Urteile muss aber als untrügliches Indiz für die Verbreitung unlauterer Praktiken durch Rutengänger angesehen werden. Eine Sammlung besonders eindrucksvoller Fälle haben Prokop und Wimmer (1985) zusammengetragen, allerdings unter völlig unwissenschaftlicher und maßloser Übertreibung der Kritik an Rutengängern, die gleich pauschal als Okkulttäter und Geistesgestörte bezeichnet werden (siehe dazu Kapitel 9).

Ein paar an sich harmlose Klötze können für Wirbel sorgen, wenn sie als „Abschirmgeräte gegen Erdstrahlen“ verkauft werden. So kam es in den Jahren 1986 bis 1987 in Kirchheim zu einem langen, in der Presse vielzitierten Prozess, der die gesamte Problematik und die Hilflosigkeit der Beteiligten offenlegte. Zwei Rutengänger hatten einem Kunden einfache Klötze als Abschirmung gegen angeblich gesundheitsschädliche „Erdstrahlen“ verkauft und wurden wegen Betrugs angeklagt, am Ende aber wegen eines Vergehens gegen das Heilpraktikergesetz verurteilt. Das Ungewöhnliche an dem Prozess war, dass erstmals in der Bundesrepublik neun Gutachter herangezogen wurden, deren einschlägige Erfahrung auf dem zu beurteilenden Gebiet naturgemäß recht beschränkt sein musste. Schließlich gibt es kein universitäres Institut für Wünschelruten-Forschung, das die hier erforderliche gutachterliche Kompetenz aufbieten könnte. Die Divergenz der Meinungen dieser als Sachverständige sich äußernden Wissenschaftler hätte größer nicht sein können und demonstrierte den eklatanten Mangel an solidem Wissen über Grenzgebiete. Der Richter erkannte dies und stellte in seiner Urteilsbegründung folgerichtig fest: „Es war noch nie eine gute Sache, dass durch ein Gericht ein Streit um naturwissenschaftliche Fragen entschieden werden muss. Dieser Streit muss dort ausgetragen werden, wo er hingehört, in der Wissenschaft.“

Überraschend ist die Sicherheit, mit welcher zumindest sieben der neun „Experten“ ihre in entscheidenden Punkten extrem gegensätzlichen und zueinander widersprüchlichen Meinungen vertraten. So bescheinigte der eine Professor den Klötzen die umstrittene Abschirmwirkung gegen „Erdstrahlen“, während ein anderer Professor behauptete, man könne sämtliche Phänomene in der Welt auf nur drei oder vier fundamentale Kräfte zurückführen und daraus ableiten, dass „Erdstrahlen“ nicht existierten. Zwei der Gutachter schlugen allen Ernstes vor, im Gerichtssaal, beziehungsweise außerhalb, Experimente mit den beiden angeklagten Rutengängern durchzuführen, um die Stichhaltigkeit ihrer Behauptungen zu überprüfen – als ob man die seit langem disputierte Realität des Phänomens so eben mal, im Vorübergehen, sinnvoll überprüfen könnte. In den späteren Abschnitten, insbesondere in Kapitel 6, werden die große Komplexität und der erforderliche Aufwand einer wissenschaftlichen und aussagekräftigen Untersuchung noch ersichtlich werden.

Zusätzlich zu der evident gewordenen Unsicherheit der Behauptungen von Befürwortern und Gegnern kommt es auch zu Problemen, die den geobiologischen Bereich in viel delikaterer Weise tangieren. So wurde einem Möbelhersteller 1989 unter Strafandrohung eine Werbeaussage verboten, die mit der Rutengänger-Szene mehr zu tun hat, als es auf den ersten Blick den Anschein hat: „Metall im Bett (zum Beispiel von Federkernmatratzen) verändert das natürliche Erdmagnetfeld und kann sich negativ auf den Schlaf auswirken.“ Der erste Teil der Aussage ist zweifellos richtig. Der zweite Teil stellt aus logisch-sachlicher Sicht eine Nullaussage dar: Es ist die suggerierte Möglichkeit zwar trotz zahlreicher Evidenzen nicht als wissenschaftlich bewiesen anzusehen, sie kann aber auch nicht ausgeschlossen werden. Obwohl der im Werbetext angesprochenen Gefahr im Regelfall keine Relevanz zuzusprechen sein dürfte, stellt sich das Problem vielschichtig dar. Einige Hinweise für die mögliche oder bereits beobachtete Wirkung schwacher Felder auf biologische Organismen sind nämlich durchaus nicht von der Hand zu weisen und werden im Kapitel 7 noch genauer diskutiert. Es kam aber im hier anstehenden Fall bei der Entscheidungsfindung letztlich weniger auf Wissenschaft als auf das allgemeine Rechtsproblem der Irreführung an, wobei das aus logischer Sichtweise relativierende Wörtchen „kann" dem Angeklagten deswegen nicht half, weil davon auszugehen sei, dass einem nicht unerheblichen Teil der potenziellen Käufer die Bedeutung dieses Worts nicht bewusst werden dürfte.

Ebenfalls 1989 entschied der Bundesgerichtshof in Karlsruhe, dass es zwar zulässig sei, die Ausübung der Rutengängerei in beliebiger Form öffentlich zu kritisieren. Die Person des Rutengängers sei jedoch herabwürdigenden Angriffen grundsätzlich entzogen, nicht jeder möglicherweise faule Zauber mache einen Rutengänger zum Scharlatan. Allerdings müsse der Rutengänger von seiner Methode überzeugt und guten Glaubens sein. Ein Rezept zur Überprüfung des guten Glaubens wurde natürlich nicht mitgeliefert und dürfte wohl auch nicht leicht anzugeben sein.

Mit juristischen Mitteln ist das Grundproblem zwar von verschiedenen Seiten zu beleuchten, aber sicherlich nicht zu lösen. Kurieren an den Symptomen ist bekanntlicherweise selten effektiv, viel eher müsste das Problem erst einmal bei den Wurzeln gepackt werden.

Auf die Abhandlungen einzelner Juristen sei hier nicht näher eingegangen. Es genügt der Hinweis, dass einige Bücher erschienen sind, die in Einseitigkeit und Inkompetenz als beispiellos bezeichnet werden müssen. So schrieb der 32-jährige Gerichtsassessor Herbert Schäfer 1959 eine diesbezügliche Doktorarbeit mit dem Titel „Der Okkulttäter" – gemeint ist die Gilde der Rutengänger. In den betroffenen Kreisen verdiente er sich damit den Spitznamen „Okkult-Töter", wie zum Beispiel Ernst Hartmann (1964) unter dem Titel „Heckenschützen am Werk" schreibt. Schäfer stützt sich bei seinen Auslassungen auf ein Werk von Prokop, das später mit einem zweiten Autor, dem Juristen Wolf Wimmer, in einer neueren, schon mehrfach genannten Auflage erschien (Prokop und Wimmer 1985) und noch im Kapitel 9 Gegenstand einer sehr kritischen Diskussion sein wird.

Standpunkte in der Medizin

Beginnen wir mit einer amtlichen Mitteilung des Präsidenten des Reichsgesundheitsamtes, Professor Dr. Hans Reiter, der sich in den 30er-Jahren mehrfach zu der Thematik geäußert hat. Seine Kommentare erschienen meist unter der Rubrik Rechtsschutz des Volkes und betrafen vornehmlich die Verunsicherung der Bevölkerung durch die „Erdstrahlen"-Hypothese sowie den Schwindel mit sogenannten Abschirmgeräten gegen gesundheitsschädliche „Erdstrahlen". Unter anderem wurde im Jahr 1937 festgestellt: „Die Vermutung, dass diese Strahlen der Gesundheit von Mensch oder Tier etwas anhaben können, hat sich als gänzlich haltlos erwiesen ... Auch die Nachprüfungen des Reichsgesundheitsamtes ... haben ergeben, dass es für die von den Wünschelrutengängern behauptete Existenz sogenannter Krebshäuser, die eine besondere Gefahr für die darin lebenden Menschen darstellen sollen, an jedem Beweise fehlt ... Es ist bedauerlich, dass das Märchen von den Erdstrahlen unnötige Furcht in die Bevölkerung getragen hat, um so mehr, als dies dazu ausgenutzt wird, Personen zum Ankauf von ‚Entstrahlungsapparaten', ‚Abschirmgeräten' oder ähnlich bezeichneten Vorrichtungen zu bewegen, die angeblich geeignet sind, die Strahlen und ihre schädlichen Folgen zu bannen ... Nach allem ist es als eine verwerfliche Irreführung anzusehen, wenn unerfahrenen, leichtgläubigen und ängstlichen Personen solche Geräte gegen angebliche Erdstrahlen und Höhenstrahlen aufgedrängt werden ... In jedem Falle aber ist teures Geld für eine Phantasterei verschwendet. Es ist daher die Pflicht eines jeden, beim Auftreten derartiger Verkäufer sofort die Polizeibehörde zu verständigen ... dass angeblich einmal ein Kranker durch solche ‚Apparate' von seinem Leiden geheilt wurde, beweist nichts für die angebliche Heilkraft der Apparate, sondern allenfalls, dass der Kranke an irgendeiner eingebildeten Krankheit litt."

Allerdings äußerte sich Reiter zu den wissenschaftlichen Aspekten des Problems wesentlich vorsichtiger und objektiver. Bereits 1936 stellt er die grundlegende Frage: „Gibt es einen ortsgebundenen Rutenausschlag?" und gibt im Jahr 1937 in einer persönlich verfassten Abhandlung bekannt: „Untersuchungen über die Ortsgebundenheit und Reproduzierbarkeit des Wünschelrutenausschlages, die wir als Basis aller weiterer Arbeit fordern müssen, sind leider von den meisten Forschern, die das biologische Problem der ‚Erdstrahlen' in Angriff nahmen, versäumt worden ... Das Wünschelrutenproblem soll damit in keiner Weise, weder im bejahenden noch im verneinenden Sinn beantwortet werden ... Bestimmte Experimente dürften den biologischen Fragenkomplex der ‚Erdstrahlen'-Hypothese der Klärung näherbringen, und aus diesem Grunde sind alle kritischen Arbeiten in dieser Richtung zu begrüßen. Die Mitarbeit aller verantwortungsbewussten Kreise ist sehr willkommen und dringend erwünscht."

In ähnlich konstruktiver Weise äußerte sich auch die Deutsche Gesellschaft für Wohnungsmedizin in neuester Zeit und bemängelt mit Recht den fehlenden, streng wissenschaftlich geführten Nachweis für einen Zusammenhang zwischen „Erdstrahlen" und Krankheiten. Insofern scheint weithin Einigkeit über die Situation zu bestehen: Ohne Forschung kein Fortschritt.

Dies veranlasste auch den Deutschen Bundestag, Ende der 70er-Jahre in Bonn in einer frisch initiierten Geschäftsstelle „Gesamtprogramm zur Krebsbekämpfung" eine Arbeitsgruppe „Unkonventionelle Methoden der Krebsbekämpfung" einzusetzen. Unter Federführung der Bundesministerien für Jugend, Familie und Gesundheit und Forschung und Technologie war ausdrücklich die Förderung von Untersuchungen des Themenkreises „Erdstrahlen" und Geobiologie eingebunden. Durch diese parlamentarischen Initiativen und die aktive Unterstützung der in diesen Gremien vertretenen Mediziner kam letztlich das Münchener Forschungsprojekt in seine Hauptphase.

Es soll nicht verschwiegen werden, dass sich bestimmte, wenige Außenseiter immer wieder um Querschüsse gegen Forschungsbestrebungen bemühen. So berichtete zum Beispiel die medizinische Zeitschrift Medical Tribune am 15. Juli 1983 über eine Diskussion bekannter Extrem-Kritiker (siehe dazu Kapitel 9), die in die „Erdstrahlen"-Dunstaura eindrangen und zu der schon im ersten Kapitel erwähnten Erleuchtung gelangten: „Dem Zuhörer der Diskussion – unter anderem mit Frau Professor Oepen, Professor Mergen, Dr. Dirnagl, sowie dem engagierten Bekämpfer von Unlauterkeit im

Heilgewerbe, Dr. Rose – wuchs die Erkenntnis zu: Erdstrahlen und was damit zusammenhängt, sind kein Forschungsgegenstand für die Physik – zuständig in der Medizin sind dafür die Psychopathologen!"

Allerdings wird diese Meinungssuppe nicht so heiß gegessen, wie sie gekocht wurde. Als sich die Erfolge des Münchener Projekts ersichtlich herausschälten, hat eine neuerliche Diskussion gezeigt, dass zumindest die eben zitierten Herren Dirnagl und Rose keine Einwände gegen solide organisierte Forschung zu dem umstrittenen Thema vorbrachten.

Die überaus zahlreichen Erfahrungen niedergelassener Ärzte mit dem Problemkreis ortsabhängiger Reaktionen von Patienten und ihre vermeintliche oder tatsächliche Beeinflussung durch Verändern der Schlafstelle finden als Individual-Beobachtungen freilich in keiner offiziellen Meinung Niederschlag. Es kann ohne eine systematische und gezielte neuerliche Bearbeitung dieser Befunde keine neue Erkenntnis fundiert werden. Nach Ansicht vieler in dieser Frage erfahrener Ärzte sollte eine Untersuchung unbedingt stattfinden, da eine Erklärung der Beobachtungen mit der schon von Reiter genannten Einbildung der Kranken, heute besser als Plazeboeffekt bezeichnet, nicht im erforderlichen Maß hinzureichen scheint.

Erklärungen der Geologen

Bevor irgendwelche näheren Argumente betreffs der Rolle von Rutengängern bei geologischen Problemstellungen erörtert werden, sei eine prinzipielle Klarstellung unterstrichen: Die Geowissenschaften als Disziplin stehen hier in keiner Weise zur Debatte, weder ihr Wissensstand noch ihre Verfahren. Dies ergibt sich hauptsächlich daraus, dass der überwiegende Teil dieses Wissenschaftszweigs nichts mit den Aufgaben zu tun hat, bei denen Rutengängern eine Funktion zugebilligt werden könnte. In den verbleibenden Sparten, wie zum Beispiel der Grundwassererschließung, schreitet die technische Entwicklung schnell fort und macht einen möglichen Beitrag von Rutengängern immer weniger bedeutsam. Ob ein diesbezügliches Aufgabenfeld dennoch verbleibt, ist ein wesentlicher Kernpunkt dieses Buchs und findet in späteren Kapiteln ausführliche Beachtung.

Da die Geologen in der Regel praxisorientierte Leistungen zu vollbringen haben, müssen sie sich auf die Anwendung sanktionierter und etablierter Verfahren beschränken, zu denen die Radiästhesie nun einmal (noch) nicht zählt. So wie ein Arzt ein neues, vielversprechendes Medikament nicht verordnen darf, bevor es in geeigneten Tests auf Wirkung und Unbedenklichkeit geprüft worden ist, hat die Geologie aus schulwissenschaftlicher Sicht keine andere Wahl, als sich bei der Frage der Rutengängerei zurückzuhalten. Insofern sind keine direkten Vorwürfe von Seiten der Radiästhesie am Platze. Auch kann es nicht Pflicht der angewandten Geologie sein, Rutengänger unter Aufbietung enormer Anstrengungen zu testen. Hierfür sind Forschungsinstitute zuständig.

Wenn im Folgenden Kritik am Wissenschaftsapparat entweder direkt oder unterschwellig formuliert wird, so ist dies nur in der Weise gemeint, dass sich entweder einzelne Vertreter der Geologie in ihren Äußerungen zu weit vorgewagt haben oder von der wissenschaftlichen Gemeinschaft keine hinreichend effektiven Maßnahmen zur Klärung der Angelegenheit gefördert oder ergriffen wurden.

Was sagt nun die offizielle, rein wissenschaftliche Seite der Geologie? Mangels Grundlage meist nichts; wenn dennoch Kommentare gewagt wurden, sind sie bedauerlicherweise durchweg einseitig und negativ. In einem Leitfaden der Geologie, von der Deutschen Naturwissenschaftlichen Gesellschaft 1912 in Leipzig herausgegeben, schrieb Dr. Alfred Berg: „So lernen wir denn auch die Wünschelrute beurteilen, und erkennen in dem Glauben an sie eine Verirrung des menschlichen Geistes, wie wir sie im 20. Jahrhundert nicht für möglich halten sollten."

Schlägt man ein modernes Lehrbuch über Hydrologie auf, so klingt es kaum anders. Man kann beispielsweise im Leipziger „Brockhaus Nachschlagewerk der Geologie" der aktuellen 6. Auflage Folgendes als Kenntnisstand der schulwissenschaftlichen Anschauung über die Wünschelrute finden, was hier wiederum unkommentiert zitiert sei: „Alle Wasserbohrungen, die Aussicht auf Erfolg haben, können nur aufgrund komplexer geohydrologischer Untersuchungen angesetzt werden. Unwissenschaftliche Methoden wie die Wünschelrute sind als mittelalterlicher Aberglaube abzulehnen und gehören in den Bereich des Okkultismus. Scheinbare Erfolge von Rutengängern sind Zufälle und bleiben im Bereiche mathematischer Wahrscheinlichkeit. Die Wissenschaft hat das Wünschelrutenphänomen längst geklärt und als physikalisch-physiologisch-psychologisch bedingte Erscheinung erkannt."

Traditionsgemäß wurden die Geowissenschaften bis heute mit negativen Auswüchsen der Rutengängerei besonders hautnah konfrontiert, so dass es nicht verwundert, dass aus diesen Reihen entsprechend viel spezielle Kritik zu diesem Thema zu hören war, zuweilen auch in sehr heftiger Form. Immerhin sind diesbezügliche offizielle Verlautbarungen aus Kreisen der Geologen, Hydrogeologen und Geophysiker aufgrund der mangelnden wissenschaftlich erarbeiteten Datenbasis zwar von begreiflicher Skepsis, aber auch in der Regel von einer gewissen partiellen Fairness geprägt gewesen. Die Literatur weist zahlreiche Geowissenschaftler aus, die bestimmten ausgewählten rutengängerischen Methoden durchaus gewogen gegenüberstanden. Es dürfte auch kein Geheimnis darstellen, dass in diesen Reihen sogar unter bestimmten Gegebenheiten – in der gebotenen diskreten Weise – selbst zur Rute gegriffen wurde.

Gerade wegen weit verbreiteter Fehlleistungen und unglaubhafter Ansprüche von Rutengängern mussten sich Geologen immer wieder mit dem Problem auseinandersetzen und haben sich in der Folge in unregelmäßigen Abständen genötigt gesehen, Erklärungen abzugeben. Beispielsweise äußerten sich 1903 die Berliner Landesgeologen, 1920 die Preußische Geologische Landesanstalt und 1950 die versammelten Landesgeologen der Bundesrepublik Deutschland. Die neueste Stellungnahme erfolgte 1984 vom Bundesverband Deutscher Geologen anläßlich eines Berichts des Allgemeinen Deutschen Automobil Clubs (ADAC Motorwelt Nr. 9, 1984, Seiten 58–61 und 77) über das Aufsuchen unfallträchtiger Straßenabschnitte mittels radiästhetischer Methodik.

Allen Erklärungen ist die absolut ablehnende Einstellung gegenüber Rutengängern gemeinsam. Zu beachten ist, dass es sich hierbei nicht um Ergebnisse wissenschaftlicher Betrachtungen handelt, sondern um Meinungen, die durch die unzähligen schlechten Erfahrungen aus praktischen Erwägungen heraus diktiert und – leider – meist unzulässig verallgemeinert wurden. Eine ausgewogene Würdigung aller verfügbarer Evidenzen konnte naturgemäß nicht stattfinden, obwohl man dies gelegentlich zu tun glaubte. Betrachten wir als Beispiel die Erklärung der Direktoren-Konferenz am 23. März 1950, die von zehn Professoren und Doktoren gezeichnet wurde: „Die Geologie fast aller Kulturstaaten, besonders in Deutschland, hat sich seit langen Jahren, um nichts unversucht zu lassen, mit zahlreichen exakten Prüfungen der Wünschelrute (des Pendels und Apparaten nach Art der Wünschelrute) beschäftigt. Sie hat keine Gelegenheit unterlassen, Angaben von Wünschelrutengängern mit den tatsächlichen Verhältnissen des Untergrundes zu vergleichen. Das klare Ergebnis ist, dass ein Zusammenhang zwischen Wünschelruten-(Pendel-)Ausschlag und Untergrund nicht erwiesen, ja noch nicht einmal wahrscheinlich gemacht worden ist. Die Direktoren der genannten Geologischen Landesämter müssen daher nachdrücklichst darauf aufmerksam machen, dass die Wünschelrute zum Aufsuchen von Bodenschätzen jeglicher Art, einschließlich Wasser, völlig unbrauchbar ist. Vor allem muss bei allen Arbeiten, die ganz oder teilweise durch öffentliche Mittel finanziert werden, aufgrund dieser wissenschaftlichen Erkenntnis die Verwendung der Wünschelrute entschieden abgelehnt werden."

Welcher Rutengänger oder welcher potenzieller Auftraggeber für Rutengänger könnte solcher geballten Macht einer Erklärung entgegentreten? Man kann es den wenigen guten Radiästheten nicht verdenken, dass sie über diese Entwicklung nicht glücklich waren und sich überdies hart verfolgt sahen. So jedenfalls interpretierten sie beispielsweise eine Äußerung des Geologieprofessors und Direktors der Königlich Sächsischen Geologischen Landesanstalt Leipzig im Jahr 1910. Er spricht sein Erstaunen über den Umfang des Wünschelrutenunwesens in Preußen aus und erklärt, sich sogleich dem Kampf anschließen zu wollen, damit diese Epidemie nicht nach Sachsen übergreife.

Die Haltung der Geologen ist trotz aller Bedenken nachzuvollziehen. Geht man nämlich von den Fähigkeiten durchschnittlicher Rutengänger aus, so lässt sich in der Tat keine auffallende Trefferquote nachweisen – darin waren sich alle bekannt gewordenen Untersuchungen ziemlich einig. Wenn die Geologen also annehmen, dass die allgemein von den Rutengängern selbst behaupteten Fähigkeiten auf dem Prüfstand stehen, dann kann es eben kaum zu einer anderen Erklärung als der oben wiedergegebenen kommen.

Es wird sich noch erweisen, inwieweit diese und ähnliche Verlautbarungen auch den Kern der Sache treffen oder ob hier nicht das Kind mit dem Bad ausgeschüttet wird. Dem Kenner der Materie ist nämlich vollkommen klar, dass diese Verlautbarung insofern nicht ganz den Realitäten entspricht, als sie die zu allen Zeiten in nennenswerter Zahl aufgetretenen rutengängerischen Leistungen ignoriert, die eben nicht erklärt werden konnten. Wir werden später noch deutlich sehen, worin der den Fachleuten unterstellbare Fehler besteht: Die wenigen Spitzenvertreter unter den Rutengängern wurden nicht genügend beachtet sowie die deutlichen Feststellungen ihrer seriösen Vertreter ignoriert, dass nur eine kleine Anzahl von Rutengängern praktisch wertvolle Leistungen erbringen kann. Ein wesentlicher Teil der Tragik liegt eben darin begründet, dass man ein tiefgehendes Studium der komplexen Zusammenhänge kaum von einer Institution verlangen darf, die im wesentlichen für Dienstleistungen im Sinn praktischen, sicheren Funktionierens zuständig ist, nicht jedoch für reine Grundlagenforschung auf Grenzgebieten, in der den Erfolgsquoten erst einmal nur eine untergeordnete Bedeutung zukommt.

Ein überflüssiger Streit

Der Gegensatz der Ansichten zwischen Rutengängern und Geologen ist zwar aus historischen Gründen groß, jedoch gibt es durch die Komplementarität der belegbaren Ansprüche eine interessante und vielversprechende Überlappung in den Zielsetzungen. Lassen wir dazu den Biologen Armand Viré zu Wort kommen, der 1913 als Skeptiker zusammen mit einem Hydrologen erstaunlich erfolgreich verlaufene Rutengänger-Tests durchführte und in „La Nature" publizierte: „Gewisse Individuen vermögen bis zu einer beträchtlichen Tiefe Hohlräume, Wasser und bestimmte Substanzen im Untergrund wahrzunehmen, die kein Anzeichen an der Oberfläche verrät."

Nach langer zusätzlicher Sammlung von Erfahrungen schrieb er, dann Direktor am Nationalmuseum für Naturgeschichte, in seinem 1948 in Paris erschienenen Buch „Wie man Wünschelrutengänger wird": „Die Geologie ist eine empirische Wissenschaft, die bereits einen hohen Vollkommenheitsgrad erreicht hat. Mit Hilfe ihrer Erkenntnisse kann man das Vorhandensein von Wasserschichten vorhersagen, die in durchlässigen oder undurchlässigen geologischen Schichten eingeschlossen sind; man kann feststellen, ob dieses Wasser aus dem Boden sprudeln wird oder nicht und ob es mineralhaltig sein wird oder nicht. Schon bevor ich etwas über die Methoden von Wünschelrutengängern gewusst habe, konnte ich allein mit geologischen Mitteln die Existenz von unterirdischem Wasser feststellen und dieses dann zu Tage fördern.

Wenn es aber darum geht, das tatsächliche Vorhandensein und die genaue Lage von unterirdischen Wasserläufen oder hydrischen Netzwerken, von Kavernen und Höhlungen sowie von Metalladern in bestimmten – und besonders in kalkhaltigem Gelände – festzustellen, ist der Geologe in einer schwierigen Situation.

Und an diesem Punkt kann man einen geeigneten Rutengänger hinzuziehen, damit er die geologischen Erkenntnisse durch wichtige Hinweise ergänzt. Ein geeigneter Rutengänger ist in der Lage aufzudecken, ob es in einem bestimmten Gebiet tatsächlich Wasserquellen oder Erze gibt, ferner kann er ihre genaue Lage wie auch die Länge und Breite und bis zu einem gewissen Maß auch ihre Tiefe bestimmen.

Deshalb ist es ebenso kindisch wie auch unrichtig, diese beiden Methoden gegeneinander auszuspielen. Anstatt sich gegenseitig zu schmähen und Bannflüche auszusprechen, sollten Geologen und Rutengänger sich die Hände reichen, um auf diese Weise auch sich selbst und ihrer gemeinsamen Sache zu dienen."

Abgesehen von der nicht zum Ausdruck gekommenen Notwendigkeit zur Vorsicht gegenüber der Mehrheit der wenig tauglichen Rutengänger trifft diese Aussage genau den Kern der wünschenswerten zukünftigen Entwicklung. Natürlich sind die erforderlichen geeigneten Rutengänger extrem selten, das Entscheidende ist aber, dass es sie überhaupt gibt. Das weitere Gegenargument, Rutengänger würden nur subjektive Methoden anwenden, während die Geowissenschaften ausschließlich objektive Messverfahren einsetzten, ist nicht ganz stichhaltig und wird in einigen Aspekten durch die Alltagspraxis relativiert. Einerseits gilt: Solange Rutengänger sinnvolle Angaben zu machen imstande sind, ist es erst einmal gleichgültig, mit welcher Methode sie es bewerkstelligen, sei diese noch so subjektiv. Andererseits räumen manche geübte Hydrogeologen durchaus ein, dass die detaillierte Festlegung eines Bohransatzpunkts unter bestimmten äußeren Umständen nicht immer eine rein wissenschaftlich-objektive Angelegenheit sein muss, sondern persönliche Erfahrung, andere nicht quantifizierbare Umstände und subjektive Intuition eine wesentliche Rolle spielen können.

In der Vergangenheit sind oftmals sporadische Zusammenarbeiten erfolgt. So zitiert Kurt Osswald (1938) einen Bericht, der anlässlich der Errichtung zweier großer Talsperren und an späterer Stelle im Zusammenhang mit Stollenbauten von der verantwortlichen Bauleitung abgefasst wurde: „Eine besondere, langjährig erprobte Untersuchungsmethode und Zusammenarbeit zwischen Geologe, Techniker und Rutengänger vermied eine Beanspruchung des einzelnen durch Aufgaben, denen er natürlicherweise nicht gewachsen sein konnte, und gewährleistete eine richtige Deutung der Reaktionen, die durch ein System von Kontrollen so überprüft wurden, dass trotz jahrelanger Zusammenarbeit kein einziger Fehlschluss gemacht wurde.

Die Bauleitung hat aus den Erfahrungen, die an Hand der Rutenangaben gesammelt werden konnten, die Erkenntnis gezogen, dass es bei zukünftigen Stollenbauten zweckmäßig sein wird, von der Rute ausgiebig Gebrauch zu machen."

Ähnliches berichtet Ernst Brüche (1962), der die Rutengängerei in seinem Buch „Zur Problematik der Wünschelrute" kritisch und fair untersuchte. Da er als Professor an der Technischen Hochschule Karlsruhe lehrte und lange Zeit als Herausgeber einer bekannten physikalischen Zeitschrift fungierte, messen ihm auch Kritiker der Szene ein gewichtiges Wort zu. Er recherchierte verschiedene gut gelungene Zusammenarbeiten zwischen Wissenschaft, Technik und Rutengängern und schreibt dazu: „Beispielsweise stellen sich Wasser-Bohrfirmen Techniker ein, die rutenkundig und geologisch geschult sind. Wenn dazu noch ein akademisch geschulter Geophysiker kommt und gute geologische Beratung sicherstellt, ist ein Arbeitsteam vorhanden, das allen Anforderungen gewachsen ist ... Man sollte gegen solches Vorgehen nicht aus Prinzip protestieren, denn die Firma wird nur so vorgehen, wenn die Erfolge es rechtfertigen."

Eine Zusammenarbeit der vorgeschlagenen Art setzt freilich auf Seiten der Rutengänger gewisse Vorbedingungen; so müssten bestimmte Eignungsprüfungen und Tests erfolgreich absolviert sein. Doch bevor es soweit kommen kann, muss die Praktikabilität der Verfahrensweise für eine sinnvolle Zusammenarbeit zwischen Geologen und Rutengängern in realen Feldtests nachgewiesen sein – man dreht sich notgedrungen erst einmal im Kreis. Aber es gibt Chancen: Das in Kapitel 4 vorgestellte Rutengänger-Projekt der schon genannten GTZ scheint genau dies zu leisten, denn es liegen hier umfasssende Ergebnisse vor, die den genannten Forderungen zumindest aus praktischen Erwägungen entsprechen dürften.

Am Ende dieses Buchs wird der Leser selbst beurteilen können, warum es wahrscheinlich nicht ganz verfehlt ist, zu behaupten – so überraschend dies klingen mag –, dass die Geologie, vor allem die Hydrogeologie, in der Vergangenheit eine große Chance vertan hat, indem sie Lücken in ihrem Anwendungsbereich nicht mittels gut ausgewählter und kontrollierter radiästhetischer Methodik füllte – unter gleichzeitiger Intensivierung wissenschaftlich fundierter Aufklärungsbemühungen.

Ansichten von Physikern

Eine offizielle Stellungnahme der Physik zur Frage der Radiästhesie kann es naturgemäß nicht geben, da sich diese Sparte der Naturwissenschaften nicht mit so komplizierten Phänomenen befasst. Es lassen sich also nur Meinungen und Ansichten von individuellen Vertretern anführen. Wie es nicht anders zu erwarten ist, sind diese Äußerungen von der speziellen Fachdisziplin unabhängig und reichen von einem Extrem zum anderen. Je nach Phantasiebegabung, interdisziplinärem Weitblick und Grad an Voreingenommenheit wurden mögliche Mechanismen zum Verständnis bis zur prinzipiellen Ablehnung des Phänomens vorgebracht. Aus pragmatischer Sicht wären eigentlich die Erkenntnisse derjenigen Physiker von besonderem Gewicht, die sich selbst mit der Erforschung der in Rede stehenden Problematik tatsächlich in objektiver Weise befasst haben und nicht nur vom Schreibtisch aus theoretisieren. Leider ist ihre Zahl verschwindend klein. In Anbetracht der erkennbaren Komplexität der durch die Radiästhesie aufgeworfenen Fragen ist wohl die Meinung nicht ganz verfehlt, dass bei diesem Thema die Stunde der Physik im Hinblick auf Erklärungen noch nicht gekommen ist. Das schließt nicht aus, dass sie schon jetzt mit ihrem wohlfundierten experimentellen und analytischen Instrumentarium gute Dienste leisten kann – wie immer, wenn es um Beobachtungen geht. Das in den Kapiteln 5 und 6 beschriebene Münchener Forschungsprojekt beweist dies zur Genüge.

Experimentelle Wissenschaften, insbesondere Gebiete mit physikalischer Relevanz, werden ihrer Konstruktion nach so verstanden, dass noch unerklärte, aber geeignet beobachtbare Effekte in der Natur auch gezielt beobachtet werden sollten, um nach Vorliegen von genügend Material eine entsprechende Hypothese zum Verständnis zu erarbeiten. Es kann also nicht angehen, aus irgendwelchen vermeintlich prinzipiellen Gründen eine Beschäftigung mit dem Thema der Radiästhesie schon im Vorfeld generell abzulehnen, zumindest nicht, soweit es sich dabei um physikalische Fragen und Teilaspekte handeln würde. Dies hat auch Max Planck so gesehen. Für manchen Interessierten mag es noch heute aufschlussreich sein, was der berühmte Physiker 1932 als Präsident der Kaiser-Wilhelm-Gesellschaft zu unserem Thema sagte (zitiert nach Prokop 1955 und Brüche 1962): „Sie wissen, dass gewisse Fragen, wie die der Erdstrahlen und der Wünschelrute, die Gemüter recht erregen. Leider schleicht sich in die öffentliche Behandlung dieser Fragen oft ein übles Geschäftsinteresse ein. Man sollte also in der Kaiser-Wilhelm-Gesellschaft ein Forschungsinstitut dafür errichten, um das öffentliche Leben zu reinigen – es hat es wahrlich nötig genug! – und Fragen zu klären, die eben nur mit den Mitteln der reinen Wissenschaft geklärt werden können. Scharlatanerie haben wir gerade genug. Freilich bestehen auch in wissenschaftlichen Kreisen einige Bedenken dagegen, sich überhaupt mit solchen Fragen zu befassen, man sieht sie als nicht wissenschaftsfähig an, ich denke aber anders und möchte auch da in universaler Art forschend helfen. Kein Gebiet soll ausgeschlossen sein. Und es entsteht nur auf diese Weise eine Beruhigung im Volke, das oft in unverantwortlicher Weise auf diesen Gebieten beunruhigt wird."

Wir können diese Äußerungen – ganz gleich, wie ernst sie damals auch gemeint sein mochten – denjenigen Wissenschaftlern von heute zur Kenntnisnahme empfehlen, die meist ohne besonderes Faktenstudium die Meinung vertreten, das Thema gehöre zum Bereich des Aberglaubens, eine wissenschaftliche Bearbeitung sei daher überflüssig oder gar nicht möglich.

In Anbetracht der heutigen Erkenntnisse aus der Physik und der damit aufgezeigten Probleme zum grundsätzlichen Verständnis von Natur und Schöpfung ist eine offene Haltung gegenüber neuartigen Phänomenen unabdingbar. Vielleicht lässt sich die Rutengänger-Frage im Rahmen derzeitig bekannter Wissensgrundlagen lösen, wir hoffen dies; vielleicht aber ist es nicht in vollem Umfang möglich und erfordert eine Erweiterung bestehender Modelle. In diesem Sinn schreibt Klaus Stierstadt (1989) in seinem Lehrbuch „Physik der Materie" zu bestimmten Orientierungsleistungen von Vögeln und anderen Tierarten, der Auffindung von Wasser durch Rutengänger, der Fernwirkungen von Wettervorgängen und vielen anderen bisher unerklärbaren Erscheinungen in der belebten Natur: „Trotz zahlreicher Bemühungen ist es bisher nicht gelungen, solche Phänomene mit Hilfe der bekannten physikalischen Gesetzmäßigkeiten zu verstehen. Da sie jedoch existieren, muss man weiter nach Erklärungen suchen, wobei auch eine neue Art von Wechselwirkung nicht von vorneherein ausgeschlossen werden sollte."

Beurteilung durch Vertreter der Radiästhesie

Nachdem nun ausführlich Wissenschaftler und Opponenten zu Wort gekommen sind, ist es nur fair, auch einige Vertreter der Radiästhesie selbst anzuhören. Man darf nicht meinen, dass es von dieser Seite nur unausgegorene und schlechterdings kuriose Äußerungen gebe, die keiner besonderen Beachtung wert seien. Die Überlegungen führender Vertreter der Radiästhesie, die im Folgenden zitiert seien, erscheinen in keiner Weise weniger qualifiziert als die Ausführungen ihrer „Gegner".

In den 30er-Jahren hat das Institut für Wünschelruten- und Pendelforschung in München als Dachorganisation von Rutengängern immer wieder versucht, aus berechtigter Kritik an dem Wirken von Rutengängern Konsequenzen zu ziehen und unberechtigten Angriffen durch Mitteilung von Fakten entgegenzutreten. Der Vorstand Franz Wetzel schreibt in dem 1933 von ihm herausgegebenen Band „Tatsachen und

Dokumente zum Streit um die Wünschelrute“: „Bei unserer Betrachtungsweise und Fragestellung scheidet selbstverständlich alles aus, was irgendwie an Scharlatanismus und dilettantische Unfähigkeit angrenzt. Worauf es uns ankommt, das ist einzig und allein die vernunftmäßige Erforschung des gesamten Wünschelrutenproblems unter Anwendung aller jener Sicherungsmethoden zur Vermeidung von Selbsttäuschungen und Fehlerquellen, die uns die exakten Wissenschaften gelehrt haben ... Etwas, was man noch nicht versteht oder in seinem Wissensschatz noch nicht unterbringen kann, braucht deswegen noch lange kein Unsinn zu sein ... Das Buch soll Klärung bringen und so weit als möglich Frieden stiften. Es spricht gewiss zugunsten der Wünschelrute, aber es will keine leeren Behauptungen, keine vagen Hypothesen aufstellen, keine interessanten Geschichten erzählen; es will ganz einfach Beobachtungsdaten und Dokumente bringen, durch welche die Wünschelrute und ihre verschiedenartige Anwendung gerechtfertigt erscheint. Alles, was hier veröffentlicht wird, hat den Vorzug, dass es nachprüfbar, wissenschaftlicher Forschung also zugänglich ist.“

Wenig später (1938) publizierte der Verein aus den Akten des Forschungsausschusses des Reichsverbands für das Wünschelrutenwesen ausgewählte Fälle, deren Relevanz nicht ohne weiteres zu ignorieren war. Darin bemerkt der Autor Kurt Osswald zunächst zu der Frage der Befähigung zum Rutengänger sehr treffend: „Die völlige Beherrschung der Rutenkunst ist sehr viel schwerer, als sich der Anfänger und der Nichtrutengänger das gewöhnlich vorstellt. Das Erzielen eines Rutenausschlags kann man unter Umständen in fünf Minuten erlernen. Aber so wenig Einer, der schreiben gelernt hat, schon ein Schriftsteller ist, so wenig macht die Fähigkeit, mit der Rute auf irgend etwas zu reagieren, schon einen Rutengänger ... Es gibt Abertausende von Leuten, die mit der Rute Wasser, ‚Erdstrahlen‘ und dergleichen angeben, die wohl auch gelegentlich einen echten Erfolg haben, im übrigen aber die dringend nötige Ausbildung und Erfahrung durch Phantasie und Selbstbewusstsein ersetzen. Erprobte und zuverlässige Rutengänger dagegen haben wir in Deutschland nur ein paar Dutzend. Was sie zu leisten imstande sind, davon soll unsere Berichtsreihe ein Bild geben.“

Es folgen Argumente betreffs der Auswahl der Einzelberichte. Um Beweiskraft zu erbringen, mussten sie etwas Besonderes beinhalten. Nach diesem Prinzip werden auch wir später in den Kapiteln 3 und 4 argumentieren. Osswald erläutert und begründet die Selektion der entsprechenden Fälle wie folgt: „Der Wert der Berichte liegt auch darin, dass sie die praktische Brauchbarkeit der Wünschelrute beweisen und dass diese Beweise eindeutig sind ... Eine gewisse Anzahl der Berichte unseres Archivs enthält hinreichende Einzelangaben. Sie erlauben dadurch eine Entscheidung, dass mit geologisch-hydrologischen Methoden die betreffenden Aufgaben nicht lösbar waren, eine geophysikalische Lösung aber, wenn überhaupt möglich, wesentlich kostspieliger und langwieriger wäre als die Arbeit des Rutengängers. In den Fällen dieser Art war entweder durch die ober- und untertägige Situation das Vorhandensein eines Wasservorkommens in der vom Rutengänger angegebenen Lage und Tiefe von vorneherein geologisch unwahrscheinlich oder es lag ein vorausgehendes oder gleichzeitiges geologisches oder sonstwie fachmännisches Urteil vor, das in schroffem Widerspruch gegen die Angaben des Rutengängers stand. Wenn sich diese Letzteren unter solchen Umständen trotzdem eindeutig bestätigten, so kann man doch nicht mehr gut von ‚Zufall' sprechen – denn damit würde man die Erfolge geologischer oder geophysikalischer Bodenforschung ebenfalls unter die Rubrik ‚Zufall' verweisen, was doch wohl nicht angeht.

Sind auch die Erfolge in den hier vorgeführten Fällen nicht zu bestreiten, so werden den Rutengängern doch eine angeblich übergroße Zahl von Misserfolgen vorgeworfen, die die Verwendung der Wünschelrute als eine gar zu unsichere Sache erscheinen lassen. Misserfolge können auch beim besten Rutengänger ebenso eintreten, wie kein Arzt oder Geologe von ihnen verschont bleibt ... Wenn aber als Beweis für die Unbrauchbarkeit der Wünschelrute ganze Sammlungen von Misserfolgen ins Feld geführt werden, denen keine oder nur ein kleiner Prozentsatz von Erfolgen gegenüberstehen (die dann als ‚Zufall' gedeutet werden), so ist dazu zu bemerken, dass hier zum Teil überhaupt nur Misserfolge gesammelt wurden zum Zweck der Bekämpfung einzelner Rutengänger oder des ganzen Rutenwesens ..."

Trotz dieser aufrichtigen und offenen Einstellung des Verbands ist kein Durchbruch erzielt worden, jede Anerkennung von Seiten etablierter Institutionen versagt geblieben. Vielmehr haben sich die Gegner auch später genau der angeprangerten Taktik bedient, mit ausschließlich negativen Fallbeispielen die Meinungen zu beeinflussen (Prokop und Wimmer 1985). Hätte damals im Jahr 1938 wirklich eine ernsthafte wissenschaftliche Prüfung der vorgelegten Fälle stattgefunden, hätte man darauf gespannt sein dürfen, ob die Erfolge der Rutengänger hätten wegerklärt werden können. Es bedarf wenig Fachkenntnisse und Phantasie, um die Aussichtslosigkeit solcher Bemühungen zu erkennen: Damals wie heute lassen sich manche Leistungen von Rutengängern nicht auf befriedigende Weise „normal" erklären. Der Leser mag dies nach der Lektüre aktuellerer Begebenheiten in den folgenden Kapiteln selbst beurteilen.

3 Ungewöhnliche Leistungen herausragender Rutengänger

Die Fülle der Literatur über Wünschelruten, Erdstrahlen und Rutengänger ist schon seit langer Zeit praktisch unüberschaubar geworden. Berichte über angeblich erfolgreiche oder fehlgeschlagene Bemühungen von Rutengängern aus nahezu allen Ländern sind so zahlreich, dass es selbst für Eingeweihte sehr schwer geworden ist, sich auch nur annähernd einen umfassenden und repräsentativen Gesamtüberblick zu verschaffen. Noch umständlicher gestalten sich Versuche, bestimmte Vorgänge und ihre Umstände genauer zu eruieren und damit verbundene Erfolge und Misserfolge einer nachvollziehbaren Beurteilung zuzuführen. Mögen noch so viele Geschichten über Rutengänger und ihre Taten angeführt werden, keinem Skeptiker und keinem aufgeschlossenen Wissenschaftler kann es aus derartigem, meist anekdotischen Material ohne Vorhandensein zusätzlicher solider Informationen leicht sein, eine verbindliche Wertung ableiten. Glücklicherweise gab es aber in allen Epochen eine Reihe besonders bemerkenswerter Rutengänger, die über lange Zeiträume aktiv waren und eine Vielfalt gut nachweisbarer Leistungen vollbrachten, ohne dass jemals besondere Fehlschläge aufgetreten sind. Es seien aus der großen Zahl von derartigen Beispielen zwei Personen exemplarisch herausgegriffen, über deren Tätigkeiten ausreichend und glaubwürdiges Aktenmaterial vorhanden ist, das auch aufgrund seines Umfangs für eine Beurteilung möglicher „echter" radiästhetischer Fähigkeiten von Bedeutung sein dürfte.

Der Reichsbahnamtmann Georg Kittemann

In den 20er- und 30er-Jahren war Georg Kittemann, im Jahr 1874 in Unterfranken geboren, mit Abstand der erfolgreichste und zuverlässigste Rutengänger im süddeutschen Raum. In erster Linie, aber nicht ausschließlich, betrieb er die Rutengängerei im Dienst seiner vorgesetzten Behörde, der Deutschen Reichsbahn. Die Berichte über seine Tätigkeit – die überwiegend der Wassersuche dienten – füllen Bände, und es ist erstaunlicherweise in der langen Zeit seiner Aktivitäten kein besonders ernstlicher Fall bekannt geworden, wo er massiv falsche Angaben gemacht hätte. Er führte über tausend rutengängerische Aufgaben mit Erfolg durch, darunter auch sehr aufwendige Erschließungen. Neben der überlegenen radiästhetischen Begabung kamen ihm auch profunde geologisch-hydrologische Kenntnisse zugute. Damit gelangen ihm die schwierigsten Aufgaben, auch wenn zunächst alle fachmännischen und fachgeologischen Erwartungen dagegen standen.

Kittemann konnte trotz seiner unbestreitbaren Erfolge und des Wohlwollens seiner Vorgesetzten selten in Ruhe arbeiten. Ständig war er bösen Angriffen und Verdächtigungen rutengegnerisch eingestellter Geologen und anderer Wissenschaftler ausgesetzt. Wie noch heute war es auch vor siebzig Jahren äußerst schwierig, als Rutengänger und wissenschaftlicher Laie mit Geowissenschaftlern zusammenzuarbeiten oder nur die verhaltene Neutralität wissenschaftlich einflussreicher Kreise zu erlangen. Zu sehr hatte sich die Voreingenommenheit der Rutenskeptiker gefestigt, die offensichtlich durch die vielen schwarzen Schafe in der Gilde der Rutengänger in historischen Zeiträumen gewachsen war. Daraus ist auch abzuleiten, dass Kittemanns rutengängerische Aktivitäten besonders kritisch und argwöhnisch begleitet wurden und seine Gegner ständig nach jeder noch so kleinen Chance suchten, ihn bloßzustellen – vergebens. Hätte es beachtliche Fehlschläge in Kittemanns rutengängerischer Arbeit gegeben, wäre dies mit Sicherheit bekannt geworden, und die Reichsbahn hätte nicht ständig für ihn so deutlich und nachprüfbar Partei ergriffen. Gestützt auf seine Erfolge, trat er jedem Widersacher mit der Wucht der Tatsachen entgegen und behielt aus sachlicher Sicht stets die Oberhand. Mit Scharlatanerie und Zufallserfolgen oder mittels noch so guter hydrogeologischer Fachkenntnisse hätte er sein in weiten Kreisen beständig hohes Ansehen nie und nimmer viele Jahrzehnte, ein Leben lang bis zu seinem Tod aufrecht erhalten können.

Wie lässt sich nun nach so langer Zeit noch einigermaßen glaubhaft aufzeigen, dass Kittemann tatsächlich ungewöhnliche Fähigkeiten besaß? Betrachten wir einen Ausschnitt der Kette von Indizien, vor allem aus seiner Tätigkeit für die Deutsche Reichsbahn. Eine ganze Reihe von aufschlussreichen Fällen ist in dem 1933 von Wetzel herausgegebenen Buch „Tatsachen und Dokumente zum Streit um die Wünschelrute" des damaligen Instituts für Wünschelruten- und Pendelforschung München enthalten. Darin sind unter anderen auch die beiden nachfolgend wiedergegebenen historischen, in ihrer Dimension relativ bescheidenen Fälle aus den Jahren 1912 und 1929 enthalten. Daran lässt sich recht gut erkennen, für welche Fragestellungen sich Kittemann als Rutengänger eignete und welche Angaben und Vorhersagen er machen konnte. Es ging in den allermeisten Fällen darum, die örtliche Lage, Tiefe und Ergiebigkeit unterirdischer Wasservorkommen so genau und treffsicher vorherzusagen, dass eine nach diesen Angaben ausgelegte Bohrung entsprechend fündig wurde. Dies betraf sowohl die Errichtung von Brunnen, als auch die Lokalisierung unerwünschter Wasserleiter, die zum Beispiel zur Unterspülung von Bahndämmen führen konnten. So vermochte Kittemann für praktische Zwecke hinreichend präzise anzugeben, woher die unterspülenden Wasserzüge kamen, wo ihre Verzweigungen begannen und wie tief sie lagen; dadurch ließ sich die einfachste und kostengünstigste Möglichkeit auswählen, das schädigende Wasser noch vor Verästelungen gezielt zu erfassen und abzuleiten.

Besonders kennzeichnend für die wahre Leistungsfähigkeit solcher ausgewählter Rutengänger sind gerade diejenigen Aufgaben, bei denen die von ihnen vorgeschlagene Lösung nicht in der Wahl des aus wissenschaftlicher Sicht wahrscheinlichsten

Rezepts besteht, sondern in Vorhersagen oder Empfehlungen, die aufgrund der intelligentesten Annahmen über die betreffende Situation gerade nicht zu erwarten sind – wobei man die Gültigkeit dieses Sachverhalts freilich erst im Nachhinein jeweils endgültig zu konstatieren vermag. Entsprechende aussagekräftige Fälle sind in diesem Kapitel zusammengestellt.

Wasser im Felsenhang

„Zwischen Sulzbach in der Oberpfalz und Neukirchen befindet sich nach der Wasserscheide ein Bahnwärterhaus, das etwa 16 Meter hoch über der Sohle eines zur Eisenbahn parallel laufenden Trockentals neben dem Bahngleis auf einer vorspringenden Felsnase errichtet ist. Da sich in der Umgebung keine Quelle und kein Brunnen befindet, musste dem Bahnwärter das für den Haushalt nötige Wasser von Neukirchen mit Lokomotiven oder Rollwagen zugefahren werden, was kostspielig war und auch zu allerlei Unzuträglichkeiten führte. Um diesen Missstand zu beseitigen, ließ die zuständige Betriebs- und Bauinspektion Amberg durch Kittemann in der Umgebung des Bahnwärterhauses nach unterirdischen Wasserläufen suchen. Kittemann stellte nur einige Meter von dem Hause entfernt auch einen solchen Lauf fest, der senkrecht zur Sohle des Trockentals gerichtet war. Eine Nürnberger Bohrfirma wurde mit der Herstellung eines Brunnens beauftragt. Der Bohringenieur, der mit dem geologischen Aufbau des Jura genau vertraut war und infolge der vielen Brunnenbohrungen, die er im Jura vorgenommen hatte, große Erfahrung besaß, erklärte, dass an der vom Rutengänger bezeichneten Stelle kein Wasser zu erwarten sei; es müsste der Brunnen in der Talsohle angesetzt und mindestens auf 60 Meter Tiefe durch den Fels gebohrt werden. Die Bahnbehörde bestand jedoch darauf, dass der Brunnen an der von Kittemann bezeichneten Stelle erbohrt wurde. Dies geschah dann auch so. Bei rund 26 Meter Tiefe sackte der Bohrer plötzlich in einen stark wasserführenden Spalt. Das Wasser stieg auf etwa 6 Meter unter Bodenfläche, also nahezu 10 Meter über die Talsohle. Der Brunnen besteht seit 1912 (etwa 20 Jahre) und hat auch in der trockensten Zeit stets reichlich Wasser geliefert." (Abb. 3.1)

Der Fall wurde damals als ein gutes Beispiel dafür angesehen, dass in den meist wasserarmen Juraschichten wohl die Grundwasserhorizonte bestimmter Schichten mit geologischen Methoden festzustellen sind, nicht aber die regellos im Kalk verteilten und von der Oberfläche aus nicht zu erkennenden wasserführenden Kanäle, die Rutengänger offenbar zu erspüren vermögen.

Im Westerwald

Im November 1929 spielte sich in der Nähe von Frankfurt eine kleine Episode ab, die ebenfalls in den Akten der Reichsbahn festgehalten ist und in Wetzels Buch „Tatsachen und Dokumente zum Streit um die Wünschelrute" wie folgt wiedergegeben wird: „Die Bahnstation Siershahn (Westerwald) hat einen täglichen Wasserbedarf von 300 bis 400 Kubikmeter. Das Wasser wurde in der Regel von der städtischen Was-

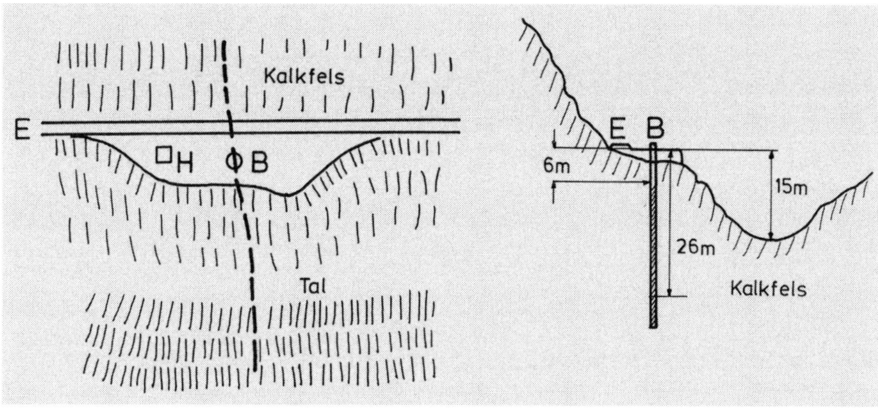

Abb. 3.1 Schematische Planskizze zu einer erfolgreichen Quellfindung durch Georg Kittemann (Aufsicht und Querschnitt. E: doppelgleisige Eisenbahnlinie; H: Bahnwärterhaus; B: Bohrpunkt.

serleitung geliefert. In Trockenperioden trat jedoch Wasserknappheit ein, so dass die Stadt die Bahnstation nicht mehr genügend beliefern konnte. Die Bahnverwaltung entschloss sich daher, eine eigene Wasserversorgungsanlage zu errichten. Zu diesem Zwecke ließ die Reichsbahndirektion Frankfurt a.M. das Gelände um Siershahn durch einen Frankfurter Rutengänger untersuchen. Dieser stellte einen unterirdischen Wasserlauf fest, der verhältnismäßig günstig zum Bahnhof liegt. Auf dem Lauf wurde nun ein Brunnenschacht hergestellt und bei cirka 4 Meter Tiefe Wasser angetroffen. Die Schüttung betrug aber nur täglich 100 bis 110 Kubikmeter. Da diese Wassermenge zur Deckung des Bedarfes bei weitem nicht ausreichte, wurde Kittemann beauftragt, zu untersuchen, ob in der Nähe des Laufes etwa weitere Wasserläufe vorhanden sind. Er stellte – ohne vorherige Kenntnis – zunächst den Lauf genau so fest wie der erste Rutengänger. Dann ließ er, da ihm die Tiefe des gefundenen Wasserspiegels im Schacht nach seinen Ruten-Ausschlägen mit 4 Meter zu gering erschien, das Wasser im Schacht bis etwa 0,5 Meter unter die wassertragende Lehmschicht auspumpen und den Wasserspiegel auf dieser Höhe halten. Nunmehr ging Kittemann quer über den Lauf unterhalb des Schachtes und erhielt auf die ganze Breite des Wasserlaufes die gleichen Rutenausschläge wie vorher. Dies hätte nicht der Fall sein können, wenn das gesamte Wasser des Laufes bereits in den Schacht geflossen wäre. Darauf erklärte Kittemann, dass das im Schacht erschlossene Wasser aus einem zufällig angetroffenen (spannungslosen) Grundwasservorkommen stammt, das die Rute nicht anzeigte, dass dagegen der eigentliche Lauf noch gar nicht erfasst ist. Er schätzte dessen Tiefenlage unter Bodenoberfläche auf etwa 10 Meter. Daraufhin wurde im Schacht tiefer gegraben. Nach mehreren Metern, die durch Lehm und Ton führten, traf man auf Eisenerz. Der Brunnenbauer und die sachverständigen Ämter erklärten, dass ein Weitergraben keinen Zweck mehr hätte, da erfahrungsgemäß in der dortigen Gegend unter dem Erz kein Wasser mehr vorkomme. Gleichwohl ließ die Bahnverwaltung weitergraben, und nach dem Durchstoßen der etwa 1,5 Meter starken Erzschicht wurde tatsächlich ein Wasserlauf erschlossen, der über 450 Kubikmeter tägliche Schüttung hat und seither den gesamten Wasserbedarf der Station reichlich deckt."

Diese Begebenheit wurde in einem Schreiben des Präsidenten der Reichsbahndirektion Frankfurt a. M. vom 22. März 1930 unter dem Aktenzeichen Pr.101.Pbnl, unterzeichnet von Dr. Roser und beglaubigt von Reichsbahn-Oberinspektor Mutter, im Detail bestätigt. Darüber hinaus stellt das amtliche Schreiben fest: „Durch die verdienstvolle Arbeit des Amtmanns Kittemann sind erhebliche Kosten für neue Bohrversuche und Herstellung eines neuen Brunnens erspart worden."

Bewertung durch die Reichsbahn

Der Einsatz von Rutengängern erfolgte bei der Reichsbahn nicht ohne ständige Diskussionen des Für und Wider. Da die Vorgesetzten Kittemanns nicht auf seine Arbeit verzichten wollten, setzen sie sich mehrfach für ihn ein und halfen, häufig vorgebrachte und ungerechtfertigte Angriffe abzuwehren. Im Folgenden seien Auszüge aus drei Schreiben aus den Jahren 1923, 1924 und 1926 wiedergegeben, die recht deutlich die Bemühungen zeigen, Kittemann auch weiterhin, trotz aller Proteste, für rutengängerisch lösbare Aufgaben einsetzen zu dürfen.

Reichsverkehrsministerium, Zweigstelle Bayern in München, 19.4.1923
„An den Herrn Reichsverkehrsminister, Berlin W9:

Durch die bisherige Anwendung der Wünschelrute kann als erwiesen erachtet werden, dass geeignete und ausgebildete Personen mit der Rute die Lage unterirdischer fließender Wasseradern, im Grundriss betrachtet, mit überraschender Sicherheit bezeichnen können. Als erfolgreicher Rutengänger ist der Eisenbahnoberingenieur der RBD Nürnberg, Georg Kittemann, aufgetreten. Er ist bei den meisten der festgestellten Erfolge als Rutengänger tätig gewesen. Die Anwendung der Wünschelrute hat sich in den meisten Fällen als äußerst wirtschaftlich für die Reichsbahnverwaltung erwiesen.

gez. i. A. Dasch, Ministerialdirektor"

Bauinspektion II., Nürnberg, 24.9.1924
„An die Reichsbahndirektion München (zur Verf. v. 18.7.1923):

Der Unterfertigte hat schon im Jahre 1913 – obwohl sein damaliger Chef ORR Schrenk dem widerstrebte und einen Misserfolg prophezeite – mit vollem Erfolg die besonderen Eigenschaften des technischen Eisenbahn-Oberinspektors Kittemann als Wünschelrutengänger verwertet ...

Bei den beiden Bahnwärterposten 21 und 22 wurde durch OI Kittemann an ganz bestimmten Stellen ein unterirdischer Lauf mit der Wünschelrute festgestellt und tatsächlich auch bei den nachfolgenden Bohrungen in einer Tiefe aufgeschlossen, die die Schätzungen Kittemanns um Weniges überschritt. Mit Einwand wäre es unmöglich gewesen, besonders bei Posten 21 und 22 in dem zerklüfteten Juragebiet, wo nur durch einen Zufall ein unterirdischer Lauf sich bilden kann, ohne Wünschelrute einen Erfolg auf den ersten Anhieb zu erzielen.

Diese Erfolge ermutigten im Laufe der weiteren Jahre nach dem Kriege [gemeint ist der 1. Weltkrieg; Anm. d. Verf.] in allen Fällen, wo es sich um Schaffung neuer Brunnen oder um Ableitung von unterirdischen Wasserläufen handelte, die den Bestand von Einschnitten und Dämmen der Eisenbahn gefährdeten, stets die Beiziehung des OI Kittemanns zu veranlassen und, wie dies gleich vorausgeschickt werden darf, mit einem stets sicheren Erfolg mit einer einzigen Ausnahme. Die von OI Kittemann in meinem Bezirke nach dem Kriege mit vollem Erfolge durchgeführten Feststellungen mit der Wünschelrute sind im Nachfolgenden angegeben:

Bei der Station Katzwang wurde aus Anlass der Erbauung eines neuen Brunnens an einer bestimmten Stelle von Kittemann eine Wasserader festgestellt, deren Tiefe er auf 23 m Tiefe schätzte. Sie wurde bei 24,6 m Tiefe aufgefunden ...

[Es folgen weitere 9 Fälle; Anm. d. Verf.]

Aus dem Vorstehenden erhellt zur Genüge, dass eine Unmenge von Aufgaben der Bauinspektion heute ohne den Wünschelrutengänger gar nicht gelöst werden können und dass es gar nicht hoch genug angeschlagen werden kann und der Reichsbahn-Verwaltung von unberechenbarem Vorteil ist, dass sie über einen Rutengänger unter ihren Beamten verfügt, der über solch ausgezeichnete Rutengänger-Eigenschaften und zugleich über ein so umfangreiches geologisches und technisches Wissen und so reiche Erfahrung verfügt. Es ist nur zu bedauern, dass er nicht ausschließlich und systematisch für die Feststellung der Wasserverhältnisse an den Bahnen beschäftigt wird.

gez. Wöhrl, Reichsbahn-Oberbaurat“

Deutsche Reichsbahn Gesellschaft, Gruppenverwaltung Bayern, München, 16. 7. 1926

„An die Deutsche Reichsbahn Gesellschaft, Hauptverwaltung, Berlin W66,

In den letzten Jahren wurde in unserem Bereich die Wünschelrute mehrfach zum Aufsuchen von Wasserläufen angewendet, besonders häufig im Bezirk Nürnberg und München, in vereinzelten Fällen im Bezirk Augsburg. In letzterem Bezirk hat der technische Inspektor Wagner, in den erstgenannten der technische Oberinspektor Kittemann als Rutengänger gewirkt. Kittemann hat seit Jahren in zahlreichen Fällen als erfolgreicher Rutengänger gewirkt ... Nach den zahlreichen Erfolgen, die wir in unserem Bereich zu verzeichnen haben, halten wir es für vorteilhaft, Wünschelrutengänger bei den einschlägigen Arbeiten des Bahnbaues und der Bahnunterhaltung zu verwenden.

gez. i. A. Barth, Geheimer Oberregierungsbaurat“

Die Prämie

Die vielleicht bedeutendste offizielle Anerkennung erfuhr Kittemann im Jahr 1943, als ihm das Reichverkehrsministerium für seine langjährige verdienstvolle Tätigkeit als Wünschelrutengänger eine einmalige besondere Dienstprämie von 1000 Reichsmark

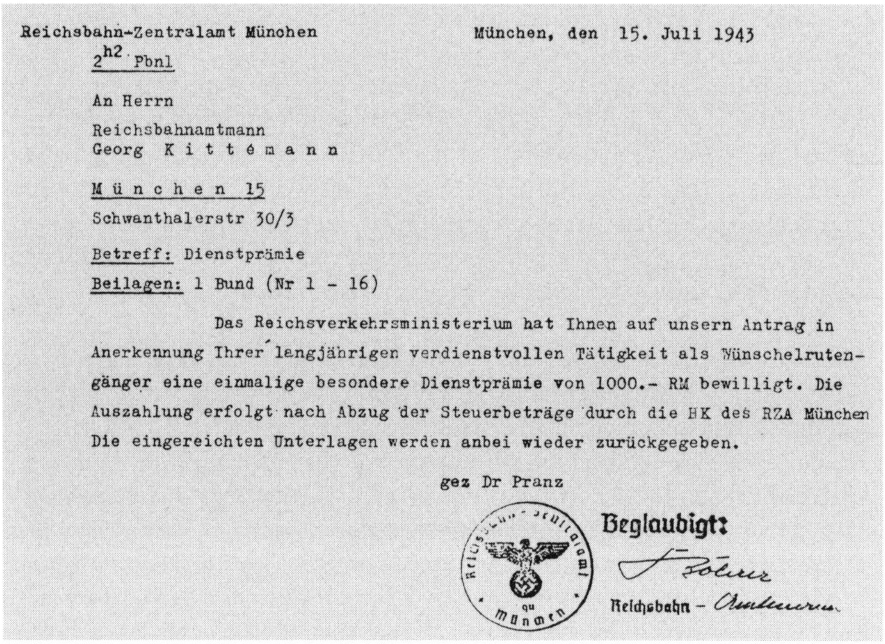

Reichsbahn-Zentralamt München München, den 15. Juli 1943

2h2 Pbnl

An Herrn
Reichsbahnamtmann
Georg K i t t e m a n n

M ü n c h e n 15
Schwanthalerstr 30/3

Betreff: Dienstprämie

Beilagen: 1 Bund (Nr 1 - 16)

Das Reichsverkehrsministerium hat Ihnen auf unsern Antrag in Anerkennung Ihrer langjährigen verdienstvollen Tätigkeit als Wünschelrutengänger eine einmalige besondere Dienstprämie von 1000.- RM bewilligt. Die Auszahlung erfolgt nach Abzug der Steuerbeträge durch die HK des RZA München Die eingereichten Unterlagen werden anbei wieder zurückgegeben.

gez Dr Pranz

Beglaubigt:

Reichsbahn –

Abb 3.2 Dokument zur Gewährung einer Dienstprämie an Georg Kittemann für erfolgreiche Tätigkeit als Rutengänger bei der Deutschen Reichsbahn.

bewilligte (Abb. 3.2). Dieses Ereignis stellte für die damalige Zeit, in der die Rutengängerei offiziell verfemt war, einen überaus ungewöhnlichen und beispiellosen Vorgang dar. In Anbetracht der vielen Instanzen, die für die Beurteilung Kittemanns zuständig waren, kann auch nicht einschränkend geltend gemacht werden, dass er damals vielleicht von dem Hang einiger hochrangiger Nationalsozialisten zum Esoterischen profitiert haben könnte. Entscheidende Grundlage waren vielmehr die jahrzehntelangen aktenkundigen Erfolge Kittemanns und die damit verbundenen wirtschaftlichen Vorteile für die Reichsbahn. Im übrigen hat auch Paul Heinz Müller, Abteilungspräsident der Bundesbahndirektion München, auf Anfrage im Jahr 1959 erklärt, dass jederzeit Auskünfte über die noch vorhandenen Akten gegeben werde. Es besteht nach all diesen vorhandenen Befunden kein Grund, Kittemanns sämtliche Befürworter aller Ausbildungs- und Dienstgrade bei der Reichsbahn der Ignoranz zu bezichtigen, die Leistungen Kittemanns ins Anekdotische zu schieben, dem Zufall zuzuordnen, oder durch nachweisliche Fehlschläge anderer Rutengänger bei anderen Aufgaben zu entwerten.

Zur Abrundung der erstaunlichen Aktivitäten von Kittemann seien noch zwei Fälle aus den Jahren 1949 und 1951 angeführt, die er zusammen mit seiner ebenso begabten Tochter Emmy mit einer bemerkenswerten Sicherheit bewältigte. Dies zeigt nochmals in aller Deutlichkeit, dass hier mehr im Spiel sein muss, als seine Gegner ihm damals oder heute zubilligen möchten.

Ein unterirdischer Fluss bei Holzkirchen

An der Autobahn zwischen München und Salzburg liegt bei Holzkirchen eine Raststätte, früher als Reichsautobahnhof bezeichnet. Der katastrophale Wassermangel in den Trockenperioden der Nachkriegsjahre hatte diese Raststätte in erhebliche Schwierigkeiten gebracht. An die Leitung der ohnehin sehr wasserarmen Gemeinde Föching angeschlossen, deren Netz aus den immer mehr versiegenden Quellen des Taubenbergs gespeist wurde, konnte der Bedarf des Autobahnhofs in keiner Weise mehr befriedigt werden. Um diesem Übelstand zu begegnen, musste zur Selbsthilfe geschritten und an eine Eigenversorgung gedacht werden. Durch bestimmte Kontakte und Umstände kam es dazu, Kittemann um die Festlegung eines Bohransatzpunkts zu ersuchen. Glücklicherweise fand er in unmittelbarer Nähe der Raststätte im Wald eine Stelle, wo er einen starken Wasserlauf in etwa 75 Meter Tiefe erwartete. Das Straßenbauamt München bestätigt in einem späteren Anerkennungsschreiben: „Wir haben aufgrund Ihrer Rutenbegehung vom 12. 11. 1947 und 16. 11. 1948 die Bohrung angesetzt."

Im Januar 1949 begann die Firma Brechtl aus Ludwigshafen mit den Bohrarbeiten, die sich in der damaligen Zeit mit ihren begrenzten technischen Möglichkeiten von Anfang an überaus schwierig gestalteten. Nicht weniger als 32 Meter Nagelfluh mussten mit nicht optimal geeigneten Bohrverfahren in anstrengender Arbeit durchstoßen werden. Bei 67 Meter Tiefe wurde dann eine offenbar mächtige Tonschicht erreicht. Da dies als schlechtes Zeichen für Wasserfindung zu werten war, wurde ein Geologe zur Begutachtung herbeigezogen. Es wurde dann noch bis 75,5 Meter weitergebohrt, ohne dass sich Grundwasser gezeigt hätte. Die Bohrung sollte in Anbetracht dieser ungünstigen Situation auf fachkundigen Rat hin als ergebnislos eingestellt werden. In dem Gutachten des Geologischen Landesamtes vom 2. Mai 1949, das dieser Empfehlung zugrunde liegt, liest sich die wissenschaftliche Begründung wie folgt:

„Betreffs Fehlbohrung bei der Straßenmeisterei Holzkirchen:

Die Bohrung beweist, dass es kein zusammenhängendes Grundwasser im Sinne der Reuterschen Darstellung gibt, das Grundwasser dieser Gegend vielmehr auf einzelne Gerinne beschränkt ist, deren Lage in Ermangelung von Vergleichsbohrungen auch für den Geologen prognostisch nicht zu erfassen ist. In diesen Fällen kann jedoch die Geophysik mit großem Erfolg eingesetzt werden. Aufgrund des geologischen Befundes habe ich vorgeschlagen, die Bohrung unverzüglich einzustellen. Auch von einer Weiterführung der Bohrung mit geringerem Durchmesser als Versuchsbohrung verspreche ich mir bei der tonigen Zusammensetzung der Flinzschichten selbst bis zu einer Endteufe von 100 Meter keinen Erfolg.

gez. Dr. Traube"

Wie von dem Fachmann vorgeschlagen, wurde daraufhin eine geoelektrische Bodenuntersuchung veranlasst und am 5. Mai 1949 durchgeführt. Das Ergebnis der wissenschaftlich-technischen Messungen lautete abermals: Die Fortsetzung der Bohrung wäre zwecklos.

Man kann sich leicht vorstellen, mit welchen Gefühlen und Worten seiner Auftraggeber und Gesprächspartner sich Kittemann in dieser Situation konfrontiert sah, nicht zu reden von sonstigen skeptischen Beobachtern der Szene. Hätte er sich von der scheinbaren Macht der entstandenen Fakten überzeugen lassen, wäre die ganze Angelegenheit als ein kostspieliger Misserfolg von Kittemann in die Annalen eingegangen, und die Kittemanns wären fortan als unzuverlässige Rutengänger gebrandmarkt gewesen und hätten kaum eine Chance für die weitere Ausübung ihrer rutengängerischen Tätigkeit gehabt. Aber Kittemann gab nicht so schnell auf. Schließlich hatte er bei seinen ersten Begehungen in Holzkirchen deutliche Rutenreaktionen verspürt; indem er seiner rund vierzigjährigen Erfahrung vertraute, konnte er sich ziemlich sicher sein, dass tatsächlich Wasser zu finden sein müsste.

Also begab er sich zusammen mit seiner Tochter erneut auf einen Kontrollgang vor Ort. Besonderes Augenmerk widmete er der Tiefenbestimmung. 75,5 Meter waren gebohrt, und bei etwa 75 Meter Tiefe hatte er Wasser erwartet. Allerdings muss man sich darüber klar sein, dass die Tiefenangaben von Rutengängern nur Schätzwerte darstellen, die naturgemäß mit Fehlern behaftet sind, die auch noch von der (unbekannten) Zusammensetzung des Untergrunds abhängen können. Zu diesem heiklen Punkt werden wir noch in späteren Ausführungen zurückkommen. Eine Angabe von 75 Metern darf nach Erfahrungswerten von sehr erfolgreichen Rutengängern günstigstenfalls so interpretiert werden, dass es auch 70 oder 80 Meter sein können.

Nach sorgfältiger Begehung blieb Kittemann gegen alle „rationalen" Evidenzen bei seiner früheren Angabe: Eine starke Wasserführung könne nicht mehr weit sein. Da die Bohrfirma schon öfter mit den Kittemanns erstaunlich gute Erfahrungen gemacht hatte, diese beiden Rutengänger deswegen nicht selten in schwierigen Situationen als Empfehlung benannte und auch die Straßenmeisterei die Qualitäten des Rutengängers Kittemann ernst nahm, entschloss man sich, noch um weniges weiter zu bohren. Und tatsächlich, Kittemanns Rat war Trumpf. Das von den Experten unerwartete und als unwahrscheinlich eingestufte Ereignis trat ein: Schon nach weiteren 1,30 Metern wurde eine wasserführende Kiesschicht von 2,90 Meter Stärke erreicht, aus der mühelos vier Liter pro Sekunde entnommen werden konnten, mehr als genug für die beabsichtigten Zwecke. Damit war das Unternehmen erfolgreich abgeschlossen, und alle wesentlichen Vorhersagen von Kittemann betreffs Ort, Tiefe und Menge waren als korrekt nachgewiesen. Das Straßenbauamt München war dann auch so fair, Georg Kittemann diese überraschende Sachlage in einem Schreiben vom 12. Dezember 1949 zu bestätigen (meist scheuen sich nämlich die Auftraggeber aus allzu verständlichen Gründen, den Erfolg eines Rutengängers offiziell zuzugeben).

Auch die Zeitungen berichteten von dem günstigen Abschluss der Arbeiten. Aber aufschlussreich ist die Art und Weise, wie manche Blätter die Angelegenheit der Öffentlichkeit präsentierten: So brachte zum Beispiel die größte Tageszeitung im süddeutschen Raum, der Münchener Merkur in seiner Nummer 86 vom 22. Juli 1949, über die Bohrarbeiten einen ausführlichen Artikel mit Photo, erwähnte jedoch Kittemann oder dessen Beteiligung an der Sache mit keinem Wort. Mehr noch, der wahre Sachverhalt wurde sogar dahingehend verfälscht, dass von der allgemeinen Annahme gesprochen wurde, in 70 bis 80 Meter Tiefe ziehe sich an besagter Stelle bei Holzkirchen ein unterirdischer Fluss hin und durch dessen Auffindung und Erschließung sei der erwartete Erfolg nunmehr eingetroffen. Wer den wahren Ablauf der Dinge kennt, kann über eine solche Unvollständigkeit der Berichterstattung nur den Kopf schütteln. Es traf aber die Kittemanns nicht sonderlich, denn sie waren an eine derartige ungerechte Behandlung seit Anbeginn ihrer Rutengängertätigkeit gewöhnt und hatten mit der Zeit gelernt, nicht jedesmal erbost zu reagieren, wenn ihre offensichtlich erfolgreiche Tätigkeit wieder einmal ignoriert und verschwiegen wurde; der unbestrittene Erfolg ihrer Arbeiten und die Anerkennung durch nicht wenige Auftraggeber und Fachleute gab ihnen ausreichend Genugtuung.

Überraschung am Irschenberg

Bleiben wir noch an der Autobahn. Ein Stück weiter nach Osten liegt der noch heute von vielen Autofahrern im Winter gefürchtete Irschenberg am höchsten Punkt der Autobahn München–Salzburg. Auch dort gibt es ein Rasthaus, für dessen Bau in den Jahren 1950 und 1951 eine eigene Wasserversorgung geplant war. Da in weitem Umkreis keine geeigneten Wasserquellen vorhanden waren und die zuständigen Fachleute keinerlei Hoffnung auf einen erfolgversprechenden Bohransatzpunkt auf der Kuppe des Bergs begründen konnten, holte das Straßenbauamt München wiederum den inzwischen 76-jährigen Georg Kittemann zu Hilfe.

Unmittelbar an der Ausfahrt von der Autobahn zum Rasthaus glaubte er bei seiner Begehung des Geländes eine sehr starke Wasserführung in etwa 40 Meter Tiefe zu spüren. Seine Tochter führte unabhängig von ihm ihre eigene Begehung durch und kam zu dem gleichen Ergebnis. Wie in vielen anderen Fällen wurde seine Vermutung von Seiten der zuständigen Wissenschaft als unwahrscheinlich eingestuft. Aus schon früher erläuterten Gründen entschieden sich die Fachleute des Autobahn-Bauamts dennoch, genau nach Kittemanns Angaben zu bohren. Das Loch erreichte 40 Meter, 50 Meter, 100 Meter, und schließlich 180 Meter, ohne dass sich merklich Wasser fand. Dieser anscheinende Fehlschlag sprach sich schnell herum; man zog über die Rutengänger her, und es wurden Stimmen laut, das Rutengehen müsste verboten werden.

Vater und Tochter Kittemann inspizierten das Gelände nochmals sehr genau und kamen aufgrund ihrer langjährigen Erfahrungen wiederum zu der festen Überzeugung, wie schon vor Beginn der Bohrarbeiten, dass ein starker Wasserlauf in etwa 40 Meter Tiefe angetroffen werden müsste – nach allem Augenschein war das die unwahrscheinlichste aller intelligent zu ratenden Empfehlungen. Da aber das Loch schon erheblich tiefer war, bliebe nur die Erklärung – so Kittemann –, dass das Wasser längst „überbohrt“ worden sei und es beim Herausziehen der Rohre eine Überraschung geben werde: Wasser. Als nun die Rohre daraufhin langsam gezogen wurden, stellte sich in der Tat heraus, dass bei etwa 45 Metern Tiefe die enorme Menge von 5,5 Litern pro Sekunde angetroffen wurde! Eine wundersame Erfahrung für alle Beteiligten, außer für Vater und Tochter Kittemann. Das Wasser sprudelt dort noch heute in unverminderter Menge. Der zuführende Wasserlauf scheint auch für Anfänger der Rutenkunst gut zu spüren und in seinem örtlichen Verlauf zu verfolgen sein. Dies berichten jedenfalls Teilnehmer an Rutengänger-Kursen, die die Umgebung des Brunnens noch heute regelmäßig zu Übungszwecken begehen.

In seinem Anerkennungschreiben vom 2. September 1952 an die Kittemanns erklärte das Straßenbauamt unter anderem: „Der Erfolg ist in dem schwierigen Gelände des Irschenbergs besonders beachtenswert." Kurze Zeit später, im Oktober 1952, verstarb Georg Kittemann. Die Arbeit am Irschenberg war sein letzter großer Erfolg in einer langen Serie von gut tausend Untersuchungen gewesen. Eine kritische Bewertung seiner Ergebnisse wird am Ende des Kapitels versucht, zusammen mit den Ergebnissen seiner Tochter, deren besondere und ganz ähnlich liegende Leistungen der Leser im folgenden Abschnitt kennenlernen wird.

Die Rutenmeisterin Emmy Kittemann

Ganz in der Tradition des Vaters setzte Emmy Kittemann das Rutengehen zur Wassersuche nach dessen Tod fort. Da sie dies aber nur auf rein privater Basis und nicht im Zusammenhang mit einer beruflichen Anstellung ausüben konnte, war es oft schwer, eine angemessene Anerkennung oder Bestätigung der von ihr erzielten Erfolge zu erreichen. So ist es nicht verwunderlich, dass die Mehrzahl ihrer Aufträge nicht so gut dokumentiert ist, dass sich daraus direkte, einfache Beweise für oder gegen die Fähigkeiten von Rutengängern ableiten ließen. Dennoch sind im Zeitraum zwischen 1949 und 1983 in mindestens 50 Fällen die Ergebnisse von Seiten der Auftraggeber schriftlich bestätigt worden und damit faktenmäßig gesichert. Es handelt sich dabei um staatliche Institutionen, Gemeinden, Industriefirmen und, in seltenen Fällen, Privatleute. Bei den meisten Aufgaben ging es erschwerend nicht nur darum, irgendeine Menge Wasser zu finden, sondern es bestanden bestimmte quantitative Vorgaben, deren Erreichen für einen Erfolg unabdingbar war; häufig waren dies ganz erhebliche Wassermengen von 5 Liter pro Sekunde und mehr.

Obwohl es für den Leser sicherlich recht aufschlussreich wäre, die umfangreiche Liste der eindrucksvollen Erfolge von Emmy Kittemann kennenzulernen, beschränken wir uns hier auf eine Auswahl besonders spektakulärer Fälle, einschließlich der besonders spannenden Geschichte zur Entdeckung der Benedictus-Quelle. Die im folgenden Abschnitt angeführten Beispiele unterstützen den im vorangegangenen Kapitel vermittelten Eindruck, dass es immer wieder Rutengänger gibt, die sich für die routinemäßige und schnelle Lösung von schwierigen Problemen aus der Praxis eignen.

Eine Molkerei benötigt mehr Wasser

Nachdem die Geschäftsleitung eines großen Tiefbohrunternehmens durch die Arbeit von Emmy Kittemann eines großen Problems enthoben war, schrieb sie ihr am 1. August 1949 folgenden anerkennenden Brief:

Abb. 3.3 Emmy Kittemann

„Der von Ihnen festgestellte Wasserlauf in der Molkerei Jäger in Haag/Obb. hat sich als außerordentlich ergiebig erwiesen. Trotzdem die Situation vom geologischen Standpunkt aus betrachtet, infolge der Lage der Bohrstelle in der Endmoräne, außerordentlich verzweifelt war, wurden in den Tiefen zwischen 56 und 80 m Wasserzugänge erschlossen, die etwa 8,5 Liter/Sekunde als Dauerzulauf erbrachten. Dabei war die Absenkung nur etwa 46 m, so dass bei tieferer Absenkung der Zulauf noch bedeutend höher geworden wäre. Der Bedarf der Molkerei ist daher reichlich gedeckt. Der Erfolg, den man an dieser Stelle nicht erwartet hätte, spricht für den hohen Wert Ihrer Wünschelrutenangaben.“

Bohrung im Hunsrück

Am 13. Juni 1961 erhielt Emmy Kittemann von der Leitung einer anderen großen Firma folgendes Schreiben:

„Nachdem infolge der Wasserknappheit auf dem Hunsrück im Jahre 1959 die Aufrechterhaltung unserer Fabrikation gefährdet war, gaben wir Ihnen den Auftrag, eine Wasserader zwecks Errichtung eines Tiefbrunnens auf unserem Betriebsgelände ausfindig zu machen. Obwohl es geologisch kaum zu erwarten war, konnten Sie zwei sich kreuzende Wasseradern aufspüren und auch die Tiefe der wasserführenden Schicht genau bestimmen. Die anschließend erfolgte Bohrung durch die Firma Etschel & Meyer in Hof/Saale bestätigte in allen Punkten die durch Sie vorher aufgezeigten Angaben.“

Ein Skeptiker wird überzeugt

Der Diplom-Landwirt Dr. Victor von Malaiés hielt eigentlich nichts von der Rutengängerei. Doch als es um die Verbesserung der Wasserversorgung seines Betriebs ging, hörte er versuchsweise und der Einfachheit halber auf die Empfehlungen, Emmy Kittemann mit der Lokalisierung eines Bohransatzpunkts zu beauftragen. Dies geschah, und Kittemann sagte etwa 1 Liter pro Sekunde in 12 bis 15 Meter Tiefe voraus. Doch es ergab sich eine technische Komplikation, die zwar die Wassererschließung erschwerte, dabei aber mit dem Vorteil verbunden war, die erstaunliche Sicherheit der Angaben von Kittemann in ein besonders deutliches Licht zu rücken. Lassen wir Dr. von Malaiés aus seinem Empfehlungsschreiben vom 2. Juni 1962 über die Ereignisse und das Ergebnis selbst berichten:

„Der Bohrmeister der von mir beauftragten Bohrfirma hatte – obwohl die Bohrung bereits auf 25 Meter vorangetrieben war und sich noch kein verwertbares Wasser ergab – jegliche Hoffnung aufgegeben. Frau Kittemann beharrte jedoch klar und eindeutig auf ihrem Standpunkt, dass nach Ziehen der Massivrohre das Wasser bei der vorhergesagten Tiefe von etwa 15 m in die eingesetzten Siebrohre einschießen würde. Obwohl es niemand für möglich hielt, ich wiederhole, niemand außer Frau Kittemann, trat dies tatsächlich ein: Das Wasser war da. Ein 32-stündiger Pumpversuch erbrachte die erkleckliche Menge von maximal 60 Liter/Minute, also viel mehr Wasser, als benötigt wurde.“

Harte Arbeit: 113 Meter durch Granit

Die Geschäftsleitung einer Weberei teilte Emmy Kittemann am 16. Juli 1963 über eine schwierige, aber unerwartet gut gelungene Wassersuche erfreut Folgendes mit:

„Wir bestätigen Fräulein Emmy Kittemann, Tegernsee, dass aufgrund der von ihr ermittelten unterirdischen Wasserführungen und deren Kreuzungspunkten eine Tiefenbohrung auf unserem Grundstück niedergebracht wurde, die trotz außerordentlich schwieriger Bodenverhältnisse im Granit durch Aufschlagen, beziehungsweise Anbohren von Spalten eine Schüttung von 2,5 Sekundenliter erbrachte.

Es sei darauf hingewiesen, dass der aufgrund der Vorschläge von Fräulein Kittemann erschlossene Brunnen durch 113 m Granit erbohrt werden musste. Den bei der Bohrung beteiligten Fachleuten erschien es zunächst unmöglich, dass bei den bestehenden Geländeformationen überhaupt mit einer Auffindung von Spaltwasser gerechnet werden könnte. Es mag dabei auch nicht unerwähnt bleiben, dass eine in näherer Nachbarschaft durchgeführte Bohrung völlig erfolglos geblieben war. Fräulein Kittemann hatte an dieser erwähnten Bohrung keinen Anteil."

Ergänzend sei hierzu bemerkt, dass das angetroffene Gestein derart hart war, dass jeden Tag drei Bohrmeißel abgeschliffen wurden. Da nicht vorausgesehen werden konnte, wie mächtig sich diese harte Schicht noch erweisen würde, schien ein Wasservorkommen aus geologischer Sicht zumindest sehr unwahrscheinlich. Nachdem bereits über 100 Meter mühsam und ohne jedes Anzeichen eines sich anbahnenden Erfolgs gebohrt waren, schüttelte jeder der Beteiligten den Kopf, als Kittemann angesichts dieser ausweglos erscheinenden Situation erklärte, eine reichliche Schüttung sei in Kürze zu erwarten. Es ist auch hier nur den Vorschusslorbeeren Emmy Kittemanns zu verdanken, dass tatsächlich, trotz der widrigen Umstände, die Probe aufs Exempel gemacht und die Unternehmung nicht vorzeitig eingestellt und in der Folge als Fehlschlag bewertet wurde.

Nachhilfe an der Autobahn

Immer wieder gelang es Emmy Kittemann, ihre in weiten Kreisen bekannte Reputation als erfolgreiche Rutengängerin zu festigen, indem sie besonders schwierige Fälle löste, die mit herkömmlichen Methoden nicht routinemäßig abgewickelt werden konnten. Eine solche Situation lag bei der angestrebten Wasserversorgung der Rastanlage Frankenwald an der Autobahn nahe Nürnberg vor. Nachdem Kittemann damals das vorgefundene Problem auf ihre bewährte Weise mit vollem Erfolg geregelt hatte, schrieb ihr das Autobahnbauamt Nürnberg am 18. Dezember 1965:

„Wir hatten Sie zu Rate gezogen, da wegen der ungünstigen Verhältnisse in dieser Gegend uns die Geologen keine sicheren Aussichten machen konnten, in wirtschaftlich vertretbarer Entfernung von der Rastanlage ausreichend Wasser zu finden. Aufgrund Ihrer Rutenbegehungen am 4. und 5. Mai 1965 konnten Sie uns eine aussichtsreiche und günstig gelegene Stelle für eine Bohrung empfehlen. Die von uns daraufhin angesetzte Bohrung hatte großen Erfolg. Sie erschloß mindestens zwei Wasserhorizonte, und zwar ziemlich genau in der von Ihnen gemuteten Tiefe. Der Dauerpumpversuch von 121 Stunden ergab eine Schüttung von 7 Liter/Sekunde. Diese für die dortigen Verhältnisse erstaunliche Ergiebigkeit befriedigt nicht nur den Bedarf der Rastanlage ..."

Guter Rat war billig

Der Chef einer weiteren bekannten Weberei machte eine beachtenswerte Erfahrung, die er in seinem Schreiben vom 29. März 1971 an Emmy Kittemann wie folgt mitteilt:

„Da der bereits bestehende Brunnen für unseren Wasserbedarf nicht mehr ausreichte, ließen wir durch die Firma Etschel & Meyer, Hof, eine neue Brunnenbohrung vornehmen. Der mit dieser Firma zusammenarbeitende Geologe legte den Standort fest. Leider war jedoch bei dieser Großbohrung auf 54 m und Vertiefung durch Kernbohrung auf 71 m Tiefe nur eine Schüttung von 0,5 Liter/Sekunde gegeben. Durch Firma Etschel & Meyer auf Sie aufmerksam gemacht, riefen wir Sie. Aufgrund Ihrer Rutenbegehung stellten Sie genau den Verlauf der Wasserader unseres alten Brunnens fest, als auch einer weiteren Ader mit 20 m Breite in Ost-West-Richtung und noch eine dritte Ader mit 7 m Breite in Süd-Ost-Richtung, wobei sich letztere fast senkrecht kreuzten. Die dort an der Grenze unseres Grundstücks daraufhin ausgeführte Kernbohrung erbrachte in 55 m Tiefe eine Schüttung von 15 Liter/Sekunde."

Rutengänger als Ausweg

Die Gemeinde Rott am Inn, Heimat eines bekannten und damals einflussreichen Politikers, hatte in den 70er-Jahren mehrere trockene Sommermonate zu verzeichnen, die einen einschneidenden Wassermangel und damit manche Härte für die Bewohner bedeuteten. Nach intensiven Bemühungen für eine bessere Wasserversorgung kam es zu einer konventionell vorbereiteten und recht kostspieligen Tiefbohrung. Mit Spannung und Optimismus wurde das Bohrergebnis erwartet: Groß war dann die allgemeine Enttäuschung, als sich lediglich 1 Liter pro Sekunde ergab und ein Ausbau des Brunnens damit nicht gerechtfertigt werden konnte. Alle Beteiligten begannen daraufhin mit der Suche nach finanziell tragbaren Alternativen, aber guter Rat war fern. Eine weitere, ähnlich tiefe Bohrung wäre zu aufwendig gewesen, und überdies hätte dabei keine Gewissheit für eine wesentliche bessere Aussicht auf Erfolg bestanden. Schließlich, nach langen Überlegungen und teilweise kontrovers geführten Diskussionen, beauftragte der Bürgermeister Emmy Kittemann mit der Suche nach einem besseren Brunnenstandort. Dieser war von ihr schnell gefunden, und eine zweite Bohrung konnte auf die erheblich geringere Tiefe von nur 40 m angesetzt werden. Das Ergebnis der mit kritischer Aufmerksamkeit verfolgten Unternehmung lautete: Mehr als 5 Liter pro Sekunde in der prognostizierten Tiefe! Damit war die Wasserversorgung auf Jahrzehnte hinaus gesichert. Nach der Brunnenweihe am 5. August 1977 und zufriedenstellender Inbetriebnahme schrieb Bürgermeister Altinger an Emmy Kittemann mit Datum vom 9. Mai 1978 unter anderem:

„Es gibt Skeptiker gegenüber der Rute, wir können auf jeden Fall feststellen, dass für uns diese Arbeit erfolgreich war. Die Gemeinde Rott am Inn und der Gemeinderat danken Ihnen dafür ... Ihr Name und Ihre Tätigkeit wird jedenfalls immer mit diesem Brunnen verbunden bleiben."

Wassereinbruch auf der Tauernautobahn

Als Ende der 70er-Jahre am letzten und schwierigsten Teilstück der Tauernautobahn in Österreich gebaut wurde, stellten sich auf der Scheitelstrecke im Abschnitt Fritzbachtal außergewöhnliche Bodenverhältnisse heraus. Für den Erdbau und die Gründung der Brücken und Durchlässe brachten die in einem großen Teil des Abschnitts zum Rutschen neigenden und gegen Durchnässung hochempfindlichen Böden große bauliche Schwierigkeiten. Neben messtechnischer Überwachung, chemischer Bodenverfestigung und Flankensicherung musste eine örtlich gezielte Entwässerung von Hanglagen erreicht werden. Da die im Untergrund vorhandenen Wasserwegsamkeiten nicht detailliert bekannt waren, entstand ein Zwang zu sehr aufwendigen Abhilfemaßnahmen. In dieser Situation holte der verantwortliche Bauleiter als Alternative die ihm empfohlene Emmy Kittemann zu einer Begehung herbei, um eine schnelle und billige Lösung zu versuchen. Wie immer war Kittemann, trotz ihres hohen Alters von fast 80 Jahren, abermals in kürzester Zeit, nach einer nur wenige Stunden dauernden Begehung, erfolgreich. In dem von der Tauernautobahn AG herausgegebenen Baubericht heißt es dazu trocken, aber aufrichtig:

„Sonderentwässerungsmaßnahmen: Im Baulos Weyer wurden durch die Rutenmeisterin Emmy Kittemann, Tegernsee, die Hauptwasseradern geortet. Ein entsprechendes Programm von Entwässerungsbohrungen wurde darauf basierend, bei diesbezüglicher Auswertung der geologischen Profile, mit Erfolg durchgeführt."

Im Klartext bedeutet dies nichts anderes, als dass Kittemann den Bauingenieuren genau die Lage und Tiefe der für die angetroffenen Probleme wesentlichen Hauptwasserführungen angegeben hatte, so dass diese mit einem Minimum an Aufwand gezielt angebohrt und abgeleitet werden konnten.

Etwa zur gleichen Zeit bemerkte der Wiener Geologe Hermann Häusler in einem Beitrag zur Rolle der Wünschelrute (1986), für deren Gebrauch er keine Rechtfertigung sah: „Das Potenzial an Hydrologen, Baugeologen oder sonst in der Praxis tätigen Geologen zur Bewältigung angewandt geologischer Aufgaben ist jedenfalls in Österreich vorhanden." Wohl wahr – doch welcher Aufwand wäre an der Tauernautobahn erforderlich gewesen?

Die aufgeführten Berichte über Emmy Kittemanns Arbeiten als Rutengängerin sollen am Ende des Kapitels zusammen mit denen über ihren Vater im Hinblick auf echte rutengängerische Leistungen beurteilt werden. Als Höhepunkt ihrer Laufbahn sei zuvor der wohl herausragendste Erfolg von Vater und Tocher Kittemann, zugleich die spannendste Episode in ihrer gesamten Tätigkeit, in den wichtigsten Einzelheiten geschildert. Der Fall stellt ein außerordentlich lehrreiches Musterbeispiel für rutengängerische Fähigkeiten dar und soll deswegen in vielen seiner aufschlussreichen

Details aufgerollt werden – einschließlich der unausweichlichen Zusammenstöße mit der zuständigen Fachwelt.

Die Entdeckung der Benedictus-Quelle

Vorgeschichte

Die Quellen im Tegernseer Tal haben eine lange Geschichte. Bereits im 16. Jahrhundert wurden im Kreuther Winkel und am Schwaighof schwefelhaltige Heilquellen genutzt. Um die Leistung der Kittemanns bei der Entdeckung der Benedictus-Quelle in Tegernsee richtig einordnen zu können, ist die Geschichte der Schwefel-Quellen in Bad Wiessee und die damit verbundene Erkundung des Untergrunds rund um den Tegernsee ein wichtiges Mosaik im Puzzle der Rutengängerei. Stöbern wir also ein wenig in der historischen Entwicklung dieses ereignisreichen und heute so bekannten und beliebten Gebiets.

Als der Sohn des Königs Pippin beim Schachspiel den Sohn des Ottokar erschlagen hatte, zog sich Ottokar mit seinem Bruder Adalbert in die Einsamkeit des Tegernseer Tals zurück. Sie ließen eine Benediktiner-Abtei gründen und holten den Leib des Märtyrers St. Quirinus aus Rom. Die Verehrung des Heiligen führte zu einer Belebung des Tals und damit zur Entdeckung einer Steinöl-Quelle am westlichen Ufer des Sees; das Öl, jahrhundertelang als Wunderheilmittel verwendet, wurde in der Zeit der Aufklärung als Petroleum analysiert. Damit traten die Ölsucher auf den Plan, die eine kommerzielle Ausbeutung anstrebten.

Schon im Jahr 1838 versuchte man, mit Stollen und Schächten dem eigentlichen Herd des Öls im Untergrund näher zu kommen. Diese Versuche verliefen wenig erfolgreich, bis ab 1883 eine bescheidene wirtschaftliche Ausbeutung gelang. Der große Durchbruch erfolgte erst nach 1905, als der holländische Ingenieur Adrian Stoop Tiefbohrungen durchführte. Ab etwa 500 Meter war man fündig geworden und konnte jährlich bis zu 1 Million Liter fördern. Allerdings waren von neun in beträchtliche Tiefen getriebene Bohrungen nur drei fündig geworden, und die Ausbeute ließ ständig nach. So war der Ölgewinnung nur eine relativ kurze Zeit beschieden. In den 20er-Jahren stellte man die Förderung dann gänzlich ein.

Während der Suche nach mehr Ausbeute an Öl stieß Stoop aber schon 1909 in 700 Meter Tiefe plötzlich auf jod- und schwefelhaltiges Wasser, ohne dass sich allerdings eine Spur des begehrten Erdöls zeigte. Das war der Beginn des Heilbads Wiessee, das daraufhin durch die ungewöhnlich starke Schwefelquelle eine schnelle Entwicklung zum Kur- und Badeort erlebte. Da die Quelle aber in ihrer Ergiebigkeit nicht absolut stabil blieb, wurde 1930 zur Sicherheit in etwa 200 Meter Entfernung eine zweite Bohrung angesetzt, die in 600 Meter Tiefe wiederum Jod-Schwefel-Wasser erschloss. Nach Stillegung der ersten Quelle konnte 1981 eine dritte Bohrung auf dem gleichen Gelände erfolgreich angelegt werden, so dass die Grundlage für das Heilbad mit seinem typischen Schwefelwasser gut gesichert blieb.

Die Gemeinde Bad Wiessee ließ 1984 ein Denkmal setzen, das Stoop mit einer Wünschelrute in der Hand zeigt. Das hat wohl rein künstlerische Gründe, denn Stoop war kein Rutengänger. Die Geschichte mit der Rute spielte sich nämlich in der Nachbargemeinde Tegernsee am nur wenig entfernten östlichen Seeufer ab.

Spaziergang im Kurgarten

Durch die Wirren des Zweiten Weltkriegs verschlagen – die Wohnung in München war durch Bomben zerstört und Vater und Tochter obdachlos geworden –, übersiedelten Georg und Emmy Kittemann Mitte der 40er-Jahre nach Tegernsee. Diese Ortswahl kam nicht von ungefähr. Ihre Anhänglichkeit an Tegernsee war schon sehr viel früher entstanden, da der Sohn und Bruder, Hans Kittemann, bereits dort lebte und regelmäßig besucht worden war. Da sich Georg Kittemann, dessen Frau schon lange verstorben war, bereits im verdienten Ruhestand befand und Emmy sich um Haushalt und Vater kümmerte, blieb genug Zeit zu Wanderungen und radiästhetischer Erkundung der neuen Umgebung. Eines Tages, als die beiden durch den Kurgarten in Tegernsee spazierten, glaubten sie eine seltene Empfindung zu verspüren. Unter dem Kurgarten schien sich ein nicht zu breiter, relativ schwacher Strom mit mineralisiertem Wasser hinzuziehen. Sofort begannen sie sich näher dafür zu interessieren, insbesondere galt es herauszufinden, in welcher Tiefe und mit welcher Zusammensetzung sich das Wasser bewegte. Der erste Verdacht war naheliegenderweise, eine weitere jod-schwefelhaltige Quelle geortet zu haben. Das wäre jedenfalls nicht überraschend gewesen, da in vergangenen Zeiten im Gebiet des Tegernsees schon solche Quellen bekannt geworden waren, hauptsächlich die beiden zuletzt in Bad Wiessee entdeckten Quellen.

Die genaue Art des Wassers vorherzubestimmen war auch aus einem anderen Grund geboten. Sollte es sich nämlich um eine Quelle mit der gleichen Zusammensetzung wie bei dem in Bad Wiessee gefundenen Heilwasser handeln, dann konnte ein räumlicher Zusammenhang nicht grundsätzlich ausgeschlossen werden. Bad Wiessee lag schließlich nur etwa 2 Kilometer entfernt am anderen Ufer des Sees. Es wäre daher wegen der bestehenden Schutzrechte äußerst problematisch gewesen, eine solche Bohrung näher ins Auge zu fassen, um auch Tegernsee zu einem Kur- und Heilbad zu verhelfen. Nun kommen die für alle Beteiligten höchst überraschenden Vermutungen der Kittemanns ins Spiel, die der Entwicklung eine neue Wendung gaben.

Im Bewusstsein der womöglich unangenehmen Konsequenzen ihrer Entdeckung bemühten sich die Kittemanns um eine sorgfältige Untersuchung des Geländes. Immer wieder suchten sie den unterirdischen Lauf, verfolgten seine Richtung und setzten alles Können ein, um Angaben über die zu erwartende Tiefe und Zusammensetzung des Wassers zu machen. So sorgfältig und vorsichtig sie auch vorgingen, so neutral und unvoreingenommen sie sich zu geben versuchten, das Ergebnis der unzähligen Begehungen in den Jahren 1945 bis 1947, die Vater und Tochter sehr oft unabhängig voneinander durchführten, war stets dasselbe. Neben der genauen Bestimmung des örtlichen Verlaufs der Wasserführung machten sie schließlich auch die beiden folgenden wesentlichen und präzisen Vorhersagen:

- ▷ Der unterirdische Mineralwasserstrom zieht sich im Bereich Tegernsee als schmaler Streifen in nur 200 Meter Tiefe hin.
- ▷ Es handelt sich nicht um ein Mineralwasser mit dem extrem hohen Schwefelanteil wie in Bad Wiessee, sondern um Jodwasser, und es besteht auch keine Verbindung zwischen den beiden Mineralwasservorkommen.

Das waren klare und starke Worte. Immerhin stand von nun an zur Debatte, ob man Tegernsee nicht doch zu einem attraktiven Heilbad verhelfen könnte. Wie jedoch nicht anders zu erwarten war, stießen diese Vermutungen allerseits auf Unverständnis und Kopfschütteln. So manch einer dachte (und äußerte), dass dies wohl der Gipfel rutengängerischer Überheblichkeit sei und man keinen Gedanken an solch einen offensichtlichen Unfug verschwenden sollte. Schließlich standen diese Vorhersagen in krassem Gegensatz zu allen Erwartungen und Vermutungen, die man aufgrund der inzwischen recht genau gewordenen Kenntnis des Untergrunds im Gebiet Tegernsee entwickelt hatte.

Rutengänger contra Wissenschaft

Was konnte man zur damaligen Zeit aus fachlicher und wissenschaftlicher Sicht zu der Kittemannschen Vermutung sagen? Zunächst ist festzustellen, dass es am Tegernsee bereits insgesamt 32 Tiefbohrungen gab, die zum Teil bis zu 2200 Meter in den Untergrund reichten. Damit waren reichliche und konkrete Erkenntnisse über die Gesteinsformationen vorhanden. Neben Trockenbohrungen und einigen Ölfunden war aber nur in zwei Fällen Jod-Schwefel-Wasser angetroffen worden, und zwar erst ab etwa 700 Meter Tiefe. Es durfte als sicher angenommen werden, dass die Schwefelquellen aus einer Schicht entstammten (dem sogenannten Helvetikum), die unterhalb der sich bis zu etwa 1000 Meter Tiefe erstreckenden Oberschicht (Flysch-Zone) liegt. Es herrschte weiterhin die übereinstimmende Meinung, dass die geologischen Verhältnisse im nahen Tegernsee nicht wesentlich verschieden sein können. Demnach führten diese gesammelten Befunde damals zu folgender wissenschaftlich begründeten Gegenmeinung:

Im Bereich Tegernsee sind zwar weitere Mineralquellen denkbar, aber nur in Tiefen unterhalb von etwa 700 Meter und wiederum nur in der bereits von den Quellen Bad Wiessees bekannten und für die Formationen typischen Zusammensetzung, also neben jod- auch stark schwefelhaltig. Des weiteren ist mit einer Verbindung der beiden Bereiche im Untergrund zu rechnen.

Der Widerspruch zu Kittemanns Untersuchungsergebnissen war offensichtlich. Vor allem: Die Meinung der Fachwissenschaft war wohl hinreichend gut begründet, und die letztliche Entscheidung über Ja oder Nein zu der Bohrung wäre, abgesehen von besserer Differenzierung der Argumente und Möglichkeiten, auch 50 Jahre später zunächst kaum viel anders ausgefallen als damals Ende der 40er-Jahre. Es soll daher an dieser Stelle nochmals ausdrücklich betont werden, dass den beteiligten Fachleuten, die im Folgenden noch ausführlicher zitiert werden, kein leicht nachweisbarer Vorwurf einer wissenschaftlich unbegründeten Aussage gemacht werden kann. Sie hatten kaum eine Möglichkeit, wesentlich anders zu entscheiden, als die Kittemannschen Vermutungen als höchst unwahrscheinlich abzulehnen.

Das Dilemma war groß. Wie schon so oft bestand das Hauptproblem darin, dass die begründeten Aussagen der Geowissenschaften recht allgemeiner Art waren und nur die wahrscheinlichsten Möglichkeiten für die jeweilige Gegend betrafen. Und diese sprachen eindeutig gegen die Kittemannschen Vorhersagen. Das darf jedoch nicht dahingehend missverstanden werden, dass diese Vermutungen mit Sicherheit von vorneherein als falsch eingestuft hätten werden können. Die simple Wahrheit ist, dass die Wissenschaft zu dem anstehenden Fall gar keine exakte Stellung beziehen konnte, da die notwendige Datenbasis im erforderlichen Detail fehlte. Die Rutengänger hätten nämlich im konkreten räumlich begrenzten Einzelfall durchaus Recht behalten können, ohne dass dadurch ein echter Widerspruch zu den wissenschaftlichen Aussagen über allgemeine Erwartungen im betreffenden Gebiet entstanden wäre. Noch deutlicher und grundsätzlich formuliert heißt das, dass Wissenschaftler und Rutengänger aus der Natur ihrer unterschiedlichen Herangehensweisen heraus gar nicht zur gleichen Problemsituation Stellung nehmen, sondern zwei verschieden Fragen beantworten, die sich nur teilweise überlappen und in wesentlichen Aspekten komplementärer Natur sind. Wie schon an früherer Stelle betont, sollte ein solcher Befund nach der Logik eigentlich eher zur Zusammenarbeit als zur gegenseitigen Opposition ermuntern.

Der Fall Tegernsee eignet sich aus diesen Gründen vorzüglich, die unterschiedliche Leistungsfähigkeit wissenschaftlicher Technik einerseits und radiästhetischer Methodik andererseits zu demonstrieren. Zur Verdeutlichung sei einmal angenommen, es gebe im Untergrund in etwa 200 Meter Tiefe eine schmale mineralwasserführende Kluft. Einerseits würden es die technischen Methoden der Wissenschaft dann in aller Regel nicht erlauben, diese messtechnisch sicher zu erfassen. Es kann bei gewisser Kenntnis des Untergrunds allenfalls die Wahrscheinlichkeit für das Auftreten solcher Gegebenheiten (klüftige, mineralwasserführende Gesteinsschichten) abgeschätzt werden, aber sichere Einzel- und Detailaussagen sind nicht möglich. Insbesondere ließe sich bei schmalen Klüften in Gestein mit sehr geringer Durchlässigkeit kein Bohransatzpunkt mit beispielsweise 10 Meter Ortsgenauigkeit begründen, selbst wenn man zu der Meinung gelangt, dass Kluftwasser angetroffen werden könnte. Hier darf man den in dieser Hinsicht wohl nicht ganz vollkommenen Stand der Technik nicht ignorieren. Zwar hat sich in den Jahren seit 1950 ein beachtlicher Fortschritt der Prospektionsmethoden ergeben. Die vorstehende Aussage hat aber für die hier angesprochene Situation noch heute Gültigkeit: Noch immer ist es nicht möglich, Lage, Verlauf, Zusammensetzung und Ergiebigkeit eines solchen Mineralwasserstroms ohne Bohrung messtechnisch präzise zu erfassen.

Andererseits deutet nun vieles darauf hin, dass ein guter Rutengänger unter gewissen Voraussetzungen und mit manchen Einschränkungen diese Lücke der uns verfügbaren technischen Möglichkeiten zu schließen imstande ist. Die Berechtigung zu dieser Gesamtbeurteilung wird aus den folgenden Kapiteln immer wieder deutlich werden und sei hier zur Betonung des Kontrasts vorweggenommen. Der – leider allzu seltene – gute Rutengänger vermag Detailinformation vor Ort zu erspüren, also recht genaue Angaben über die Lage (Bohransatzpunkt) des Quellvorkommens zu machen. Die Schätzung zur Tiefe sind zweifellos weniger präzise, aber immer noch für praktische Erfordernisse ausreichend. Auch die zu erwartende Menge an Quellwasser kann zumindest in der Größenordnung vorhergesehen werden. Damit ist ganz klar ersichtlich, dass sich hier rutengängerische Detail- und wissenschaftlich begründete allgemeine Wahrscheinlichkeitsaussagen ergänzend gegenüber- beziehungsweise nebeneinanderstehen. Leider hat das im offiziellen Bereich immer wieder zu unnötiger Konfrontation geführt, anstatt zu effektiver Kooperation. Große Chancen sind vertan worden, weil die naheliegende Zusammenarbeit nicht systematisch realisiert und gefördert wurde.

Die erste Bohrung – ein scheinbarer Fehlschlag

Zurück nach Tegernsee. Noch war die provozierende Vorhersage der beiden Rutengänger nicht praktisch überprüft. Lassen wir nun Emmy Kittemann zu den ungewöhnlichen und aufregenden Ereignissen selbst das Wort ergreifen:

„Die Verwertung unserer Erkenntnisse begann mit großen Schwierigkeiten. Wie sollte nach einem verlorenen Krieg, bei Geldknappheit und unter der amerikanischen Besatzung an eine Mineralwasserbohrung zu denken sein? Das schien ganz aussichtslos, auch nach Rücksprache mit der Stadtverwaltung, den Gemeinderäten und dem damaligen Tegernseer Bürgermeister.

Auf einen guten Rat hin wandten wir uns an die damalige Herzogliche Verwaltung. Da Herzog Ludwig Wilhelm längere Zeit in Kanada weilte, sprachen wir mit seinem Vertreter, Finanzpräsident Rauch. Es gab sich günstig, dass der Mineralwasserstrom auch unter herzoglichem Grund im sogenannten Schmetterlingsgarten verlief. Nach langen Diskussionen schien Präsident Rauch von der vorgetragenen Idee überzeugt und schloss mit uns einen Vertrag zur Erbohrung des Mineralwassers ab. Das Bohrfahrzeug war schon unterwegs, da sagte Rauch das Unternehmen plötzlich wieder ab. Wir waren ratlos.

Nach zähen Bemühungen erhielten wir schließlich von der Gemeinde Tegernsee die Genehmigung, im Kurgarten zu bohren, der ebenfalls über dem Mineralwasserstrom lag. Doch wie sollte die Geldfrage gelöst werden? Wir setzten uns mit guten Freunden und Leuten in Verbindung, deren Firmen wir durch erfolgreiches Wassersuchen gute Dienste erwiesen hatten und welche uns volles Vertrauen schenkten. Sie kamen aus verschiedenen Gegenden Deutschlands bis aus der Rheinpfalz, bildeten das ‚Tegernseer Brunnenkonsortium' und legten das Geld von zirca 86 000 Reichsmark zusammen, welches für eine 200 Meter tiefe Bohrung benötigt wurde. So konnte noch im Jahre 1948 mit den Bohrarbeiten begonnen werden.

Kurze Zeit darauf kam die nächste, schwerwiegende Hiobsbotschaft: Währungsreform. Das in Reichsmark zurückgelegte Geld war damit auf einen Schlag praktisch wertlos geworden, mit den verbliebenen 6 000 DM musste die Bohrung eingestellt werden. Die Geldgeber des Konsortiums hatten nun ihre eigenen Probleme. Trotzdem gelang es bald darauf, die Konsorten zu einer Kapitalerhöhung auf 18 000 DM zu bewegen, damit weitergebohrt werden konnte. Als dann eine Tiefe von 185 Meter erreicht war, ohne dass sich eine Spur des erwarteten Mineralwassers gezeigt hätte, wurde eine erneute Kapitalaufstockung notwendig. Auch diese gelang uns nach vielen Mühen. Für mich würde ich ja nie betteln gehen, aber für die Quelle war mir kein Weg zu weit und kein Gespräch zu schwer. So zog sich die Sache lange und zäh hin, bis schließlich die Bohrarbeiten bei einer Tiefe von 240 Meter endgültig eingestellt werden mussten. Keine Jodsole war angetroffen worden. Der Fehlschlag schien perfekt, wie auch der Triumph der Skeptiker. Die Konsorten hatten einen Totalverlust ihres Einsatzes zu verbuchen, und das Konsortium wurde aufgelöst. In unserer berechtigten Überzeugung gaben Vater und ich dennoch nicht auf. Wir waren uns nach wie vor sicher, dass die Mineralquelle nicht weit sein würde. Der schwere Kampf begann von Neuem. Welche Kraft das erfordert, kann nur der ermessen, welcher Gleiches erlebte ..."

Der selbstlose Einsatz der Kittemanns bedeutete eine Fülle von Bittgängen und Überzeugungskünsten. War dies schon von Beginn an kein einfaches Unterfangen, so gestaltete es sich im Angesicht der fehlgeschlagenen Bohrung umso schwieriger. Die genaueren Schilderungen würden ein eigenes Buch füllen. So sei nur eine Episode erwähnt, die die Problematik der damaligen Situation deutlich werden lässt.

Zunächst konnte der Gemeinderat der Stadt Tegernsee dafür gewonnen werden, eine Anzahl von Rohren im Bohrloch zu belassen, so dass das Loch in den folgenden Jahren nicht völlig einstürzen konnte. Die Verrohrung wurde von 240 bis 122 Meter herausgezogen und zur Abdichtung gegen oberflächennähere Wässer eine einheitliche Rohrtour bis zur Teufe von 122 Meter eingebracht.

Nach zähen Bemühungen gelang es den Kittemanns, durch Vermittlung von Abgeordneten den Bayerischen Wirtschaftsminister Dr. Hanns Seidl nach einem Gespräch am 20. August 1950 als Unterstützer zu gewinnen, und es konnte ein Antrag auf Geldmittel für die Bohrung beim Land Bayern gestellt werden. Die Aussicht auf eine Heilquelle und einigen Fremdenverkehr waren wertvolle Argumente. Der Hoffnungsschimmer zerstob aber wie Sand im Wind, als im Oktober 1950 ein von der Regierung als Entscheidungsgrundlage in Auftrag gegebenes Gutachten des zuständigen Geologischen Landesamts über die aktuelle Situation unter Einschluss der Ergebnisse aus der erfolgten Fehlbohrung erstellt und bekannt wurde. Darin wurde der Antrag auf Unterstützung wegen Aussichtslosigkeit klar abgelehnt. Wie schon früher und an anderen Stellen ausführlich erläutert, konnte ein solches Gutachten unter den gegebenen Voraussetzungen kaum anders ausgehen. Es ist aber wichtig, die Gründe etwas genauer kennenzulernen. Dazu seien einige Argumente zitiert:

„Betr.: Stellungnahme des Bayerischen Geologischen Landesamtes zum Gesuch des Georg Kittemann in Tegernsee um Gewährung von 10 000,– DM zur Erforschung von Mineralquellen in Tegernsee aus den Mitteln für Wirtschaftsforschung:

Bei der im genannten Gesuch behandelten Bohrung im Ort Tegernsee (Kurgarten) handelt es sich um eine Bohrung, die zur Erschließung von Mineralwasser angemeldet wurde und für die eine Bohrtiefe von 200 Meter vorgesehen war.

Die geologischen Verhältnisse sind gerade im Tegernseer Tal dank der dortigen guten geologischen Aufschlüsse an der Erdoberfläche klar und eindeutig, trotz des dort herrschenden komplizierten Gebirgsbaues. Über das Gebiet liegt eine neuzeitliche geologische Karte vor. Von besonderem Wert sind die zahlreichen Tiefbohrungen auf der Westseite des Tegernsees innerhalb der Gemeinde Bad Wiessee, deren Ergebnisse die an der Erdoberfläche gewonnenen geologischen Erkenntnisse nach der Tiefe ergänzen. Eine Parallelisierung des geologischen Befundes auf der Westseite mit dem auf der Ostseite des nur etwa 1,5 Kilometer breiten Tegernsees ist ohne weiteres möglich.

Danach ist es unwahrscheinlich, dass die Bohrung Tegernsee-Ort ‚vom Ziel nicht mehr weit entfernt ist', das heißt dass bei einer ‚geringen' Vertiefung des Bohrloches Mineralwasser-führende Schichten angetroffen werden. Sofern überhaupt an dieser Stelle die Schichten noch mineralwasserführend sind, was nach den Bohrergebnissen auf der Westseite des Sees durchaus fraglich ist, dürfte dies frühestens ab etwa 450 Meter unter der Erdoberfläche der Fall sein, sehr wahrscheinlich jedoch erst ab etwa 500 Meter …

Da mit einem Preis von mindestens 120,– DM je Bohrmeter gerechnet werden muss, würden 10 000,– DM für eine Vertiefung der Bohrung um etwa 80 Meter ausreichen. Nach den bisherigen Erfahrungen und den angeführten Beispielen ist nicht damit zu rechnen, dass die Bohrung in den nächsten 80 Metern auf Mineralwasser fündig wird. Nach den geologischen Verhältnissen dürfte das nicht der Fall sein …

Sowohl aus geologischen, als auch aus bohrtechnischen Gründen kann daher ein Zuschuss von Staatsgeldern zur Vertiefung der Bohrung Tegernsee-Ort zwecks Erschließung von Mineralwasser von Seiten des Bayerischen Geologischen Landesamtes nicht befürwortet werden. In diesem Zusammenhang sei darauf hingewiesen, dass der Sachbearbeiter die Bohrung Tegernsee-Ort ab 185 Meter geologisch bearbeitet hat und ständig mit Herrn und Fräulein Kittemann wegen dieser Bohrung in enger Tuchfühlung gestanden hat. Dem Sachbearbeiter sind daher alle mit dieser Bohrung im Zusammenhang stehenden Fragen genauestens bekannt …"

Der Unmut der Kittemanns über dieses Negativurteil ist verständlich, zumal sich daraufhin zwischen dem zuständigen Geologen, der übrigens in Bad Wiessee wohnte, und Emmy Kittemann ein Gespräch folgenden Inhalts entwickelte: Der Geologe hatte – in einer Art Erweiterung seiner eigentlichen Fachaufgabe – nochmals ganz offen erklärt, dass er es nicht verantworten könne, dass für die Bohrung staatliche Gelder verwendet würden. Darauf Kittemann: „Können Sie bestimmt behaupten, dass wir nicht Recht haben?" Die Antwort war: „Nein, denn schließlich kann man nicht in den Boden hineinschauen." Kittemann empfand seine weiteren Bemerkungen dahingehend, dass es nicht angehe, Rutengängern mehr Sachverstand als Geologen zuzubilligen. Der alte, unselige Streit. Aber die Aussagen der geologischen Expertise waren im Kern kaum angreifbar. Wohl konnte man darüber debattieren, ob die Übertragung der geologischen Verhältnisse von der West- auf die Ostseite des Sees zulässig ist, solange die Streich- und Einfallwinkel der Schichten und die Lage möglicher Verwerfungen und Störungen nicht genau bekannt sind. Mit der Schätzung realistischer Tiefenangaben hat sich der Geologe vielleicht etwas zu weit vorgewagt. Dies geht auch aus einer Stellungnahme hervor, die die Kittemanns dann bei Professor Josef Knauer, dem Leiter eines Ingenieurbüros für Technische Geologie, als eine Art Gegengewicht in Auftrag gaben. In diesem Bericht vom 9. Februar 1952 werden einige Ungereimtheiten des früheren Gutachtens kritisiert, die wir hier übergehen wollen. Von zentraler Bedeutung erscheinen aber unter anderen die folgenden Passagen:

„Es ist bemerkenswert, dass der von Herrn und Fräulein Kittemann angegebene Bohrpunkt für eine Mineralquelle zwischen zwei größeren Verwerfungen (Blattverschiebungen) gelegen ist. Es handelt sich hier nicht um geringfügige Brüche in der Erdkruste, sondern um erhebliche Störungen des Baugefüges im Gebirge. Möglicherweise finden sich in dieser Störungszone auch klaffende Spalten, welche für die Bewegung von Tiefenwasser in Betracht kommen könnten. Dafür finden sich Anhaltspunkte in den Bohrergebnissen, welche auf ‚klüftiges' Gestein hinweisen. Ob die in diesen Klüften sich bewegenden Tiefengewässer mineralisiert und welcher Art sie sind, und ob ihre Schüttung ausreichend ist, lässt sich natürlich nicht voraussagen."

Zum Gutachten des Landesamts und der darin enthaltenen Äußerung, dass in Tegernsee erst unterhalb etwa 500 Meter Mineralwasser erwartet werden könne, bemerkt er: „Der Unterzeichnende kann dieser Ansicht nicht ganz beipflichten. Besonders der Rückschluss bezüglich der Tiefe ist nicht ganz stichhaltig, denn vor allem steigen die Faltenachsen des Gebirges gegen Osten zu an, so dass hier die älteren Schichtglieder gegenüber dem Westen höher liegen. Demnach könnten die mineralisierten Wässer, wenn sie an die älteren Gesteine geknüpft sind, in höheren Lagen vermutet werden. Aber die Tiefenlage eines Mineralwassers wird nicht von der Tiefenlage des Muttergesteins allein bestimmt, sondern hängt auch von dem Vorhandensein von Klüften ab, in denen es sich bewegen und aufsteigen kann."

In seiner Zusammenfassung betont Knauer: „Voraussagen über Art des Wassers, Größe der Schüttung und voraussichtliche Tiefenlage lassen sich mit geologischen Methoden nicht machen."

Erst drei Jahre später wird man erkennen, wie weitsichtig und größtenteils realistisch diese fachlichen Äußerungen formuliert waren. Doch zunächst half nichts weiter. Auch eine nochmalige Darlegung der durchaus nicht vollkommen einheitlichen Standpunkte der Fachleute konnte das Wirtschaftsministerium nicht umstimmen. Die Tragik bestand eben darin, dass eine seltene Mineralquelle noch viel seltener als „zu erwarten" gelten kann und somit die Chancen für eine fundierte amtliche Bestätigung einer solchen Erwartung grundsätzlich schlecht stehen. Daran änderte sich auch nichts, als daran erinnert wurde, dass der anerkannte Balneologe des Staatlichen Bäderforschungsinstituts Bad Kissingen, Professor Paul Haertl, schon sehr viel früher nach einer Untersuchung vor Ort seiner Meinung Ausdruck verliehen hatte, dass im interessierenden Gebiet mit hoher Wahrscheinlichkeit Mineralwasser angetroffen werden könnte. Es blieb bei der Ablehnung von finanziellen Zuschüssen, obwohl die Kittemanns weiterhin bei allen nur denkbaren Adressaten um Unterstützung warben. Selbst die Erdölindustrie hatte zwischenzeitlich Interesse, die Bohrung zu Erkundungszwecken zu übernehmen, dies scheiterte aber an vorwiegend technischen Problemen, da die gewünschte Prospektionstiefe nicht mit dem Durchmesser des existierenden Bohrlochs erreichbar schien. Als Georg Kittemann Ende 1952 verstarb, war die Lösung des Problems noch nicht absehbar, und er hatte zeitlebens nicht mehr erfahren können, wie recht er mit seinen Vorhersagen zur erhofften Quelle hatte.

Überraschung am Bohrloch

Es ist einem glücklichen Zufall zu verdanken, dass sich der neue Bürgermeister von Tegernsee im Jahr 1954 für das Bohrloch interessierte und dieses einmal persönlich in Augenschein nehmen wollte. So gingen eines Morgens der Bürgermeister, Emmy Kittemann, der Apotheker und ein Installateur zum Ort des früheren Geschehens: Der schwere Deckel über dem 240 Meter tiefen Loch wurde aufgeschraubt und zur Seite gewuchtet. In diesem Augenblick gab es eine unerhörte Überraschung, die eindeutig zu sehen und zu riechen war. Im Bohrloch stand das Wasser bis 7 Meter unterhalb der Oberfläche, und ein merkwürdiger, intensiver Geruch stieg empor. Mineralwasser!

Der Apotheker entnahm sofort eine kleine Probe und rannte in sein Labor zu einer ersten Untersuchung. Kein Zweifel, es handelte sich nicht um gewöhnliches Wasser, es war auf jeden Fall Jod, jedoch kein Schwefel nachzuweisen. Die Stadt Tegernsee veranlasste umgehend eine genauere und quantitative Untersuchung an der Universität München. Die daraufhin allseits einsetzende Ungeduld war groß, bis das Ergebnis der „kleinen Heilwasseranalyse“ vorlag. Emmy erzählte diese entscheidende Phase wie folgt:

„Als wir erfuhren, dass wir nun mündlich Bescheid bekommen können, nahm mich der Bürgermeister Dr. Dennler mit nach München. Ich sollte ihn dann um 12 Uhr am Hauptpostamt treffen. Meine Ungeduld trieb mich schon eine Stunde vorher dorthin. Um 12 Uhr kam Herr Dr. Dennler mit so ernster Miene an, dass mir Angst und Bange wurde. Als ich ihn nach dem Ergebnis fragte, sagte er, das verrate er erst, wenn er es schriftlich habe. Da begann ich zu fragen: ‚Ist das Wasser gut?‘ – ‚Nein‘, sagte er. Entsetzt entgegnete ich: ‚Also ist es schlecht?‘ Wieder die Antwort: ‚Nein.‘ Da fragte ich energisch: ‚Zum Donnerwetter, was ist es dann?‘ Da lachte er plötzlich über das ganze Gesicht und sagte: ‚Sehr gut.‘ “

Das Balneologische Institut der Universität München, zuständig für Heilwasseranalysen, hatte eindeutig festgestellt, dass das Tegernseer Quellwasser in jedem Liter bis zu 16 Gramm Mineralstoffe enthielt, während für die Zulassung als Heilwasser nur 1 Gramm gefordert wurde. Der Salzgehalt für eine „Sole“ wurde ebenfalls erreicht, und als wichtigstes Spurenelement konnte Jod mit der relativ großen Menge von bis zu 20 Milligramm je Liter nachgewiesen werden, was den Grenzwert für „jodhaltige“ Quellen von 1 Milligramm pro Kilogramm erheblich überstieg. Somit durfte das Wasser als jodhaltige Sole bezeichnet werden. Die von den Kittemanns vorausgesagte Heil- und Mineralquelle war gefunden. Tegernsee konnte ein attraktives Heilbad einrichten, von deren Art es nicht allzu viele im Lande gab.

Erklärungsversuche

Bemerkenswert ist die Tatsache, dass das Wasser kaum eine Spur Schwefel enthält. Demgegenüber sind die Quellen in Bad Wiessee so schwefelhaltig, dass sie zu den reichsten Schwefelquellen Deutschlands gezählt werden müssen. Insgesamt gesehen, muss demnach festgehalten werden, dass sich sämtliche Vorhersagen der Kittemanns bewahrheitet haben, und zwar bezüglich Lage, Tiefe und Qualität der Quelle – und zwar ganz im Gegensatz zu den intelligentesten Erwartungen, die man aufgrund wissenschaftlich-technischer Informationen hegen konnte. Der Erfolg der Kittemanns hätte nicht perfekter sein können.

Wie erklärten nun die Fachleute die unerwarteten Befunde? Der Direktor des Geologischen Instituts der Technischen Hochschule München, Professor Paul Schmidt-Thomé, erläutert dazu in seinem Gutachten vom 28. März 1955:

„Die Mineralwasserbohrung Tegernsee steht auch mit der Bohrsohle noch im Flysch-Gestein. Deshalb ist das dort festgestellte Auftreten von Mineralwasser zweifellos ungewöhnlich und überraschend. Es muss angenommen werden, dass die Mineralwasser aus dem tieferen Untergrund aus helvetischen Kreidegesteinen nach oben in die darüber liegenden Flyschgesteine eingedrungen sind. Die Ursache kann in dem Vorhandensein von Störungsklüften gesehen werden, welche den aufsteigenden Mineralgewässern einen Weg nach oben ermöglichen."

Für die Beurteilung, wie wahrscheinlich überhaupt das Auftreten von Mineralquellen anzusehen ist, enthält das Gutachten einen wichtigen Hinweis. Es wird nämlich dargelegt, dass normalerweise die geklüfteten Zonen in schiefrigen Gesteinen zugeschmiert sind, so dass diese Gesteine im allgemeinen völlig wasserfrei zu sein pflegen. Das sei der Grund dafür, dass oberflächlich im bayerischen Flyschbereich keine Mineralquellen auftreten. Die Flyschgesteine mit ihren überwiegend tonig-mergeligen Komponenten versperren den Tiefengewässern den Austritt nach oben. Die Quintessenz dieser fachlichen Äußerungen lautet in einfachen Worten: Es ist zwar kein Wunder geschehen, das Auftreten des Mineralwassers lässt sich hydrogeologisch erklären, aber es handelt sich bei der Mineralquelle in Tegernsee um eine äußerst seltene und unwahrscheinliche Situation.

Die Kittemanns behaupteten weiterhin, dass das Mineralwasser nicht am Ort der Bohrung in Klüften hochsteige, sondern in der verhältnismäßig geringen Tiefe von etwa 200 Metern von weiter her komme (Abb. 3.4). Es sei daher absolut zwecklos, die Bohrung weiter zu vertiefen, um näher an die eigentliche Quelle zu kommen. Dieser Punkt wird nachher noch von Wichtigkeit sein.

Nach dieser neuen und unerwarteten Entwicklung begann natürlich – endlich! – hektische Aktivität, jedoch diesmal mit dem Ziel, die entdeckte Quelle einer baldigen Nutzung zuzuführen. Doch zunächst gab es folgende wichtige Frage zu beantworten: Warum war das Mineralwasser erst jetzt und nicht schon während der Bohrung vor fünf Jahren entdeckt worden?

Dafür hat Professor Schmidt-Thomé aufgrund einer Inspektion und Beurteilung der alten Bohrkerne folgende plausible Antwort: Nachdem bis etwa 186 Meter Tiefe

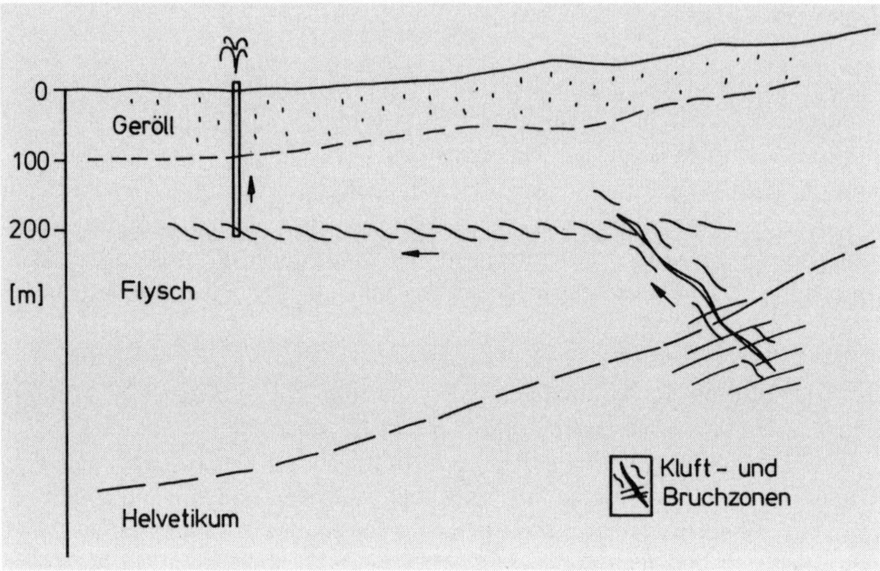

Abb. 3.4 Schematische Skizze zur vermuteten Herkunft des in Tegernsee aufgrund der Angaben von Emmy und Georg Kittemann erbohrten Mineralwassers.

festes Grundgebirge durchbohrt worden war, zeigte sich von 186 bis 191 Meter ein relativ lockerer Bereich, in dem das Bohrloch zum Verbruch neigte. Daher hatte man diese Zone zwecks Fortführung der Bohrung auszementiert – und höchstwahrscheinlich damit den zunächst schwachen Mineralwassereintritt in das Bohrloch abgedichtet und verhindert! Da zudem im sogenannten Nassverfahren gebohrt worden war, hätte das Auftreten geringer Mengen Mineralwasser auch nicht erkannt werden können. In einer zweiten Zone zwischen 224 und 227 Meter Bohrtiefe wurde abermals zum Nachfallen neigendes Gebirge angetroffen und das Loch ebenfalls auszementiert. Nach dem Ziehen der Verrohrung aus diesen Bereichen dürften die zementierten Zonen wiederum nach und nach verbrochen sein, so dass sich das Mineralwasser langsam einen Weg in das Loch bahnte. Das Ansteigen des Wasserspiegels auf nahezu Geländeniveau beweist, dass sich ein starker Wasserdruck aufgebaut hatte und mit einer ergiebigen Quelle gerechnet werden konnte.

Das Bohrloch wurde nun auf seinen Zustand untersucht. Dabei wurde festgestellt, dass bedauerlicherweise die unterste Bohrstrecke von etwa 190 Meter bis zur Bohrsohle bei 240 Meter tatsächlich eingebrochen war. Ein vollständiges Ziehen der im Loch seit fünf Jahren verbliebenen Rohre war aber aus technischen Gründen nicht mehr möglich, so dass ein Nachbohren im existierenden Loch nicht in Frage kam. Damit blieb also die Befürchtung bestehen, dass der Zutritt des Mineralwassers in das Bohrloch möglicherweise behindert bleiben würde. Es musste also erneut gebohrt werden, und die Geschichte erreichte ihren zweiten, nicht minder spannenden Teil.

Heilwasser im Bohrloch II

Es erhob sich nunmehr die Frage, wo und wie tief die zweite Bohrung angelegt werden müsste. Generell war jeder der Meinung, dass der neue Bohransatzpunkt nicht mehr als 10 Meter entfernt liegen sollte. Der Geologe Schmidt-Thomé präzisierte dahingehend, dass der Punkt je nach Vorstellung über den Untergrund entweder beliebig innerhalb dieses Umkreises oder besser in Richtung der anzunehmenden Störungszonen gewählt werden sollte. Als Tiefe schlug er vor, wie im alten Loch auf 224 Meter zu gehen, jedoch um weitere 150 bis 200 Meter zusätzlich zu verteufen, falls die Schüttung nahe 200 Meter nicht größer würde, als sie sich bei der alten Bohrung ergeben hatte. Das Geologische Landesamt argumentierte in Stellungnahmen vom 7. Juni 1955 und, ausführlicher, vom 27. Februar 1956 ganz ähnlich und meinte, man müsse die helvetische Zone in, grob geschätzt, etwa 400 bis 500 Meter Tiefe erreichen, da dort erfahrungsgemäß mit jodhaltigem Wasser zu rechnen sei – falls man nicht schon in höheren Teufen genügend Mineralwasser finde. In Komplizierung der rechtlichen Lage wurde ohne nähere Begründung hinzugefügt, dass bei Fündigkeit eine Beeinflussung der Wiesseer Quellen nicht ausgeschlossen sei. Hierin bestand aber unter den Experten keine Einigkeit. Schließlich war die Tegernseer Mineralquelle nachweislich von ganz anderer Zusammensetzung als die 2,25 Kilometer entfernten Schwefelquellen in Bad Wiessee. Ferner gab es im Raum Bad Wiessee zwei Quellen im Abstand von nur 500 Meter, wobei eine gegenseitige Beeinflussung nie in Erwägung gezogen oder gar beobachtet wurde. Erst nach intensiverer Diskussion setzte sich schließlich die Erkenntnis durch, dass die befürchtete Gefahr kaum real sei.

Emmy Kittemann hatte schon immer behauptet, dass es aufgrund ihrer rutengängerischen Erfahrung weder eine Verbindung der Quellbereiche Tegernsee und Bad Wiessee gebe, noch eine Bohrtiefe von wesentlich mehr als etwa 230 Meter gerechtfertigt wäre. In letzterem Punkt fand sie leider kein Gehör, aber man einigte sich wenigstens darauf, dass sie den neuen Bohransatzpunkt festlegen sollte. Sie wählte diesen dann etwa 7 Meter von der ersten Bohrung entfernt in der Richtung des schon früher von ihr vermuteten Zuzugs des Mineralwassers.

Schon im Jahr 1956 kam es zu der neuen Bohrung, die von den Sachverständigen intensiv begleitet wurde. Diesmal war man im Tiefenbereich um 200 Meter mit der gewählten Bohrtechnik etwas sorgfältiger und fand tatsächlich die Jodsole ein zweites Mal. Allerdings war die Schüttung nicht wesentlich höher als bei Bohrung I. Daraus leiteten die geologischen Berater ab, dass weitergebohrt werden sollte, um doch noch die Schichten des tiefer liegenden Helvetikum zu erreichen. Dazu war es jedoch notwendig, den bereits erschlossenen Zulauf wieder abzusperren. Gegen die dringende und wiederholt vorgebrachte Empfehlung von Emmy Kittemann kam es zu diesem kostspieligen Versuch des Tieferbohrens. In regelmäßigen Tiefenabständen wurden Gesteinsproben entnommen und analysiert, jedesmal mit dem Ergebnis, dass die Berechtigung zur Fortführung der Bohrung geologisch begründet schien. Doch diese Hoffnung trog in jeder Hinsicht. Bei 752 Meter wurde die Bohrung schließlich eingestellt, ohne dass auch nur die geringste Erhöhung der bereits bei etwa 190 Meter Tiefe erzielten Schüttung von Jodsole nachweisbar geworden war. Im übrigen war man immer noch im Flysch-Bereich und schätzte nunmehr die erstrebten Schichten des Helvetikums auf über 1000 bis 1500 Meter Tiefe. Ganz offensichtlich kam das Mineralwasser doch nicht vor Ort aus tieferen Schichtungen, sondern eher horizontal in etwa 200 Meter Tiefe entlang durchlässiger Bereiche, deren Verbindung mit dem sehr tief liegenden Helvetikum weiter entfernt sein musste. Wiederum hatte Emmy Kittemann vollkommen Recht behalten; leider hatte sie trotz ihrer eindeutigen Angaben die teure und unnütze Weiterbohrung der Fachleute nicht verhindern können. Es erschien ihr als später Trost, dass die inzwischen gewonnenen wissenschaftlichen Aussagen, wie auch im Schlussbericht von Professor Schmidt-Thomé vom 5. August 1957 dokumentiert, alle wesentlichen Kittemannschen Vorhersagen trotz ihrer Unwahrscheinlichkeit eindrucksvoll und ohne jeden Abstrich amtlich bestätigten.

Am 12. August 1956 fand im Kurgarten die feierliche Einweihung des Benedictusbrunnens statt. Der Bürgermeister hatte Emmy Kittemann dazu persönlich als Ehrengast geladen. Zuerst entstand ein Trinkpavillon, später kamen Hallenbad und Kurmittelhaus für zahlreiche Kuranwendungen hinzu. Ohne die Rutengänger Kittemann und ihren unermüdlichen Kampf wäre es kaum zu diesem noch heute andauernden und nachwirkenden großen Erfolg für Tegernsee und seine staatlich anerkannte Heilquelle gekommen.

Es darf nicht unerwähnt bleiben, dass nach der Auflösung des Tegernseer Brunnenkonsortiums alle Rechte an der Bohrung vertraglich auf die Stadt übergegangen waren. Obwohl die Fündigkeit bereits mit der ersten, privat finanzierten Bohrung nachgewiesen wurde, konnten die damaligen Konsorten aufgrund der nicht vorherzusehenden äußeren Umstände keinen persönlichen Nutzen aus ihrem mutigen Einsatz ziehen. Auch für Emmy Kittemann hat sich der Kampf letztlich wegen der relativ niedrigen Schüttung der Quelle wirtschaftlich nicht gelohnt – von den unglaublichen Aufregungen und psychischen Belastungen der Auseinandersetzungen mit den Gegnern und den Tücken des Objekts ganz zu schweigen. Kein Wunder, dass solche Begebenheiten den Charakter der Einmaligkeit aufweisen. Dennoch stellt die Tätigkeit der beiden Rutenmeister Kittemann von der Sache her einen Markstein in der Geschichte der Radiästhesie dar. Vielleicht wird später einmal eine Gedenktafel auf diese ungewöhnliche Entdeckungsgeschichte der Benedictus-Quelle hinweisen.

Beurteilung der Fakten

Für viele unvoreingenommene Laien, aber auch für zahlreiche Fachleute auf dem Gebiet der Hydrogeologie, wie zum Beispiel Bohrunternehmen und – auf bedeutend diskreterer Ebene – einsichtige Wissenschaftler war aus den bekannt gewordenen Leistungen der Kittemanns ohne jeden Zweifel klar geworden, dass die Hinzuziehung dieser Rutengänger für die Lösung bestimmter schwieriger Wasserfindungsprojekte kein untragbares Risiko bedeutete, sondern vielmehr eine bedeutende und oft entscheidende Erhöhung der Chance auf Erfolg mit sich brachte. Und sie handelten in vielen Fällen danach.

Wer nun aber im Angesicht dieser unbestreitbaren Tatsachen glaubt, dass damit auch eine wissenschaftliche Anerkennung verbunden sein müsste, der könnte sich nicht gewaltiger irren. Die offizielle, negative Einstellung der zuständigen Fachleute gegenüber der Rutengängerei änderte sich nicht im Geringsten.

Den Praktikern, also den vor Ort tätigen Geologen, darf man daraus keinen Vorwurf machen. Sie können und müssen sich auf das offiziell anerkannte und verfügbare Schulwissen beschränken, wollen sie in der Gemeinschaft der betreffenden Fachkreise ihre Anerkennung behalten. Einen massiven Vorwurf kann man allenfalls den mehr theoretisch arbeitenden Wissenschaftlern machen: Diese hätten sich einmal unvoreingenommen und unter Heranziehung geeigneter Experten mit dem Problem forschungsmäßig auseinandersetzen sollen. Doch ist auch das leichter gesagt als getan und konnte selbst im Jahr 1990 noch nicht im nötigen Umfang erfolgen; in den Kapiteln 6 und 7 wird dazu ausführlich berichtet.

Der privaten Tätigkeit von Frau Kittemann hat der Erfolg in Tegernsee und der damit verbundene Reputationsgewinn natürlich sehr dabei geholfen, zu weiteren Aufträgen zu gelangen. Aber leicht war das dennoch nicht, weil die offiziellen Fachexperten keine rutengängerischen Erfolge anerkannten, wie groß sie auch gewesen sein mögen. Zwar bekannte sich die Stadt Tegernsee uneingeschränkt zu der Rolle, welche die Kittemanns bei der Findung der Benedictusquelle gespielt hatten, und erklärte aus bestimmtem Anlass am 13.11.1970:

„Die Stadt Tegernsee bescheinigt, dass Georg und Emmy Kittemann bei der Erschließung der Mineralwasserbohrung Tegernsee durch Wünschelrutengänge maßgeblich beteiligt waren. Nach ihren Entdeckungen wurde Bohrpunkt I festgelegt. Die Bohrung II wurde nach den Angaben von Emmy Kittemann niedergebracht. Aus beiden Bohrungen wurde Jodsole-Wasser gefördert.

gez. A. Staudacher, 1. Bürgermeister“

Selbst der Bayerische Wirtschaftsminister zeigte Interesse an den Fähigkeiten Kittemanns und schrieb am 29.11.1973 an sein zuständiges Referat VI/3:

„In der Anlage Unterlagen von Frau Kittemann, Tegernsee, mit der Bitte um Prüfung. Ich habe die Absicht, diese Frau Kittemann (Wünschelrutengängerin) einmal versuchsweise, etwa bei Texaco, einzusetzen.

gez. A. Jaumann“

In dieser letztgenannten Angelegenheit begab sich Kittemann jedoch ungeschickterweise auf Glatteis. Sie hatte sich ungerechtfertigterweise zu der Behauptung verleiten lassen, auch Erdgas- und Ölvorkommen rutengängerisch spüren und differenzieren zu können. Interessanterweise hat das Landesamt gerade diese angebliche Fähigkeit, die ja durch keinerlei praktische Geschehnisse aus der rutengängerischen Vergangenheit Kittemanns zu erkennen oder vermuten war, einer amtlichen Prüfung unterzogen („ex officio“). Frau Kittemann wurde demzufolge an einem Tag des Jahres 1976 von mehreren Experten des Landesamtes, ohne dass sie selbst einen sachkundigen eigenen Beistand zur Begleitung bei der Prüfung hatte, im Auto in verschiedene

Gebiete rund um den Tegernsee gebracht, stieg jeweils kurz aus und gab Mutungen betreffs diverser unterirdischer Lagerstätten an. Diese Angaben machten den Fachleuten wenig Sinn – der Unsinn der Rutengängerei war wieder einmal erwiesen. In seinem diesbezüglichen Protokoll erweiterte das Landesamt seine Beurteilung von Frau Kittemann auf deren Gesamttätigkeit als Wassersucherin und behauptete:

„In noch keinem praktischen Fall ist die Richtigkeit ihrer Angaben erprobt oder gar bewiesen worden. Auch sind die ‚Erfolge' ihrer Tätigkeit nicht nachprüfbar und fragwürdig. So ist angeblich auf ihr Anraten eine Bohrung in Tegernsee niedergebracht und auf jodhaltiges Wasser fündig geworden (Benedictusquelle). Diese Tatsache kann nicht als Beweis für die Richtigkeit ihrer Angaben herangezogen werden, da in dieser Gegend jodhaltiges Wasser keine Seltenheit, sondern die Regel ist ..."

Das verschlägt jedem im Fall Benedictusquelle sachkundig Gewordenen die Sprache. Es wurde in den vorangegangenen Abschnitten immer wieder betont, dass den zitierten negativen Äußerungen von Seiten der Geologen zu den Vorhersagen von Rutengängern stets eine sachliche Basis zugrunde lag. Leider kann das für diesen Fall nicht geltend gemacht werden. In solcher Situation kann man den wirklich guten und erfolgreichen Rutengängern nur ein recht dickes Fell wünschen. Schon allein die Wortwahl „angeblich auf ihr Anraten" zeigt doch allzu deutlich, was hier entweder beabsichtigt ist oder zumindest unbewusst zum Ausdruck kommt. Der Versuch, die Beteiligung der Kittemanns einmal überhaupt in Frage zu stellen, sowie den Erfolg der Quellfindung als Bagatelle hinzustellen, ist wenig sachdienlich. Aus den geschilderten Sachverhalten geht klar hervor, dass im Bereich Tegernsee das Vorkommen von jodhaltigem Wasser keineswegs die Regel ist. Im Gegenteil, die Unwahrscheinlichkeit der Kittemannschen Vorhersagen war von allen Experten ausdrücklich betont worden. Jodhaltige Wässer sind allenfalls in der Schicht des Helvetikums nicht ungewöhnlich, aber diese Schicht liegt sehr tief und wurde in Tegernsee selbst bei 752 Bohrmetern nicht erreicht. Man erkennt aus dieser leider nicht isoliert vorkommenden Art von Äußerungen durch Fachleute, dass die Rutengänger durchaus Gründe für ihre schlechte Meinung über die Wissenschaften anführen können und dass die Radiästhesie mit unbeschreiblichem Ballast versehen ist. Wie schwierig gestaltet sich eine konstruktive Auseinandersetzung mit den wahren Problemen! Die Rutengänger vermögen diesen gordischen Knoten ohne Hilfe aus der Wissenschaft selbst nie und nimmer zu durchtrennen, ihre einschlägigen Erfolge mögen noch so groß und unvorhergesehen sein.

Fassen wir nochmals zusammen, was aus den gesammelten Befunden für die offensichtliche Leistungsfähigkeit der Kittemanns hervorgeht. Es mag eine Reihe von Erfolgsfällen geben, die durch intelligentes Raten oder ungewöhnlich gute hydrogeologische Kenntnisse zustande gekommen sein können. Für die vielen vorstehend geschilderten Fälle kann dies aber insgesamt nicht unterstellt werden. Dazu weichen diese Fälle zu sehr von der Norm ab.

Betrachten wir beispielsweise die grundlegend wichtige Frage des Wasservorkommens überhaupt. Zur Relativierung rutengängerischer Erfolge wird von hydrogeologisch ausgebildeten Fachleuten oft behauptet, man könne überall Wasser finden, es frage sich nur, in welcher Tiefe. Daraus resultiert ein schon mehrfach erwähntes altes

Rezept: Wird die Bohrung nicht fündig, dann einfach weiterbohren. Das würde logischerweise bedeuten, dass bei Gültigkeit dieser Annahme oder Behauptung keinerlei Fehlbohrungen vorkommen dürften. Es gehört wohl nicht allzuviel Sachverstand dazu, die Absurdität dieser Argumentation zu erkennen. Andererseits gibt es natürlich in vielen Gegenden weite Bereiche, in welchen Grundwasserhorizonte vorhanden sind und jede Fehlbohrung nahezu unmöglich machen. Wenn das einmal bekannt ist, bedarf es in solchen Gebieten sicherlich nicht der Rutengängerei und auch nicht der besonderen zusätzlichen hydrogeologischen Prospektion. Die beschriebenen Fälle der Kittemanns spielten sich jedoch dementgegen durchwegs in nachweislich geologisch schwierigerem Gelände, meist sogar in kristallinem Gestein ab.

Auch war es nie das Prinzip der Kittemanns, einfach solange zu bohren, bis der Erfolg eintreten könnte. Im Gegenteil: In mehreren genannten Fällen sagten sie korrekt voraus, dass an der betreffenden Stelle bereits zu tief gebohrt worden sei, in anderen Fällen gaben sie unmittelbar neben von anderer Seite veranlassten Fehlbohrungen neue Bohransatzpunkte an, wo sie das Wasser in erheblich geringerer Tiefe erwarteten und es dort auch tatsächlich angetroffen wurde. Sie kennzeichneten sich vielmehr durch ihr stetiges – und erfolgreich praktiziertes – Bestreben aus, gerade solche Stellen zu suchen, wo möglichst wenige Bohrmeter zur Erschließung ausreichten. Es geht also nicht an, die erfolgreiche Tätigkeit der Kittemanns anhand trivialer Prinzipien erklären zu wollen. Wohl lassen sich nach einer Art Salamitaktik isoliert betrachtete Fälle stets mit bestimmten und jeweils verschiedenen Unterstellungen oder Annahmen wegerklären, der Gesamtheit der Vorkommnisse kann man aber damit nicht gerecht werden. Es bleibt uns also nach wie vor die offene Frage: Wieso haben die Kittemanns in derart vielen Fällen regelmäßig richtig vorhergesagt, so verschieden die jeweiligen Situationen auch beschaffen waren? Darauf gibt es auch heute noch keine befriedigende Antwort.

In den geschilderten Fällen dürfte selbst das häufig vorgebrachte Argument nicht greifen, dass Rutengänger bewusst oder unbewusst einen günstigen Bohrpunkt an dezent wahrnehmbaren äußeren Merkmalen der Gegend erkennen – Ameisen, Käfer, Grasbüschel und Baumbewuchs werden dazu von Skeptikern beispielhaft herangezogen. Wie jedoch derartige Beobachtungen als scharfes Indiz für unterirdische Wasservorkommen nebst deren Tiefenlage und förderbarer Menge in Frage kommen könnten, bleibt in dieser Theorie ein ungelüftetes Geheimnis.

Aber die Vermutung, dass hier in der Tat bisher unerkannte menschliche Fähigkeiten im Spiele sein müssen, lässt sich schon alleine anhand einer sorgfältigen Analyse der Daten aus den Kittemannschen Fällen selbst von einem rational eingestellten Skeptiker nicht von der Hand weisen. Eine wissenschaftliche Bearbeitung des Themas erfordert natürlich eine präzisere und gezieltere Beobachtungsgrundlage; wir wollen daher die Diskussion an dieser Stelle nicht beenden oder gar auf anderes, teilweise anekdotisches Material verweisen. Am Anfang wissenschaftlicher Erkenntnis steht jedoch meist die Beobachtung. Und diese liegt hier, mit den vielen gut bekannten Ergebnissen der beiden Rutengänger Georg und Emmy Kittemann, auf recht eindrucksvolle Art vor. Und es gibt solche Beobachtungen nicht nur bei den Kittemanns.

Abb. 3.5 Die Rutenmeister Vater und Tochter Georg und Emmy Kittemann (um 1945).

Abb. 3.6 Emmy Kittemann in ihrem Alterssitz in Tegernsee, wo sie Besuchern gerne aus ihrem reichhaltigen Erfahrungsschatz berichtete (1982).

4 Brunnen in Sri Lanka

Eine kleine Schrift mit großer Wirkung

Im Jahr 1986 erschien das Heft mit der Nummer 183 in der Schriftenreihe der Gesellschaft für Technische Zusammenarbeit (GTZ) mit dem Titel „Wasser für Alle – Flächendeckende Trinkwasserversorgung mit begleitenden Sanitärmaßnahmen in der nördlichen Trockenzone Sri Lankas" (Schleberger 1986). Ein Bericht über eines der vielen hundert Projekte der GTZ, einem bundeseigenen Unternehmen mit dem Aufgabengebiet „Technische Zusammenarbeit", früher unter dem einfacheren Namen „Entwicklungshilfe" bekannt. In der GTZ arbeiten heute über 2000 Experten und realisieren in etwa 100 Ländern Afrikas, Asiens und Lateinamerikas mit einheimischen Partnern große Projekte in nahezu allen Bereichen der Sektoren Land- und Forstwirtschaft, Wirtschaft und Sozialwesen und anderen Teilen der staatlichen Infrastruktur. Ein kleiner, aber wichtiger Teil der GTZ-Bemühungen gilt dem Bau von Trinkwasserversorgungen in Trockengebieten verschiedener Entwicklungs- und Schwellenländer.

Kurz nach Bekanntwerden der Schrift Nummer 183 hagelte es von Seiten der Geowissenschaften Proteste an die Adresse der GTZ, deren Wortlaut aber auch in anderen Fachkreisen schnell bekannt wurde. So war beispielsweise zu hören: „Gefährliche Auswirkungen, ärgerlich, unausgewogen und unqualifiziert, Propaganda, sachlich ungerechtfertigte Darstellung, ungewisse Annahmen, nicht erwiesene Behauptungen, Diskreditierung, Irreführung der Öffentlichkeit, Verursachung künftiger Schäden, geschäftsschädigend, Schädigung des Namens der Deutschen Geowissenschaften, Fehlleitung von Steuergeldern, Zweifel an Glaubwürdigkeit und Seriosität deutscher Geowissenschaftler, Schaden für das Ansehen der Bundesrepublik ...", um nur die deutlichsten Reaktionen aus Fachkreisen der Geologie, Hydrologie und Geophysik zu nennen.

Was war geschehen? Wie könnte ein kleiner Bericht über ein im internationalen Vergleich nicht einmal sehr umfangreiches Projekt der Bundesrepublik Deutschland schaden, die Hochschulen in eine fatale Lage bringen, den Steuerzahler düpieren? Der arglose Leser denkt zunächst an frühere Pressemeldungen über völlig fehlgeschlagene und schadenverursachende, ja skandalträchtige Unternehmungen der Entwicklungshilfe. Man vermutet, dass das neue GTZ-Projekt zur Grundwassererschließung vielleicht ebenfalls ungewöhnlich schlecht durchgeführt und durch besondere Misserfolge gekennzeichnet war, zuwenig moderne Technik zum Einsatz kam, zuviele Fehlbohrungen und zuwenig Wasser resultierte und somit eine Geldvergeudung zu beklagen war oder gar der dortigen einheimischen Bevölkerung irgendwelche Folgeschäden zugemutet wurden ... Mitnichten!

Das Projekt war dementgegen ungewöhnlich erfolgreich verlaufen, das Verhältnis von Nutzen zu Kosten war ausgesprochen günstig, der Zeitaufwand vergleichsweise minimal, und vor allem: 96 % der im Rahmen dieses Projekts erbohrten Brunnen lieferten genügend Wasser für die Versorgung der Bevölkerung, und das in einem Trockengebiet, wo man Wasser aus nicht versiegenden Brunnen keinesfalls so leicht findet. Die Bohrungen anderer Betreibergesellschaften, die etwa zeitgleich mit ungleich höherem Aufwand erfolgt waren, hatten allem Anschein nach eine deutlich geringere Erfolgsquote erreicht; genaue Ergebnisse wurden zwar offiziell nicht mitgeteilt, aber Insider vermuten aufgrund zahlreicher Indizien, dass nur höchstens etwa 30 % der anderen Bohrungen ausreichend fündig waren.

Man ahnt nun schon, was des Rätsels Lösung ist und den unmissverständlichen Unmut der Fachwissenschaften erregte: In dem GTZ-Projekt – einem aus nahezu 200 – wurde unter anderem auch die Wünschelrute zur Grundwassererschließung eingesetzt! Und das mit durchschlagendem Erfolg. Für viele nicht nur allzu modern eingestellte Wissenschaftler erhebt sich bei einem solchen Vorgang nahezu automatisch die Frage: Wie kann es sich eine nach modernsten Gesichtspunkten arbeitende Gesellschaft eines Hightech-Lands leisten, zu Relikten früherer Jahrhunderte zu greifen und Rutengänger einzusetzen?

Damit ist unweigerlich eine schier tragische und von kaum einem aufgeschlossenen Sachverständigen gewollte Konfrontation mit der Wissenschaft programmiert, die auch für viele andere Grenzbereiche symptomatisch ist. Bedenken wir nochmals die schon im Kapitel 2 dargelegten Standpunkte der verschiedenen Expertenkreise: Nach vorherrschender Schulmeinung handelt es sich bei der Radiästhesie um Aberglauben oder Okkultismus, wofür es in der modernen Wissenschaft keinen Platz geben darf. Es geht ja dabei auch nicht einmal um ein solches Unterfangen aus der Palette des Obskuren, bei welchem sich vielleicht noch der Placebo-Effekt oder psychophysische Einflüsse als Erklärung eines möglichen Erfolgs heranziehen lassen – wie zum Beispiel im medizinischen Bereich beim Gesundbeten oder Besprechen von Warzen. Ganz anders, so die Argumente der Kritiker, ist das mit der Wünschelrute: Für das eventuelle Funktionieren der Rutengängerei und des Arbeitens mit der Wünschelrute gebe es nicht die Spur einer Erklärung, Misserfolge und Scharlatanerie seien dagegen gut belegt (an dieser Stelle folgt meist der Hinweis auf die tendenziöse Fallsammlung von Prokop und Wimmer, 1985, die in Kapitel 9 noch zurechtgerückt und auf ihre wahre Substanz reduziert wird). Daraus folge zwangsläufig, dass Rutengängerei in unserem heutigen Zeitalter nichts mehr zu suchen habe, und schon gar nicht in seriösen Wissenschaftsgebieten wie etwa in der Geophysik. Diese in vielen Kreisen verbreitete Meinung haben wir schon im Kapitel 1 kennengelernt, und sie wird insofern verständlich, als das Wünschelruten-Phänomen in der Tat noch gänzlich unverstanden ist und niemand eine wissenschaftlich akzeptable Basis für eine befriedigende Erklärung anzubieten vermag. Aber könnte es deswegen nicht dennoch funktionieren?

Man muss sich das historisch gewachsene Dilemma einmal vor Augen halten, in welches die heutige Wissenschaft, und damit die GTZ-Kritiker, durch glaubhafte Berichte über erfolgreiches Arbeiten mit der Wünschelrute geraten. Einerseits muss man unter Zuhilfenahme modernster schulwissenschaftlicher Verfahren in bestimmten Trockengebieten einen nicht unerheblichen technischen Aufwand zur Wasserprospektion betreiben, lange Zeit Messtrupps mit raffinierten Methoden den Untergrund erkunden lassen, und dann können sich am Ende immer noch überwiegend Fehlbohrungen einstellen. Auf der anderen Seite kommt ein einzelner Rutengänger daher, der zwar hydrogeologisch fachkundig sein muss, aber ansonsten lediglich mit seinem „Instrument" Rute bewaffnet ist, und keinerlei Messtechnik aus dem weiten Arsenal moderner Möglichkeiten bedarf: Dennoch bestimmt er in kürzester Zeit Bohrpunkte, oft mehrere an einem einzigen Tag, und liegt auch tatsächlich in nahezu jedem einzelnen Fall genau richtig. Nicht nur einmal ist er erfolgreich – das könnte noch schierer Zufall sein, nein, in dem hier zuerst interessierenden Fallbeispiel Sri Lanka klappte es bei 691 Versuchen über 664 Mal. Wo immer der GTZ-Experte mit Hilfe der Rutenmethodik arbeitete, bekam er auch schwierige Situationen schnell und effektiv in den Griff.

Eine beispiellos groteske Situation, fürwahr. Versetzen wir uns in die Lage der klassischen Wissenschaft, die mit der GTZ-Broschüre konfrontiert wird: Wie könnte ein Geologieprofessor seinen Studenten erklären, dass man in ausgewählten Fällen auch raffinierteste Technik beiseite schieben und stattdessen den „Zauberstab" aus der Tasche ziehen kann? Wie ließe es sich dem Steuerzahler begreiflich machen, dass die teure Ausbildung von Geologen und die noch viel kostenintensivere geologischen Messtechniken gar nicht in jedem Einzelfall nötig wären, weil es mit der Wünschelrute viel einfacher gehen kann?

Das sind zwar etwas überzeichnete Positionen, die sich aber dennoch nicht ignorieren lassen. Richtig bleibt ganz bestimmt, dass wir es uns nicht leisten können, auf modernes technisches Wissen zu verzichten. Eine solche Extremforderung wird ja auch von Seiten der Rutengänger gar nicht erhoben, und niemand propagiert Schritte zurück ins Mittelalter. Aber die Frage muss erlaubt sein, ob sich der heutige Stand vorhandener Techniken nicht noch in bestimmter, durch rutengängerische Leistungen angedeuteter Richtung verbessern ließe. Präziser lässt sich das freilich erst später diskutieren, wenn noch mehr Evidenzen zugunsten der seltsamen Rutengängermethodik vorliegen, die sich nicht mehr anderweitig, das heißt auf bekannte Art und Weise, wegerklären lassen. Die erwähnten Standpunkte beleuchten aber sehr treffend die Problematik, in der wir uns – durch niemandes Schuld – nun einmal befinden. Nimmt man die Wünschelrute ernst und setzt sie erfolgreich in der Praxis ein, so hört man Vorwürfe wie oben geschildert. Wird die Wünschelrute aber ignoriert, so muss man sich nunmehr – in Anbetracht der in zunehmendem Maße nachweisbaren und aktenkundigen Erfolge – die Gegenfrage gefallen lassen, warum nicht ernsthaft eine – zumindest für gewisse geologische Situationen – möglicherweise effiziente und kostensparende Alternative geprüft und eventuell eingesetzt wird. Denn die Erfolge mit der Wünschelrute sind nicht mehr in jedem Fall zu leugnen, wie es am Beispiel der Erfolge von Kittemann (siehe vorangegangenes Kapitel) oder der hier beschriebenen Projekte in Sri Lanka und anderen Ländern deutlich geworden ist, was immer auch an verschiedenen Erklärungsmöglichkeiten dahinterstecken mag.

Im übrigen darf nicht vergessen werden, dass derzeit – mit steigender Tendenz – 1,5 Milliarden Menschen in Ländern der Dritten Welt nicht ausreichend mit akzeptablem Trinkwasser versorgt werden, wovon die Mehrzahl in ländlichen Gebieten lebt. Hier wäre es zumindest in einigen unter hydrogeologischen Gesichtspunkten auszuwählenden Gebieten in bestimmten Einzelfällen durchaus gerechtfertigt, schnelle und kostensparende Hilfsmaßnahmen zu erwägen, die geeignete Rutengänger einbeziehen. Ist aber die durch viele Verlautbarungen und Veröffentlichungen belegbare Position der Kritiker einzusehen, stattdessen auf möglicherweise unvollständigen oder falschen Prinzipien herumzureiten und damit die sachkundig und gezielt betriebene Rutengängerei ohne solide Prüfung und ernsthafte Diskussion zu verteufeln?

Jeder mit gesundem Menschenverstand ausgestattete Leser wird sich nun erneut fragen, wie es eigentlich dazu kommen konnte, dass eine im Prinzip so einfache Frage – kann man mit der Wünschelrute Wasser finden oder nicht? – im heutigen Zeitalter der Hochblüte der Naturwissenschaft noch immer nicht sicher beantwortbar ist. Wie lässt es sich erklären, dass sich an der Wünschelrute noch heute die Geister scheiden wie eh und je? Das ist eine der nicht wenigen Grotesken auf wissenschaftlichen Grenzgebieten, über deren Existenz sich die meisten Menschen nicht einmal bewusst sind.

Selbstverständlich soll sich niemand durch einen trügerischen Anschein unüberlegt in die Irre locken lassen, leichtgläubig eine falsche Fährte aufnehmen und zu Unrecht an Erfolge der Radiästhesie glauben. Erst recht gilt das natürlich für die Wissenschaften. Es müsste also überprüft werden, ob die zur Debatte stehenden und seit Urzeiten berichteten Rutengänger-Erfolge tatsächlich entweder durch eine Verkettung von seltenen, aber immerhin möglichen Zufällen zustande kommen oder durch zunächst nicht offensichtliche, triviale Ursachen erklärbar sind. Im letzteren Fall hätte man keinen echten Ansatzpunkt für ein tatsächliches, beachtenswertes Phänomen, könnte die der Wünschelrute zugeschriebenen Erfolge als Irrtum feststellen und die Diskussion um das Thema endlich beenden. Wohlgemerkt: Diese Möglichkeiten für einen konventionellen Ausweg müssten zumindest aus wissenschaftlicher Sicht erst sachverständig überprüft und dann auch noch für zweifelsfrei gegeben erachtet werden, bevor man sich zu einer definitiven Schuldzuweisung – hier zum Beispiel an die Adresse der GTZ – entschließt. Dass in unserem Fall eine solche in der Wissenschaft allgemein als selbstverständlich akzeptierte Verfahrensweise nicht eingehalten wurde und die Verurteilungen von allen Seiten ziemlich spontan und ohne Prüfung der wirklich relevanten Fakten kamen, ist entweder ein weiterer Beweis für die später im Kapitel 10 belegte These, dass sich unsere heutige Wissenschaft im vorurteilsfreien und rationalen Umgang mit Grenzgebieten mehr als schwer tut, oder spricht für die Dominanz von Gesichtspunkten nicht-wissenschaftlichen Ursprungs.

Als unvoreingenommener Betrachter hätte man sich höchstwahrscheinlich vorgestellt, dass die GTZ-Kritiker zuerst näher nach den Fakten fragen und sich um eine klärende Diskussion bemühen; schließlich lag die Vermutung nicht zu ferne, dass eine große technische Gesellschaft schon ihre guten, sachlichen Gründe haben dürfte, ein Projekt wie dieses für längere Zeit zu betreiben und nach Beendigung öffentlich vorzustellen.

Man würde es sich als Skeptiker auch zu leicht machen, die Berichte über Rutengänger-Erfolge deswegen generell abzulehnen, weil in bestimmter Literatur vorgebracht wird, es sei bereits bewiesen, dass es die behaupteten Leistungen von Rutengängern gar nicht gebe. Ein sorgfältiger Blick auf diese Literatur zeigt nämlich sehr schnell die Unhaltbarkeit und auch die grundlegende Unwissenschaftlichkeit dieser Thesen (siehe dazu Kapitel 9).

Nun beginnt ein interessantes Pro-und-Contra-Spiel. Die „Pro-Anwälte" der Rutengänger vertreten die Erfolge bestimmter Klienten, während sich die „Contra-Anwälte" bemühen, natürliche Erklärungen für die unbestreitbaren Leistungen der betreffenden Rutengänger aufzuzeigen. Das kann spannend werden. Die „Gegner" werden alle verfügbaren Register ziehen, um die ungeliebten Befunde wegzuerklären. Solange dies innerhalb der Regeln wissenschaftlicher Disputation geschieht, ist das nicht nur recht, sondern auch notwendig. Auf der anderen Seite sind die „Befürworter" auch nicht auf den Kopf gefallen und haben zur eigenen Absicherung längst alle möglichen Argumente durchdacht, die die Erfolge von Rutengängern zunichte machen würden – ohne entsprechende Erklärungen zu finden. Es geht also künftig darum, die Diskussionen wirklich in vollem Umfang zu führen. Die Opponenten müssen pointiert dazu veranlasst werden, die Dinge endlich fair und umfassend auszudiskutieren. Dabei wird sich automatisch herausstellen, welche Positionen haltbar sein werden und welche nicht. Der Bericht über die GTZ-Aktivitäten in Sachen Rutengängerei – sowie dieses vorliegende Buch als Ganzes – sollen dazu beitragen, die längst überfällige Situationsanalyse endlich in angemessener Weise stattfinden zu lassen. Man darf gespannt sein, ob die Kritiker die Bälle aufnehmen und ein faires Spiel akzeptieren.

Bevor noch in Einzelheiten dargelegt wird, dass auch die sorgfältigste und sachverständigste Prüfung des GTZ-Projekts eben keine triviale Erklärung der erzielten Leistungen zu Tage fördert, ist es notwendig und aufschlussreich, das GTZ-Projekt näher vorzustellen und zu erläutern, wie es trotz aller Schwierigkeiten zu diesem beachtenswerten und in mancher Hinsicht bahnbrechenden Vorhaben kommen konnte.

Schwieriger Beginn

In einem großen Unternehmen wie der GTZ haben zahlreiche Abteilungen mit erfahrenen Experten mitzureden, bevor irgendein Projekt tatsächlich zur Durchführung gelangt. Zudem werden in vielen Fällen auch andere Institutionen mit vorbereitenden oder begleitenden Maßnahmen betraut. So war bei dem Sri-Lanka Vorhaben überlegt worden, Fachleute der Bundesanstalt für Geowissenschaften und Rohstoffe (BGR) mit einer Vorstudie im Projektgebiet in Sri Lanka zu beauftragen, um die dortigen weitgehend unbekannten hydrogeologischen Verhältnisse vorweg abzuklären. Es wurde auch erwogen, mit mehreren Messtrupps geoelektrische Messungen durchzuführen, um etwa 600 Brunnenstandorte nach heutigem Stand der Technik möglichst optimal zu bestimmen. Diese durchaus nicht immer übliche Verfahrensweise hätte jedoch nicht nur viel Geld, sondern auch Zeit gekostet, abgesehen von dem ungewissen Ausgang

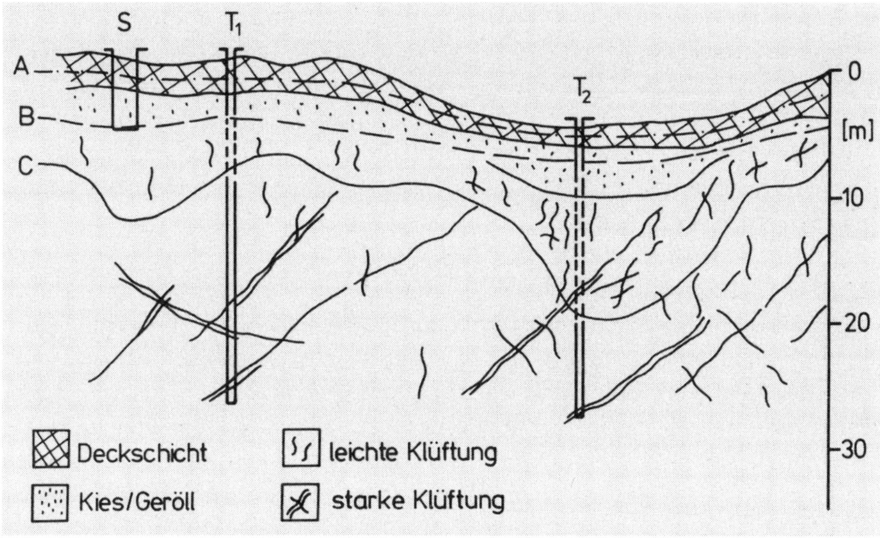

Abb. 4.1 Schematische Skizze über den Aufbau des Untergrunds im Norden von Sri Lanka (Projektgebiet GTZ). S: Schachtbrunnen; T1, T2: Tiefbohrungen; A: Wasserstand in der Regenzeit; B: Obergrenze des Wasserstands in der Trockenzeit; C: Grenze zum festen, jedoch zerklüfteten Grundgebirge.

im Hinblick auf konkrete Empfehlungen zur erfolgreichen Wassersuche vor Ort. So schätzte man die ursprünglich geplanten Vorstudien auf mindestens zwei Jahre Dauer. Aus verschiedenen Gründen aber war es in diesem Fall wünschenswert, eine schnellere Lösung zu finden.

Zunächst einmal umfasste das Projektgebiet über 400 Quadratkilometer der ärmsten Distrikte im Norden von Sri Lanka, in welchen während der von Januar bis September andauernden Trockenperiode rund 90% aller Brunnen meist ab Mai versiegen. Dabei handelt es sich ausschließlich um Schachtbrunnen von durchschnittlich 9 Metern Tiefe, die bis zum harten Gestein reichen (Abb. 4.1). Es war also dringend erforderlich, diese Situation schnellstens und nachhaltig zu verbessern. Ferner schien es aus Gründen der dortigen, durch Benachteiligung ethnischer Minderheiten bedingten politischen Wirren empfehlenswert, das Projekt möglichst zügig abzuwickeln. Schließlich stellte die Wasserversorgung nur einen Teil der gesamten GTZ-Maßnahmen dar, deren Durchführung aber am meisten Zeit benötigte, so dass die gewünschte zeitliche Gesamtkoordinierung gefährdet schien. Zudem waren ähnliche Wasserversorgungsprojekte anderer Regierungen des Westens, vornehmlich durch UNICEF, Dänemark, Finnland und Norwegen gefördert, bereits in der Durchführung vorangeschritten.

In dieser Situation entschloss sich das Bundesministerium für wirtschaftliche Zusammenarbeit und ihre Durchführungsorganisation GTZ zu dem keineswegs ungewöhnlichen Verzicht auf zeitaufwendige Voruntersuchungen und Vorstudien und setzte vielmehr auf eine flexibel und sehr pragmatisch angelegte Projektdurchführung vor Ort. Dabei war der GTZ auferlegt worden, die Durchführung des Vorhabens so zu planen, dass es nach einem Jahr mit noch zu vertretendem Mittelaufwand wieder eingestellt werden könnte, falls der angenommene Erfolg ausbliebe. Es galt also, schnell und auf relativ einfache Art genügend Grundwasser für die angestrebte Versorgung nachzuweisen, um damit die Voraussetzungen für die Abwicklung des gesamten geplanten Projekts zu schaffen.

Angesichts dieser schwierigen Randbedingungen, vor allem aber wegen der eng begrenzten Zeit, kam der verantwortliche Projektleiter, Ingenieur Hans Schröter, von sich aus auf die in Fachkreisen unerwartete und ungewöhnliche Idee, Bohrpunkte auch mit der Wünschelrute zu bestimmen. Er argumentierte, dass es sich um eine traditionsreiche Methode handle und er selbst über gutes Wissen in der Technik des Rutengehens verfüge sowie das hierfür nötige Talent der Handhabung besitze. Er führte weiter an, dass er diese Technik von einem erfahrenen Rutengänger mit profunden hydrogeologischen Kenntnissen anlässlich eines anderen Entwicklungshilfeprojekts im südamerikanischen Bolivien übernommen habe. Damals hatte er in einem Projekt der deutschen Entwicklungshilfe bedauerlicherweise rein konventionell zwei Trockenbohrungen produziert, und guter Rat war teuer. Wie es der Zufall lenkte, hörte besagter, lokal ansässiger Rutengänger davon und bestimmte ihm ziemlich genau zwischen den beiden Fehlbohrungen eine angeblich bessere Stelle allein mit Hilfe einer Rute – und der erhoffte Erfolg stellte sich dort tatsächlich ein. Dies machte Schröter neugierig, und zu seiner eigenen Überraschung erwies er sich offenbar selbst als hinreichend sensibel zur Ausübung dieser „Kunst".

Man kann sich leicht vorstellen, wie die Mitteilung über ein solches Vorgehen in einem großen Unternehmen voller an Hochschulen ausgebildeter Fachleute aufgenommen wurde – hauptsächlich mit wohl unvermeidlicher Skepsis und heftigem Widerstand. Aber es gab auch einige nachdenkliche Gesichter, denn der sich bereits zu Beginn abzeichnende Erfolg von Schröters Rutengängerei konnte zumindest aus praktischer Sicht nicht gänzlich ignoriert werden und wies auf einen guten Projektstart hin. Schließlich besteht ein wichtiges Ziel in den Aktivitäten der GTZ darin, Erfolg verzeichnen zu können. Zudem war zu diesem Zeitpunkt keinerlei hinreichend konkreter Anlass gegeben, der Wünschelrute irgendeine überragende Bedeutung für das Projekt insgesamt beizumessen. Man konnte ja nicht ahnen, dass sich hier ein ganz ungewöhnlicher und andauernder Erfolg anbahnen würde. Schließlich verließ man sich ja auch unter anderem auf die gegebene wissenschaftlich fundierte Unterstützung durch lokale Hydrogeologen. Zu guter Letzt gab es auch die Vorbehaltsklausel, die Maßnahmen bei ungünstigem Verlauf nach einem Jahr abzubrechen. Das Projekt musste also weiter in Gang kommen. Und es nahm seinen Lauf.

Experiment auf dem Schulhof

Gegen Ende des ersten Projektjahrs mehrten sich die Anzeichen dafür, dass Schröter mit der Wünschelrute erstaunliche Erfolge verzeichnen konnte. Die GTZ hatte mit einer solchen Entwicklung nicht gerechnet und musste sich nun überlegen, ob diese historische und für viele mittelalterlich anmutende Technik offiziell gutgeheißen werden könnte. Dazu schien es nötig, sich erst einmal mehr Klarheit über die Schrötersche Vorgehensweise zu verschaffen. Es müsste doch eigentlich ein leichtes sein, ließen sich einige Kritiker nachdrücklich vernehmen, Schröter hinsichtlich seiner Fähigkeiten ganz gezielt zu prüfen. Durch einen günstigen Zufall bedingt, konnte ein aufschlussreicher Test der gewünschten Art im Projektgebiet alsbald durchgeführt werden. Isoliert gesehen, konnte es sich dabei zwar nur um eine wissenschaftliche Episode handeln, aber für die Beteiligten war das Ergebnis doch von nicht zu unterschätzendem praktischen Wert.

Auf einem etwa 200 × 200 Meter messenden Schulhofgelände waren von einer bekannten, mit norwegischen Geldern finanzierten Projektgruppe zwei etwa 90 Meter tief in das kristalline Urgestein hineinreichende Bohrungen niedergebracht worden – beide ohne einen Tropfen Wasser zu erbringen. „Wenn Sie hier in der Nähe einen fündigen Brunnen lokalisieren können, dann wäre das eine überzeugende Leistung ..." Das war eine gute Gelegenheit für Schröter, sein Können unter Beweis zu stellen. Er begann, den Schulhof mit der Wünschelrute in der gewohnten Sorgfalt abzusuchen. Auf dem ebenen und praktisch bewuchslosen Gelände war ein „intelligentes Erraten" geeigneter Bohrpunkte ersichtlich hoffnungslos. Es war allen Beteiligten aufgrund der vorliegenden örtlichen Situation klar, dass hier mit der oft unterstellten Erfahrung und Intuition konventioneller Art nichts auszurichten war. Hans Schröter ging um die beiden Bohrlöcher herum und verspürte in deren unmittelbarer Nähe keinerlei auffällige Rutenreaktion. Dann wandte er dem einen Loch den Rücken zu und ging langsam in Richtung des anderen Lochs. Plötzlich empfand er ein leichtes Ziehen seiner V-Rute, er ging weiter, das Ziehen verstärkte sich. Nach kurzer Zeit hatte er die Stelle eingekreist, an welcher ihn seine – relativ schwache – Rutenreaktion auf Trinkwasser in etwa 35 Metern Tiefe und einer Schüttung von mindestens 10 Litern pro Minute schließen ließ. Der vermutete Punkt lag nur etwa 30 Meter von der einen und 80 Meter von der anderen Trockenbohrung entfernt. Am nächsten Morgen rollte das leichte, fahrbare Bohrgerät an und ging sofort in Aktion. Am Abend war die kleine Versuchsbohrung abgeschlossen. Das Ergebnis: Wasser war gefunden! Die Vermutungen von Schröter waren voll bestätigt worden, und zwar sowohl im Hinblick auf Tiefe als auch auf förderbare Menge des Wasservorkommens. Die verantwortlichen Herren der GTZ und des darüberstehenden Bundesministeriums für Technische Zusammenarbeit, erfahren in den Möglichkeiten moderner Grundwasserprospektion, konnten es damit und in Anbetracht der anderen von Schröter erzielten Erfolge hinsichtlich der zu erwartenden Zeit- und Geldersparnis nicht mehr verantworten, die Methode von Schröter schlicht zu untersagen oder gänzlich zu ignorieren. Das wäre zwar in mancher Hinsicht bequem und auch im Angesicht der historisch bedingt kontroversen Natur der Angelegenheit verständlich gewesen, hätte aber nicht der für die geschaffene Faktenlage gebotenen Fairness entsprochen.

Nun sitzen in der GTZ keine Träumer oder Esoteriker, sondern nüchtern und vorsichtig kalkulierende Fachleute, die sich der zu erwartenden Kritik ihrer Kollegen sehr

Abb. 4.2 GTZ-Bohrteam bei der Arbeit in Sri Lanka.

wohl bewusst waren. Was nun, wenn Schröter auf dem Schulhof einen Zufallserfolg gehabt hätte, der zwar unwahrscheinlich, aber eben nicht gänzlich auszuschließen war? Man musste weiterhin kritisch bleiben und die Entwicklung des Projekts sorgfältig beobachten. Nach intensiven Diskussionen kam man zu dem Schluss, dass Schröter mit dem Projekt wie von ihm konzipiert weiter fortfahren könne, solange ausreichende Erfolge erzielt würden. Dabei spielte es natürlich auch eine Rolle, dass das Gesamtprojekt nicht nur der Wasserfindung, sondern auch anderen Aspekten, wie umfangreichen Sanitärmaßnahmen, zu dienen hatte. Des weiteren war bereits sichergestellt worden, dass eine große Zahl der von Schröter per Wünschelrute bestimmten Bohrpunkte vor dem Bohren auch mit Hilfe einer geoelektrischen Methode (nach dem sogenannten Schlumberger-Verfahren) überprüft wurden. Ferner war das Projekt während der Anfangsphase auch ohne die hinzugekommene Problematik der Wünschelrutenmethode auf den Erfolgsfall begrenzt worden. Sollte sich herausstellen, dass die tatsächlich erzielten Erfolge geringer waren, als anhand vorgegebener Kriterien erwartet werden musste, dann hätte man das ganze Vorhaben abbrechen können. Würde jedoch die erste Arbeitsphase erfolgreich verlaufen, so sollte eigentlich nur der tatsächlich für das Empfängerland erreichte Nutzeffekt zählen, was immer die benutzten Methoden auch gewesen sein mochten.

Das Projekt

Für Schröter bedeutete das Projekt harte Arbeit im Feld. Er wollte durch immer weitere Erfolge beweisen, dass seine Methode systematisch funktioniert und nicht nur Zufallstreffer liefert. Dazu war genauer herauszufinden, unter welchen hydrogeologischen und sonstigen Gegebenheiten er mit der Rute tatsächlich erfolgreich sein konnte. Er war sich als erfahrener Ingenieur vollkommen darüber im Klaren, dass eine Rute kein Zauberstab ist, sondern nur eine feine Reaktion des Rutengängers anzeigt, der auf einen nicht näher bekannten Umweltreiz reagiert. Würden es die Boden- und Gesteinsverhältnisse im Projektgebiet erlauben, seine Wünschelrutentechnik auch großräumig und bei den vielfältigen und verschiedensten angetroffenen Gegebenheiten erfolgreich anzuwenden? Eine grundsätzliche Chance zur Auffindung von genügend Wasser war jedenfalls dadurch gegeben, dass es auf Sri Lanka zu bestimmten Jahreszeiten während des Monsuns ausreichend regnet und daher Wasser prinzipiell vorhanden ist. Es ging also nicht darum, Wunder zu vollbringen, sondern das versickerte Grundwasser in möglichst oberflächennahen Klüften des Untergrunds aufzufinden. Dort kann es teilweise mit relativ geringem Aufwand nutzbar gemacht werden, bevor es in zu große Tiefen verschwindet und unterirdisch von der Insel ringsherum in das Meer abfließt.

Auf Sri Lanka reicht kristallines Urgestein (überwiegend Granit) meist bis nahe an die Erdoberfläche. Die landesüblichen Schachtbrunnen sind in die nur etwa 5 bis 20 Meter dicke Deckschicht gegraben, erfassen damit Oberflächenwasser und trocknen sehr leicht aus. Eine bessere Chance ist jedoch an solchen Stellen nutzbar, wo das Gestein klüftig ist und sich dadurch in etwas größerer Tiefe ergiebige Wasserleiter ausbilden. Diese Situation ist in weiten Teilen Sri Lankas gegeben, so auch im GTZ-Projektgebiet – was aber zunächst nicht sicher bekannt war. Die oberste, bis in etwa 30 Meter Tiefe reichende Schicht des ansonsten harten und undurchlässigen Urgesteins ist in unregelmäßiger Weise von Spalten und Klüften durchzogen. Dieses Gestein ist jedoch aufgrund seiner geringen Gesamtdurchlässigkeit alles andere als ein nasser Schwamm, stellt also keinen weiträumig zusammenhängenden Grundwasserleiter dar. Diese entscheidende Tatsache konnte sowohl durch trockene Bohrlöcher als auch durch nahe beieinander liegende trockene und fündige Löcher bewiesen werden – siehe das zuvor geschilderte Experiment auf dem Schulhof.

Damit wird auch erklärlich, warum einige wenige der schon lange vorhandenen Schachtbrunnen nicht so leicht versiegen: Es sind eben diejenigen, welche im Gelände tiefer liegen und sich mehr oder weniger zufällig in die genannten Kluftzonen erstrecken. Alle diese Erkenntnisse waren bei Projektbeginn jedoch nicht verfügbar, sondern ergaben sich nach und nach aus den praktischen Erfahrungen.

Könnte man eine dreidimensionale tomographische Aufnahme dieser räumlich komplizierten Kluft- und Spaltensysteme erstellen, wäre es einfach zu sehen, an welcher Stelle und in welcher Tiefe die kräftigsten Grundwasserleiter anzutreffen sind. Leider sind auch die modernsten Prospektionsmethoden noch weit davon entfernt, solches leisten zu können. Die besten Verfahren erlauben es gerade noch, das Vorhandensein von Klüften zu bestimmen. Das bedeutet aber nicht, dass damit bereits die Lage von Bohrpunkten sicher bestimmbar ist. Da die betreffenden Klüfte sowohl schmal sein können als auch meist gegen die Vertikale geneigt verlaufen, sind fündige Bohrungen in vielen Fällen nicht an beliebiger Stelle möglich. Vielmehr müssen als Bohrpunkt die schmalen, sich teilweise kreuzenden Bereiche gefunden werden, die auf der Erdoberfläche genau über den engen wasserführenden Bereichen in der Tiefe liegen. In nicht zu durchlässigem Gestein können Abweichungen im Meter-Bereich das Kluftsystem bereits verfehlen und bei der Wassersuche zum Misserfolg führen.

Derartige geologische Grundsatz-Überlegungen waren Schröter selbstverständlich vertraut. Er versuchte daher herauszufinden, ob er solche Kluftsysteme mittels der Rutentechnik aufspüren konnte. Im Erfolgsfall müsste sich die geortete Kluft beispielsweise mittels geoelektrischer Methoden zumindest grob bestätigen lassen, und letztlich würden die Ergebnisse der Bohrungen entscheidend sein, die er an den von ihm festgelegten Punkten niederbringen würde. Dieses Konzept erwies sich wider manche Erwartung als erstaunlich tragfähig.

Wasser für Vavuniya

„Trinkwasser soll den Einwohnern von Vavuniya, seiner Provinzhauptstadt und 60 Prozent der ländlichen Bevölkerung Vavuniyas während der Trockenzeit uneingeschränkt zur Verfügung stehen." So lautete eine wichtige Teilaufgabe innerhalb des GTZ-Projekts, das die Errichtung einer neuen Wasserversorgung für die Stadt Vavuniya mit etwa 20 000 Einwohnern betraf, die zur einen Hälfte im Stadtkern, zur anderen Hälfte in ausgedehnten Randgebieten leben. Nur 10 Prozent der Bevölkerung hatten zu einem veralteten zentralen Wasserleitungsnetz Zugang, während die große Mehrheit ihr Wasser aus privaten und öffentlichen Schachtbrunnen erhielt, die über das ganze Gebiet verteilt waren. Die gesamte Wasserversorgung wurde aber in der Trockenzeit problematisch, da dann die meisten Schachtbrunnen versiegten. Es war also an der Zeit, dauerhaft Abhilfe zu schaffen.

Eine früherer Plan sah die Niederbringung weiterer Schachtbrunnen vor, die untereinander mit Leitungen verbunden werden sollten. In einer weiteren Studie war dem GTZ-Team vorgeschlagen worden, Wassernutzung aus einem flachen Regenrückhaltebecken 25 Kilometer außerhalb der Stadt und eine entsprechend lange Wasserleitung vorzusehen. Da es sich aber um Oberflächenwasser handelte, wäre auf jeden Fall eine kostspielige Aufbereitung erforderlich gewesen. Zudem hatte es durchaus besonders trockene Jahre gegeben, in denen das Becken ausgetrocknet war. So bemühte sich Schröter entgegen den Empfehlungen der örtlich erfahrenen Hydrogeologen um die Erschließung eines möglichst nahegelegenen ausreichend tiefen Grundwasserleiters, der lange Leitungen und Wasseraufbereitung erübrigen und die Versorgung dennoch ganzjährig und bei steigenden Wasserbedarf bis weit über das Jahr 2000 sichern würde.

In der Nähe des Stadtrands gelang es Schröter in der Tat, während sorgfältiger Feldbegehungen geeignete Kluftsysteme zu orten. Glücklicherweise fanden sich diese in einem tiefliegenden dschungelähnlichen Feuchtgebiet, für das bisher keinerlei andere Nutzungsmöglichkeit bestand. Hier wurden nun 13 kleine Testbrunnen angelegt, um die Ergiebigkeit der unterirdischen Wasserleiter zu erkunden. Da sich diese, wie von Schröter vermutet, als ausreichend fündig erwiesen, brachte man insgesamt 21 Produktionsbrunnen an verschiedenen Stellen der Kluftsysteme bis zu etwa 50 Metern

Tiefe nieder. Mehrere dieser Tiefbrunnen wurden jeweils durch unterirdische Sprengungen zusammengeführt, was zugleich eine Optimierung der Wasserausbeute mit sich brachte. Das erzielte Ergebnis entsprach voll und ganz den gestellten Anforderungen und den gehegten Erwartungen. Zusammengenommen ergab sich eine Förderleistung von etwa 20 Litern pro Sekunde, gut ausreichend für die Versorgung der Stadt. Zudem entsprach die Wasserqualität voll und ganz den hohen Ansprüchen, die im Projekt an hygienisch einwandfreies Trinkwasser gestellt wurden.

Es sei am Rande erwähnt, dass die tatsächlich aufgewendeten Kosten für die von Schröter gegen viele anfängliche Widerstände realisierte Methode nur etwa ein Zehntel des im ursprünglichen Plan vorgesehenen Aufwands betrugen, nicht zu reden von der laufenden Kostenersparnis durch entfallende Wasseraufbereitung, der ersparten Instandhaltung langer Rohrleitungen mit Pumpstationen und der erhöhten Versorgungssicherheit.

Aus konventioneller Sicht war der tatsächlich eingetretene Erfolg des Konzepts von Schröter nicht zu erwarten gewesen. Aus diesem Grunde war auch keine Vorplanung für eine derartig effiziente und kostensparende Lösung erwogen worden. Warum wohl nicht? Offensichtlich können mit finanziell und zeitlich begrenztem rein technischem Aufwand keine hinreichend sicheren Vorhersagen über das tatsächliche Vorhandensein der nötigen Grundwassermengen gemacht werden, vor allem aber nicht die erforderlichen präzisen Angaben über erfolgreiche Brunnenstandorte. Natürlich ließen sich bei diesem Stand der Dinge noch Einwände dagegen erheben, dass die erzielten Erfolge etwas mit der Wünschelrute zu tun hätten. Doch davon später.

604 Brunnen auf dem Lande

Das nächste und zeitlich aufwendigere Teilprojekt forderte die Errichtung von etwa 600 Bohrbrunnen für 350 Dörfer mit rund 50 000 Bewohnern. Technisch gesehen stellte sich diese Aufgabe ähnlich wie bei der bereits gelungenen Stadtversorgung, indem die optimale Lösung für Schröter wiederum darin bestand, wasserführende Klüfte aufzufinden. Obwohl der Vorschlag der in die Planung involvierten lokalen Geologen grundsätzlich 100 Meter tiefe Bohrungen vorsah und andere Unternehmungen stets auf eine solche Tiefe abteuften, bemühte sich Schröter aus zwei Gründen, nur solche Wasserleiter zu orten, die in der Regel nicht tiefer als 35 Meter lagen. Erstens konnte eine solche Bohrteufe normalerweise innerhalb eines Arbeitstags erreicht werden, und zweitens standen ihm nur zwei Bohrgeräte mittlerer Kapazität zur Verfügung, die für größere Tiefen nur bedingt geeignet waren. Aufwendigeres Bohrgerät hätte zwar beschafft werden können, dies wäre aber wiederum mit Zeit- und Kostenaufwand verbunden gewesen, der in Anbetracht der angetroffenen Situation nicht gerechtfertigt war. In der Tat hatte sich nämlich im Lauf der Zeit herausgestellt, dass die in jenem Teilprojekt geforderten Wassermengen bereits in derart geringen Tiefen zu finden waren. Ferner stellte Schröter fest, dass bei solchen Bohrungen, die bereits bei etwa 30 Metern Tiefe fündig waren, eine Vertiefung keine nennenswerte Erhöhung der Ausbeute brachte. Dies war durch andere Bohrteams bestätigt worden, bei denen in aller Regel ein bei etwa

Abb. 4.3 Die beiden Aufnahmen links und rechts zeigen Schachtbrunnen in Sri Lanka, deren Bohrpunkte von Hans Schröter mit radiästhetischen Methoden angegeben wurden.

35 Metern Tiefe trockenes Loch auch bei weiterer Abteufung meist keine Fündigkeit erbrachte. Die bei anderen Situationen durchaus begründete und häufig verwendete Faustregel „Weiterbohren" erwies sich in Sri Lanka als absolut unzureichendes Konzept.

Da aus verschiedenen wohlerwogenen Gründen geplant war, die Dorfwasserversorgung über Handpumpen zu sichern, musste die Ergiebigkeit der neuen Brunnen als Mindestmaß nur die relativ niedrige Marke von 5 Litern pro Minute erreichen. Es wurden jedoch durchschnittlich 25 bis 30 Liter pro Minute angestrebt. Dies bedeutete glücklicherweise, dass Schröter auch kleinere Klüfte mit relativ wenig Wasser heranziehen konnte. Solche unregelmäßig verteilte Stellen sind natürlich häufiger als stark wasserführende Klüfte anzutreffen. Es war daher möglich, die Standorte der Brunnen nicht nur nach der Ergiebigkeit, sondern auch nach anderen Gesichtspunkten, wie Hygieneaspekten, Zugänglichkeit oder Optimierung der Zugangswege und möglichst zentraler Lage innerhalb des Dorfes, auszurichten.

Wie in der Projektkonzeption vorgesehen, wurden die ersten 100 Brunnenstandorte mit Hilfe der Geoelektrik überprüft, und zwar von einem lokal verpflichteten Geologen-Team unter anfänglicher Mitwirkung eines deutschen Geophysikers. Im Rahmen der beschränkt möglichen Aufwendungen hierzu konnten die von Schröter bestimmten Bohrpunkte im Prinzip bestätigt werden. Es ergaben sich jedenfalls keine Messdaten, deren Interpretation gegen diese Punkte gesprochen hätten, so dass die Bohrungen wie von Schröter ausgewählt angesetzt wurden. Die damit erzielten Ergeb-

nisse bestätigten die von Schröter zuvor schriftlich dokumentierten Angaben betreffs der zu erwartenden Ergiebigkeiten in erstaunlich hohem Maße. Vor allem: Es gab kaum Misserfolge. Die Tabelle auf der nächsten Seite belegt die Resultate der ersten 100 Bohrungen, die sämtlich Tiefen von nur 12 bis 35 Metern aufwiesen.

Hierbei darf nicht unerwähnt bleiben, dass nur Trinkwasser als Erfolg gebucht wurde. Ein zu hoher Gehalt an Salz, Eisen, Nitrat, Stickstoff und Fluoriden hätte eine Nichtverwendung der Quelle bedeutet. Da Schröter hierzu vor der Bohrung offenbar mittels seiner nicht näher erklärbaren Rutengängertechnik Anhaltspunkte liefern konnte, blieb die Zahl der aus mangelnder Wasserqualität zurückgewiesenen Brunnen äußerst gering.

Für viele hundert weitere gebohrte Brunnen ergab sich ein ganz ähnliches Bild. Dabei konnte es sich Schröter leisten, von nun an auf besondere technische begleitende Maßnahmen zur Lokalisierung von Bohrpunkten zu verzichten und damit enorm Zeit zu sparen. Zusammen mit den bereits erhaltenen hydrogeologischen Befunden erwies es sich tatsächlich als überaus erfolgreich, zur Bestimmung von Bohrpunkten im dortigen Gelände nahezu ausschließlich die Rutengängermethode anzuwenden.

Einige der erfolgreichen Schachtbrunnen verdienen besondere Erwähnung. Eine kleinere europäische Erschließungsorganisation hatte zu einem früheren Zeitpunkt solche Schachtbrunnen anlegen lassen, deren Tiefe aber aus Kostengründen generell auf 6 Meter begrenzt. Kein Wunder, dass sich mehrere davon als trocken erwiesen. Soweit das spätere GTZ-Projektgebiet diese umfasste, wurde ihre Lage von Schröter überprüft. Diejenigen, welche er als über einer geeigneten Kluftzone befindlich einstufte, wurden in das GTZ-Projekt übernommen und um weniges tiefer ausgeschachtet. Das benötigte Wasser stellte sich in allen Fällen wie vermutet ein. Bei einem Brun-

Ergiebigkeit l/min	Anzahl der Brunnen
0–5	6
5–10	8
10–20	21
20–30	18
30–100	47

Ergebnisse der ersten 100 Brunnenbohrungen zur ganzjährigen Wasserversorgung in Dörfern des Distrikts Vavuniya im Norden Sri Lankas. Zielvorgabe war es, eine Ausbeute von mehr als mindestens 5 Litern pro Minute zu erhalten. Dies wurde auf Anhieb in 94 Prozent der Fälle erreicht.

nen, dessen Durchmesser über 2 Meter betrug, glaubte Schröter die wasserführende Kluft nur ganz an einem Rand des Lochs in wenig größerer Tiefe zu spüren. Dies stellte sich als richtig heraus. Leider war es im Rahmen des damaligen Auftrags nicht möglich, eine Gegenprobe zu machen und an der anderen, gegenüberliegenden Seite des Lochs ebenfalls weiterzugraben und damit zu klären, ob dort wirklich kein Wasser in vergleichbarer Tiefe und Menge anzutreffen war.

Eine weitere Erfahrung darf nicht unerwähnt bleiben. Bei der Standortbestimmung für einige Schachtbrunnen hatte Schröter sehr deutlich räumlich eng konzentrierte Wasserführungen angegeben, die innerhalb der für diese Brunnen möglichen Tiefe von etwa 10 Metern anzutreffen seien. Dies konnte nach der Ausschachtung gut bestätigt werden, weil die Schachtwände in dem breiten Loch gut zu inspizieren waren. In einigen Fällen war der Quelleintritt so scharf konzentriert, dass man im Schacht einen Eimer unter den einschießenden Strahl stellen und auch die Schüttung leicht messen konnte. In solchen seltenen Fällen ist es dann ausnahmsweise gerechtfertigt, von „Wasseradern" zu sprechen.

Süßwasser am Salzmeer

Ein Problem besonderer Art stellt die Wassersuche in den unmittelbar am Meer gelegenen Dörfern dar. Bohrt man an der Küste ein genügend tiefes Loch, so wird man zwar relativ leicht Wasser finden, es wird jedoch meist zu salzig sein und nicht als Trinkwasser dienen können. So liefern die meisten der lange Zeit vorhandenen Schachtbrunnen entlang der Küste entweder stark versalztes Wasser, das nur beschränkt Verwendung finden kann, oder sie trocknen im Sommer aus, wenn sie nicht sehr tief sind. Aber auch in dieser Situation brachte Hans Schröters Methode denkbar gute Ergebnisse. Von 80 sehr nah am Meer gebohrten Brunnen lieferten 72 gutes Trinkwasser, 5 brachten leicht salziges Wasser, welches sich noch zum Kochen und Waschen eignete, und nur 3 konnten wegen zu hohem Salzgehalt nicht genutzt werden. Wie hat Schröter dieses sehr gute Resultat in kürzester Zeit und ohne begleitende Hilfsmaßnahmen erreichen können, obwohl das salzige Meerwasser in den Grundwasserbereich der Insel infiltriert?

Im Prinzip lassen sich die Übergangsbereiche von Salz- zu Süßwasser sehr gut mit geoelektrischen Verfahren bestimmen. Diese Methode hätte dort sicherlich zu einem gewissen Erfolg gebracht werden können – vorausgesetzt, dass die nötige Zeit und sachkundige Mitarbeiter zur Verfügung gestanden hätten. Allerdings wäre damit noch keine Gewähr dafür gegeben gewesen, dass die optimalen Bohrpunkte und damit Brunnen gefunden werden, die auch in der Trockenzeit weder versalzen noch versiegen.

Die Lösung bestand für Schröter wiederum darin, die richtigen schmalen Klüfte genau zu orten und anzubohren, die Bohrtiefe jedoch so zu wählen, dass sie ausreichte, um genügend Süßwasser zu erhalten, aber nicht zu tief war, so dass zuviel Salzwasser hätte infiltrieren können. In solchen Klüften war der Druck des vom Land her einsickernden Wassers offenbar ausreichend stark, um eine Vermischung mit vom Meer her infiltrierenden Wasser zu verhindern. Zudem gab das Anbohren dieser Klüfte genügend Gewähr für Wasserentnahme auch während der Trockenperioden. Jedenfalls vermochte Schröter das erforderliche Feingefühl aufzubringen, Ort und Tiefe der Bohrungen optimal aufeinander abzustimmen. Es erübrigt sich wohl zu bemerken, dass die Küstenbewohner des nordöstlichen Projektgebiets diese Brunnen wie ein Geschenk Gottes aufnahmen.

Die unglaubliche Bilanz

Der Rest ist schnell erzählt. Die spektakulären und im wesentlichen mit Hilfe der radiästhetischen Methode erzielten Erfolge bei der Wasserfindung waren von Dauer. In einer Rekordzeit von etwa drei Jahren wurde das umfangreiche Projekt mit beispiellosem Erfolg abgewickelt. Es waren dabei neben der Verwirklichung von aufwendigen Sanitärmaßnahmen insgesamt 691 Bohrungen durchgeführt worden (ohne dass hier irgendwelche „Probebohrungen" verschwiegen wären!), wovon 34 auf die Versorgung der Stadt Vavuniya entfielen und 604 mit Handpumpen ausgerüstet den verschiedenen Dörfern der Landkreise übergeben wurden.

Den Wert dieses Ergebnisses kann man nicht hoch genug einschätzen: In einem aus hydrogeologischer Sicht weitgehend unbekannten, sich als schwierig erweisenden Terrain mit vorwiegend kristallinem Gestein sind ohne besondere Vorstudien bei zum Teil sehr problematischen Randbedingungen in so kurzer Zeit mit verhältnismäßig geringem Personalaufwand und mit nur zwei relativ einfachen, leichten Bohrgeräten mehr als 600 Tiefbrunnen erfolgreich errichtet worden. Ohne den Einsatz eines hervorragenden Rutengängers wäre das wohl nicht zu erwarten gewesen. In der GTZ-Schrift Nummer 183 heißt es hierzu:

„Die Wünschelrute erwies sich als das wirksamste Instrument bei der Brunnenstandortbestimmung. Der Projekterfolg ist gemessen an Indikatoren wie Wasserquantität und -qualität im Vergleich zu anderen Projekten ausgesprochen hoch. Es wäre kaum möglich gewesen, 600 Tiefbrunnen in kristallinem Gestein in knapp 3 Jahren zu

Abb. 4.4 Eine Brunnenbohrung in Sri Lanka.

bohren, wenn man sich auf zeitaufwendige geologische und geo-elektrische Datenerfassung hätte verlassen müssen. Darüber hinaus war die Genauigkeit bei der Einmessung der Ansatzpunkte für die Bohrlöcher für den großen wirtschaftlichen Erfolg des Projekts verantwortlich."

Der Vollständigkeit halber sei auch der Anteil von 53 Bohrungen erwähnt, der aus drei unterschiedlichen Gründen als Fehlschlag einzuordnen ist:

- 10 Brunnen waren trocken. Eine Prüfung zeigte jedoch, dass die von Schröter angebrachten Standortmarkierungen zum Teil erheblich versetzt worden waren, ohne dass das Bohrteam oder der Projektleiter dies rechtzeitig bemerkt hatten.
- 16 Brunnen waren mutwillig zerstört worden, weil unter den Dorfbewohnern Konflikte über den ausgewählten Standort bestanden.
- 27 Bohrungen erbrachten entweder zuwenig Wasser (18) oder wiesen keine ausreichende Wasserqualität auf (9 mit zu hohem Salzgehalt).

In einer Gesamtwertung können also aus den 691 Bohrungen nur 27 als klassische Fehlbohrung bezeichnet werden, dies sind gerade 4% Ausfälle. Eine Erfolgsquote von 96% ist für das gegebene Gelände absolut untypisch, wie auch im folgenden Abschnitt noch näher erläutert wird. Es erübrigt sich daher, nach dem Erreichen des vereinbarten „Erfolgskriteriums" innerhalb der ersten Projektperiode zu fragen. Ersichtlich wurden die denkbar höchsten Erwartungen noch bei weitem übertroffen – auch die schärfsten Kritiker können diesen Tatbestand nicht leugnen. Bevor man aber berechtigt ist, den zweifellos erzielten Erfolg der professionellen und einfühlsamen Handhabung der Wünschelrute zuschreiben zu dürfen, müssen unbedingt noch einige wichtige Fragen und denkbare Gegenargumente behandelt werden.

Vergleich mit anderen Projekten

Es ist aus verschiedenen Gründen äußerst schwierig, einen objektiven und fairen Vergleich der Erfolgsraten der einzelnen Wassererschließungsprojekte in Sri Lanka durchzuführen. Dies liegt zunächst daran, dass die involvierten Organisationen in einer gewissen Konkurrenz zueinander stehen und daher ein möglichst positives Erscheinungsbild anstreben. Die Annahme wäre ziemlich unrealistisch, Misserfolge und schlechte Ergebnisse könnten gegenseitig nachgeforscht und dokumentiert werden. Des weiteren darf nicht übersehen werden, dass die Arbeit in Entwicklungsländern oft von unvorstellbaren Schwierigkeiten begleitet ist und teilweise chaotische Zustände nicht ungewöhnlich sind. Dies betrifft den Ausbildungsstand der lokalen Hilfskräfte, deren Arbeitsmoral, unzulängliche Transportwege, Schwierigkeiten in der Logistik (insbesondere Ersatzteilbeschaffung) und Abstimmung mit den zahlreichen örtlichen Behörden. Im Fall von Sri Lanka kommt erschwerend hinzu, dass sich die nördliche Projektregion in einem ethnischen Spannungsgebiet befand. So wurde auch das GTZ-Team vereinzelt von Untergrund-Gruppen überfallen und massiv in der Arbeit behindert – um eine mehr als zurückhaltende Formulierung dieser für westliche Verhältnisse unvorstellbaren Ereignisse zu wählen.

Für eine annähernde Beurteilung der Leistungen und Erfolge des GTZ-Teams sei ein Vergleich mit einer Projektgruppe versucht, die wir aus verständlichen Gründen mit dem Decknamen ROT bezeichnen wollen. Zunächst muss festgestellt werden, dass eine Anfrage bei dem verantwortlichen Projektkoordinator von ROT betreffs genauer Bohrdaten dahingehend beantwortet wurde, dass (drei Jahre nach Abschluss der Arbeiten) die Originaldokumente nicht mehr auffindbar seien. Es habe sich aber um Erfolgsquoten von etwa 50% gehandelt. Schaut man jedoch in den Schlussbericht, den der Projektkoordinator von ROT über das Wasserversorgungsprojekt im Distrikt Vavuniya im Jahr 1986 anfertigte und der glücklicherweise vorliegt, so finden sich einige aufschlussreiche Informationen:

Die Projektdauer (Bohrzeit) von ROT war mit dreieinhalb Jahren nur wenig länger als die der GTZ und erbrachte 154 fertiggestellte Brunnen (GTZ: 638). Entscheidend sind die aufgewendeten Kosten je Brunnen, die jeweils vergleichbare Aufwands-Positionen enthalten: Sie wurden bei ROT mit 77000 Rs, bei der GTZ jedoch mit nur 25000 Rs angegeben. Das würde zweifellos bedeuten, dass sich die Effektivität von ROT auf nur etwa einem Drittel derjenigen des GTZ-Projekts belief und legt damit eine Erfolgsrate von ungefähr 30% nahe. Somit liegt der Schluss nahe, dass es bei ROT im Vergleich zur GTZ eine zusätzliche Fehlerquote gegeben haben muss.

Sehr vielsagend klingt eine Passage aus dem Schlussbericht des Projektleiters von ROT: „Einige von ‚ROT' erstellte Brunnen wurden aufgegeben, weil sich in unmittelbarer Nähe Brunnen der GTZ befanden, welche Wasser besserer Qualität lieferten" (gemeint ist wohl auch Quantität). Das ist eine erstaunlich deutliche Sprache, und es ist nirgends im Bericht zu erkennen, dass die Situation auch einmal umgekehrt gewesen wäre. Damit dürfte die außerordentliche Leistung des GTZ-Projekts auch von ganz anderer Seite her zumindest recht plausibel gemacht worden sein.

An dieser Stelle kann man deutlich den Stellenwert erkennen, den man der Involvierung eines geeigneten Rutengängers in manchen Fällen zubilligen dürfte. Es soll ja keineswegs der Eindruck erweckt werden, dass die Hinzuziehung eines Rutengängers über Alles oder Nichts entscheiden würde. Auch ohne Rutengänger lassen sich auf konventionelle Art und Weise im Projektgebiet in Sri Lanka offensichtlich Erfolgsquoten von etwa 30 % erzielen. Das Entscheidene ist aber darin zu sehen, dass ein fähiger Rutengänger die an sich zu erwartende Erfolgsrate merklich steigern kann; die Chance für Erfolg wird ohne erheblichen Mehraufwand günstig beeinflusst. Optimal wäre bei größeren Projekten das Zusammenwirken konventioneller Technik mit der Rutengängermethode.

Doch bevor diese Idee ausreichend glaubhaft gemacht und weiter verfolgt werden kann, muss erst genauer geklärt werden, ob die nicht zu leugnenden Erfolge des GTZ-Projekts überhaupt etwas mit der Rutengängermethodik zu tun haben, oder ob nicht andere, bisher unerwähnte triviale Ursachen eine wesentliche Rolle bei der erzielten ungewöhnlichen Erfolgsquote spielen könnten.

Gegenargumente und Einwände

Wenn es um die grundlegende Entscheidung geht, ob Rutengängern tatsächlich „echte" Fähigkeiten im Sinn der zu klärenden „Erdstrahlen"-Hypothese zugebilligt werden müssen oder nicht, ist es eine unverzichtbare Notwendigkeit, alle anderen denkbaren Alternativen für weniger spektakuläre Erklärungen durchzuspielen. Doch gibt es deren eigentlich nur drei, die hier nacheinander auf ihre mögliche Relevanz im Fall Sri Lanka untersucht werden sollen und später im Kapitel 9 noch Erwähnung finden.

Die Hypothese vom glücklichen Zufall

Stellen Sie sich einmal vor, im Zahlen-Lotto einen Treffer erzielt zu haben. Aus der Unzahl von möglichen Zahlenkombinationen haben Sie die Richtige getroffen. Hätten Sie nun nicht genauso oder sogar noch eher einen guten Standort für einen Brunnen angeben können, einfach durch bloßes Raten? Die Antwort ist zweifellos Ja, wenn da nicht das große Aber wäre: Wie oft funktioniert denn das? Haben Sie beim nächsten Lottospiel wiederum das gleiche Glück? Die Antwort ist höchstwahrscheinlich Nein. Es kommt also auch auf die Menge der Erfolge und Misserfolge an. Mit einem durchschnittlichen Einzelfall lässt sich bestimmt nichts beweisen.

Betrachtet man die Tatsache, dass Hans Schröter in Sri Lanka Hunderte von fündigen Brunnen lokalisierte, ohne nennenswerte Fehlerquoten zu verursachen, so liegt klar auf der Hand, dass es sich hier nicht um einen Einzelfall, sondern um eine deutliche Systematik handelt. Es muss der Vollständigkeit halber auch erwähnt werden, dass es undenkbar ist, die Anzahl der tatsächlich erfolgten Bohrungen sei um ein Vielfaches höher als angegeben gewesen, wobei alle diese verschwiegenen Bohrungen Fehlschläge gewesen und nicht registriert worden seien: Abgesehen von der Unehrlichkeit, den eine solche Vorgehensweise darstellen würde, ist das von der Faktenseite her gar nicht möglich. Die finanzielle, personelle und maschinelle Ausstattung des GTZ-Projekts ist exakt bekannt und hätte es nie und nimmer zugelassen, in der Kürze der Zeit nennenswert Fehlbohrungen zu produzieren und zu verstecken – ganz abgesehen davon, dass sich dies gerade bei einem solchen von Anfang an kritisch beobachteten Projekt sehr schnell herumgesprochen hätte.

Mit der Annahme des seltenen Zufalls kommt man der Problemlösung also nicht näher. Versuchen wir es daher mit dem nächsten Argument.

Ist Brunnen-Bohren überall erfolgreich?

Das wäre natürlich eine einleuchtende Lösung. Man benötigt gar keine Wünschelrute, sondern tippt auf eine beliebige Stelle im Gelände, bohrt und hat beispielsweise in 96 Prozent der Fälle Erfolg. Und ist dann noch so hinterlistig, diese Erfolge dem Gebrauch der ominösen Wünschelrute zuzuschreiben. Was lässt sich nun für oder gegen diesen an sich durchaus möglichen Einwand vorbringen?

Zunächst einmal leuchtet wohl jedem ein, dass unter dieser Annahme nicht nur Hans Schröter, sondern auch alle anderen vergleichbaren Projektbetreiber und Bohrunternehmungen einen durchschlagenden Erfolg hätten verzeichnen müssen, beste Ergebnisse hätten publizieren können und es außerordentlich schwer gewesen wäre, überhaupt trockene Bohrlöcher zu finden. Tatsache ist jedoch, dass für die gegebene Geländeart Erfolgsraten von nahezu 100% nicht zu erwarten sind und andere Projektgruppen dementsprechend auch wesentlich niedrigere Erfolgsquoten erzielten. Leider sind die Ergebnisse dieser Vergleichsvorhaben nicht detailliert publiziert worden. Aus den für Insider bekannt gewordenen Daten und dem im vorigen Abschnitt dargelegten Vergleich mit der Organisation ROT geht aber hervor, dass es sich um Erfolgsquoten von kaum über etwa 30% handeln dürfte, das heißt, dass auf jeden Fall eine erhebliche Zahl von Bohrlöchern trocken oder nicht verwertbar war. Und das, obwohl diese Bohrungen in den konkurrierenden Projekten meist bis auf die dreifache Tiefe von 90 Metern niedergebracht wurden. Natürlich handelt es sich jeweils um vergleichbare geologische Verhältnisse, das heißt klüftiges kristallines Gestein. Zudem überlappten sich die Projektgebiete in vielen Fällen, so dass ein direkter Vergleich der Ergebnisse durchaus fair ist.

Etwas außerhalb der offiziellen Akten darf nicht unerwähnt bleiben, dass die Bohrmeister der verschiedenen Bohrtrupps natürlich mit am besten wissen, wie der Hase läuft. So baten einige der anderen Organisationen Schröter um Unterstützung in der Brunnenstandortbestimmung – nachdem sie den sichtbaren Erfolg des GTZ-Programms vor Ort miterlebt hatten. Diesen Wünschen konnte natürlich nur in bescheidenstem Maß entsprochen werden, da Schröter mit der gesamten Projektleitung vor

Ort mehr als ausgelastet war und keine zusätzliche Zeit dafür aufbringen konnte, systematische Hilfestellungen der gewünschten Art zu geben. Erst recht galt das für Interessenten an der Schröterschen Rutentechnik. Nimmt man an, dass dieser historischen Technik ein reales Phänomen zugrunde liegt, dann ist kaum anzunehmen, dass sich dessen Anwendung leicht an x-beliebige Personen vermitteln lässt. Erfolgreiches Rutengehen kann man sicherlich nicht im Schnellverfahren erlernen, wie sich bereits aus der Seltenheit extrem guter Rutengänger erkennen lässt. Es muss wohl als Kunst und nicht leicht beherrschbare Erfahrung betrachtet werden, geeignete Rutenausschläge zu produzieren und mit fachkundiger Interpretation zu verbinden. Aus diesem Grund kann es nur als Glücksfall betrachtet werden, dass Schröter unter den zahlreichen Neugierigen einen Einheimischen fand, dem er seine Technik in der knappen Zeit mit einigem Erfolg weitergeben konnte.

Ein Erlebnis besonderer Art ergab sich eines Tages in der Nähe eines Dorfs, das sowohl im GTZ-Projektgebiet, als auch im Bereich der parallel arbeitenden Projektorganisation ROT lag. Routinemäßig hatte Schröter dort einige Bohrpunkte bestimmt, ausgepflockt und in die Karten und Protokolle eingetragen. Als das GTZ-Bohrteam später mit seinen Fahrzeugen anrückte, um die Bohrungen niederzubringen, war die Überraschung groß: An den bezeichneten Stellen sprudelte bereits unübersehbar das kostbare Nass. Was war geschehen? Die Organisation ROT hatte auf ihr eigenes Konto an den „fremden" Stellen gebohrt und gute Erfolge erzielt. Es sei dem Leser versichert, dass es sich dabei bestimmt nicht um eine zufällige Verwechslung von Bohrpunktmarkierungen gehandelt haben kann.

Die Annahme eines großflächigen, zusammenhängenden und zeitlich permanenten Grundwasserleiters in den Projektgebieten Sri Lankas stellt sich also aus der Vielzahl praktischer Ergebnisse als falsch heraus. Sie ist auch aus hydrogeologischer Sicht nicht vernünftig, da kristallines Gestein – festes Grundgebirge – eben keinen nassen Schwamm darstellt, den man an beliebiger Stelle anzapfen könnte.

Es sei nur am Rande vermerkt, dass damit ein beliebtes Argument gegen die Fähigkeit von Rutengängern entfällt, das in diesem Zusammenhang des öfteren von Geologen und Hydrogeologen vorgebracht wird: Es gebe nämlich gar keine wirklich trockenen Bohrlöcher (eventuell mit dem Zusatz „falls man nur tief genug bohrt") und damit müssten Rutengänger eben notgedrungen ein gewisses Maß an Erfolg aufweisen. Nimmt man eine solche Behauptung ernst, dann würde man folgern müssen, dass es unmöglich wäre, überhaupt eine (trockene) Fehlbohrung zu produzieren! Wie man jedoch weiß, liegen die Dinge nun wirklich nicht so einfach. Besagtes Argument kann zwar in vielen Gebieten mit Recht angewandt werden, wenn eben zusammenhängende Grundwasserleiter vorhanden sind. Im kristallinen Gestein können aber verständlicherweise gänzlich andere Verhältnisse vorliegen, wie nicht zuletzt die Praxis beweist. Es kommt also entscheidend auf die jeweiligen hydrogeologischen Voraussetzungen an sowie auf die Definition des Erfolgskriteriums. Schließlich zählt als Erfolg nicht die Auffindung feuchten Untergrundes oder eines einzelnen Wassermoleküls, sondern das Erzielen der geforderten Mindest-Wassermenge im Dauerbetrieb des Brunnens.

In diesem Zusammenhang ist es aufschlussreich, die Fehlbohrungen von Schröter etwas näher zu kommentieren. Die genannten 10 Bohrlöcher, die wegen heimlichen oder versehentlichen Versetzens der Pflockmarkierung an einer falschen Stelle abgeteuft wurden, erwiesen sich sämtlich als trocken. Dies beweist einmal mehr, dass man im Projektgebiet eben nicht an beliebiger Stelle fündig werden kann. Der Vollständigkeit halber sei für besonders kritisch eingestellte Leser hinzugefügt, dass die eigentlich vorgesehenen Bohrpunkte in ihrer Lage sehr genau protokolliert waren und Trockenbohrungen daher nicht im Nachhinein fälschlicherweise versetzten Pflockmarkierungen zugeschrieben werden konnten. In mehreren Fällen betrug die Distanz zum ursprünglichen Punkt nur wenige Meter. Es wäre in diesen Fällen von außerordentlichem Interesse gewesen, die eigentlich vorgesehenen Punkte nachträglich zu bohren und zu überprüfen, ob sich dann die erwartete Wassermenge eingestellt hätte. Leider ist das aus logistischen und finanziellen Gründen nicht geschehen. Es darf in diesem Zusammenhang auch nicht vergessen werden, dass es sich um ein Projekt der Praxis und nicht um eine wissenschaftliche Studie gehandelt hat, in der man in solchen Fällen zur besseren Beweisführung wohl etwas andere Prioritäten gesetzt hätte.

Manchmal ergaben Bohrungen wesentlich weniger Wasser, als Schröter vermutet hatte. Dies nährte bei ihm den Verdacht, dass die Bohrung nicht hinreichend senkrecht niedergebracht worden war und daher die wasserführende Hauptkluft in dem nicht allzu durchlässigen Gestein um wenig verfehlt worden sein könnte. In einigen solcher Bohrlöcher wurden dann im unteren Ende des Lochs kleinere Sprengungen durchgeführt, die in der Tat in den meisten Fällen Abhilfe schafften und die erhoffte größere Wassermenge zutage förderten.

Also findet sich auch mit der zweiten konventionellen Hypothese noch keine triviale Erklärung und damit kein gültiges Argument gegen die behaupteten rutengängerischen Fähigkeiten von Hans Schröter. Folglich wird die Situation äußerst interessant, wie immer die tatsächliche Erklärung der Befunde auch sein mag.

Es bleibt nunmehr nur noch ein denkbarer Ausweg offen, der zu diskutieren ist und – sollte er die richtige Lösung darstellen – für die Praxis nicht minder wertvoll als die eigentlich behaupteten rutengängerischen Fähigkeiten wäre:

Super-Beobachter?

Es ist eine uralte Weisheit und Wissensbestandteil der Hydrogeologie, geeignete Brunnenstandorte oft an der Topographie, Morphologie, Flora und Fauna erkennen zu können. Hierzu bedarf es sowohl guter hydrogeologischer Kenntnisse, als auch der Erfahrung und des Geschicks in der Beobachtung, vielleicht sogar einer gewissen nicht leicht definierbaren Intuition. Heute ergänzen Luftbild-Auswertungen diese Technik und stellen damit in zunehmendem Maß einen wichtigen Faktor in der Palette der Prospektionsmethoden dar. Allerdings darf dieses Verfahren nicht überstrapaziert werden. Es ist vor allem dann wenig hilfreich, wenn es buchstäblich um die Genauigkeit von Metern geht – und enge Klüfte, so es sie gibt, müssen in nicht zu durchlässigem Gestein nun einmal genau getroffen werden, sonst bleibt der Erfolg aus.

Abb. 4.5 GTZ-Ingenieur Hans Schröter bei der radiästhetischen Bestimmung eines optimalen Bohransatzpunkts in Sri Lanka.

Kann es nun sein, dass Hans Schröter ein „Super-Beobachter" ist, sei es ganz bewusst oder durch unbewusstes Geschick, und auf diese Art die geeigneten Stellen für Brunnenstandorte erkennt? Ist er also ein verkappter „Super-Hydrogeologe"? Das wäre für manche Skeptiker die letzte akzeptable Lösung des Problemfalls. Doch wie die folgende Diskussion zeigen wird, sprechen die vorhandenen Tatsachen nicht im erforderlichen Maß für diese Annahme, der Trend der Fakten zeigt vielmehr recht deutlich in eine andere Richtung. Allerdings ist die Diskussion dieser dritten Hypothese ihrer Natur nach wesentlich komplexer, als es zunächst den Anschein hat. Gehen wir also die wichtigsten Argumente der Reihe nach durch und bedenken stets, dass Schröter sich auf das Auffinden von engen Klüften in kristallinem Untergrund spezialisiert hat.

Zunächst räumt der GTZ-Fachmann ein, dass er durch Beobachtung von Topographie, Flora und Fauna sehr wohl versucht, Anhaltspunkte zu gewinnen. Wenn solche vorhanden sind, stellen sie eine wertvolle Grundinformation darüber dar, dass es überhaupt Kluftwasser geben könnte. So bedeuten zum Beispiel Vegetationsformen wie vereinzelte Baumreihen oder Ameisenhaufen gelegentlich nützliche Hinweise, die die Suche nach dem geeigneten Gebiet erleichtern können. Es ließe sich, so Schröter, daraus aber keine für das Auffinden von engen Klüften notwendige Präzision der Ortsangaben ableiten. In dem durch die Erfahrungswerte gegebenenfalls eingeengten

Gebiet sei die Rutentechnik – also die direkte körperliche Empfindung von „Reizzonen" vor Ort – immer noch erforderlich, um einen optimalen Bohrpunkt genügend genau zu lokalisieren. Im übrigen sollte festgestellt werden, dass in dem Sri-Lanka-Projekt die meisten Bohrpunkte auf ebenen und vom Menschen in vielfältiger Weise bearbeiteten und veränderten Flächen lagen, so dass keine oder nur wenige markante natürliche Indizien wahrgenommen werden konnten, die eventuell auf Wasservorkommen in der Tiefe hingewiesen hätten. Zum anderen lagen viele der fündig gewordenen Bohrpunkte in dicht bewachsenem Gebiet, womit jede denkbare auf dem Vorhandensein von Klüften beruhende Vegetationsanomalie überdeckt und damit unsichtbar war.

Ein weiteres wichtiges Argument zu diesem Diskussionspunkt ist Folgendes: Nehmen wir an, Schröter würde seine Erfolge dennoch hauptsächlich durch super-gute Beobachtung der Gegend erzielen. Warum gelang es dann den anderen in Sri Lanka operierenden Organisationen nicht, ebensogut oder zumindest annähernd so gut geschulte Hydrogeologen vor Ort zu entsenden, die die lokalen Indizien ebenfalls sachverständig und gezielt zu erkennen imstande gewesen wären? Es ist zwar wahr und unabänderlich, dass es in jeder Berufssparte bessere und weniger gute Vertreter gibt, aber man darf wohl kaum davon ausgehen, dass in den anderen Projekten immer nur die weniger befähigten Hydrogeologen beschäftigt waren, die das Sagen hatten. Man bedenke, dass es sich um große und international agierende Organisationen handelte, die über alle modernsten technischen Mittel und Möglichkeiten verfügen und auch in der Lage sind, geeignetes Personal zu engagieren und zu bezahlen.

Auch sollte nicht übersehen werden, dass die 96-prozentige Erfolgsquote von Hans Schröter in ihrer Höhe für die dortigen hydrogeologischen Verhältnisse vollkommen aus dem bekannten Rahmen fällt. Es wäre also ziemlich unrealistisch gewesen, auch nur annähernd eine derart hohe Trefferquote zu erwarten. Dies weist deutlich darauf hin, dass die anderen in Sri Lanka beteiligten Organisationen, gemessen am Stand der Technik und in Anbetracht der lokalen hydrogeologischen Situation, durchaus keine auffallend unterdurchschnittlichen Leistungen vollbracht haben und sich nicht dem Vorwurf aussetzen müssen, sie hätten durch eine etwas bessere Beobachtung der Gegend ihren Erfolg verdreifachen können.

Sollten die Kritiker dennoch darauf bestehen, dass die betreffenden involvierten Fachleute, insbesondere die Hydrogeologen, nicht so effektiv waren, wie sie vielleicht hätten sein können, dann bedeutet das aber ebenfalls eine Erkenntnis von enormer praktischer Tragweite. Demnach müsste es auf gezielter Beobachtung beruhende Möglichkeiten zur Prospektion geben, die offenbar weltweit noch nicht systematisch genutzt werden, gleichwohl aber erlernt und vermittelt werden könnten. Steht doch immerhin zur Debatte, ein Wassererschließungsprojekt mit entweder etwa 30% oder 96% Erfolg durchführen zu können! In Anbetracht der umfangreichen und intensiven Ausbildung, die heute nicht nur in Deutschland, sondern weltweit im Bereich der Geowissenschaften angeboten und vermittelt wird, erscheint es ziemlich unrealistisch, die genannte gewaltige Diskrepanz in der Erfolgsrate bei der Wasserfindung in einer nicht hinreichend praxisbezogenen Ausübung der fachlichen Tätigkeit oder Methoden der beteiligten Experten suchen zu wollen.

Abb. 4.6 Ein fertiger Brunnen in Sri Lanka: Einheimische beim Wasserholen.

Im übernächsten Abschnitt „Wassersuche in anderen Trockengebieten" werden weitere Erfahrungen aus neueren GTZ-Projekten in anderen Ländern diskutiert, wo Hans Schröter in Situationen ähnlich wie in Sri Lanka wiederum gute und sehr gute Erfolge hatte. Schon wegen der zunehmenden Zahl voneinander unabhängiger Projekte, in die Schröter mittlerweile meist mit beachtlichem Erfolg involviert war, lässt sich wohl kaum noch aufrechterhalten, dass er, in welches Land er auch kommt, meistens nur mit weniger gut geeigneten Hydrogeologen zusammentrifft und stets wesentlich besser als diese zu beobachten vermag. In Verdeutlichung der schon oben aufgezeigten Argumentation lässt sich also feststellen: Wenn Skeptiker auf der Hypothese vom „Super-Beobachter" insistieren, dann würde das in Anbetracht der vielfältigen Schröter-Erfolge nichts anderes als eine Art Eigentor bedeuten, denn sie würden einen eklatanten Ausbildungsmangel unterstellen, was nach Lage der Dinge wohl sachlich nicht gerechtfertigt sein dürfte.

Auch darf bei einer späteren Gesamtbetrachtung nicht übersehen werden, dass Schröter in dem Münchener Forschungsprojekt (siehe Kapitel 5 und 6) seine rutengängerischen Fähigkeiten noch auf ganz andere Art und Weise unter Beweis stellte: Bei der Suche nach künstlichen Rohrleitungen im sogenannten Scheunenexperiment spielte visuelle Beobachtung und Intuition mit Sicherheit keinerlei Rolle, und dennoch erbrachte Schröter hochsignifikante Ergebnisse, die überdies von allen Versuchspersonen die besten waren. Darüberhinaus zeigte sich eindeutig, dass Rutengänger auch unter Ausschaltung des Sehsinns ortsabhängige körperliche Reaktionen verspüren. Diese Befunde weisen darauf hin, dass ein Rutenausschlag nicht unbedingt durch intelligentes Raten oder Intuition zustande kommen muss. Für die hier diskutierte Wasserfindung bedeutet dies mit anderen Worten: Ist das Erschließungsgebiet hinreichend eingeengt, dann sollte ein guter Rutengänger den optimalen Bohrpunkt auch bei Ausschaltung der bekannten Sinne „blind“ finden können. Damit ist ein zusätzlicher und sehr gewichtiger Anhaltspunkt dafür gegeben, dass bei der seit Urzeiten betriebenen Rutengängerei offenbar doch für die heutige Wissenschaft neuartige, das heißt unbekannte Phänomene eine Rolle spielen dürften.

Es wäre für die Wahrheitsfindung sehr nützlich, wenn man derartige Experimente – das „blinde“ Auffinden optimaler Bohrpunkte – tatsächlich durchführen würde. Dazu bedarf es aber eines soliden Forschungsprojekts unter Beteiligung verschiedener Experten. Das wäre zwar weder eine sehr teure noch langwierige Unternehmung – das Haupthindernis besteht allein darin, die geeigneten Fachleute und ihre Vorgesetzten davon zu überzeugen, dass eine derartige Untersuchung notwendig und sinnvoll ist und es sich nicht etwa um die Ausübung okkulter Praktiken handelt.

Was bleibt nun von allen drei diskutierten und grundsätzlich verschiedenen Einwänden gegen die aufgezeigte Rutengängertechnik unter dem Strich übrig? Gewiss kein ausreichend überzeugendes und einsichtiges Argument dafür, dass Hans Schröter seine Erfolge auf im Prinzip bekannte Art und Weise erzielen konnte. Es deutet im Gegenteil zuvieles darauf hin, dass in der Sache noch ein weiteres Geheimnis stecken muss.

Wer aber der bisher geführten Argumentation noch immer keine entscheidende Bedeutung zuzumessen bereit ist, sollte noch die Nachfolgeuntersuchungen in Sri Lanka zur Kenntnis nehmen, die auf eindrucksvolle Weise dazu beitragen dürften, für restliche Zweifel an der Möglichkeit eines echten Rutengänger-Phänomens kaum noch vernünftigen Spielraum zu lassen.

Kontroll-Experimente in Sri Lanka

Das in der Broschüre Nummer 183 vorgestellte GTZ-Projekt der Grundwassererschließung in Sri Lanka war in der Form seiner Durchführung im wesentlichen aus den Notwendigkeiten politischen und praktischen Handelns erwachsen. Die Erprobung und der Einsatz von radiästhetischen Methoden sind hier zunächst rein zufällig, und eher aus pragmatischen Erwägungen hinzugekommen. Insbesondere kann keine Rede davon sein, dass es sich vom Ansatz her um ein Vorhaben gehandelt hat, dessen Hauptziel in der wissenschaftlichen Beweisführung in Sachen Wünschelrute bestand. Hauptmotiv war lediglich der Erfolg bei der Wassersuche, nicht aber die gezielte Bearbeitung und Lösung des Rutengängerproblems als wissenschaftliches Grenzgebiet. So ergaben sich im Nachhinein – also erst, nachdem der unerwartete und überwältigende

Abb. 4.7 GTZ-Brunnen in Sri Lanka.

Erfolg der im GTZ-Projekt verwendeten Rutengängermethodik sichtbar geworden war – manche Fragen, die im Lauf des Projekts beantwortbar gewesen wären, wenn man sie im Rahmen einer wissenschaftlichen Projektbegleitung nur früher gestellt hätte und entsprechende Finanzierungsmittel verfügbar gewesen wären. Um in dieser noch nicht in allen Aspekten befriedigenden Situation einer weiteren Klärung dennoch näherzukommen und wissenschaftlich motivierten Forderungen besser Genüge zu leisten, fanden im Zug eines weiterführenden Projekts in Sri Lanka einige interessante Nachuntersuchungen statt. Zum einen ging es um eine gezielte Trockenbohrung möglichst nahe bei einem guten Brunnen, zum anderen um einen möglichst direkten Vergleich zwischen konventioneller Technik und der Wünschelrutenmethode.

Durch die Randbedingung der streng kontrollierten und zweckgebundenen Mittelvergabe war es selbstverständlich nicht möglich, gewollte Fehlbohrungen zu finanzieren. Es ergab sich jedoch eine Möglichkeit, stattdessen einen Beobachtungsbrunnen in unmittelbarer Nähe eines von Hans Schröter georteten, mit über 200 Liter pro Minute stark produzierenden Brunnens von 50 Metern Tiefe anzulegen. Nach eingehenden Diskussionen wurde dieser Versuch angesetzt, um vielleicht eine Aussage über die Breite der Kluft oder Klüftungszone zu erhalten. Hierzu wurde Schröter gebeten, mit Hilfe der Wünschelrute eine Stelle zu bestimmen, wo er nach Durchbohren der – zumindest zeitweise wasserführenden – Deckschicht im darunterliegenden Festgestein eine Ausbeute von weniger als 5 Liter pro Minute erwarten würde. Gelänge dies, ließe sich mit zwei solchen benachbarten Bohrlöchern exemplarisch belegen, dass im Bereich einer fündigen Bohrung kein homogener Grundwasserleiter vorhanden sein muss und Wasser nur in verhältnismäßig schmalen Klüften anzutreffen ist. Nach einer kurzen Begehung des betreffenden Geländes glaubte Schröter tatsächlich, eine solche Stelle in weniger als 40 Metern Distanz zum existierenden Brunnen gefunden zu haben.

Nach der Arbeitshypothese von Schröter ist das eine große Distanz, die über Erfolg oder Misserfolg bei der Wasserfindung entscheiden kann. Aus Sicht der konventionellen Technik war dementgegen nicht zu erkennen, ob eine Stelle A oder eine 40 Meter entfernte Position B besser oder schlechter geeignet wäre, da über das Vorhandensein von Klüften bzw. gegebenenfalls über deren Ausdehnung und die Durchlässigkeit des vorliegenden Gesteins keine ausreichenden Informationen verfügbar waren.

In Anbetracht der im vorigen Abschnitt erwähnten Gegenhypothese vom „Super-Beobachter" sei hier ergänzend vermerkt, dass nach Einschätzung der beteiligten Experten das ausgewählte Versuchsgelände auch bei sorgfältigster visueller Untersuchung keine Anhaltspunkte dafür hergab, dass gute oder schlechte Bohrpunkte durch intelligente Beobachtung oder Raten im Umkreis von 40 Metern hätten lokalisiert und unterschieden werden können.

Wiederum rückte das Bohrfahrzeug an, um die Probe aufs Exempel zu machen. Würde Schröter in diesem wichtigen Testfall wiederum recht behalten?

Die neue Bohrung wurde genau wie die alte bis auf knapp 50 Meter Tiefe durchgeführt. Zwischen 9 und 11 Metern Tiefe, also in der Deckschicht über dem festen Grundgebirge, ergaben sich 13 Liter pro Minute – für die momentane Jahreszeit nichts Ungewöhnliches –, im anschließenden Festgestein jedoch kein Tropfen – die Bohrung erwies sich dort als absolut trocken, obwohl mit der verwendeten Technik noch geringste eventuell vorhandene Wassermengen gefunden worden wären. Der benachbarte Produktionsbrunnen hat demgegenüber in der Tiefe von 50 Metern eine Schüttung von 237 Litern pro Minute. Beide Brunnen und deren Wasserstände sind während der Pumpversuche genauestens beobachtet worden. Es bestand nicht die geringste Verbindung (durch Klüftung) zwischen den beiden Brunnen. Damit konnte gezeigt werden, dass tatsächlich nicht überall Wasser im Festgestein aufzufinden ist und das zu erwartende Grundwasser auch in sehr schmalen Klüften und Kluftsystemen vorkommt. Somit ist der Beweisführung zugunsten rutengängerischer Fähigkeiten zweifellos ein weiteres Mosaiksteinchen hinzugefügt worden.

Nicht weniger aufschlussreich gestaltete sich ein direkter und gezielter Vergleich der beiden grundsätzlich verschiedenen Verfahren zur Grundwassererschließung, Geophysik und Rutengängermethodik, wie er anlässlich der Bemühungen angestellt werden konnte, für mehrere Kleinstädte in Sri Lanka Wasserversorgungen zu erstellen. Die Zielvorgabe bestand diesmal darin, mehrere Brunnen mit einer Ergiebigkeit von mindestens 100 Litern je Minute zu lokalisieren. Als erstes begann ein erfahrenes

Nummer	Liter/Minute	Nummer	Liter/Minute
1	400 *	1	400 *
2	400 *	2	200 *
3	300 *	3	188 *
4	80	4	150 *
5	60	5	150 *
6	45	6	150 *
7	25	7	30
8	22		
9	17		
10	10		
11	7		
12	6		
13	1		
14	1		

* Zielvorgabe erreicht

Vergleich der (artesischen) Schüttungen aus 21 Explorationsbrunnen, die im gleichen Gebiet mit konventioneller Technik (linke Spalte) und mit der Wünschelrutenmethode (rechte Spalte) erhalten wurden. Die Zielvorgabe von 100 Liter pro Minute wurde nach den ersten Tests in 3 von 14 bzw. 6 von 7 Fällen erreicht. Insgesamt lag Schröter mit 86 % Erfolg wesentlich besser als die konventionelle Methode mit 21 % Erfolg.

Team damit, Ansatzpunkte für Bohrlöcher nach modernen hydrogeologischen und geophysikalischen Gesichtspunkten zu bestimmen. Geoelektrische Verfahren spielten hierbei die Hauptrolle, sowie die Nutzung geologischer Karten und die Analyse von Luftaufnahmen. Nach mehreren Monaten intensiver Arbeit waren 14 Standorte festgelegt.

Sodann wurde Hans Schröter in das genau gleiche Gebiet gebeten, um ebenfalls Bohrpunkte, jedoch allein mittels der Wünschelrutentechnik festzulegen. Innerhalb von weniger als 2 Wochen gab er 7 Punkte an. Alsdann begann die Erbohrung der insgesamt 21 Positionen, wobei jeweils die gleiche Bohrtechnik angewandt und die gleiche Tiefe von etwa 50 Metern erreicht wurde. Das Ergebnis ist in obiger Tabelle zusammengefasst:

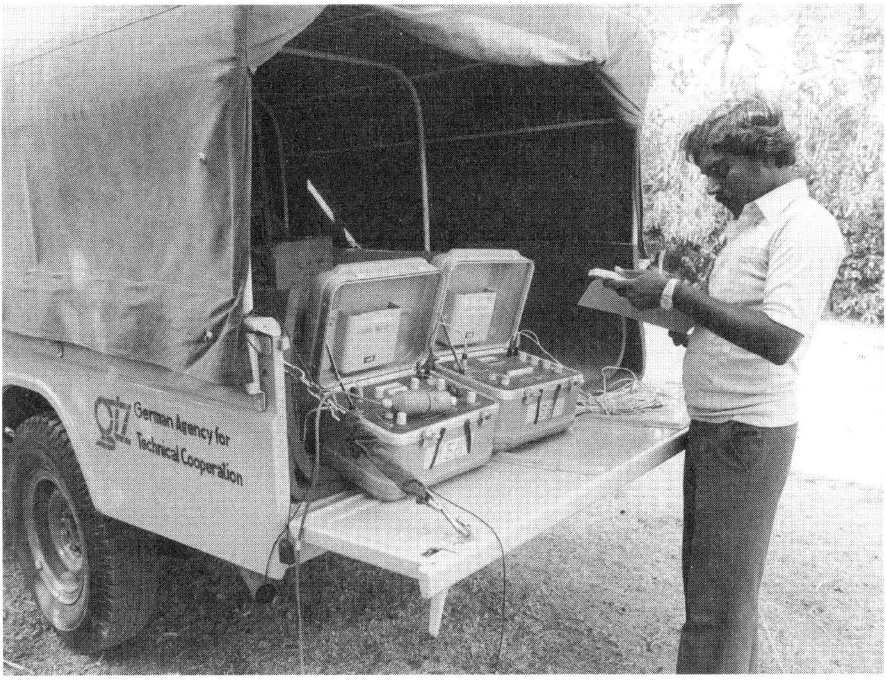

Abb. 4.8 Das GTZ-Team bereitet Messungen der Bodenleitfähigkeit vor (Geoelektrik).

Zwar sind die Fallzahlen von 14 und 7 Standortbestimmungen nicht sehr groß, aber aufgrund der stark unterschiedlichen Ergebnisse für eine praktische Beurteilung ausreichend aussagekräftig. Es bedarf keinerlei besonders raffinierter Analyse, um die erhaltenen Erfolgsquoten zu bewerten. Zum einen ist festzustellen, dass Schröter wiederum mit seinen Angaben weit vorne lag. Zum anderen bestätigte sich ein weiteres Mal – und zwar in diesem Fall gut dokumentierbar –, dass für die dortigen Untergrundverhältnisse bei fachgerechter Anwendung der heute üblichen konventionellen Prospektionsmethoden nicht mit einer Erfolgsquote von wesentlich mehr als etwa 30 % zu rechnen ist.

Abschließend sei noch ein Versuch erwähnt, der sich im gleichen Distrikt in Sri Lanka abspielte und das Bild zusätzlich abrundet. In einer der Ortschaften, wo sich der gerade erwähnte Vergleichstest abgespielt hatte, waren insgesamt 4 Bohrungen an konventionell bestimmten Punkten niedergebracht worden, wovon sich 2 als absolut trocken erwiesen, während die beiden anderen nur wenig Wasser erbrachten, zu wenig für die angestrebte Versorgung des Orts. Aus organisatorischen Gründen war es Schröter im Rahmen des Tests nicht mehr möglich gewesen, in diesem Ort ebenfalls Punkte zu lokalisieren. Der unbefriedigende Ausgang der bisher erfolgten 4 Bohrungen gab daher Anlass, Hans Schröter hier doch noch nachträglich einzusetzen, um vielleicht der Lösung des dortigen Wasserproblems näherzukommen. Also reiste er bei nächster Gelegenheit an und bestimmte dort ebenfalls 4 Punkte allein mit Hilfe der Rutenreaktion, von welchen er 2 als besonders gut (mehr als 100 l/min) bezeichnete. Diese 4 Punkte sind nicht in Tabelle 2 aufgeführt, da sie nicht mehr unter den seinerzeit vereinbarten Testbedingungen erfolgten (es war ja bereits in dem Gebiet gebohrt worden, und die Ergebnisse standen inzwischen zur Verfügung). Der erste von Schröter als gut charakterisierte Punkt ergab in der Tat über 200 Liter pro Minute, womit die angestrebte Wasserversorgung bereits gesichert war. Der zweite „gute" Punkt lag etwa einen Kilometer entfernt und wurde vorläufig nicht verwendet. Die beiden anderen Punkte erbrachten allerdings nur etwa je 20 Liter pro Minute. Sie waren jedoch auf einer Anhöhe gelegen und befanden sich damit etwa 10 m über dem umgebenden Geländeniveau und den anderen Bohransatzpunkten, so dass die einheitlich gewählte Bohrtiefe von etwa 50 m möglicherweise zu knapp angesetzt war. Insgesamt gesehen ist festzuhalten, dass der Einsatz von Schröter auch bei diesem Erschließungsvorhaben auf Anhieb eine weitere entscheidende Erhöhung der Erfolgsrate mit sich gebracht hat.

Damit wollen wir Sri Lanka verlassen. Mehr Daten und Fakten zur erfolgreichen Verwendung der Rutengängermethode ließen sich dort wohl auch zukünftig gewinnen, dies erscheint aber in Anbetracht des bereits vorhandenen Materials kaum noch sinnvoll. Die gezeigten Ergebnisse dürften allemal ausreichen, um eine ernsthafte Diskussion über die möglichen Erfolgsursachen konstruktiv zu führen. Die notwendige Lösung des Problems kann in Anbetracht der inzwischen verfügbaren Informationen nicht mehr allein dadurch erreicht werden, dass man sich weiterhin darauf beschränkt, stets noch mehr an Daten und Vergleichen zu fordern, anstatt gezielte Forschungen zu beginnen.

Man mag nun allenfalls danach fragen, wie es denn in gänzlich anderen Gegenden mit den Fähigkeiten von Hans Schröter oder anderen gleichermaßen qualifizierten Rutengängern aussieht. Auch darauf gibt es eine Antwort, wie der folgende Abschnitt sowie Kapitel 5 aufzeigen. Mit diesen zusätzlichen Befunden erhöht sich abermals die Anzahl der Indizien für das Vorhandensein eines möglichen Phänomens und damit die Sicherheit zur Beurteilung der Rutengängermethode.

Wassersuche in anderen Trockengebieten

Verständlicherweise möchte sich die GTZ im Hinblick auf die unterschiedlichen und umstrittenen Auffassungen über die Rutengängerei nach allen Seiten hin möglichst gut absichern und hat daher beschlossen, nach den Erfahrungen von Sri Lanka die praktische Feldtauglichkeit der Methode nunmehr im Rahmen besser organisierter Feldeinsätze weiterhin zu untersuchen. Es wurde geplant, Hans Schröter in mehrere andere Projekte zu integrieren, und zwar auch in solche, wo die bisherigen konventionellen Techniken nicht voll eingesetzt werden konnten oder an die Grenzen ihrer Möglichkeiten gelangt beziehungsweise zu weitgehend unbefriedigenden Ergebnissen gekommen waren. Im Klartext hieß das nichts anderes, als dass Schröter in möglichst schwierigen und nicht leicht lösbaren Fällen versuchen sollte, doch noch die gewünschten Wassermengen zu finden, deren Vorhandensein ungewiss war und noch nicht nachgewiesen werden konnte. Das stellte keine Bosheit gegenüber Schröter dar, nein, er wünschte selbst, in – hydrogeologisch gesehen – schwierigen Situationen die Möglichkeiten der Wassererschließung mit der Wünschelrute zu erkunden und aufzuzeigen, vorausgesetzt, es bestand eine reelle Chance für das Vorkommen von Grundwasser. Je schwieriger die (hydrogeologisch) vorgegebene Ausgangssituation, desto überzeugender müsste ein sich durch ihn eventuell einstellender Erfolg zu werten sein.

Man sollte nun als Laie glauben, dass ein derartiges Angebot an vielen Stellen der Welt auf größtes Interesse stieß, zumal die damit verbundenen Kosten relativ gering waren. Ist also eine riesige Nachfrage nach der angebotenen praktischen Arbeitsmethode zur Grundwassererschließung entstanden? Die Antwort ist ein klares Nein. Die vorgeschlagene Arbeitsweise entspricht eben nicht dem heute allgemein anerkannten Stand technisch-wissenschaftlicher Methodik. Daher hat Hans Schröter noch erhebliche Mühe, an geeigneten Projekten eine bescheidene, wenn auch möglicherweise für den Erfolg entscheidende Beteiligung zu erreichen. Wieder einmal liegen die Gründe in der noch ungebrochenen Berührungsangst mit dem vermeintlich okkulten Thema. Angesehene Institutionen, die die weltweiten Explorationen dominieren, glauben es sich – noch – nicht leisten zu können, auch Rutengängermethoden in Wasserfindungsvorhaben offiziell einzubinden. Bleibt zu hoffen, dass die Münchener Forschungergebnisse aus Kapitel 6 und die hier publizierten Fakten – die ja auch in Kreisen der Geowissenschaften noch nicht allgemein bekannt sind – das Klima langsam ändern und die diesbezüglichen ablehnenden Einstellungen nachhaltig im Sinn praktischer Vernunft korrigieren werden.

Immerhin gelang es der GTZ, in einigen Projekten konkrete Feldstudien zu betreiben. Über die bisher erfolgten Feldeinsätze im Nigergebiet, im Kongo, auf den Philippinen, in der Dominikanischen Republik, auf Kap Verde und im Yemen sind mittlerweile nützliche Erfahrungen gesammelt worden, die die Rutengängermethodik, und vor allem das kombinierte Arbeitsprinzip Hydrogeologie und Rutengängerverfahren als einen durchaus ernstzunehmenden und nützlichen Faktor erscheinen lassen.

Es bestehen auch einige Aussichten, in den betreffenden Trockenzonen zuweilen einheimische Rutengänger in künftige Wassererschließungsprojekte einbeziehen zu können. Ein kleines Beispiel mag dies erläutern. Als Hans Schröter eines Tages im nördlichen Ghana die dort existierenden Brunnen inspizierte, stellte er zu seiner größten Überraschung fest, dass eine nicht unerhebliche Anzahl recht genau auf sich kreuzenden Kluftzonen lag. Da diese Zonen im dortigen Gelände nicht gerade häufig anzutreffen waren, konnte das kaum Zufall sein. Nachforschungen ergaben daraufhin in der Tat, dass die besagten Brunnen sämtlich von ein und derselben Person lokalisiert worden waren: Es handelte sich um keinen Geringeren als den Erzbischof, einen inzwischen betagten Würdenträger, der auf Befragen einräumte, über gute rutengängerische Kenntnisse zu verfügen und diese bei der Suche nach Brunnenstandorten auch angewandt zu haben.

Wassersuche in Nigeria

Das erste Beispiel betrifft den afrikanischen Staat Nigeria, wo in der Nähe des Städtchens Gotheye nach konventioneller Erkundung 7 Bohrungen bis 150 Meter Tiefe niedergebracht worden waren. Die damit insgesamt erzielte Schüttung belief sich auf rund 150 Liter pro Minute. Das stellte jedoch nur etwa ein Drittel der Menge von über 450 Liter pro Minute dar, die für die angestrebte Versorgung der Stadt erforderlich war. Da nach Ansicht der verantwortlichen Hydrogeologen die insgesamt notwendige Wassermenge nicht nachgewiesen werden konnte, musste als Ausweg eine Aufbereitung des Wassers aus dem nahegelegenen Fluss Niger in Betracht gezogen werden. Das bedeutete hohe Investitionskosten sowie spätere Betriebs- und Wartungsaufwendungen für die Wasseraufbereitung, die man gerne vermieden hätte und die bei einer geeigneten Grundwasserentnahme gar nicht erst entstünden. Bevor nun diese zeitintensive und teure Lösung endgültig realisiert werden sollte, räumte man der Rutengängermethode noch eine Chance ein.

So wurde Schröter an den Ort des Geschehens entsandt. Er inspizierte die inzwischen vorhandenen Bohrpunkte und deren Umgebung mit Hilfe der Rutengängermethode daraufhin, inwieweit jeweils eine wasserführende Kluft getroffen wurde. Nach seiner Empfindung war das nur bei einer der sieben Bohrungen der Fall, wobei eine etwas geeignetere Stelle über der gleichen Spalte in etwa 100 Metern Entfernung gut 50 Prozent höhere Ausbeute bringen würde. Der Beste der ursprünglichen sieben Punkte, der in 144 Metern Tiefe etwa 80 Liter pro Minute erbracht hatte, lag nach seiner Untersuchung knapp neben einer Spalte in einem Bereich relativ guter Durchlässigkeit. Nach kurzer Begehung mit der Wünschelrute gab Schröter in nur 38 Metern Distanz von dieser Stelle einen nach seiner Meinung besseren Punkt an, der genauer über einer Kluft lag. Zudem müsse man, so Schröter, an dieser Stelle nur bis 90 Meter Tiefe gehen, um rund 300 Liter pro Minute Schüttung zu erhalten. Hier wurde dann kurz darauf gebohrt, und man fand in der Tat schon bei 54 Metern Tiefe Wasser. Mittels Pumpversuchen ergab sich bei dem vorläufig auf 60 Meter Tiefe gebohrten, noch nicht fertiggestellten Brunnen die von Schröter erwartete hohe Menge von 250 Liter pro Minute. Die vorhandenen Pumpen waren sogar zu schwach, um die genaue Menge voll zu erfassen. Ein später durchgeführter Dauerpumptest führte allerdings zu einem abfallenden Wasserspiegel, so dass der Brunnen noch nicht endgültig als Erfolg bezeichnet werden darf. Ein Ausbau dieses Bohrlochs auf die volle von Schröter empfohlene Tiefe könnte durchaus noch die prognostizierte und erforderliche Schüttung erbringen. Immerhin: Erneut brachte Schröters erster Bohransatzpunkt einen Treffer.

Karstwasser im Kongo

Im Dezember 1987 reiste Schröter für knapp drei Wochen in ein abgelegenes Gebiet in der Volksrepublik Kongo, wo es für zahlreiche kleine Dörfer Wasser zu suchen galt. Ein gerade abgeschlossenes Bohrprogramm in einem angrenzenden Gebiet hatte ergeben, dass es sich bei dem dortigen Untergrund um Karst handelte, das heißt, dort findet man Wasser bevorzugt in unterirdischen „Kanälen". Die Bohrergebnisse waren dennoch äußerst befriedigend gewesen, obwohl keine besonderen technischen Verfahren zur Ortung dieser Kanäle eingesetzt wurden. Die berichtete Erfolgsquote lag bei etwa 75%. Daraus schlossen die Geologen, dass es sich wohl um stark zerklüfteten Karst handelt und die verschiedenen Kanäle meist untereinander verbunden sein dürften.

Es war demnach zu erwarten, dass in dem neuen, bis zu 100 Kilometer entfernten Projektgebiet noch ähnliche Verhältnisse vorliegen sollten. Insofern stellte dieser Einsatz keine besonders geeignete Aufgabe für Schröter dar. Sollte er nämlich ähnlich gute Ergebnisse erzielen, wie dies im Vorprojekt ohne seine Beteiligung der Fall gewesen war, dann könnte man daraus kein Argument für die Effektivität der Rutengängermethode ableiten. Solange aber über die tatsächliche Nützlichkeit der Rutengängermethodik bei der Wassersuche wenig Sicheres bekannt war, erschien es der GTZ auch aus den schon erwähnten grundsätzlichen Erwägungen heraus sinnvoll, Hans Schröters Verfahrensweise bei wechselnden Einsatzbedingungen zu prüfen, selbst wenn ein relativ hoher Erfolg vorher als wahrscheinlich anzusetzen ist. Des weiteren darf man nicht vergessen, dass nicht nur die reine Zahl fündiger Brunnen wichtig ist, sondern auch der Bohraufwand, das heißt hauptsächlich die notwendige Bohrtiefe, die so gering wie möglich gewählt werden sollte.

Es ist ferner zu bedenken, und später gewonnene Erfahrungen aus etwas weiter entfernten Nachbardistrikten bestätigten dies, dass sich die Art des Untergrunds mit der Distanz schnell ändern kann. So war es nicht als sicher anzusehen, dass im neuen Projektgebiet wirklich die gleichen Verhältnisse vorzufinden waren. Ein gewisses Risiko blieb bestehen. Man konnte nur hoffen, dass die Karst-Kanäle nicht extrem schmal würden. Am Rande sei vermerkt, dass es zur Aufspürung relativ breiter Karst-Kanäle eine Reihe technischer Verfahren gibt. Die Anwendung dieser Methoden hätte aber in dem dortigen großen und verkehrsmäßig nicht gut erschlossenen Gebiet einen sehr zeitintensiven und praktisch inakzeptablen Aufwand bedeutet. Sehen wir uns also einmal die für Hans Schröter vorgegebene Situation und die daraus für ihn resultierende Aufgabe etwas genauer an.

Nach einer langen Anreise von Frankfurt nach Brazzaville wurde Schröter vom örtlichen Bauleiter mit einem geländegängigen Jeep abgeholt. Die Fahrt ging zunächst über ein kurzes asphaltiertes Stück nach Kinkala, dann für sieben Stunden über eine Schotterstraße nach Loubomo, und schließlich führte eine Urwaldstraße nach weiteren drei Fahrstunden zum Camp der Bohrfirma. Insbesondere in der Regenzeit sind diese Urwaldstraßen oft sehr schwer oder teilweiser gar nicht befahrbar. Vor dem Überqueren kleiner Holzbrücken tut man gut daran, sich über deren Zustand durch Augenschein zu informieren und gegebenenfalls die Holzbohlen so zurechtzurücken, dass sie der Spurweite des Fahrzeugs entsprechen (Abb. 4.9). Ähnlich abenteuerlich gestalteten sich die Fahrten zwischen den Dörfern, für die die Wasserversorgung zu sichern war.

Im Rahmen der Vorplanung waren für die gewünschten Brunnen im wesentlichen drei Kriterien aufgestellt worden, wie wir sie schon aus dem umfangreichen Projekt aus Sri Lanka kennen:

Abb. 4.9 Gefährliche Straßen im Kongo: Das GTZ-Team bei der Anreise.

- ▷ Eine gewisse Dorfstruktur sollte gegeben sein, und für je 100 bis 150 Einwohner wurde eine Handpumpe vorgesehen.
- ▷ Der Bohransatzpunkt musste über befahrbare Straßen und Brücken zugänglich sein.
- ▷ Das zu erwartende Grundwasser musste in Tiefen liegen, die mit dem verfügbaren Bohrgerät noch zu erreichen waren, und es musste durch Handpumpen noch zu fördern sein (die geforderte Mindestschüttung sollte bei etwa 5 Litern pro Minute liegen).

Der Hydrologe hatte daraufhin eine Begehung der verschiedenen Dörfer des Projektgebiets durchgeführt und eine grobe Eingrenzung der Bohrlochansatzpunkte unter Berücksichtigung der genannten Bedingungen vorgenommen. Dabei wurden keinerlei geophysikalische Messungen wie etwa Geoelektrik oder elektromagnetische Verfahren (VLF) herangezogen. Die Bohrlochansatzpunkte wurden auch nicht genau ausgepflockt, sondern durch Zahlen an Bäumen, Scheunentoren und anderen markanten Objekten gekennzeichnet. Im Sinn dieser Verfahrensweise war es unbedeutend, wohin dann der tatsächliche Bohrpunkt letztlich zu liegen kam, solange er in einen Umkreis von etwa 100 Metern Radius fiel. Bei einer rein konventionellen Abwicklung des Projekts hätte dann der Bauleiter die Bohrpunkte nach rein praktischen Gesichtspunkten mehr oder weniger zufällig bestimmt. Eine Ortung eventuell vorhandener Karstkanäle war ja bei dieser vereinfachten Prozedur nicht möglich, ebensowenig Angaben über zu empfehlende Bohrtiefen oder zu erwartende Schüttungen. Nach dem oben genannten dritten Kriterium sollten jedenfalls keine Bohrtiefen von mehr als 90 Metern vorzusehen sein, und für 50 Bohrungen wurden insgesamt 3400 Bohrmeter angesetzt, was einer durchschnittlichen Bohrtiefe von 68 Metern entspricht.

Abb. 4.10 GTZ-Ingenieur Hans Schröter vermisst einen zuvor von ihm radiästhetisch ermittelten Bohransatzpunkt.

Die Aufgabe bestand nun für Schröter darin, möglichst in den vorgegebenen Markierungsbereichen genaue Bohrpunkte festzulegen. Auf seine übliche Art und Weise lokalisierte der GTZ-Experte die ihm geeignet erscheinenden Stellen und gab auch die notwendigen Tiefen an, die zwischen 45 und maximal 60 Metern variierten. Es sollte bemerkt werden, dass diese Tiefen im Schnitt etwas geringer sind, als aufgrund allgemeiner hydrogeologischer Gesichtspunkte angesetzt worden war. Das ist deswegen von einer gewissen Bedeutung, weil dies eine Kostenersparnis bedeutet, da die unter Vertrag genommene Bohrfirma unabhängig vom tatsächlichen Erfolg nach geleisteten Bohrmetern bezahlt werden musste.

Das Protokoll Hans Schröters, das neben den Vorhersagen der Tiefen auch Angaben über die zu erwartende Schüttung sowie grobe Schätzungen über die Qualität enthielt (damit sollte später geprüft werden, ob sich Vorhersagen betreffs des unerwünschten Salz- oder Mineralgehalts von Brunnen machen ließen), wurde wie immer bei mehreren der Projektbeteiligten hinterlegt. Da es sich um zahlreiche jeweils kleinere Brunnen handeln sollte, waren zwar Mindest-Ergiebigkeiten von etwa 5 Liter pro Minute gefordert, aber Schröter erwartete an den von ihm lokalisierten Stellen im Schnitt dennoch etwa 50 Liter pro Minute. In der ihm zur Verfügung stehenden knappen Zeit von zehn Arbeitstagen im Feld gab er in den verschiedenen Dörfern insgesamt 50 genaue Bohrpunkte an.

Ein knappes Jahr später, im Sommer 1989, lagen die Ergebnisse vor. Danach wurden insgesamt 51 Bohrungen niedergebracht, worin allerdings 2 „fremde“ Standorte enthalten sind, die nicht von Schröter lokalisiert worden waren. Ein Brunnen wurde nur 39 Meter tief gebohrt (er kollabierte aus technischen Gründen), obwohl Schröter 50 Meter Tiefe als notwendig bezeichnet hatte. Ähnlich verhielt es sich mit einem weiteren Bohrloch, in dem bei 52 Metern Tiefe Wasser angetroffen wurde. Das gespannte Wasser stieg später bis auf 42 Meter an, woraufhin das Loch einstürzte und den Zufluss blockierte, so dass der an sich fündige Brunnen aufgegeben werden musste.

Für die Auswertung der Gesamtergebnisse können daher nur Daten von 47 Bohrungen berücksichtigt werden. In 42 Fällen war die Mindestschüttung erreicht worden. Das entspricht einer Erfolgsquote von etwa 90%. Auch die Tiefenangaben Schröters erwiesen sich als höchst brauchbar. Die durchschnittliche Bohrtiefe betrug – wie vorhergesagt – 50 Meter und lag damit merklich unterhalb des konventionell erwarteten Werts von 68 Metern.

Die genaue tatsächliche Schüttung, das heißt die maximal mögliche Wasserentnahme, wurde nur in wenigen Fällen ermittelt, da primär nur der Nachweis der geforderten Mindestschüttung notwendig war. Die durchgeführten Pumptests zeigten dabei folgendes Bild: 7 Brunnen lagen zwischen 5 und 20 Litern pro Minute, 6 zwischen 20 und 40, und die verbleibenden 29 Brunnen wiesen Schüttungen von mehr als 40 Litern pro Minute auf. Damit hatte Schröter in 28 von 47 Fällen auch die recht unterschiedlichen Schüttungen auf einen Faktor 2 genau richtig vorausgesagt, oder besser formuliert, abgeschätzt. Hierbei muss sicher beachtet werden, dass die Ergiebigkeit von Brunnen in Trockengebieten jahreszeitlich schwanken kann. Da zwischen der Bestimmung der Bohrlochansatzpunkte und dem späteren Erbohren oft mehrere Monate vergehen, also beispielsweise die Regenzeit inzwischen in die Trockenzeit übergehen kann, ist mit einer Veränderung der Grundwasserstände und damit der zu erzielenden Schüttungen zu rechnen. Man muss also Angaben über Ergiebigkeiten stets mit einem Unsicherheitsfaktor versehen, und jeder Versuch einer „präzisen" Angabe wäre bloße Augenwischerei.

Interessant ist auch die Betrachtung der 5 trocken gebliebenen Brunnen. In 3 dieser Fälle wurde nämlich die Tiefe erhöht und bis auf 72, 78 und 87 Meter weitergebohrt. Bemerkenswerterweise ergab sich dadurch nicht die geringste Verbesserung: Die Löcher blieben trocken. Das häufig angewandte und schon öfter erwähnte Verfahren, bei mangelnder Fündigkeit einfach weiterzubohren, hat sicherlich schon in mancher Situation geholfen, ist aber keineswegs als ein Allheilmittel zu betrachten und insbesondere im Karstgebiet kein besonders gutes Rezept.

Nicht erfolgreiche, also trocken gebliebene Bohrbrunnen wurden aus Kostengründen nicht gesichert. Die Folge war, dass sie nach kurzer Zeit zusammenbrachen. Da Schröter zu diesem Zeitpunkt längst nicht mehr vor Ort weilte und erst später von diesem Tatbestand erfuhr, entfiel die Chance, irgendwelche Nachprüfungen betreffs der Ursachen für die Fehlschläge vorzunehmen, also zum Beispiel den genauen Standort, die tatsächlich erreichte Tiefe oder die Vertikalität der Löcher zu überprüfen. Aufgrund seiner Erfahrungen in Sri Lanka, wo Schröter als Projektleiter ständig vor Ort anwesend war und manchen sich zunächst als Fehlschlag abzeichnenden Fall noch „retten" konnte, ist jedenfalls klar geworden, dass eine genaue Inspektion der Situation vor Ort erforderlich ist, bevor sich zuverlässige Aussagen über erzielte oder erzielbare Wassermengen einerseits und klare Fehlschläge andererseits machen lassen.

Auch unter Einbeziehung der nicht ganz befriedigend geklärten Serie von Fehlschlägen bedeutet das Gesamtergebnis nicht nur einen höheren Erfolg als erwartet, sondern auch eine Bereicherung an Erfahrungen betreffs der praktischen Leistungsfähigkeit der Rutengängermethodik. Letzteres bezieht sich auf die Vorhersagemöglichkeiten von Tiefen und Schüttungen. Entscheidend ist weiterhin, dass der Einsatz von Hans Schröter auch in diesem Vorhaben zur Erfüllung des Projektziels wesentlich beitragen konnte.

Auf einer Insel der Philippinen

Der Einsatz des GTZ-Experten Hans Schröter auf der kleinen Insel Verde Island im philippinischen Inselarchipel gibt ein Beispiel dafür, wie ein guter und flexibel handlungsfähiger Rutengänger auch unter ungewöhnlichen Umständen mit relativ einfacher Arbeitsweise zu Erfolg kommen kann. Dabei waren diese Maßnahmen zuerst gar nicht geplant gewesen und hatten sich als Nebenprodukt aus ganz anderen Hilfsmaßnahmen für die grüne Insel ergeben. Die Vorgeschichte hierzu begann in den 80er-Jahren, als einige deutsch-philippinische Gemeinschaftsprogramme für technische Hilfsmaßnahmen vereinbart wurden.

Im Rahmen eines GTZ-Projekts war auf mehreren philippinischen Inseln, auf denen es keine Elektrizität gab, die Errichtung von kleinen Stromversorgungen, insbesondere unter Nutzung von Sonnenenergie geplant. Zu einem späteren Zeitpunkt sollte auch an photovoltaisch betriebene Wasser-Pumpstationen gedacht werden. Dazu waren in abgelegenen Gebieten erst einmal durch Solarzellen gespeiste, dezentrale Batterie-Auffüllstationen vorgesehen. Eine zentrale Stromversorgung wäre dort nämlich auf unabsehbare Zeit vollkommen unrealisierbar gewesen. Das unmittelbare Ziel war es, möglichst zwei bis drei Beleuchtungsstellen je Haushalt sowie etwas Strom zum Betreiben eines Radios und anderer Kleingeräte bereitzustellen. Bisher konnten sich nur wenige reiche Einwohner den Luxus leisten, mittels Boottransporten alle paar Wochen frisch aufgefüllte Batterien von der nächstgelegenen größeren Stadt zu besorgen und damit einen bescheidenen Grundbedarf an Elektrizität zu decken.

Als die Einwohner von Verde Island von solchen Vorplanungen hörten, reagierten sie sehr skeptisch und teilweise abweisend. Mit Nachdruck äußerten sie den Wunsch, man möge sich bei aller Notwendigkeit für Strom doch erst einmal über eine nachhaltige Verbesserung der Trinkwassersituation Gedanken machen. Ganz ähnliche Probleme haben übrigens Tausende der Inseln des Archipels. Daher entschied sich die GTZ zunächst dazu, als eine Art vertrauensbildende Maßnahme auf Verde Island mit einem kleinen Beitrag das Problem der Wassergewinnung anzugehen und beauftragte Schröter mit der Erkundung und Durchführung solcher Kleinmaßnahmen.

Verde Island liegt zwischen der Hauptinsel Zuzon und der Insel Mindoro Island und ist vom 160 Kilometer entfernten Manila aus nach einer etwa dreistündigen Autofahrt über Batangas City und einer anschließenden zweistündigen Bootsfahrt zu erreichen. Auf 16 Quadratkilometern Fläche leben dort knapp 10 000 Personen breit verstreut in 1500 Haushalten, die von den Segnungen der Neuzeit weitgehend abgeschnitten sind und ihr Wasser aus höchstens 50 Brunnen schöpfen. Nur im größten Ort gibt es einen gebohrten Tiefbrunnen und ein kurzes, bescheidenes Leitungssystem, das jedoch neueren Informationen nach nicht mehr in Betrieb ist. Die meisten entlang der Küste wohnenden Einheimischen müssen lange Fußwege zu den einfachen, gegrabenen Schachtbrunnen in Kauf nehmen beziehungsweise ihr Wasser je nach Jahreszeit auch per Schiff von anderen Inseln herbeischaffen. Zudem ist das Wasser aus den Schachtbrunnen meist leicht bis stark salzig sowie durch hohen Mineralgehalt geschmacklich wenig attraktiv. Wie es für Trockengebiete typisch ist, versiegt die Mehrzahl der sämtlich in Küstennähe gelegenen Brunnen in der von Januar bis April währenden Trockenzeit, da der Grundwasserspiegel dann deutlich abfällt.

Aus hydrogeologischer Sicht war eigentlich genügend über die Insel bekannt, woraus man sich ein realistisches Bild über die keineswegs einfachen Möglichkeiten zur Wassergewinnung machen konnte. Es handelt sich hauptsächlich um vulkanisches Gestein geringer Durchlässigkeit, so dass – laut geologischer Studie – nur in Spalten und Klüften Wasser sowie in Aquiferen in Küstennähe zu erwarten war. Letztere bergen jedoch die Gefahr der Versalzung, wie nicht zuletzt die bestehende Situation klar erweist. Befassen wir uns nun mit den Methoden der GTZ-Maßnahme, die eine erfreuliche Verbesserung der Trinkwasser-Situation erbrachten.

An eine genaue geologische Erkundung mit dem Einsatz von Technik oder gar an Testbohrungen war jedenfalls nicht zu denken. Weder ausreichend Geld, Zeit noch

Abb. 4.11 Auf Verde Island wird eine Tiefbohrung mit einfachsten Mitteln niedergebracht.

Abb. 4.12 GTZ-Brunnen auf der Philippinen-Insel Verde Island.

irgendeine nutzbare Infrastruktur standen zur Verfügung. Da die Insel, welche nicht selten von Taifunen verwüstet wird, nach westlichen Maßstäben unerschlossen ist, gibt es keine Straßen oder befahrbare Wege, wodurch auch die Zugänglichkeit für ein leichtes motorangetriebenes Bohrgerät nicht gegeben war. So konnte Schröter bei einer ersten kurzen Inspektion vor Ort nur den Bedarf an Trinkwasser feststellen und einige einfache Möglichkeiten für zusätzliche Brunnen einschließlich des zu veranschlagenden Kostenrahmens erkunden.

Unter derart einschränkenden Randbedingungen zu arbeiten, war auch für Schröter nicht leicht, zumal hier viel Anstrengung der reinen Organisation des relativ bescheidenen Projekts gewidmet werden musste. Zum Erzielen eines Gesamterfolgs hätte die Fähigkeit zum Wasserfinden alleine – mit welcher Methode auch immer – nicht ausgereicht. Aber auch diese vielschichtige Aufgabe sah Schröter als reizvoll an, und er fühlte sich trotz der ungewohnten Schwierigkeiten auf der Insel sehr wohl.

Bei seinem alsbald anberaumten dreiwöchigen Einsatz versuchte er in der bewährten Weise, die vor allem im Küstenbereich gewünschten Wasserstellen mittels der Ortung von Kluftsystemen zu bestimmen. Unter anderem ging er von der Überlegung aus, dass meeresnah gelegene Klüfte besonders unter ansteigendem Gelände günstig sein sollten. Hier kann am ehesten damit gerechnet werden, dass entlang der Kluftzonen anströmendes Wasser das Salzwasser im Küstenbereich „wegdrückt" und sich Süßwasserlinsen bilden. Er suchte demzufolge mit der Rutenmethodik nicht direkt nach Süßwasser, sondern – wie gewohnt – nach klüftigen Zonen im Untergrund.

Abb. 4.13 Aus einer Broschüre für die einheimische Bevölkerung auf Verde Island: Werbung für technische Hilfe und Zusammenarbeit.

Ein interessanter Hinweis für das mögliche Vorhandensein solcher wasserführender Bereiche war seine Beobachtung, dass in einem der Dörfer die Schachtbrunnen durchweg ausreichend ergiebig und nicht so leicht versiegend waren wie alle übrigen Brunnen auf der Insel. Nach umständlichem Befragen der Bevölkerung – das Dolmetschen war ein kleines Problem – verdichtete sich bei Schröter der Verdacht, dass die besseren Brunnen von einem Einheimischen mittels radiästhetischer Methoden angelegt worden waren. Aber offensichtlich gelangte dieses lebenswichtige Wissen nicht einmal in das Nachbardorf. Über die Gründe lässt sich nur spekulieren, sie mögen mit religiösen, sozioökonomischen oder auf Rivalität basierenden Motiven zu tun haben. Eine genauere Untersuchung des Geländes bestätigte ihm dann auch, dass sich die besonders guten Brunnen tatsächlich über rutengängerisch gut lokalisierbaren Klüften befanden.

Das Auffinden solcher als Bohrpunkte geeigneten Stellen wurde durch keinerlei sonstige optische Anhaltspunkte erleichtert. Der Küstenbereich war stark mit tropischer Vegetation bewachsen. Für einen Uneingeweihten ist das zunächst schwer verständlich, da man leichthin zur Meinung neigt, Wasserknappheit würde es nur in wüstenähnlichen Gebieten geben können. Aber auf Verde Island ist es wie in vielen anderen südlichen Ländern: Während eines guten Teils des Jahres herrscht keinerlei Mangel an Wasser, aber in der Trockenzeit sinkt eben der Grundwasserspiegel erheblich ab, und es entsteht arge Not, auch ohne dass sich das Gebiet gleich in eine Wüste verwandelt.

Glücklicherweise fand Schröter die erhofften klüftigen Bereiche, wo er die landesüblichen Schachtbrunnen anlegen ließ – in der Tat erwies sich das dort gefundene Wasser als kaum salzig, und es bestand die Aussicht, dass diese Standorte auch in der Trockenzeit noch Wasser erbringen (was sich später auch bestätigte). Da der schon erwähnte Einheimische mit Rutengängerkenntnissen noch in seinem Ort lebte, veranstaltete Schröter unter großer Anteilnahme der Bevölkerung ein kleines Experiment. Er bat den lokalen Rutengänger, in Dorfnähe einen weiteren guten Brunnenstandort bei Abwesenheit Schröters zu suchen. Zur „Kontrolle“, und um das Interesse der Leute für ihre Brunnen zu fördern, wurden die Dorfbewohner in zwei Gruppen von je etwa 50 Leuten geteilt. Die eine Gruppe beobachtete ihren eigenen Rutengänger, wie er sorgfältig nach einer geeigneten Stelle suchte. Anschließend beging Schröter das gleiche Gelände unter Beobachtung durch die andere Hälfte von Bewohnern und war nicht schlecht erstaunt, als sich später herausstellte, dass sich seine Standortbestimmung nur um etwa einen Meter von derjenigen des Einheimischen unterschied. Diese Differenz war ohne Bedeutung, da der beabsichtigte Schachtbrunnen ohnehin auf einen Durchmesser von zwei Metern angelegt werden sollte.

Als zusätzliche Maßnahme lokalisierte Schröter etwas landeinwärts drei Stellen, an welchen Brunnen von knapp 20 Metern Tiefe zu erstellen waren. Dies erschien ihm nötig, um eine größere Sicherheit während ausgedehnter Trockenperioden zu erreichen. Zudem ist in solchen tieferen Klüften die Chance höher, Süßwasser zu finden, da der von den Bergen her kommende Wasserfluss der Salzwasserintrusion vom Meer her besser entgegenwirkt.

Die praktische Ausführung der Bohrungen gestaltete sich abenteuerlich. Unmittelbar nach der Standortbestimmung wurde damit begonnen, im Hand-Bohrverfahren dem Ziel näher zu kommen. Jedoch standen nur die allereinfachsten Mittel zur Verfügung, wie Bambusstangen, Seile und einfache Werkzeuge. Eine Wasserwaage war nicht aufzutreiben, aber die Handhabung eines schnell gebastelten Lots konnte Schröter vermitteln. Mit Geschick bauten die Bewohner aus dicken Bambusstangen einen Dreibock, der als Bohrturm diente (Abb. 4.11). Der improvisierte Bohrkopf war ein

Gewicht, das an einem Seil jeweils hochgezogen und sodann in das Loch fallengelassen wurde. Als Umlenkrollen und Seiltrommel dienten Felgen und Räder alter Drahtesel. Mittels solch tatkräftiger Mitarbeit der Dorfbewohner war eines der drei Löcher in weniger als zwei Wochen noch während des dortigen Aufenthalts von Schröter genügend tief gebohrt: Es wurde bestes Trinkwasser ohne auffälligen Salzgehalt angetroffen. Ein fast so gutes Ergebnis stellte sich später bei dem zweiten Brunnen ein, während sich der dritte als leicht salzig erwies und damit nur noch zu Wasch- und Kochzwecken geeignet war.

Drei weitere Brunnen wurden nach den Angaben von Schröter nach seiner Abreise als 6 bis 8 Meter tiefe Schachtbrunnen unmittelbar in Meeresnähe, zwischen 20 und 30 Meter von der Küstenlinie entfernt, unter der Überwachung durch einen von der GTZ beauftragten Bauleiter ausgeführt. Das Ergebnis überraschte kaum noch: Ein Brunnen erbrachte hervorragendes Trinkwasser, während die beiden anderen zunächst bitter schmeckendes, leicht mineral- und salzhaltiges Wasser lieferten, das zu direktem Trinken nicht nutzbar war. Auf welche Weise hier ausnahmsweise Abhilfe geschaffen werden konnte, ist eine ausführlichere Beschreibung wert.

Vier Quellen im Schacht – eine präzise Vorhersage

Noch während der Begehung mittels der Rutenmethodik hatte Hans Schröter aufschlussreiche Details zu Protokoll gegeben, die dem Bauleiter bei der späteren Lösung des aufgetretenen Problems von Nutzen waren. Während der Standortbestimmung versuchte Schröter – entsprechend seiner oft bewährten Verfahrensweise – stets solche Stellen zu finden, wo ein Brunnen mehr als nur ein einziges unterirdisches Gerinne erfassen kann. So hatte er auch die beiden besagten Schachtbrunnen an Positionen anlegen lassen, an denen seiner Meinung nach mehrere solcher kleinen Gerinne zusammenkamen. Normalerweise, wenn ein Brunnen genügend gutes Wasser liefert, ist es unerheblich, wie das Wasser im Untergrund in den Brunnen einschießt, und Schröters Vorhersagen bezüglich solcher mehrfachen Zuflüsse blieben ohne besonderes Interesse und wurden auch nicht überprüft. Im Fall der beiden Schachtbrunnen ergab sich nun einmal aus praktischen Überlegungen die Gelegenheit zu einer detaillierten Kontrolle, die kurz beschrieben sei.

Nach dem Bericht des Bauleiters und dem zu Beginn erstellten Protokoll hatte Schröter einen Ort markiert, an dem er in 6 bis 7 Metern Tiefe Wasser erwartete, das mit einer Menge von mehr als 5 Litern pro Minute für den beabsichtigten Betrieb von Handpumpen ausreichen sollte. Er hatte mehrere getrennte Zuflüsse lokalisiert, die, vom Hang herkommend, in Richtung Küste sickerten und am Bohrort gemeinsam erfasst werden konnten. Die Lage der beiden stärkeren der kleinen Gerinne hatte er genau festgelegt, dem Bauleiter erläutert und in das Protokoll eingezeichnet; sie schienen trichterförmig auf einen Punkt zuzulaufen. Dazwischen spürte er zwei weitere Gerinne, die etwas undeutlicher waren. Da er aber die wesentlichen Wasserführungen als erkundet betrachten konnte und noch andere Aufgaben auf ihn warteten, machte er sich nicht die Mühe, die schwächeren Gerinne noch genauer zu erspüren.

Der Bauleiter setzte daraufhin die Ausschachtung an der bezeichneten Stelle erst einmal auf 7,5 Meter Tiefe an. Wie vermutet, wurde das Wasser in dieser Tiefe mit der Menge von 8 Litern pro Minute angetroffen. Nach der späteren Feststellung der mangelhaften Wasserzusammensetzung kam dem Bauleiter die einleuchtende Idee, den Brunnen daraufhin zu untersuchen, ob es tatsächlich mehrere Zuflüsse gab und diese eventuell von unterschiedlicher Qualität waren.

Dies setzte er wie folgt in die Tat um: Unter seiner Aufsicht wurde das Loch mit einer starken Sauganlage bis auf die Sohle ausgepumpt und nach den von Schröter vorhergesagten Gerinnen abgesucht. Zur seiner Überraschung musste er feststellen, dass das Wasser tatsächlich wie vermutet aus vier Zuläufen einströmte. Diese lagen auch zum Hang hin gewandt an den von Schröter angegebenen Stellen, sämtlich in Tiefen zwischen 7 und 7,3 Metern. Die Quelleintritte waren in dem porösen Gestein leicht auszumachen und erstreckten sich an der Wandung des Schachts von knapp 2 Metern Durchmesser über Bereiche von weniger als etwa 20 Zentimetern, waren also gut voneinander getrennt. Man konnte sogar einen Behälter unter die jeweiligen Austrittsbereiche stellen und das Wasser darin auffangen. An der zur Seeseite gelegenen Wand war eine leichte Salzwasserintrusion auszumachen, die sich mit Betonringen leicht abdichten ließ.

Glücklicherweise ergab die weitere Prüfung, dass zwei der vier bergseitigen Zuläufe aus reinem Süßwasser bestanden, während die beiden anderen zwar nicht wirklich salzig, aber zu stark mineralisiert waren. Daraufhin wurden die beiden unerwünschten Quellbereiche an der Schachtwand durch geschicktes Zuzementieren am Eintritt gehindert. Dem Brunnen konnte anschließend, bei reduzierter Schüttung von etwas über 6 Litern pro Minute, sehr zur Freude der umliegend wohnenden Einheimischen Trinkwasserqualität bescheinigt werden.

Die Angaben Schröters konnten hier in erstaunlichem Detail bestätigt werden, übrigens auch für den zweiten Schachtbrunnen. Eine solche, geradezu unheimlich anmutende Übereinstimmung zwischen Vorhersage und Realität stellt sicherlich den Ausnahmefall dar, sollte aber dennoch in der Liste rutengängerischer Möglichkeiten vermerkt werden, da es sich aufgrund der vielen Detailangaben kaum um einen Zufallserfolg gehandelt haben kann. Der Untergrund war auch nicht so stark zerklüftet, dass sich jede gewünschte Zahl von „feuchten" Bereichen hätte angeben lassen und der berichtete Erfolg als Zufall oder willkürliche Interpretation der wahren Verhältnisse dargestellt werden könnte. An der Schachtwand ringsum waren die von Schröter vermuteten verschiedenen Quelleintritte zu finden. Ergänzend ist zu betonen, dass sich in der dortigen Gegend nicht an beliebiger Stelle gute Schachtbrunnen bauen lassen. Die vielen trockenen Löcher und in der Sommerzeit versiegenden Brunnen beweisen das zur Genüge – und die Einheimischen hätten nicht der Hilfe durch die GTZ bedurft.

In Anbetracht dieser Spitzenleistung des GTZ-Experten und der guten Dokumentation des Vorgangs müsste dieser Fall allein ausreichen, die Einwände und Vorhaltungen von Kritikern und Skeptikern gegenüber der Rutengängermethodik erheblich zu relativieren. Zumindest sollte man bei künftigen gezielten Experimenten im Auge behalten, derartige Fälle als Testmöglichkeit zu integrieren.

Dieses Beispiel aus der Praxis zeigt, dass eine akzeptable Grundwassererschließung auch mit allerlei Tücken verbunden sein kann. Nicht immer stellt die erste Prüfung der Qualität eines Brunnens das letzte Wort dar. Sowohl Verbesserungen als auch Verschlechterungen sind möglich. Das Problem besteht nämlich nicht nur in der Vermeidung von Quellen, die einer Salzwasser-Infiltration vom Meer her unterworfen sind. Da die eben erwähnten mineralhaltigen, ungenießbaren Gerinne einerseits an der hangwärts gelegenen Seite der Schachtbrunnen eintraten und andererseits auch nicht für leicht angesalzenes Wasser typisch waren, hatten sie ihren Ursprung offenbar nicht in den Salzwasserbereichen des nahen Meeres. Wahrscheinlich handelte es sich Auswaschungen im klüftigen, vulkanischen Gestein. Eine zusätzliche Schwierigkeit kann auch durch jahreszeitliche Schwankungen der Wasserzusammensetzung entstehen. Bei niedrigem Wasserstand im Dezember wird erfahrungsgemäß oft die beste Wasserqualität vieler Brunnen erreicht, was auf das Vorhandensein bereits ausgewaschener Kluftzonen hinweisen dürfte. Während der niederschlagsreichen Jahreszeiten kann sich die Qualität dagegen verschlechtern und ein höherer Salz- und Mineraliengehalt auftreten. Die Güte eines Brunnens kann daher erst nach längeren Beobachtungszeiträumen zuverlässig eingeschätzt werden.

Insgesamt gesehen bestand für die Einheimischen kein Zweifel daran, dass Schröters Schnell- und Billigmethode auf Verde Island zufriedene Gesichter hinterließ, als er nach drei Wochen Aufenthalt wieder von der Insel abreiste. Vor allem war das angestrebte Ziel erreicht worden, innerhalb so kurzer Zeit die Skepsis der Inselbewohner gegenüber „Entwicklungshilfe“ in Vertrauen und Kooperationsbereitschaft für künftige Maßnahmen umzuwandeln.

Mineralwasser im Dornenwald

Eines Tages kontaktierte ein Mitarbeiter einer benachbarten Abteilung der GTZ Schröter und berichtete ihm über eine anstehende Trinkwasser-Erkundung in einem überwiegend unwirtlichen Gebiet der Dominikanischen Republik, in dem es nach vorhandenen Beurteilungen kaum eine reelle Chance für eine Wassererschließung gebe. Aber es wäre den Versuch wert, dort auch einmal die Rutengängermethode auszuprobieren.

Das Projektgebiet liegt etwa 100 Kilometer von Santo Domingo entfernt und grenzt an die Karibische See. Scharen von wilden Ziegen haben den Dornenwald zerbissen, der oft auch als Trockenwald oder Savanne bezeichnet wird und eine kärglich mit Kakteen und Dornbüschen bewachsene weite Landschaft darstellt. Das unterschiedlich stark gegliederte Hügelland auf durchschnittlich 120 Metern Meereshöhe ist landwirtschaftlich nur marginal verwertbar, der Oberboden ist selten mehr als 10 Zentimeter tief und meist ziemlich trocken, gebietsweise auch leicht salzig. An vielen Stellen tritt der kristalline Untergrund sogar ohne jede Bodenauflage direkt zutage. In einem neu entwickelten Modellvorschlag der Landesinstitutionen ist die beabsichtigte Grundwasser-Erkundung Teil eines „Vorhabens zur rationalen Nutzung des Trockenwalds“, mit dem der zerstörerische Raubbau durch Köhler und Ziegenhalter beendet,

Abb. 4.14 In der Dominikanischen Republik fand GTZ-Experte Hans Schröter diese artesisch fließende Mineralquelle.

die Regeneration der natürlichen Vegetation gefördert und eine bescheidene Nutzung durch die Inselbevölkerung ermöglicht werden soll. Doch dazu bedarf es Wasser zum Trinken und zur Bewässerung bei der Anzucht von Pflanzen.

In einer gemeinsamen Untersuchung der örtlichen nationalen Wasserbaubehörde mit der Abteilung Hydrologie der GTZ kam man nach Feldbegehungen, geoelektrischen Untersuchungen und kleineren Bodenschürfungen zu der Beurteilung, dass das dortige Grundwasserpotenzial keineswegs für Bewässerung ausreicht und förderbares Grundwasser – wenn überhaupt – nur in sehr limitierten Mengen in kleinsten Spalten vorhanden sein könne.

Um nichts unversucht zu lassen, wurde auch Hans Schröter mit einer Inspektion des Gebiets beauftragt und ein insgesamt dreiwöchiger Besuch für ihn arrangiert. Er war selbst neugierig, ob es ihm in dieser hydrogeologisch schwierigen Situation möglich sein würde, auch nur kleinste Erfolge zu erzielen.

Wie gewohnt begann Schröter mit der Suche nach Klüften. Nach stundenlangem Begehen des teilweise unwegsamen Geländes verspürte er in einem bestimmten Gebiet eine ihm vielversprechend erscheinende Reaktion. Möglicherweise könnte man hier fündig werden: Er ortete eine schmale, aber durchaus kräftige und weithin spürbare Verwerfungszone, die seiner Erfahrung nach zumindest an manchen Stellen Wasser führen konnte. Dieses Mal wurde ihm die Suche durch eine sorgfältige Beobachtung des Geländes erleichtert. Entlang der erspürten Verwerfung bemerkte er auffallend anderen Baumbewuchs sowie Ameisennester in den Bäumen und an den Zweigen von Dornbüschen. Freilich sind dies keine sicheren Zeichen für das Vorkommen von

Grundwasser, es sind jedoch Indizien, die die betreffenden Gebiete zumindest vor der Nachbarschaft auszeichnen und eine sorgfältigere Untersuchung rechtfertigen. Auch stehen die auffälligen Bäume selten exakt über optimalen Bohrpunkten, vor allem, wenn die Verwerfung gegen die Vertikale geneigt ist. Das kleinräumige Absuchen des Geländes blieb Schröter nicht erspart, aber die visuell erfassbaren Indizien beschleunigten die Prozedur erheblich. Noch vor Ende des zweiten Tages in diesem Gebiet hatte er eine Stelle festgelegt und die erforderliche Bohrtiefe auf 50 Meter bestimmt.

Glücklicherweise konnten die Bohrarbeiten sofort beginnen, so dass nicht allzu lange auf das Ergebnis zu warten war. Man durfte gespannt sein. Und tatsächlich, nach Durchfahren einer starken Tonschicht wurde die Bohrung in 48 Meter Tiefe fündig: Ein kaum erwarteter Wasserstrahl sprudelte artesisch bis auf Geländeniveau. Dann aber stellte sich eine unerwartete Enttäuschung ein: Es waren zuviel Mineralstoffe und Schwefelsalze in dem Wasser gelöst, es handelte sich um eine typische Mineralquelle, möglicherweise um Heilwasser, wie die spätere Analyse ergab. Eine Messung des Mineralgehalts in den verschiedenen Tiefen des Bohrlochs zeigte zunächst einen ansteigenden Trend, aber auf den letzten Metern ganz unten nahm der Gehalt an gelösten Stoffen wieder deutlich ab. Das konnte als Hinweis dafür gewertet werden, dass es sich um einen zusätzlichen Süßwasserzufluss handelte, der sich mit mineralhaltigem Wasser vermischte. Leider konnte diesem Umstand aus technischen Gründen nicht mehr nachgegangen werden. Immerhin blieb Schröter der Trost, auf Anhieb in einer aus hydrogeologisch gesehen äußerst problematischer Situation Wasser gefunden zu haben, wenngleich es so stark mineralisiert war, dass es sich auch für Bewässerungszwecke nicht eignete. Und für ein Heilbad war es nun einmal die falsche Gegend.

Von vier weiteren Bohransatzpunkten in einem anderen Teil des Projektgebiets wurden zwei auf 68 Meter Tiefe abgeteuft. Im ersten Fall ergab sich wiederum Fündigkeit, und das Wasser stieg bis auf 30 Meter Höhe im Bohrloch an. Die sofort vor Ort gemessene Leitfähigkeit des Wassers war gering und deutete auf Trinkwasserqualität hin. Allerdings stellte sich nun wiederum ein ernsthaftes Problem ein: Die durchfahrenen Schichten zeigten massives Aufkommen von Quellton mit der Folge, dass sich das Bohrloch langsam verschloss und wieder trocken fiel. Mit dem Einsatz moderner Techniken hätte man dieses Malheur ohne weiteres beheben können, die örtlich zur Verfügung stehenden technisch begrenzten Möglichkeiten ließen das aber nicht zu. So verblockte sich auch das nächste Bohrloch so stark, dass man das Projekt erst einmal aufgeben musste.

Für unsere Zwecke bleibt festzuhalten, dass es Hans Schröter gelungen war, in einem erklärtermaßen schwierigen Gebiet wiederum auf Anhieb in drei Fällen auf unerwartet hohe Wassermengen zu stoßen.

Besuch auf der Feuerinsel

Das nächste Beispiel in der Reihe rutengängerischer Erkundungen, eine Reise von Hans Schröter auf die in weiten Teilen unwirtliche Insel Fogo auf Kap Verde, könnte noch sehr interessant werden. Diese trocken-heiße Insel besteht im wesentlichen aus einem Vulkan, der sich 2800 Meter hoch aus dem Meer erhebt und an dessen steilen Lavahängen etwa 40 000 Inselbewohner unter einfachen und bescheidenen Bedingungen leben. Der Vulkankrater im östlichen Teil der Insel nimmt während einiger Monate im Jahr ziemlich viel Regenwasser auf, aber niemand weiß, wohin es genau fließt. Man vermutet, dass es über ein System unterirdischer Gänge abfließt und vorwiegend unterhalb des Meeresspiegels meist unbemerkt austritt. Seit Beginn der Besiedelung im 15. Jahrhundert hat sich die Art der Wassergewinnung bis heute nicht verändert: Hauptsächlich drei große Quellen im Küstenbereich versorgen die ganze Insel, wobei dieses Wasser auch in höher liegende Gebiete mühsam hinaufgepumpt wird (und in früheren Zeiten getragen werden musste). Doch die Versorgung blieb stets unbefriedigend und besonders in den Trockenmonaten weit unter Bedarf. Vor allem die Bereitstellung von Wasser für die höher gelegenen Gebiete ist ganzjährig mangelhaft, umständlich und teuer. Aus diesem Grunde sind seit über zehn Jahren geowissenschaftliche Untersuchungen im Gange, um die Wasserversorgung entscheidend zu verbessern und zu verbilligen.

Die besondere Schwierigkeit liegt darin, dass man den als dauerhaft anzunehmenden Grundwasserfluss im Inneren der Insel mit den heute zur Verfügung stehenden technischen Methoden nicht lokalisieren kann. Dies hat seinen Grund in der erheblichen Inhomogenität des Gesteins, das häufige Wechsel von Lagen aus Basalt, Schlacken, vulkanischen Breccien, Tuffen und Aschen aufweist, so dass geophysikalische Messungen keine nützlichen Informationen erbringen können. Zudem sind bei der Anlage von Bohrbrunnen in Gesteinen mit wechselnder und geringer Durchlässigkeit Fehlschläge sehr wahrscheinlich. Da das Wasser zudem sehr tiefliegend erwartet wird, ist auch mit relativ hohen Kosten zu rechnen.

Die ersten, schon 1979 erarbeiteten Vorschläge sahen demzufolge eine Reihe von Erkundungsbohrungen bis zu 300 Metern Endteufe vor, um konkrete Hinweise auf Lage und Tiefe von Grundwasser zu erhalten. Die genauen Orte dieser Bohrpunkte wurden dabei in den verschiedenen Teilen der Insel nicht durch die Wissenschaft, sondern wesentlich durch die günstigen Zufahrtsmöglichkeiten und durch morphologische Gegebenheiten diktiert.

Im Herbst 1988 hatte Schröter im Rahmen einer Projektmaßnahme Gelegenheit, etwa zwei Wochen auf der Insel Fogo zu verbringen und auf seine Weise nach geeigneten Wasservorkommen zu suchen. Dabei verfolgte er hauptsächlich das Ziel, in größerer Höhe Brunnenstandorte angeben zu können, und dabei die erforderlichen Bohrtiefen so gering wie möglich zu halten.

Schon nach den ersten Tagen der Begehung rund um die Insel konnte er eine ganze Reihe vielversprechender Kluftsysteme orten. Insgesamt bestimmte er mehr als ein Dutzend Punkte für einfache Schacht- und aufwendigere Bohrbrunnen, an welchen Wasser in Tiefen zwischen nur 10 Metern und bis zu 250 Metern zu erwarten sei.

Die für die künftige Wasserversorgung dieser Bereiche vielleicht entscheidende Vermutung von Schröter liegt darin, dass er eine ganze Reihe von schmalen Klüften gefunden zu haben glaubt, die selbst in großer Höhe auf der Insel nicht einmal sehr tief unter der Oberfläche verlaufen und in relativ großer Menge Wasser führen könnten (bis zu 10 Liter je Sekunde). So meint er, dass selbst in etwa 1000 Metern Höhe aus verschiedenen nur 10 bis 20 Meter tiefen Schachtbrunnen Wasser zu gewinnen sei. Das hätte den Vorteil, dass man von den Quellen in Küstennähe unabhängig würde und das mühevolle Hochpumpen von Wasser aus Meereshöhe entfallen könnte. Daneben gab er einige Ansatzpunkte für Bohrungen in günstigen Lagen der Insel an, mit denen das gesamte Wasserversorgungsproblem mit einem Minimum an Kosten, vor allem ohne besondere Nachfolge- und Betriebskosten, auf Dauer gelöst werden könnte – sofern er mit seinen Annahmen recht behielte. Noch sind aber Schröters Vorhersagen nicht durch die Praxis getestet worden, und es heißt abzuwarten.

Inzwischen wurde jedoch damit begonnen, die konventionell und weitgehend zufällig bestimmten Punkte zu bohren. Als erstes kam eine etwa 500 Meter hoch gelegene Stelle an die Reihe: Das Loch wurde 150 Meter tief abgeteuft, und es zeigte sich nicht ein Tropfen Wasser. Damit war die geowissenschaftliche Hypothese in Frage gestellt, dass das Wasser vom Vulkan her auf breiter Front abläuft und praktisch an beliebiger Stelle angezapft werden könnte. Nach dieser enttäuschenden, aber für viele Experten auch nicht ganz unerwarteten Erfahrung wurden keine weiteren hochgelegenen Punkte erbohrt, sondern man setzte die Wassersuche in Küstennähe fort, wo mit Süßwasser-Aquiferen zu rechnen ist.

Hier ergab sich in der Tat ein erster Erfolg. Diese zweite Bohrung wurde auf einem etwa 100 Meter hoch liegenden Gelände angesetzt und erbrachte in etwa 100 Metern Tiefe, also recht genau auf Meeresniveau, ein starkes Wasservorkommen. Wahrscheinlich handelt es sich um eine Art Süßwasserlinse, deren dauerhafte Ergiebigkeit noch nachzuweisen ist. Bleibt sie dauerhaft, ist mit dieser vierten Quelle der Küstenregion merklich geholfen. Allerdings bedeutet das nur die teilweise Erfüllung der Projektziele, da für die kostengünstige Versorgung der höher gelegenen Bereiche noch immer zusätzliche Quellen in entsprechender Hanglage die beste Lösung bedeuten würden.

Es spricht also nach wie vor einiges für Schröters Annahme, dass das Wasser nicht gleichmäßig verteilt, sondern in relativ schmalen Klüften zum Meer abfließt. Doch wenn dem so wäre, müsste man diese Klüfte erst einmal ziemlich genau lokalisieren, bevor sich der gewünschte Erfolg einstellen könnte. Nichts wäre also logischer, als nun an den von Schröter in größerer Höhe festgelegten Punkten zu bohren, um gegebenenfalls auch diese vorstellbare Möglichkeit zur Grundwassererschließung zu nutzen – zumal er in mehreren Fällen recht geringe Tiefen vorhersagte. Es gilt aber wieder einmal abzuwarten und sich in Geduld zu üben.

Die Geschichte kann also noch spannend werden, vor allem, wenn weitere Bohrungen in den höheren Lagen an konventionell bestimmten Bohransatzpunkten nochmals zu Fehlschlägen führen würden. Sollte sich aber zudem herausstellen, dass von Schröter festgelegte Punkte, die seit 1988 aktenmäßig exakt erfasst sind, den prognostizierten Erfolg tatsächlich aufweisen, müsste das in Anbetracht der äußerst schwierigen und hydrologisch genau dokumentierten Lage der Dinge als ein sehr überzeugender Beweis für die Fähigkeiten rutengängerischer Technik angesehen werden. Zur Zeit kann dieser Feldeinsatz also noch nicht als abgeschlossen betrachtet und endgültig beurteilt werden.

Bei der Arbeit von Hans Schröter stellen sich öfters kleine Episoden ein, die in keinen wissenschaftlichen Protokollen auftauchen. Schröter hatte in Übereinstimmung mit seiner eigenen Hypothese über die Grundwasserverhältnisse auf Fogo an vielen hoch gelegenen Stellen mittels seiner Wünschelrute Wasserführungen dicht unter der Oberfläche verspürt. Als er auf oft beschwerlichen Pfaden die Vulkaninsel bei recht beachtlichen Temperaturen beging und dabei viele oft 20 bis 30 Meter tiefe Geländeeinschnitte bemerkte, kam ihm die Idee, dass es dann eigentlich eine hohe Wahrscheinlichkeit für das Austreten von oberflächennahem Grundwasser geben müsste. Er erkundigte sich daher nach bekannten, kleineren Quellaustritten in höheren Lagen. Es fand sich aber auf der offiziellen Karte, in der alle Brunnen eingezeichnet waren, nichts derartiges. Das veranlasste ihn, bei einem Bauern näher danach zu fragen, der in einem solchen quellen-verdächtigen Areal wohnte. Doch der verneinte energisch und wies jede derartige Vermutung nach einer möglichen Quelle weit von sich; Schröter insistierte weiter, jedoch zunächst ohne Erfolg. Erst als sich später zufällig die Gelegenheit ergab, dem Bauern einen Gefallen zu erweisen, erhielt er als „Belohnung" das Eingeständnis, dass es die vermutete kleine Quelle tatsächlich gebe, sie aber den Behörden und weiter entfernt liegenden Bewohnern aus welchen Gründen auch immer nicht preisgegeben wurde.

Wasser im Wadi Ayyan

Die kleine Stadt Al Wasitah, nach europäischer Anschauung eine typische Wüstenansiedlung, liegt in der Nähe des Wadi Ayyan auf 500 Metern Meereshöhe zwischen der 2200 Meter hoch auf die Berge des Asir gebauten Hauptstadt Sanaa und dem Roten Meer, wenige hundert Kilometer südöstlich der Großen Arabischen Wüste. In einigen Kilometern Entfernung findet sich eine Quelle mit einer Schüttung von etwa 3 Litern pro Sekunde, während im Wadi vor Ort nur einige flache Schachtbrunnen je nach Jahreszeit mehr oder weniger Wasser spenden. Keine Frage, dass die langen Trockenzeiten hier besondere Probleme schaffen.

Die das Wadi begrenzenden Berge sind meist vulkanischen Ursprungs und weisen keine Durchlässigkeit für Wasser auf, so dass dort Bohrungen ohne gute Chance sind. Doch glücklicherweise wirkt das Wadi und die darin abgelagerten Sedimente als Auffang- und Speicherbecken, womit sich grundsätzlich die Möglichkeit anbietet, einen kleinen Teil der versickerten und noch nicht verdunsteten Niederschläge wiederzugewinnen.

So kam eine technisch aufwendige hydrogeologische Untersuchung des Gebiets, bei der vor allem Geoelektrik eingesetzt wurde, zu dem einleuchtenden Schluss, dass es mittels dreier geschickt niedergebrachter Brunnen gelingen könnte, die für die Ortschaften benötigte Wassermenge von mindestens 20 Litern pro Sekunde zu finden. Voraussetzung sei jedoch, dass die Brunnen an denjenigen Stellen des Wadis zu liegen kommen, wo die Sedimentschicht im Untergrund am tiefsten ist, und dass die gesamte, bis auf 100 Meter Dicke geschätzte Schicht durchdrungen werde. Damit sich die Brunnen nicht gegenseitig beeinflussen, sollte in Anbetracht der nicht zu großen

Abb. 4.15 Anfahrt zum Projektgebiet im Wadi Ayyan (Yemen).

Durchlässigkeit des Untergrunds ein Abstand der Bohransatzpunkte von 200 Metern ausreichen.

Auch wenn die Grundbedingung für einen erfolgreichen Brunnen erfüllt ist – dass es nämlich in dem betreffenden Untergrund überhaupt Grundwasser gibt –, bedeutet das noch lange nicht, dass es ein Leichtes sein muss, das gewünschte Wasser tatsächlich zu finden. Das dortige Gebiet ist aus geologischer Sicht durchaus als heterogen zu betrachten und zeichnet sich durch viele Bruchzonen aus. Eine zu detaillierte Interpretation der geoelektrischen Messungen wäre ebenfalls gewagt, da sich daraus lediglich das vielversprechendste Gebiet ungefähr abgrenzen ließ.

An diesem Punkt wurde nun Hans Schröter involviert. Das Besondere an seinem Einsatz war diesmal eine zukunftsweisende Zusammenarbeit mit den beiden im Projekt tätigen Hydrogeologen. Nachdem das Bohrgebiet aufgrund der objektiv erhaltenen Daten und Fakten in groben Umrissen festlag, fiel Schröter die Aufgabe zu, die Bohransatzpunkte im Detail nach seiner Methode festzulegen. Hierfür benötigte er trotz der enormen Temperaturen nur wenige Arbeitstage. Er gab ferner die erforderlichen Tiefen mit 65 bis 70 Metern an, sowie die zu erwartenden Schüttungen, die sich nach seiner Meinung je Bohrloch auf erstaunliche 15 Liter pro Sekunde oder mehr belaufen sollten. Es wäre für künftige Projekte eine nicht zu unterschätzende Hilfe, wenn die hier praktizierte gemeinsame Festlegung von Punkten mittels Geowissenschaft und Rutengängermethodik zu einem überzeugenden Erfolg führen könnte. Jeder der Beteiligten war sehr gespannt, wie das Ergebnis aussehen würde.

Ein Jahr Geduld musste aufgebracht werden, aber dann stand das Resultat fest: Der erste Brunnen lieferte 30 Liter pro Sekunde! Das lag deutlich über den optimistischsten Erwartungen. Als Nebeneffekt dieser überreichlichen Ausbeute konnte auf die Niederbringung eines dritten (Reserve-)Brunnens, zumindest aber auf dessen Ausbau verzichtet werden. Die zweite Bohrung erwies sich nämlich ebenfalls als erfolgreich, nachdem einige brunnentechnische Probleme überwunden waren.

Skeptiker werden einwenden, dass die beiden erzielten Erfolge solange als Zufälle betrachtet werden können, wie nicht eine Reihe von trockenen Bohrungen im gleichen Gebiet eindeutig beweisen, dass sich nicht an nahezu beliebiger Stelle Fündigkeit einstellt. Im Rahmen eines wissenschaftlichen Projektes mit ausreichender finanzieller Ausstattung ließe sich das freilich durchführen. Auch für Hans Schröter, die GTZ und andere an der Klärung der Dinge Interessierte wäre ein solches Vorhaben mehr als willkommen. Solange es aber aus schon vielfach erwähnten Gründen zu solchen Forschungsprojekten gar nicht kommt, sind wir auf Mutmaßungen angewiesen. Ziemlich sicher sind hier jedenfalls zwei Dinge: Erstens ist die Porosität und Durchlässigkeit des vorgefundenen Untergrunds nicht so hoch, dass sich mit einer einzigen, nahezu an beliebigem Ort angesetzten Bohrung riesige Areale entwässern ließen. Eine gegenseitige Beeinflussung der beiden im Abstand von etwa 200 Metern erfolgten Bohrungen ist demzufolge auch nicht beobachtet worden. Zweitens kann nicht als realistisch erachtet werden, etwa alle paar hundert Meter solch ergiebige Quellen vorzufinden; die Gesamtbilanz des überhaupt möglichen Grundwasserzuflusses in das Wadi wurde von Experten in Vorstudien auf weniger als 100 Liter pro Sekunde geschätzt. Es dürfte demnach schon darauf ankommen, die wenigen günstigen Stellen gezielt zu „erwischen", wofür der GTZ-Experte offensichtlich über das richtige Gespür verfügt.

Warum sollte also diese Art von Kooperation – Geowissenschaften und Rutengänger – zur effektiven und kostengünstigen Suche nach Grundwasser nicht Schule machen, falls sie sich in weiteren Fällen immer wieder als sinnvoll herausstellt? Ein Anfang ist jedenfalls gemacht und harrt der Fortsetzung.

Auf den Spuren von Mose

Wer kennt nicht die biblische Geschichte im Alten Testament, in welcher Mose das Volk Israel durch die Wüste führt und mit einem Stab an einen Fels schlägt – Trinkwasser war gefunden? Aber wer lächelt nicht insgeheim darüber und hält dies für irgendeine der weniger bedeutsamen und irreführend dargestellten Erzählungen? Dennoch – die GTZ hat das Experiment dem Kern nach wiederholt und war erfolgreich! Daher sei dem Leser Genaueres berichtet:

Ägypten hat in vielen seiner Landesregionen – wie nahezu alle Länder in der östlichen und südlichen Mittelmeerregion – mit zunehmender Tendenz Wassermangel zu verzeichnen. In ganz besonderem Maße gilt dies für die Halbinsel Sinai, deren Wüstencharakter jedem bekannt ist. Im Rahmen einer Zusammenarbeit ägyptischer Behörden mit der GTZ, die vornehmlich der Entwicklung ländlicher Gebiete im zentralen und nördlichen Sinai galt und unter der Bezeichnung RNDS (Rural Development North-Sinai) und SHF (Self Help Fund El Arish) lief, gelang es dort auf eindrucksvolle Weise, die Nützlichkeit der Rutengängermethodik erneut und spektakulär unter Beweis zu stellen.

Das Projektgebiet in der Wüste zeichnet sich durch besondere Trockenheit aus; die Regenfälle machen im zentralen Sinai weniger als die Höhe eines Fingerhuts aus, wovon der Hauptteil verdunstet, kaum dass er den Boden berührt. Die Neubildungsrate für Grundwasser ist also extrem gering. Lediglich im nördlichen Küstenbereich sind etwas höhere Mengen zu verzeichnen, in El Arish z. B. etwa 100 mm/Jahr. Neben aufgefalteten Formationen und Hügellandschaften finden sich im zentralen Sinai flache Gebiete mit tertiärem, nicht zu tief aufgewittertem Karst, wo sich unter bestimmten Bedingungen kleinere flach liegende Wasservorräte ansammeln können. Der Vollständigkeit halber sei hinzugefügt, dass die Lokalisierung von fündigen Bohrpunkten nicht durch Anomalien der Vegetation oder Topographie des Geländes gelingt – würde es hier noch so subtile Hinweise geben, so hätten sie einheimische Experten mit hoher Wahrscheinlichkeit längst erkannt und genutzt.

Bemerkenswert ist die Tatsache, dass in der Vergangenheit zahlreiche Versuche unternommen worden waren, sowohl tief als auch flach liegende Wasseransammlungen aufzufinden. Neben den intensiven Bemühungen der israelischen Behörden während der von 1967 bis 1982 andauernden Besetzung sind auch drei nach 1985 durchgeführte Projekte zu verzeichnen, die durch UNICEF, EG (damals Europäische Gemeinschaft) und eine Kooperation mit japanischen Teams zustande kam und hauptsächlich bis zu 1000 Meter tief liegenden Wasservorkommen galt. Die erzielten Ergebnisse waren dürftig und entsprachen in keiner Weise den Erwartungen. So wurden z. B. bei dem EG-Projekt 67 Bohrungen bis zu 500 Meter Tiefe niedergebracht, wovon in nur 8 Fällen Wasser angetroffen wurde – allerdings handelte es sich dabei meist um fossiles, das heißt nicht oder kaum regenerierbares Wasser, ganz zu schweigen von den hohen Kosten einer Förderung aus der Tiefe.

Im zentralen Sinai gibt es nur wenige schwach fördernde Brunnen, und der Einsatz von Tanklastwagen ist zur Sicherung einer minimalen Wasserversorgung unentbehrlich. Bislang war die intensive Suche nach vermuteten flach liegenden und sehr schwachen Wasseransammlungen praktisch ohne jeden Erfolg gewesen. In dieser Situation begrüßten die ägyptischen Behörden das Angebot der GTZ, hier versuchsweise die Rutengängermethodik als letzten Ausweg einzusetzen.

Unter strengster Überwachung durch Experten des Wüsteninstituts Kairo bestimmte Hans Schröter innerhalb weniger Tage in acht verschiedenen, bis zu 150 Kilometer auseinanderliegenden Gebieten 15 Bohransatzpunkte. Neben der genauen Bohrposition (GPS-Koordinaten) gab er auch die vermutliche Bohrtiefe und die erzielbare Ausbeute zu Protokoll. Unmittelbar danach wurde das Vorhersageprotokoll von den Beteiligten abgezeichnet und unter anderen – lange vor dem Beginn der Bohrungen - an die Forschungsgruppe der Ludwig-Maximilians-Universität in München gesandt, wo die wissenschaftliche Begleitung der GTZ-Projekte erfolgte. Für jeden Bohrpunkt gab Schröter Tiefe und Ausbeute an; diese „erfühlten" Schätzungen waren keineswegs Pauschalangaben, denn sie variierten an den verschiedenen Stellen deutlich und lagen zwischen 5 und 60 Metern Tiefe bzw. 15 bis 60 Liter pro Minute Schüttung.

Schröter reiste nach seiner zügigen Arbeit erwartungsvoll ab und wartete auf die Ausführung der Bohrungen. Wenn er hier unter den geschilderten widrigen Umständen Erfolg haben würden, dann – ja dann müsste man ihn und seine Methode doch wohl endlich ernst nehmen, oder nicht? An 12 Stellen wurde schließlich gebohrt, und die Ergebnisse waren angesichts der Gegebenheiten für alle außer Schröter unerwartet beeindruckend: In 10 Fällen wurden auf Anhieb etwa 30 Liter pro Minute gefunden, ohne die vorausgesagten notwendigen Bohrtiefen zu überschreiten. Dabei war ersichtlich, dass ein fachgerechter Ausbau der Brunnen die Fördermenge noch erhöhen würde. Nur zwei Löcher zeigten sich trocken; eine genauere Inspektion zeigte aber technische Ausführungsmängel, indem das jeweils angewandte Nassbohrverfahren und übermäßig verwendeter Betonit die möglicherweise vorhandenen schwachen Wasserzutritte in das Bohrloch zugeschmiert und versiegelt haben könnte. Die erfolgreichen Brunnen ergaben nach ihrer Fertigstellung genügend Trinkwasser für die dort lebenden Nomaden und deren Tiere, so dass sie nun nicht mehr über Wassertransportfahrzeuge aus 100 bis 200 Kilometern Entfernung versorgt werden müssen.

In jedem Fall wurden die erzielten Ergebnisse als derart positiv eingestuft, dass die ägyptischen Behörden den GTZ-Rutengänger sofort in zwei andere Trockengebieten des Landes zum Einsatz brachten, wo – man kennt die Abläufe nun schon – konventionell durchgeführte Projekte zu Serien kostspieliger Trockenbohrungen geführt hatten und damit wichtige Vorhaben zu scheitern drohten. Der Leser kann sich den positiven Ausgang nunmehr vorstellen, und so sei hier auf noch mehr und immer wieder ähnliche Fallbeispiele verzichtet.

Es ist an dieser Stelle jedoch ausdrücklich zu betonen, dass die Sinai-Erfolge von Hans Schröter ganz klar eine herausragende Eigenschaft des komplexen Rutengängerphänomens aufzeigen. Man muss sich nämlich die Frage stellen, wie es Schröter in der Wüste Sinai schaffen konnte, in so kurzer Zeit ein so großes Gebiet zu untersuchen und auch noch präzise fündig zu werden. Dazu muss man sich seine angewandte Methodik vergegenwärtigen: Er lässt sich mit dem Geländewagen auf holperigen Sand- und Geröllpisten mit durchaus zügiger Geschwindigkeit durch die Gegend fahren und peilt dabei mit seiner Rute mögliche Bohrpunkte an. Wenn er einen solchen spürt, dirigiert er den Fahrer näher heran; ganz zuletzt steigt er aus und ortet den optimalen Punkt genauer als auf einen halben Meter. Dann geht die Fahrt weiter.

Es wäre vermessen und höchst unwissenschaftlich, eine solche Geschichte zu erfinden oder vorzuschlagen – die Wassersuche hat sich aber tatsächlich genau so abgespielt. Das Unglaubliche daran ist vor allem, dass Schröter eine für die gewünschten und vorgestellten Zwecke geeignete Bohrstelle schon aus großer Entfernung erspürt; er muss nicht erst genau auf dem Bohrpunkt stehen, um ihn als solchen zu erkennen. Ansonsten würde er Tausende von Jahren brauchen, um zu Fuß jeden Quadratmeter des Wüstengebiets langsam abzugehen und zu untersuchen. Aus wissenschaftlicher Sicht ist genau dieser Beobachtungsbefund von größter Wichtigkeit, weil er aufzeigt, dass keine rein lokalen „Störungen" oder klassischen Feldeffekte für die Reizauslösung ursächlich sein können. Es drängt sich der Anschein auf, der Rutengänger „sehe in die Tiefe". Dieses geradezu phantastische Phänomen brachte Schröter über Jahrzehnte zuwege, immer wieder schön reproduzierbar – und der Leser weiß inzwischen, dass es nicht nur Hans Schröter ist, der über solche Fähigkeiten verfügt. Die Tragik ist, dass die heutige Wissenschaft eine solche Distanzortung weder experimentell nachvollziehen noch theoretisch erklären kann – also wird das Phänomen kurzerhand ignoriert, auch wenn es noch so viele praktische Anwendungen gibt, die vermehrt zunehmende Wassernot großer Teile der Menschheit zu lindern. Daher hat der wirklich spektakuläre Sinai-Erfolg trotz vielfacher Berichterstattung nichts, aber auch gar nichts an der unbefriedigenden Situation in Wissenschaft und ernsthafter Radiästhesie geändert.

Ein Blitz aus heiterem Himmel

Das letzte Beispiel der fast schon als legendär zu bezeichnenden Einsätze von Hans Schröter in Trockengebieten spielte sich in Namibia von 1992 bis 1995 ab und endete mit einem überraschenden Blitzschlag. Namibia ist ein sehr konservatives Land, und Schröter hatte zunächst Mühe, dort seine Fähigkeiten zum Einsatz zu bringen. Es ging um Gebiete, in denen wiederum konventionelle Wassersuche erfolglos verlaufen war. Erschwerend war die Tatsache, dass sich dort Wasservorkommen auf klüftige Bereiche im kristallinen Felsgestein beschränken und von 60 bis 120 Meter mächtigem Lockergestein überdeckt sind. Unter solchen Umständen sind geophysikalische Prospektionsmethoden kaum hilfreich. Wen wundert es, dass Schröter schon bei seinem ersten Brunnen nahe dem Ort Tsumis in 150 Metern Tiefe eine beachtliche Schüttung von 80 Litern pro Minute fand. Es folgten zahlreiche weitere Wasserfindungen, aber nur zwei besonders spektakuläre Fälle seien näher geschildert:

Bei dem Ort Grünau gab Schröter einen Punkt an, der von dem später anrückenden Bohrteam nicht an der bezeichneten Stelle, sondern 1,6 Meter daneben niedergebracht wurde. Bis zur prognostizierten Endtiefe von 120 Metern konnten nur 10 Liter pro Minute entnommen werden, viel weniger, als von Schröter vorhergesagt, und für den beabsichtigen Versorgungszweck völlig ungenügend. Als Schröter dies erfuhr, veranlasste er einen Test der Bohrung und stellte fest, dass nicht senkrecht, wie vorgeschrieben, sondern mit einer Abweichung von 2° gebohrt worden war. Daher wich das Loch am Sohlenpunkt um mehrere Meter vom geplanten Zielpunkt ab. Dies wäre nicht erheblich, wenn es sich um flächenhafte Wasserleiter handeln würde. Schröter nahm jedoch – im Einklang mit früheren Erfahrungen – an, dass das erhoffte Wasser hier in sehr schmalen Spalten anzutreffen sei. So entschloss er sich zu einer ungewöhnlichen Maßnahme: Es wurde in 1,6 Metern Distanz vom bereits existierenden Bohrloch genau an der anfangs bestimmten Stelle erneut gebohrt, und zwar unter Anwendung bohrtechnischer Maßnahmen, die eine genau senkrechte Bohrung garantierten. Das Ergebnis rechtfertigte die investierten Zusatzkosten: Die Schüttung erhöhte sich beträchtlich und erreichte die angestrebte Menge.

Dieser Vorgang belegt wie bei seinem Einsatz in Sri Lanka ungewöhnlich deutlich, dass wasserführende Klüfte sehr eng sein und durch Rutengänger dennoch präzise lokalisiert werden können. Es bedeutet weiterhin, dass Schröter bei schlechten Ergebnissen das „Schrägbohren“ nicht etwa als Ausrede benutzt, sondern in gegebenen Fällen reale Gründe dafür hat.

Die Darstellung der GTZ Projekte sei mit einem tragisch endenden Unternehmen abgeschlossen. Es ging um Wassersuche in einem Gebiet, wo klassische Verfahren erfolglos geblieben waren. Lassen wir Hans Schröter selbst sprechen:

„Es war am 16. März 1995. Ich arbeitete mit meinem GTZ-Team, dem auch ein Hydrogeologe angehörte, ungefähr 100 Kilometer östlich der Stadt Lüderitz am Rand der unwirtlichen Wüste Namib. In dieser Gegend gibt es kaum Niederschlag, also auch keine Neuwasserbildung, so dass man Wasser, wenn überhaupt, nur an großen Verwerfungszonen finden kann, zu welchen es aus Einzugsgebieten hinfließt. Solche Kanäle liegen aber über 100 Meter tief. Ich stieg zunächst auf einen kleinen, felsigen Hügel, um die Gegend ‚abzuscannen' und eine Kreuzung zweier Verwerfungszonen als optimalen Bohrloch-Ansatzpunkt zu suchen. Über mir war blauer Himmel, und Dunst in der Ferne schien nicht beunruhigend. Als ich eine als geeignet vermutete Stelle dann direkt aufsuchte, den genauen Bohrpunkt mittels der Rute markierte und gerade dabei war, ihn mit geophysikalischen Geräten möglicherweise zu verifizieren, gab es einen irren Knall – und von da an setzte meine Erinnerung aus."

Was war geschehen? Ein einzelner Blitz aus heiterem Himmel hatte genau an dem markierten Punkt eingeschlagen. Schröter, schwer getroffen, wurde durch die Luft gewirbelt und fiel in Bewusstlosigkeit. Weder vor Ort noch in der Nähe war ein Gewitter festzustellen. Mit Jeep, Ambulanz und Flugzeug wurde er in das Krankenhaus von Windhoek transportiert, wo er lange im Koma lag. Glück im Unglück: Schröter überlebte. Trotz der Verletzungen konnte er später seiner rutengängerische Tätigkeit noch teilzeitmäßig ausüben. Er hatte seine diesbezüglichen Fähigkeiten nicht verloren und konnte noch zahlreiche Erfolge bei der Wassersuche verzeichnen. Seine aktuelle Spezialisierung ist inzwischen das Auffinden von oberflächennahem heißem Thermalwasser zur Energiegewinnung.

Doch zurück zum Unfallort: Warum ist der Blitz genau an dem von Schröter gefundenen Punkt eingeschlagen? War dies ein Zufall? Dazu ist festzustellen, dass Blitze bevorzugt an solchen Stellen niedergehen, wo der mit der Entladung verbundene enorme Stromfluss im Boden gut abfließen kann. Es kommt also auf die Leitfähigkeit im Untergrund an. Offenbar zeichnete sich diese Stelle ganz besonders gegenüber der Umgebung aus. Man bedenke, dass es über dem Ort wolkenlos war und der Blitz aus großer Entfernung herankam, um genau den prospektierten Bohrpunkt zu treffen. Aus der Geschichte der Rutengängerei ist wohlbekannt, dass Blitzeinschlagstellen auf Rutengänger einen Reiz ausüben, auch wenn sie nicht vorher über die Eigenschaft der betreffenden Stelle informiert sind. Beispielsweise gehörte es zu den Aufgaben der früher im Münchener Rutengängerverein veranstalteten Prüfungen zum Rutenmeister, solche den Probanden unbekannte Stellen aufzufinden. Auch die beiden Kittemanns (siehe Kapitel 3) hatten diese Prüfung bestanden. Kurzum, das Niedergehen des Blitzes gerade an diesem Bohransatzpunkt war kein Zufall: Die später ausgeführte Tiefbohrung erbrachte in der Tat eine beachtliche Trinkwassermenge aus über 100 Metern Tiefe.

Zusammenarbeit – Devise der Zukunft?

Wie ließe sich bei den zahlreichen gut dokumentierten Erfolgsserien der beiden Rutengänger Kittemann und des GTZ-Ingenieurs Schröter, die in den vorangegangenen Kapiteln vorgestellt wurden, jedesmal noch von Zufall oder trivialen Erklärungen reden? Auch sind die berichteten und beachtlichen Befunde keine Erzählungen aus grauer Vorzeit. Die Arbeiten des GTZ-Experten spielen sich heute, unter den Augen und mit Einbeziehung der Geowissenschaften ab, nachprüfbar in jedem wesentlichen Detail. Die GTZ wird sich zwar bemühen, umfassende Berichterstattung über diese Befunde in die wissenschaftliche Diskussion einzubringen, die Konsequenzen müssen aber dennoch geduldig abgewartet werden.

Der Vollständigkeit halber sei auch darauf hingewiesen, dass hier alle abgeschlossenen Unternehmungen Schröters aufgezählt wurden, zu denen es Daten oder Ergebnisse gibt – auch wenn eine isolierte Betrachtung einzelner Feldeinsätze nicht immer ein denkbares Maximum an Überzeugungspotenzial enthält. Es ist jedenfalls keineswegs so, dass der GTZ-Experte Schröter zahlreiche andere Projekte mit Hilfe der Rutengängertechnik zu lösen versucht hätte und dabei gescheitert wäre – und das in der hier präsentierten Zusammenstellung verschwiegen worden wäre. Dies ist deswegen wichtig zu erwähnen, weil bei Erfolgen von Rutengängern immer wieder unterstellt wird, es handle sich bei den Berichten nur um die gelungenen (Einzel-)Fälle und die viel zahlreicheren Fehlschläge seien unterdrückt worden. Die GTZ-Erfahrungen ergeben ohne Zweifel ein deutlich anderes Bild, obwohl zum jetzigen Zeitpunkt noch nicht alle ihre beabsichtigten und begonnenen Feldstudien beendet sind. Es ist daher durchaus noch möglich, dass Schröter auch klare Fehlschläge liefern könnte, aber Unfehlbarkeit soll ja auch nicht behauptet werden. Auf jeden Fall sind bereits sehr deutliche Evidenzen dafür vorgelegt, dass die Einsätze Schröters die Chance auf Erfolg bei der Wassersuche in kristallinem Gestein meist merklich erhöht haben, ohne dass dafür eine einfache Erklärung auf der Hand liegt.

Trotz all dem darf man inzwischen ahnungsvoll fragen: Wie lange wird es wohl noch dauern, bis die notwendigen Folgerungen tatsächlich gezogen werden? Es sind wohl bei vielen in der letzten Zeit angesprochenen Fachleuten ermutigende Reaktionen zu vermerken. Dennoch ist zu befürchten, dass auch weiterhin zum einen jeder Forschungsansatz blockiert wird und man zum anderen verlangt, stets neue Beweise aus der Praxis zu liefern, um die noch zahlreichen Uneinsichtigen vielleicht doch noch davon zu überzeugen, dass an der Rutengängerei etwas dran sein könnte. Die Zeit ist überreif, um eine intensive wissenschaftlich-praktische Klärung der historischen Problematik anzustreben. Genügend Befunde und nicht-anekdotische Fakten sind gesammelt, um nicht mehr zu fragen, ob, sondern wie und wo die Rutengängerei funktioniert, und wie man das Verfahren transparenter und verständlicher machen könnte. Gelingt in naher Zukunft kein entscheidender Durchbruch, dann wird eine große Chance für sehr lange Zeit vertan sein: Eine Chance für einen Beitrag zur Verbesserung der teilweise katastrophalen Trinkwassersituation in vielen Ländern der Erde und eine Chance für eine interessante Weiterentwicklung der Wissenschaften.

Wie schon in Kapitel 2 dargestellt wurde, bietet sich aus mehreren Gründen eine Zusammenarbeit zwischen Wissenschaft, Technik und Rutengängern an. Wenn in einem konventionell ausgestatteten Arbeitsteam die wesentlichen Vorarbeiten wie üblich erfolgen und in bestimmten Fällen ein geeigneter Rutengänger zusätzlich integriert wird, könnten sich höhere Erfolgsraten einstellen. Dabei wäre keinerlei Abstrich an bewährten und etablierten Verfahrensweisen in Kauf zu nehmen, und kompetente geologische Begleitung würde stets als gesichert gelten. Wenn darüber hinaus klargestellt wäre, dass Rutengänger dadurch nicht zur selbständigen Bearbeitung geophysikalischer Fragen legalisiert würden, dürfte eigentlich kein entscheidender Einwand gegen die vorgeschlagene Methode übrig bleiben.

Die Erfahrungen, die eine solchermaßen ausgedehnte Teamarbeit bringen wird, können wichtige Beiträge zur Aufhellung des Rutengängerphänomens darstellen. Jedenfalls wäre darin ein Weg zu sehen, dem Fernziel näherzukommen: die Fähigkeiten erfolgreicher Rutengänger messtechnisch zu objektivieren und somit entscheidend zu verbessern.

5 Ein Testort im Spessart

Auf der Suche nach Kohlensäure und Sprudelwasser

Die Münchener Projektgruppe, die sich mit dem Thema Rutengänger und der Erforschung der Vorgänge um die ominösen „Erdstrahlen" befasste und durch vielfältige Berichterstattung in den Medien öffentlich bekannt geworden war (siehe auch Kapitel 6), erhielt eines Tages den verzweifelten Anruf eines Firmenchefs: Seine Mineralquelle in einem Tal des Spessarts drohe zu versiegen. Das sei deswegen eine sehr unglückliche Situation, weil dann die Produktion von Kohlensäure nicht mehr möglich wäre, die aus dem Wasser eines tief in die Erde reichenden Brunnens entnommen werde. Es habe zwar bereits zwei neue Bohrungen gegeben, um die in ihrer Schüttung langsam nachlassende Quelle zu ersetzen, aber beide Versuche hätten überhaupt kein Wasser in den Tiefen des Untergrunds und somit auch nicht das benötigte Kohlendioxyd erbracht. Ob wir nicht aufgrund unserer wissenschaftlichen Beobachtungen und Erkenntnisse einen gangbaren Ausweg wüssten und eine unkonventionelle Methode zur schnellen Lösung dieses Problems vorschlagen könnten?

Zu diesem Zeitpunkt befassten sich die Wissenschaftler des Münchener Projekts noch mit mehr akademisch ausgerichteten Rutengänger-Tests, nicht aber mit praktischen Fragen, wie sie zum Beispiel den erfolgreichen Einsatz von Rutengängern im Gelände betreffen. Selbst bei denjenigen Versuchspersonen, die schon einige der früheren Münchener Tests mit Erfolg absolviert hatten, war keineswegs klar, ob sie auch für konkrete Aufgaben ganz anderer Art wie der hier anstehenden geeignet waren. Wohl hatten mehrere der Probanden von sich behauptet, schon einmal Wasser gefunden zu haben, aber über die näheren Umstände war wenig oder nichts Zuverlässiges bekannt. Daher erschien es als zu hohes Risiko, einen dieser Rutengänger für die Standortbestimmung eines sehr teuren Brunnens zu empfehlen, ohne dass seine tatsächlichen Leistungen bei der Wasserfindung vorher in irgendeiner Form halbwegs befriedigend geprüft worden waren. Und zudem ging es ja in diesem Fall gar nicht um bloßes Wasser, sondern um den viel schwieriger zu erfüllenden Wunsch nach der Auffindung einer bestimmten Mineralquelle.

Emmy Kittemann, die Entdeckerin der Tegernseer Mineralquelle, konnte wegen ihres hohen Alters leider nicht mehr bemüht werden (siehe Kapitel 3). So blieben nach reiflichen Überlegungen und Nachforschungen nur zwei Namen übrig: Der eine war Hans Schröter – seine Leistungen sind aus dem vorangegangenen Kapitel deutlich in Augenschein getreten. Über ihn war zum Zeitpunkt der hier aufgeworfenen Problemstellung immerhin bekannt, dass er in Sri Lanka überaus erfolgreich Brunnenstandorte lokalisiert hatte, und zwar nicht als Einzelfall, sondern geradezu routinemäßig. Vielleicht wäre er auch für die Lösung der hier gestellten Aufgabe geeignet?

Außerdem gab es schon einmal im Jahr 1977 in einer geophysikalischen Zeitschrift einen Bericht über die Möglichkeit rutengängerischer Erfassung von Kohlendioxyd-Emanationen in Rumänien (Apostol 1977). Allerdings war uns nicht bekannt, wie ernst man diesen Bericht nehmen durfte, der auf seine Art recht einsam und unerwartet die geowissenschaftliche Literatur bereichert hatte. Immerhin gab es damit einige Ansätze, die aus begründetem Anlass weiterverfolgt werden konnten. So begann eines der bemerkenswertesten Experimente der Münchener Gruppe.

Wie war nun die Ausgangssituation in dem Spessart-Tal? Zu Beginn dieses Jahrhunderts wurde dort bei der Suche nach Erdgas eine Tiefenbohrung auf 478 Meter niedergebracht, und dabei stieß man zufällig auf Wasser mit einem hohen Gehalt an Kohlensäure, in Wasser gelöstes Kohlendioxyd, CO_2. Es ist zwar nicht ganz gesichert, aber nach dem Hörensagen waren damals an bestimmten Stellen im Gelände auch Gasblasen zu beobachten und besondere Vegetationen zu erkennen, ein angebliches Indiz für das Vorkommen von CO_2. Geologisch gesehen hatte das Bohrloch mehr als 300 Meter Buntsandstein und Zechstein durchstoßen und das Rotliegende erreicht. Die damals zufällig gefundene Quelle sprudelte bis in die 50er-Jahre und ließ dann in ihrer Ergiebigkeit nach. Mit einer sogenannten Ablenkungsbohrung wurde daraufhin vom existierenden Loch aus schräg auf 355 Meter Tiefe in den Zechsteinkalk abgeteuft, um vielleicht eine neue CO_2-Quelle zu finden – ohne Erfolg. 1973 gelang es dann, mittels einer 300 Meter talaufwärts entfernten und 350 Meter tiefen Bohrung erneut kohlensäurehaltiges Wasser zu erschließen. Offensichtlich bestand in der Tiefe keine direkte Verbindung zwischen den beiden Bohrungen. Daraus kann auch geschlossen werden, dass es sich um wenig durchlässiges Gestein handeln muss. Allerdings sprudelte auch diese neue Quelle nicht unbegrenzte Zeit befriedigend gut und zeigte nach etwa 15 Jahren ebenfalls einen deutlichen Rückgang der Ergiebigkeit. Es musste also eine weitere Bohrung vorgesehen werden.

Dies sollte eigentlich keine Schwierigkeit darstellen – so dachte man in der Firma und bei den zu Rate gezogenen Fachleuten. Schließlich gab es in diesem Tal Dutzende von Tiefenbohrungen, die aus Anlass der Uransuche nach dem Krieg durch amerikanische Initiativen erfolgt waren (offiziell hieß diese Unternehmung damals „Kupfersuche", wohl aus Gründen der Geheimhaltung und um möglicherweise unangenehmen Fragen nach der Verwendung des radioaktiven Materials von vorneherein zu entgehen). Damit bestand ein an sich hervorragender Überblick über die geologische Situation des Projektgebiets bis in Tiefen von etwa 400 Metern. Auf diesen Grundlagen kam es 1986 im Auftrag der Firma, die später in München um Beistand bat, zu einer nach konventionellen Methoden angelegten Ersatzbohrung, die bis auf 650 Meter abgeteuft wurde – ohne Wasser oder gar die gesuchte Kohlensäure anzutreffen. Nach erneuter geologischer Begutachtung der Situation wurde kurz darauf im Jahr 1987 die nächste Bohrung angesetzt und diesmal auf 440 Meter Tiefe getrieben – wiederum ohne jeden Erfolg, nicht einmal auf Wasser war man gestoßen. Der Vollständigkeit halber sei hinzugefügt, dass es im dortigen Tal natürlich knapp unter der Erdoberfläche reichhaltig Wasser gibt, das sich direkt durch die Niederschläge ansammelt, aber als Oberflächenwasser keinerlei Reiz für die Gewinnung von Kohlensäure darstellt. Dieser Trinkwasserhorizont muss also bei einer Tiefenbohrung sorgsam durchstoßen werden und ist für die hier anstehende Problematik ohne jedes Interesse.

Wie lassen sich nun zwei derartig kostspielige Misserfolge begründen? Von fachlich kompetenter Seite war dazu zu erfahren, dass die Fehlschläge aus geologischer Praxis heraus für die vorliegende Aufgabe kein gänzlich unerwartetes Ergebnis seien, da man die Erfolgsquote in ähnlich gelagerten Fällen mit höchstens 25% abschätzen könne. Das gehe aus Erfahrungen mit 16 Bohrungen in der nach Osten fortgesetzten, gleichen geologischen Formation hervor, wovon in nur 4 Fällen die gewünschte Kohlensäure erschlossen wurde. Das bedeutete einen allzu schwachen Trost für die Firma. Allerdings wäre hier relativierend einzuwenden, dass bei den zahlreichen amerikanischen Bohrungen, die viel näher am jetzt interessierenden Ort erfolgt waren, in keinem Fall nachhaltig Kohlensäure gefunden wurde, die eine wirtschaftliche Erschließung erlaubt hätte. Dies wiederum passt zu der Ansicht, dass das Spessarttal zwar in bestimmten Tiefenhorizonten flächenhaft Kohlensäurevorkommen aufweist, eine massive Ausbeutung aber nur über tektonischen Zerrüttungs- und Kluftzonen möglich ist. Der verantwortliche Geologe erklärte ferner, dass es leider keine erfolgversprechende geophysikalische Methode gebe, die höffigen Spalten in der vermuteten Tiefe von etwa 400 Metern sicher zu lokalisieren. Zu ergänzen wäre hier, dass dies nicht mit wirtschaftlich vertretbaren Mitteln möglich ist. Eine durch welche Methoden auch immer bereits bekannte Kluft kann aber nachträglich mit bescheidenerem Aufwand bis zu etwa 100 Metern Tiefe messtechnisch verifiziert werden (siehe hierzu übernächster Abschnitt „Bestätigung durch geophysikalische Messungen"). Es wäre jedenfalls mit konventioneller Technik nicht realisierbar gewesen, einen neuen, vielversprechenderen Bohrpunkt aufgrund von technischen Messungen zu lokalisieren. Man hätte lediglich – wie bei den beiden früheren Fehlbohrungen – den nächsten Bohransatzpunkt wiederum „intelligent geraten". Also weiterwürfeln ...? Dazu war die Firmenleitung aus verständlichen Gründen nicht mehr bereit.

Nachdem aber bereits eine siebenstellige Summe in zwei trockenen Löchern verschwunden war und keine Aussicht auf definitiven Erfolg künftiger Abteufungen bestand, begann die Firma auf den Tip eines ortsansässigen Rutengängers betreffs einer möglicherweise besseren Bohrstelle zu hören. Da jedoch dieser Rutengänger, den wir der Einfachheit halber mit „R_0" benennen wollen, über keine geologische Erfahrung verfügte, konnte es die Firmenleitung nicht verantworten, auf solchen Verdacht hin erneut zu bohren. Nach einigem Nachdenken der Betroffenen kam es dann zu dem geschilderten Anruf in München.

Es wurde aus den dargelegten Gründen mit der Münchener Projektgruppe vereinbart, eine ganze Reihe von Untersuchungen zu starten, die in den Rahmen des von ihr gerade betriebenen Forschungsprojekts passten. Sollten sich zu einem späteren Zeitpunkt interessante Indizien abzeichnen, würde man daran denken, zur besseren Absicherung der Befunde auch konventionelle Messtechnik hinzuzuziehen. Keinesfalls wollte man sich alleine auf Angaben von Rutengängern verlassen. Die folgenden

Abschnitte berichten über die verschiedenen Ergebnisse dieser daraufhin erfolgten Bemühungen. Leider konnten die letztlich aus dem Programm resultierenden Vorschläge für Bohransatzpunkte bis Drucklegung noch nicht mittels entsprechender Bohrungen in die Realität umgesetzt werden – es ist also noch nicht bekannt, ob die Kohlensäure diesmal gefunden wird –, die Angaben der Rutengänger und die erhaltenen Befunde sind aber wegen der überraschenden Übereinstimmungen auf jeden Fall einer besonderen Beachtung wert.

Zwei Rutengänger finden ein Kluftsystem

Bevor an einen sinnvollen Einsatz irgendwelcher geophysikalischer Messtechnik zu denken war, sollte das vielversprechendste Gebiet näher eingegrenzt werden. Dazu war vorgesehen, dass zunächst mehrere Rutengänger unabhängig voneinander das in Frage stehende Tal in Augenschein nehmen und versuchen sollten, Angaben über ihrer Meinung nach erfolgverheißende Bohransatzpunkte zu machen. Nur für den Fall, dass sich dabei zwischen mehreren Rutengängern befriedigende Übereinstimmungen von Kluftzonen oder Bohransatzpunkten ergeben würden, war an eine intensivere Fortsetzung der Untersuchung mit aufwendigeren Methoden gedacht. Es stellte sich also das Problem, mehrere Rutengänger zu finden, die für diese spezielle Aufgabe mit möglichst hoher Wahrscheinlichkeit geeignet sein könnten – genau würde man das natürlich erst hinterher wissen. Es gab aber aufgrund der mangelnden Informationen über die wirklichen Fähigkeiten von Rutengängern keine andere Wahl, als sich wieder einmal – mit aller Vorsicht – im Kreis zu drehen und zu versuchen, die beiden bereits genannten Probanden für das nicht gerade alltägliche Projekt zu gewinnen.

Erster Schritt war ein ausführliches Gespräch mit Hans Schröter, dem aus Kapitel 4 bekannten und für Wasserbau zuständigen GTZ-Experten. Er gab sofort deutlich zu verstehen, dass er keine Erfahrung in der Auffindung von Kohlensäure habe und daher für diese Aufgabe nicht optimal geeignet sei. Nach einem Studium der vorhandenen geologischen Informationen kam er jedoch zu dem Schluss, dass er eine Möglichkeit sehe, die ausprobiert werden könnte. Die Idee war im Prinzip ganz einfach und basierte in einem wesentlichen Teil auf gut gesicherten geologischen Erkenntnissen: Kohlensäure kommt in Tiefenwasser vor, dieses wiederum ist – so man es in erklecklichen Mengen antreffen möchte – an Kluftzonen im Untergrund gebunden. Also müsste es genügen, die entsprechenden Kluft- und Spaltensysteme aufzufinden, ohne dabei an CO_2 zu denken. Und darin war Schröter nachweislich bestens geübt, allerdings nur bei nicht zu tief liegenden Formationen. Gelänge es, die gesuchten Kluftzonen sodann genau anzubohren und in der Tiefe überhaupt Wasser anzutreffen, dann müsste die Kohlensäure automatisch enthalten sein, und das Problem wäre wahrscheinlich gelöst. Unsere Hoffnung bestand demnach darin, dass Schröter nicht nur 30 bis 100 Meter tief liegende Klüfte wie in Sri Lanka und in afrikanischen Ländern, sondern auch 400 Meter tiefe Klüfte im Spessart finden konnte. Dieses relativ gering erscheinende Risiko musste eingegangen werden, aber das ist schließlich nicht nur in der Forschung in Kauf zu nehmen, und in diesem Fall war der beabsichtigte Aufwand an Zeit und Sachmitteln nun wirklich denkbar gering veranschlagt.

Also wurde ein Lokaltermin vereinbart. Zuerst ging Schröter zu dem allerersten, inzwischen trockenen Brunnen, dann zum etwa 300 Meter entfernten zweiten Bohrloch, aus dem noch mit verminderter Leistung gefördert wurde, und suchte das umliegende Gelände nach Rutenreaktionen ab. Er meinte, dass beide Bohrpunkte recht gut auf einer Kluftzone lägen, die sich an der westlichen Seite längs des Tals erstrecke. Da er an diesen beiden „Kontrollstellen" eine deutliche Reaktion empfunden hatte, war eine für ihn notwendige Voraussetzung erfüllt, um ähnliche oder noch bessere Stellen in der Umgebung aufspüren zu können, die auch genügend weit weg lagen, um ein neues unterirdisches Wasser-Reservoir anzuzapfen. Sodann wurden die Orte der Fehlbohrungen besichtigt, die bis zu 5 Kilometer von dem Produktionsbrunnen entfernt lagen. Wie kaum anders zu erwarten, verpürte Schröter dort keine besonderen Rutenreaktionen. Alsbald kämpfte er sich dann mit hohen Gummistiefeln durch teilweise unwegsames Gelände, sumpfige Wiesen und Gestrüpp, kilometerweit. Immerhin standen nahezu 20 Quadratkilometer Fläche zur Auswahl, und zwar sowohl nördlich als auch südlich des zentralen Ortes.

Abgesehen von der schweren Begehbarkeit bedeutete es für Schröter keine besondere Mühe, die ausgeprägte Verwerfung längs des Tals ausschließlich mit Hilfe der Rutenreaktion zu verfolgen und auch noch kleinere querliegende und damit die Hauptzone kreuzende Klüfte zu orten. Alle seine Rutenempfindungen wurden in einen Plan eingezeichnet und später nach genauerer Ausmessung in eine geologische Karte übertragen.

An dieser Stelle ist es wohl aufschlussreich, den Leser mit einem wichtigen praktischen Aspekt vertraut zu machen, der gleichwohl auch zum Verständnis der zugrunde liegenden Rutengängermethodik Aufschluss geben kann. Eine zeitlich schnelle Erledigung solcher Gelände-„Begehungen" ist einem guten Rutengänger nur dadurch möglich, dass er über eine interessante Zone nicht erst mehr oder minder zufällig „stolpern" muss, sondern sie bereits aus größerer Entfernung spürt. Das heißt also, dass er von einem Standort aus einen größeren Umkreis zu „erfassen" vermag. Wenn er dann letztlich an einer sehr genau definierten Stelle einen Markierungspflock einrammt, der auch nicht einen Meter daneben stehen sollte, dann wurde diese Stelle nicht dadurch gefunden, dass er zufällig darüberging, sondern sie kündigte sich schon aus der Entfernung an. Es wäre vollkommen unrealistisch und würde zudem viel zu hohen Zeitaufwand bedeuten, in einem großen Gebiet jeden einzelnen Quadratmeter absuchen und prüfen zu müssen.

Die effektive Anwendung der beschriebenen Technik setzt weiter voraus, dass der Rutengänger sehr gut differenzieren kann. Ein Anfänger oder ein Rutengänger, der alle Meter irgendeinen Rutenausschlag erfährt, wäre für die hier gestellte Aufgabe denkbar ungeeignet. Es ist unbedingt notwendig, kleinere oder nicht relevante „Reizzonen" zu übergehen beziehungsweise auszuschalten. Nur dann ist ein Rutengänger in der Lage, die Gegend zunächst in einem groben Raster abzusuchen und festzustellen, in welchen Ortsbereichen eine feinere Untersuchung lohnenswert ist. Daraus ergibt sich die in Kapitel 7 näher beschriebene Hypothese, dass die hier gefragte Fähigkeit mit dem bewussten Einschalten eines „Filters“ beschrieben werden könnte, womit aus der Fülle aufgenommener Signale nur eines mit bestimmten Charakteristiken durchgelassen und letztlich verarbeitet wird. Bei dieser Filterung und Analyse muss die detektierte Information genauer „erkannt“, das heißt, mit im Gedächtnis gespeicherten Mustern verglichen werden. Das bedeutet wiederum die Annahme, dass bei dieser Art der Radiästhesie auch Lerneffekte eine große Rolle spielen dürften, Erfahrung also sehr wichtig sein muss.

Die große räumliche Ausdehnung der radiästhetisch erfassten Reaktionszonen steht mit allgemeinen Erwartungen aus geophysikalischer Sicht insofern in Einklang, als sich Strukturen des Untergrunds an der Erdoberfläche im wesentlichen nur durch breiträumige Feldänderungen abbilden können. Man darf dabei allerdings nicht vergessen, dass bisher in keiner Weise erkenntlich geworden ist, welche derartigen physikalischen Signale vorhanden oder vorstellbar sind und durch Rutengänger zu ihren Ortsbestimmungen tatsächlich ausgenutzt werden könnten. Dieses Problem wird in den Folgekapiteln noch genauer aufgegriffen werden.

Doch zurück zu den Ergebnissen von Schröter. In den Abbildungen 5.1 sind seine Reaktionslinien in den beiden interessantesten Bereichen südlich und nördlich des alten Brunnens aufgezeichnet, die aus einer insgesamt dreitägigen Begehung eines über 20 Kilometer langen und durchschnittlich einen Kilometer breiten Talabschnitts resultierten. Allerdings ist bei der Würdigung dieser Ausdehnungen zu bedenken, dass Schröter versuchte, die günstigsten Bohrpunkte möglichst nahe der Ortschaft mit den Produktionsstätten zu finden, um lange Leitungswege zu vermeiden. Es darf also nicht unterstellt werden, dass die angegebenen Punkte alle Möglichkeiten erschöpfen würden. Man erkennt, dass Schröter – nach seiner Interpretation – der langen Hauptverwerfung nachging und möglichst ausgeprägte Querverwerfungen suchte, in deren Kreuzungsbereich er optimale Bohrpunkte bestimmte. Die räumliche Schärfe dieser Punkte komme nach seiner Meinung nur durch die Optimierung der zu erwartenden Ergiebigkeit an Wasser zustande. Im Prinzip könnte entlang der allerdings nicht extrem breiten Verwerfungsbereiche irgendwo gebohrt werden, aber es sei dann im Vergleich zu den „optimalen“ Punkten mit weniger Ausbeute an Wasser zu rechnen. Hätte man keine sonstige Information aus früheren Erfahrungen mit der Rutengängerei, man wäre geneigt, an dieser Stelle endgültig die Gefolgschaft aufzugeben und das Ganze für eine Absurdität zu halten – aber wie ja aus den vorangegangenen Kapiteln bereits erkenntlich geworden ist, hat sich diese nicht nur von Schröter praktizierte Vorgehensweise in der Praxis vielfältig bewährt. Lassen wir also die Dinge getrost weiterlaufen und schauen uns an, ob die Angaben von Schröter in irgendeiner Weise sinnvoll und zu bestätigen waren.

Zunächst überraschte es schon, dass der optimale Bohransatzpunkt P von Schröter nur etwa 20 Meter von der Stelle entfernt lag, die vorher von dem Rutengänger R_0 bezeichnet worden war. Ein Zufall? Wie auch immer, man wollte gerne noch mehr an Übereinstimmung nachweisen können, bevor ernsthafte Konsequenzen gezogen werden sollten. Glücklicherweise ergab es sich, dass auch der zweite Rutengänger, der im

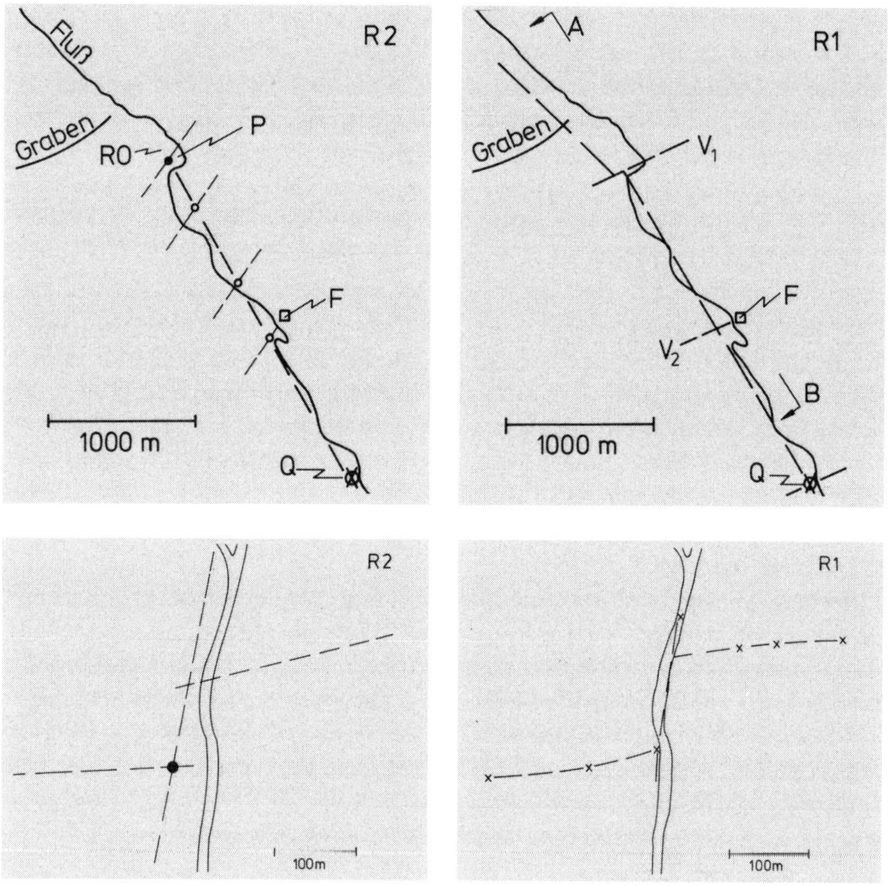

Abb. 5.1 Experimente mit Rutengängern R_1 und R_2 zur Auffindung geologischer Verwerfungen in einem Spessarttal. Oben: Gebiet nördlich der alten Quelle Q; ----- erspürte Verwerfungen; P: von Hans Schröter (R_2) vorgeschlagener Bohransatzpunkt; F: frühere Fehlbohrung; R_0: von Rutengänger R_0 vorgeschlagener Bohrpunkt; V_1, V_2: von Rutengänger R_1 angegebene Querverwerfungen. Unten: Gebiet südlich der alten Quelle

Jahr 1977 für das Gelingen des wissenschaftlichen Projekts in Rumänien mitverantwortlich gewesen war, noch in USA lebte und sich bereit erklärte, bei dem neuerlichen Experiment im Spessart mitzumachen. Ein Besuchstermin war schnell arrangiert, und ein sorgfältiger Experimentierplan wurde so vorbereitet, dass der Rutengänger, wir wollen ihn fortan „R_1" nennen, keine Querinformationen aus den schon bestehenden Erkenntnissen oder Vermutungen erhalten konnte. Ehrlich gesagt, glaubte keiner der Beteiligten, dass sich die Begehung durch R_1 besonders eindrucksvoll gestalten könnte, und es wurden bereits weitere Experimente mit anderen Rutengängern vorbereitet.

Der Termin für den Besuch von R_1 verzögerte sich unerwartet um einige Wochen, weil das erforderliche Visum nicht zügig zu beschaffen war. Dann aber konnte der nächste Teil der Experimentserie endlich beginnen. Nachdem Orkanböen den Abflug in New York nochmals verzögerten, zeigte sich das Wetter im Spessart von seiner besten Seite, und so stapfte R_1 sofort nach seiner weiten Anreise zwei Tage lang im Norden und im Süden des vorgegebenen Talabschnitts kreuz und quer umher und trug seine Rutengängerempfindungen in einen vorgegebenen Plan ein.

R_1 zählt offenbar zu jenen wenigen Rutengängern, die ein Signal der von ihnen gesuchten Art sehr präzise aufnehmen und über weite Strecken verfolgen können. So stellt sich ihm ein „Reaktionsort" nicht als eine messerscharfe Linie dar, bei deren Überschreiten die Rute in einer Art Ja-Nein-Antwort plötzlich stark ausschlägt. Vielmehr spürt er beispielsweise eine geologische Verwerfung bereits über eine Distanz von vielen hundert Metern und ist imstande, eine Art Empfindungsintensität entlang solcher Strecken anzugeben. Dies kann sogar so erfolgen, dass sich die Rute bei Annäherung an die Verwerfungszone langsam in einer Richtung (etwa nach oben) dreht und sich nach Überschreiten der Zone wieder (nach unten) zurückdreht. Diese sehr langsame Drehung konnte R_1 mittels einer als Widerstands-Potentiometer ausgebildeten Rute direkt, also während des Gehens, als elektrisches Signal auf einen Schreiber übertragen (siehe Abb. 5.2).

Am Rande sei vermerkt, dass eine derart ausgewogene Handhabung einer Rute eindrucksvoll demonstriert, wie falsch und realitätsfern eines der naivsten Argumente von Gegnern der Radiästhesie ist, wenn unterstellt wird, die Rutenreaktion erfolge chaotisch und zufällig infolge der dauernden Anspannung von Muskeln. Dieser Einwand ist bei Anfängern und den schlechteren Vertretern der Rutengängerei wohl berechtigt. Ein erfahrener und erfolgreicher Rutengänger-Experte wie Schröter oder R_1 kann aber mit Recht nur darüber lachen und sich über die offensichtliche Ahnungslosigkeit der Kritiker oder gar über die Böswilligkeit des Arguments wundern.

Eine neuerliche Überprüfung der Vorgänge bei dem erwähnten Experiment aus dem Jahr 1977 hatte ergeben, dass es sich unter strengster Überwachung durch mehrere Geowissenschaftler abgespielt hatte. Als Ergebnis stellte sich unmissverständlich heraus, dass R_1 die zu suchenden Strukturen offensichtlich mittels seiner Rutentechnik einwandfrei identifiziert hatte (Apostol 1977). Die Ungewöhnlichkeit seiner Leistung geht aus dem damals publizierten Bericht nicht besonders klar hervor und ist uns erst bewusst geworden, als wir einen an der Studie beteiligten Wissenschaftler persönlich über die seinerzeitigen Experimente befragten. So wurde zum Beispiel glaubhaft versichert, dass selbstverständlich zuerst R_1 die Geländebegehung durchführte und dann erst die geophysikalischen Messungen erfolgten, die also nachträglich die zuvor gemachten Angaben von R_1 bezüglich des Verlaufs von Kluft- und Zerrüttungszonen bestätigten.

Die Ergebnisse, die R_1 bei seiner Geländeinspektion im Spessart in die Arbeitskarten eingezeichnet hat, sind in den Abbildungen 5.1 wiedergegeben. Da sich R_1 hauptsächlich darum bemühte, Verwerfungen zu orten und deren Lage anzugeben, räumt er für die Genauigkeit seiner „Linien" bestenfalls 10 Meter ein. Vergleicht man nun die angegebenen Schwerpunkte der gefundenen Kluftzonen mit den entsprechenden Angaben Schröters, so muss man schon zweimal genau hinsehen: Die Übereinstim-

Abb. 5.2 Oben: Ausschlagswinkel der Rute von Rutengänger R_1 zwischen den in Abb. 5.1 markierten Streifen A und B; die Querverwerfungen V_1 und V_2 sind deutlich erkennbar. Unten: Ähnlich langsam ortsabhängige Änderung des Rutenausschlagwinkels bei einer Geländebegehung durch Rutengänger R_1 in Rumänien; zusätzlich sind die Ergebnisse späterer Messungen des CO_2-Gehalts des Untergrundes und geoelektrisch ermittelte Leitfähigkeitswerte des Bodens am gleichen Ort angegeben.

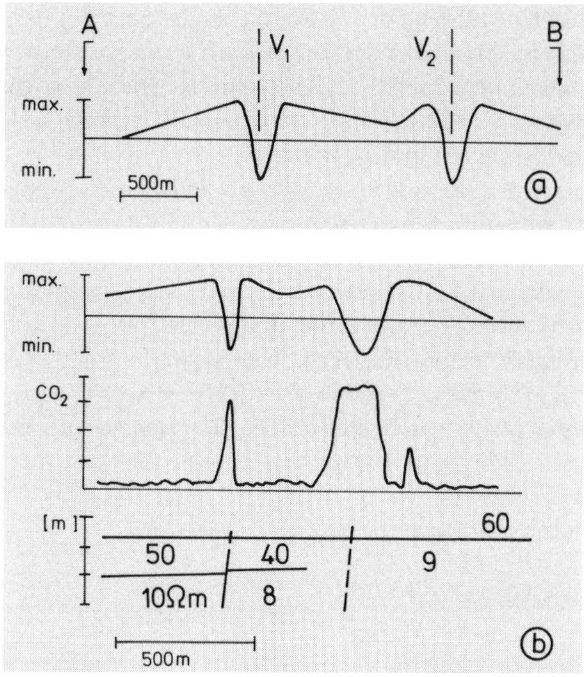

mung ist mehr als verblüffend und in weiten Bereichen sogar besser als 10 Meter! Sowohl im südlichen als auch nördlichen Gebiet decken sich die jeweils angegebenen Hauptverwerfungen erstaunlich gut und führen zu praktisch übereinstimmenden Angaben betreffs möglicher Bohransatzpunkte. Ein solches Maß an Gleichheit rutengängerischer Empfindungen stand gänzlich außerhalb der Erwartungen. Kein Zweifel, dass mit diesem klaren Zwischenergebnis die rutengängerische Bestimmung der gesuchten Verwerfungszonen als erfolgreich bezeichnet werden musste – ob sie auch mit den vor Ort vorliegenden Tatsachen übereinstimmte, sollte anschließend punktuell geklärt werden. Jedenfalls war nach diesen Experimenten eine neue Lage geschaffen, die zu weiterer Hoffnung Anlass gab und ein Fortführen des ungewöhnlichen Untersuchungsprogramms rechtfertigte.

Bestätigung durch geophysikalische Messungen

Nachdem alle bisherigen Experimente die versuchsweise angenommene These stützten, dass geeignet ausgewählte Rutengänger durchaus praktisch sinnvolle Angaben über vermutliche Kluftzonen machen können, war es an der Zeit, die etablierte Wissenschaft in Form geophysikalischer Untersuchungsmethoden einzuschalten. Zum einen lag nun ein konkreter und präzise formulierter Verdacht auf das Vorhandensein und die örtliche Lage geologischer Verwerfungen vor. Zum anderen hätte die

Geschäftsführung der Firma, die an der Nutzung des kohlensäurehaltigen Tiefenwassers interessiert war, keiner neuerlichen Ausgabe von beachtlichen Mitteln zugestimmt, ohne hierfür solide Ergebnisse „nach dem Stand der Technik“ anführen zu können. So wurde eine geowissenschaftliche Untersuchung in Auftrag gegeben und auch zügig in Angriff genommen.

Der zeitliche und finanzielle Aufwand für diese Messungen konnte nur deswegen in akzeptablen Grenzen gehalten werden, weil das zu untersuchende Gebiet sowie die vermutete Lage der Verwerfungen vorgegeben werden konnte. So wollte man sich insbesondere auf den Umgebungsbereich des von Schröter favorisierten Punkts P beschränken (Abb. 5.1). Damit entfiel aufwendiges Suchen in dem weiten Gelände, und es ging hauptsächlich um die Frage, ob die Verwerfung mittels etablierter Messtechnik bestätigt werden konnte – ob sie also wirklich so vorhanden war, wie von den Rutengängern behauptet wurde. Sollten sich die Rutengänger aber massiv geirrt haben, so könnte auch die begrenzt angesetzte geowissenschaftliche Arbeit für die Bestimmung anderer erfolgversprechender Bohransatzpunkte höchstwahrscheinlich keinen nutzbaren Vorteil erbringen.

Geoelektrik

Das erste der drei anzuwendenden Verfahren bestand in der Erfassung des spezifischen elektrischen Bodenwiderstands. Dazu werden zahlreiche Sonden in langen Reihen mit unterschiedlichen Abständen in den Boden gesteckt und die Erdströme gemessen. Die Prozedur konnte innerhalb weniger Arbeitstage ausgeführt werden, weil Lage und Richtungen der Verwerfungen als hypothetisch bekannt vorausgesetzt wurden. Das Ergebnis ist in Abblidung 5.3 schematisch wiedergegeben. In der Tat konnte der von Schröter festgelegte Punkt P als im Kreuzungsbereich von Verwerfungen liegend bestätigt werden! Für Schröter stellte dieser wissenschaftlich erhaltene Befund keine besondere Überraschung dar, weil er Ähnliches bereits mehrfach in Sri Lanka erlebt hatte. Die anderen an der Untersuchung Beteiligten waren jedoch wieder einmal sehr erstaunt – die Skepsis gegenüber Rutengängern saß tatsächlich tief, und derart gute Ergebnisse schienen demzufolge von vorneherein unwahrscheinlich.

Strahlenmessungen

Sodann wurden im Zug einer zweiten Prospektionsmethode am Hangbereich westlich der Verwerfung Messungen der Radioaktivität des Gesteins durchgeführt, und zwar entlang mehrerer Linien in verschiedener Hanghöhe. Dort war die Bedeckung mit Sedimenten nur gering, und die Strahlung des Buntsandsteins gelangte wenig geschwächt in die Zählapparatur. Tatsächlich ließ sich auf diese Art und Weise eine Querverwerfung lokalisieren, deren in die Talebene gedachte Fortsetzung knapp 15 Meter am Punkt P vorbeiführte (Abb. 5.3). Diese Abweichung ist aber nicht sehr bedeutsam, da die Radioaktivitätsmessungen nur die allerobersten Gesteinsschichten erfassen können und schon die geringste Neigung der Verwerfung gegen die vertikale

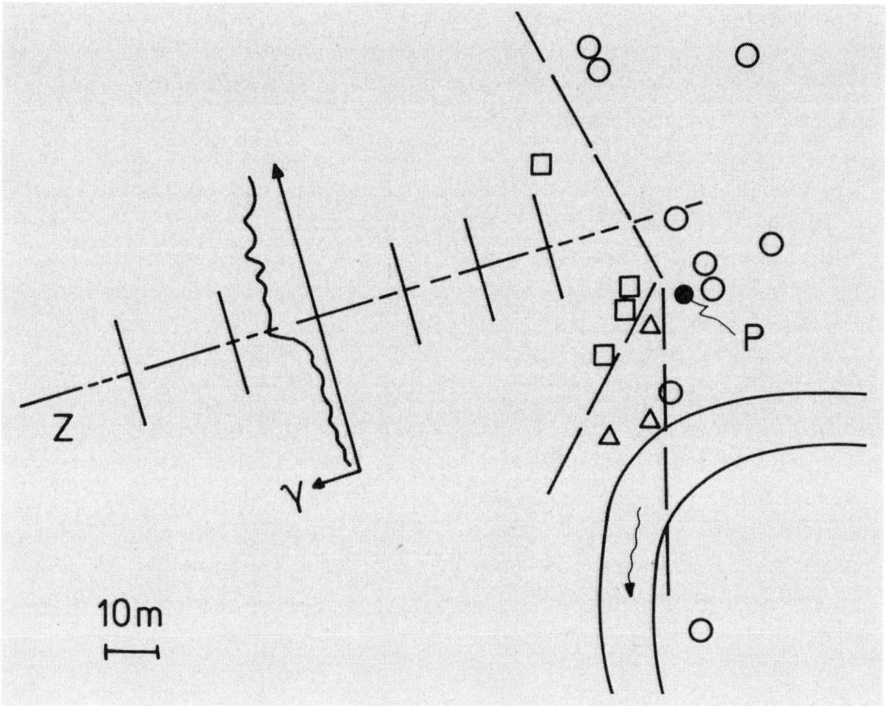

Abb. 5.3 Geoelektrik und Gammamessungen am Punkt P (siehe Abb. 5.1): — — — geoelektrisch bestimmte Lage von Verwerfungen (Kreise, Dreiecke und Quadrate bedeuten unterschiedliche Leitfähigkeiten im Untergrund); — - - — - - — Verbindingslinie der Stellen, an welchen Änderungen der Radioaktivität des Gesteins gemessen wurden.

Richtung nicht erkennbar ist. Demnach brachte auch dieses technische Verfahren eine ungefähre Bestätigung der bisher angenommenen Untergrundverhältnisse und stellte jedenfalls kein Argument gegen die Angaben und vermeintlichen Interpretationen der Rutengänger dar.

Überraschende Bodenschwingungen

Die dritte technische Methode bestand in Messungen der Bodenvibration am Punkt P und seiner unmittelbaren Nähe. Zu dieser Maßnahme hatte sich die Münchener Forschergruppe aus grundsätzlichen Erwägungen heraus entschlossen. Das Hauptmotiv bestand im wesentlichen darin, einmal exemplarisch möglichst viele verschiedene Untersuchungsmethoden auf ein und denselben Problemfall anzusetzen. Nur so war zu hoffen, mittels praktischer und unangreifbarer Erfahrungen vielleicht etwas Licht in das mysteriöse Dunkel der Rutengängerei zu bringen. Sollte sich also zeigen, dass Bodenschwingungen absolut nichts mit den Reaktionen der Rutengänger zu tun haben, dann hätte ein solches Ergebnis auch seinen Wert. Schließlich besteht Forschung unter anderem darin, etwaige denkbare Ursachen für ein noch unverstandenes Phänomen ausschließen zu können. Damit ist zwar noch keine Lösung der eigentlichen Fragestellung gewonnen, aber man vermeidet Irrwege und wird nach und nach in die richtige Richtung gelenkt.

In diesem Sinn war die Messung der Bodenschwingungen nur dazu gedacht, deren Nicht-Relevanz aufgrund sauberer Daten nachzuweisen. Der Ausgangspunkt hierfür lag in der wohlbegründet erscheinenden Expertenmeinung, dass keinesfalls mit kleinräumigen Änderungen dieser Messgröße zu rechnen sei. Das gehe aus einer Betrachtung der (großen) Wellenlängen hervor, die für die üblichen Bodenverhältnisse und die Ausbreitung des Schalls im Boden relevant sind. Mit einfacheren Worten heißt das, dass am Punkt P und in seiner näheren Umgebung, vielleicht im Umkreis von einigen 10 Metern, kein besonderer Effekt im Sinn räumlicher Unterschiede der Bodenschwingungen zu erwarten sei. Wegen der Aussichtslosigkeit eines interessanten Resultates hatten wir daher einige Mühe, die zuständigen Fachleute zur Mitwirkung an den Messungen zu bewegen. Nachdem sich aber herausgestellt hatte, dass tatsächliche geophysikalische Messungen des Bodenschalls in der Regel nur über sehr große Distanzen erfolgen und handfeste Daten über mögliche Ergebnisse bei kleinsträumiger Sondierung überhaupt nicht verfügbar waren, erschien es umso wichtiger, diese Lücke zu füllen.

Alsbald wurden an einem Abend nach Abebben des allgemeinen Verkehrslärms höchstempfindliche Geophone an Schröters Punkt P sowie im Abstand von 2 und 4 Metern einige Zentimeter tief in den Wiesenboden eingegraben, mit einer Abdeckhaube versehen und an die Registriereinrichtung angeschlossen. Diese diversen Vorsichtsmaßnahmen gehören bei solchen Messungen zur Routine. Die Empfindlichkeit solcher Geophone zur Aufzeichnung von Bodenschwingungen ist nämlich nahezu unglaublich. So stellen zum Beispiel Autos, die in einer Entfernung von Kilometern über eine Straße fahren, noch ein starkes Störsignal dar. Selbst wenn man in etwa 20 Metern Distanz vom Messgerät auf der Wiese eine leichte Kniebeuge ausführt, stößt der Zeiger des Messgeräts an den Anschlag. Man hört also buchstäblich die „Flöhe husten" und kann Mikro-Beben registrieren, die außerhalb der üblichen Wahrnehmung durch den Menschen liegen.

Unmittelbar nach der Durchführung der Messungen waren alle Beteiligten zuerst der Meinung, dass sich, wie erwartet, nichts Besonderes ergeben habe. Das passiert Forschern des öfteren, auch wenn sie sich für noch so objektiv und unvoreingenommen halten. Wird nichts erwartet, schaut man eben erst einmal nicht so genau hin. Bei der späteren sorgfältigen Analyse der aufgezeichneten Daten kam dann die Wahrheit ans Licht: Entgegen aller vorherigen Annahmen musste nämlich festgestellt werden, dass sich selbst im Meterbereich ganz ausgeprägte Unterschiede in der Schwingungsintensität des Bodens zeigten! In Abbildung 5.4 ist dargestellt, dass die Vibrationen am Punkt P im Bereich um 20 Hertz dreimal so stark waren wie an einem nur 4 Meter entfernten Vergleichspunkt.

Die Experten prüften daraufhin die Funktionsfähigkeit der verwendeten Apparaturen, um vielleicht Eich- oder Einstellungsfehler zu finden – vergeblich. Die Mes-

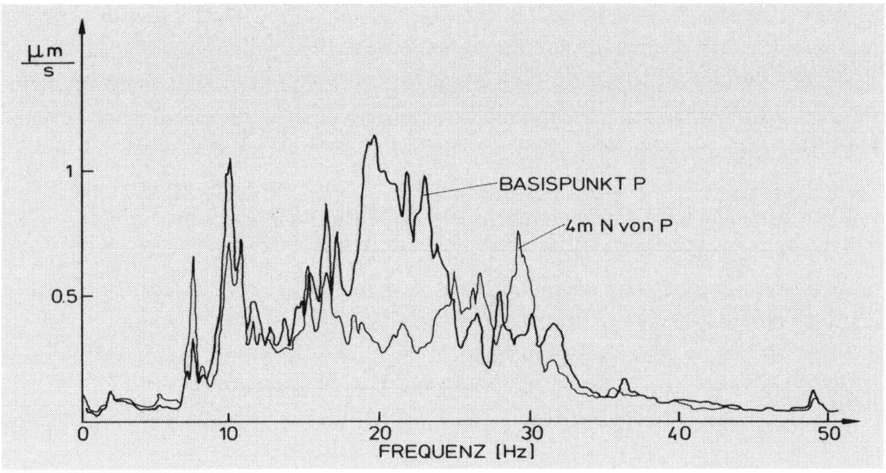

Abb. 5.4 Frequenzverteilung der seismischen Bodenunruhe an zwei gleichzeitig vermessenen Punkten, die nur 4 Meter Abstand zueinander haben. Punkt P ist der von Hans Schröter ermittelte Bohransatzpunkt aus Abb. 5.1.

sungen waren einwandfrei erfolgt und die Ergebnisse zunächst nicht ganz erklärlich. Offenbar spielen eben Störungen und Inhomogenitäten in der Zusammensetzung des Bodens eine größere Rolle, als vorher angenommen. Der gemessene Effekt darf nämlich nach den theoretischen Erwägungen nur dann nicht auftreten, wenn man einen idealen Ausbreitungskörper unterstellt – die wirklichen Eigenschaften eines realen Bodens und Erdkörpers mit tiefreichenden Zerklüftungszonen können davon aber weit entfernt sein. Damit war zumindest ein neues und vielversprechendes Ergebnis erzielt.

Könnte es nun sein, dass Rutengänger wirklich kleinste Bodenschwingungen spüren, oder muss die nachgewiesene Korrelation zwischen Schwingungsanomalie des Bodens und Rutengänger-Angaben als zufällig betrachtet werden? Wie es in der Wissenschaft selten anders läuft, erzeugt ein neues Resultat meist keine endgültigen Antworten, sondern schafft neue Fragen. So auch hier. Wir sahen uns nun mit mindestens zwei neuen Problemen konfrontiert, die aber erst in Kapitel 7 etwas ausführlicher diskutiert werden. Hier wollen wir lediglich festhalten, dass auch die dritte Messmethode – Zufall hin oder her – eine unerwartete und beachtenswerte Signifikanz der Schröterschen Ortsangaben mit sich brachte.

Rutengänger-Experimente am Bohrpunkt

Nachdem Hans Schröter den Punkt P beziehungsweise seine unmittelbare Umgebung als radiästhetisch deutlich wahrnehmbar bezeichnet hatte, bot sich an, diese Aussage auch so zu überprüfen, dass an dieser Stelle im Rahmen des Münchener Forschungsprojekts weitere Experimente mit anderen Probanden versucht werden sollten. Zu diesem Zweck wurden zunächst vier Rutengänger für einen vollen Versuchstag eingeladen. Wir wollten herausfinden, ob sie unabhängig voneinander in der Lage waren, den Punkt P ebenfalls als örtliche Anomalie zu erkennen. Also wurde das sogenannte Laufbrett-Experiment vorbereitet, das im nächsten Kapitel noch näher beschrieben wird und hauptsächlich dazu dient, mit einer Person in einem ausgeklügelten Blindverfahren immer wieder an der gleichen Stelle experimentieren zu können.

Von den geladenen Personen war nur eine als guter Rutengänger bekannt und hatte bereits schon einmal bei früheren Versuchen gleicher Art, aber an einem anderen Testort mit sehr gutem Erfolg mitgewirkt. Die zweite Versuchsperson war Anfänger, und die beiden anderen hatten zwar rutengängerische Praxis, konnten aber keine besonderen Erfahrungen der hier interessierenden Art nachweisen.

Für die Durchführung der Experimente wurde ein sorgfältiger Plan erstellt, der allen früher im Rahmen des Münchener Forschungsprojekts gestellten Anforderungen Genüge leisten konnte. So wurden die Probanden einzeln im Wagen über holperige Zufahrtswege zu dem abgelegenen Gelände gefahren, dort mit undurchsichtiger Brille und schwarzem Gesichtstuch versehen und mussten unter wechselnder Beaufsichtung durch verschiedene Mitglieder der Forschungsgruppe immer wieder über die vorgegebene Teststrecke laufen und nach besonderen rutengängerisch erkennbaren Stellen suchen.

Schon zur Mittagspause kristallisierte sich das Ergebnis heraus, nachdem jeder Proband mindestens 20 Tests hinter sich gebracht hatte. Kaum ein Zweifel: Der erfahrene Rutengänger und der Anfänger spürten enge Ortsbereiche nahe dem Punkt P! Ihre blind gewonnenen Ortsangaben häuften sich ganz deutlich an Stellen, die keinen Meter von P entfernt lagen (Abb. 5.3). Die beiden anderen Versuchspersonen erzeugten allerdings eher zufällige Reaktionsmuster. Die Ergebnisse des Nachmittags erbrachten die gleichen Resultate. Insgesamt waren 2 von 4 Probanden extrem erfolgreich gewesen. Das konnte sich sehen lassen. Zudem war die vermutete Besonderheit des Punkts P wiederum, und diesmal auf eine ganz andere, unkonventionelle Art und Weise, bestätigt worden. Später erfolgten noch mit anderen Versuchspersonen viele weitere Tests der gleichen Art, und erbrachten immer wieder ähnlich beachtliche Ergebnisse.

Nach diesen Serien erfolgreicher Experimente war sowohl für die Münchener Forschergruppe als auch für die nach kohlensäurehaltigem Wasser suchende Firma ein wichtiges Etappenziel erreicht worden. Der Bohransatzpunkt war nach allen Regeln konventioneller und mehr exotischer Kunst gefunden worden – es fehlt nur noch das Tüpfelchen auf dem I: die Tiefenbohrung. Aber nicht nur in Entwicklungsländern heißt es Geduld aufzubringen, auch im Spessart sind viele Voraussetzungen zu erfüllen, bevor eine Bohrung erfolgen kann. Noch ist dies nicht geschehen.

Für das Programm der Münchener Forscher waren dennoch genügend solide Ergebnisse erzielt, so dass das zusätzliche Resultat der beabsichtigten Bohrung zumindest aus akademischer Sicht nicht mehr als sonderlich wichtig einzustufen war. Einer der Geowissenschafler, der in die Diskussionen zum Thema Rutengänger einbezogen wor-

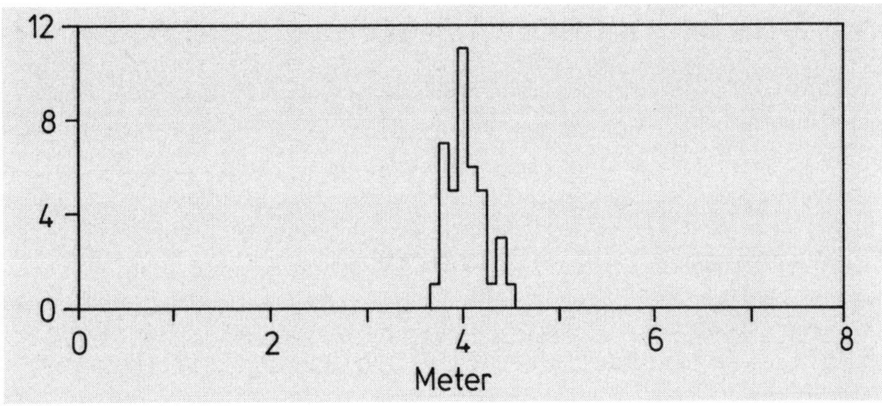

Abb. 5.5 Ergebnis eines „Laufbrett-Experiments" am Punkt P. Der Proband beging die vorgegebene Strecke vierzigmal mit verbundenen Augen und fand immer wieder die gleiche Stelle. Details des Prüfverfahrens sind in Kapitel 6 erläutert.

den waren, hatte ohnehin erklärt, dass ein Erfolg der Bohrung – so er sich einstellen sollte – auch dem reinen Zufall zugeschrieben werden könne. Nach Lektüre der Kapitel 3 und 4 ist diese Meinung wohl nicht so überraschend. Man ersieht daraus, dass ein eventueller Bohrerfolg – sozusagen als Einzelfall – nicht ohne erneute intensive Diskussionen zugunsten der Rutengänger interpretiert werden könnte, auch wenn sich die an den Experimenten Beteiligten, voran die Leitung der genannten Firma, ihre eigenen Gedanken dazu machen würden. Eine fundierte Beurteilung rutengängerischer Leistungen darf sich selbstverständlich nicht an Einzelfällen orientieren, sondern muss eine Gesamtheit von Befunden zur Grundlage haben – genau das ist und bleibt das Ziel von Forschungsprojekten. Damit ist nun endlich das schon vielzitierte Münchener Projekt an der Reihe.

6 Das Münchener Forschungsprojekt

Ein Nachmittag in der Villa Hammerschmidt

Schlagen wir einmal den Bogen von den Rutengängern zur Naturheilkunde, die so alt ist wie die Menschheit selbst. Über Jahrtausende hinweg hat sie durch Weitergabe ihrer Erfahrungen von Generation zu Generation Millionen Menschen von Krankheiten geheilt. Noch größer dürfte die Zahl derer sein, die durch das Wissen um die Heilkräfte der Natur Krankheiten vorbeugen konnten und so ein langes Leben in Gesundheit führten. Viele Bereiche der heutigen Erfahrungsmedizin sind Jahrtausende alt: so die Pflanzenheilkunde, die Akupunktur oder die Geobiologie, in der die Rutengänger eine entscheidende Rolle spielen.

Dennoch hat sich die Auffassung, dass die Naturheilkunde die Schulmedizin ergänzt, noch nicht durchgesetzt. So sind die Universitäten bisher nicht bereit, die Naturheilkunde in ihre Forschungsarbeiten einzubeziehen. Mit nur wenigen Ausnahmefällen ist es an nahezu allen Hochschulen nicht möglich, dass Studenten Vorlesungen über biologische Heilverfahren hören oder experimentelle Studien dazu ausführen, weil diesen – so ein häufiges Argument – die wissenschaftliche Begründung fehle. Man liest richtig: Die Erforschung des Problemkreises wird abgelehnt, weil er noch nicht wissenschaftlich erforscht ist!

Angesichts dieser für viele Menschen vollkommen unbefriedigenden Situation gründete Bundespräsident Professor Dr. Karl Carstens während seiner Amtszeit zusammen mit seiner Frau, der praktizierenden Ärztin Dr. Veronica Carstens und anderen Initiatoren im Jahr 1981 die Stiftung zur Förderung der Erfahrungsheilkunde (Karl und Veronica Carstens-Stiftung). Diese machte es sich zur Aufgabe, Forschung und Lehre auf dem Gebiet der biologischen Medizin bzw. Erfahrungsheilkunde zu fördern. In erster Linie sollen wissenschaftliche Vorhaben unterstützt werden, die zu einer stärkeren Einbeziehung von Naturheilverfahren in die medizinische Forschung, in die ärztliche Ausbildung und in die therapeutische Praxis beitragen können. Ausdrücklicher Bestandteil und Schwerpunkt des Programms ist die Förderung der wissenschaftlichen Durchdringung der Probleme im Zusammenhang mit geopathogenen Zonen, also der Bereich Geobiologie mit den ominösen „Erdstrahlen". Die Stiftungsgründer hatten nämlich bei einer großen Zahl der gewonnenen Mitglieder, aber auch aus anderen Kreisen der Bevölkerung erhebliches Interesse an Aufklärung zum Thema Geobiologie feststellen können.

Was lag also für mich näher, als die Fördergemeinschaft der Stiftung, Natur und Medizin, um Unterstützung für ein Forschungsprojekt zum Test von Rutengängern zu bitten? Voller Hoffnung schrieb ich im März 1983 einen Brief nach Bonn. Umgehend kam die Antwort: eine Einladung von Frau Dr. Carstens zu einem Gespräch in dem Amtssitz des Bundespräsidenten, der Villa Hammerschmidt, zusammen mit ihr, dem Bundespräsidenten und dem Generalsekretär des Stifterverbands für die Deutsche Wissenschaft. Diese Chance galt es zu nutzen.

Im Juni 1983 kam der Gesprächstermin zustande. Gemeinsam mit meinem Kollegen Herbert König, der bereits über eine Jahrzehnte währende Erfahrung mit Rutengängern verfügte und auf dem Gebiet der biologischen Wirksamkeit schwacher elektrischer und magnetischer Felder bewandert war, fiel es nicht schwer, den Stand der aktuellen wissenschaftlichen Erkenntnis auf dem Gebiet des gemeinsamen Interesses darzulegen. Dazu gehörte vor allem die Verdeutlichung der Tatsache, dass sich in Öffentlichkeit wie Wissenschaft noch immer zwei extreme und miteinander unvereinbare Meinungen gegenüberstehen: Die einen behaupten, die absolute Unfähigkeit aller Rutengänger sei erwiesen, die anderen bestehen auf dem Gegenteil, dass nämlich die Leistungen von Rutengängern belegt seien.

Es beeindruckte mich damals sehr, wie präzise der Bundespräsident diese wissenschaftlich untragbare Situation erkannte und analysierte und seiner großen Verwunderung darüber Ausdruck gab, dass im Zeitalter der Raumfahrt so einfache Fragen, ob an der Radiästhesie etwas dran sei, noch nicht annähernd sicher beantwortbar sind. Die Runde gelangte jedenfalls zu Einigkeit darüber, nach Möglichkeiten für ein solides Forschungsprojekt zur Klärung der Rutengänger-Problematik zu suchen. Alle waren sich klar, dass ungeachtet der offensichtlichen Notwendigkeit einer neuen Untersuchung sehr hohe Hürden für jegliche Aktivität gesetzt waren. Es galt also, mit Bedacht und Behutsamkeit vorzugehen. Angesichts der historisch verfahrenen Situation könnten zu große oder zu schnelle Schritte mehr Schaden als Nutzen anrichten.

Keinesfalls sollte die Stiftung direkt Fördermittel für eine Untersuchung bereitstellen. Entsprechend der Satzungen wäre das möglich gewesen. Unsere Idee bestand vielmehr darin, die Anstrengungen auf eine breite Basis zu stellen und von vornehrein möglichst viele Wissenschaftler aus verschiedenen Disziplinen in ein künftiges Projekt zu involvieren und damit die Lasten und Verantwortung auf viele kompetente Schultern zu verteilen. Nur auf diesem Wege war zu hoffen, dass ein Forschungsprojekt und seine Ergebnisse auch die nötige Resonanz und Anerkennung finden würden.

Der erste Schritt sollte darin bestehen, eine Expertendiskussion in breiterem Rahmen zu veranstalten. Ein Titel war schnell gefunden: „Existenz und mögliche Wirkungen ortsabhängiger Strahlungsfelder". Durch eine solche Veranstaltung wäre die Voraussetzung gegeben, die unterschiedlichsten Ansichten zu dem Thema hören und ausdiskutieren zu können. Da der Stifterverband für die Deutsche Wissenschaft die treuhänderische Verwaltung der Carstens-Stiftung übernommen hatte und seinerseits bei dem angesprochenen Themenkreis ein Forschungsdefizit vermutete, erklärte er sich zur Mitwirkung bei den umfangreichen Vorarbeiten hierzu bereit. In vorsichtig optimistischer Stimmung und an Unternehmungsgeist gestärkt, verließ ein jeder die Villa Hammerschmidt.

Die 3-Tage-Diskussion der Experten

Wie findet man „Experten" zur Beurteilung von Radiästhesie? Zwar gibt es allein in Deutschland mindestens 10000 Menschen, die sich hier für sachkundig halten. Wir mussten aber das zusätzliche Kriterium fordern, dass es sich um Wissenschaftler (beliebiger Fachdisziplinen) handeln sollte und die betreffenden Personen keine Ansichten vertreten durften, die von vorneherein wissenschaftlich indiskutabel sind. Damit war die Menge der Kandidaten jedoch auf Null zusammengeschrumpft, es ließ sich praktisch niemand finden. Also erweiterte sich die Suche auf solche Wissenschaftler, die mit dem fraglichen Gebiet schon Berührung gehabt oder stark daran interessiert waren und deren konventionelle Fachkenntnisse einer allgemeinen Diskussion über Rutengängerei und denkbare Forschungsansätze förderlich sein konnten. Natürlich mussten sie auch bereit sein, sich ohne Berührungsängste zu engagieren und überdies die Zeit aufbringen, drei Tage lang hinter verschlossenen Türen zu diskutieren.

So unwahrscheinlich es klingen mag, aber es gelang, 24 renommierte Experten zusammenzubringen. Nach einer längeren Planungsphase, intensiven Sondierungsbemühungen und Meinungsumfragen unter Fachkollegen verschiedener Disziplinen erreichten wir es, die unbedingt nötige fachlich breit gestreute Beteiligung an einem Experten-Gespräch und solide Rückendeckung für das weitere Vorgehen zu erhalten. Bereits im Januar 1984 trafen sich die 24 Teilnehmer aus verschiedenen Fachdisziplinen drei Tage lang im Internationalen Institut für wissenschaftliche Zusammenarbeit auf Schloss Reisensburg.

Unter den 24 Diskutanten waren 21 Professoren und 3 Doktoren aus folgenden Sparten: Medizin (11), Physik (4), Biologie und Biophysik (4), Technische Wissenschaften und andere Bereiche (5). Bemerkenswert ist die Tatsache, dass sich unter den Medizinern 6 Vorstände großer Universitätskliniken befanden, darunter der Dekan der Medizinischen Fakultät München sowie sein späterer Nachfolger. Die Gesprächsleitung des Symposiums hatte der Mediziner und Physiker Professor Raimund Kaufmann, Ordinarius für Klinische Physiologie, übernommen. Er war insofern dafür prädestiniert, als er bereits eine leitende Funktion in der Bonner Arbeitsgruppe „Unkonventionelle Methoden der Krebsbekämpfung" innehatte. Diese bemühte sich im Auftrag der Gesundheits- und Forschungsministerien der Bundesregierung unter anderem um die Förderung nicht-etablierter Forschung – „Erdstrahlen" inbegriffen. Davon wird noch später berichtet.

Das Arbeitsziel der geplanten Gespräche auf der Reisensburg bestand darin, die über Rutengänger und „Erdstrahlen" vorhandenen Informationen dahingehend sorgfältig zu prüfen, ob und unter welchen Bedingungen eine zukünftige Forschung sinnvoll sein könnte und welche Fragen in einem ersten Schritt vordringlich anzugehen und einer wissenschaftlichen Klärung näherzubringen wären. Eine Prognose über den Ausgang des Symposiums zu wagen, erschien riskant. Nicht wenige Skeptiker befanden sich unter den eingeladenen Vertretern von Natur- und Biowissenschaften, und man durfte auf die Vielfalt an Argumenten gespannt sein.

Der Gedankenaustausch verlief, wie erhofft, offen, konstruktiv und ohne Tabuisierung des Problembewusstseins. Vor allem konnten konkrete Empfehlungen für das künftige Verhalten erarbeitet werden. Man war sich einig, dass Berührungsängste der etablierten Wissenschaft gegenüber parawissenschaftlichen Grenzfragen bisher verhindert hatten, unvoreingenommene Untersuchungen zu ermöglichen und die Widersprüchlichkeit vorliegender Befunde auszuräumen. Insbesondere hielt man die Existenz geopathogener Zonen bis dato für weder eindeutig belegt, noch mit Sicherheit ausgeschlossen.

Im Ergebnis sah man allerdings, vorwiegend aus medizinischer Sicht, (noch) keine ausreichenden Voraussetzungen als gegeben an, nach einem möglichen Zusammenhang zwischen Erkrankungen des Menschen und „Erdstrahlen" an rutengängerisch bestimmten Zonen zu suchen. Diese Bewertung ist insofern verständlich, als die spezielle Problematik geopathogener Einflüsse bewusst nicht in den Vordergrund gerückt wurde und auch nicht durch Vorlage und Diskussion einer Übersicht über dazu verfügbares Datenmaterial erörterungsreif gemacht worden war. Es sollte vielmehr um die Frage gehen, ob und wie auf möglichst einfacher Basis neue und gesicherte Evidenzen für oder gegen die Existenz des Rutengänger-Phänomens an sich zu suchen seien.

Vollständige Übereinstimmung bestand dann auch in einer Empfehlung, die den Rahmen für das weitere Vorgehen absteckte:

- Die eigentlich interessante Frage nach gesundheitsrelevanten Auswirkungen von „Erdstrahlen" ist zwar untersuchungswürdig, kann aber aus methodischen Überlegungen heraus nicht als erstes in Angriff genommen werden.
- Erste Aufmerksamkeit muss vielmehr der Frage gewidmet werden, ob Rutengänger irgendwelche reproduzierbaren ortsabhängigen Reaktionen zeigen und ob man diese in strengen Experimenten zweifelsfrei deutlich machen kann.

Mit der durch diese Diskutanten-Gruppe gewonnenen Unterstützung konnten endlich konkrete und von vielen Beteiligten durchdachte Pilotstudien für Rutengänger-Tests in Angriff genommen werden. Die alsbald konzipierten Entwürfe erfuhren eine sehr sorgfältige und genaue Beurteilung, und zwar durch ein Gutachtergremium, das sich aus dem Kreis der Gesprächsteilnehmer am Symposium auf der Reisensburg zusammensetzte. Nachdem auch die Finanzierung der vorgeschlagenen Experimente durch die Carstens-Stiftung gesichert war, konnten die ersten praktischen und experimentellen Schritte noch im gleichen Jahr begonnen werden.

Es war klar, dass mit diesen Bemühungen nur ein erstes Etappenziel in nähere Reichweite zu rücken schien. Im Sinn einer tastenden Pilotstudie galt es herauszufinden, welche Art von Experimenten überhaupt realisierbar war und welcher Aufwand dazu getrieben werden musste. Zuviele Behauptungen seitens der Rutengänger standen im Raum, als dass man allen Fragen hätte nachgehen können. Der Umfang und das Finanzierungsvolumen dieser ersten Untersuchung eignete sich nur zur Orientierung. Wenn sich dabei zeigen sollte, dass zusätzliche Tests unter erhöhtem Aufwand vielversprechende Erkenntnisse liefern könnten, sollte nach erneuter Prüfung durch eine Gutachter-Kommission eine Hauptstudie folgen, gefördert durch das Forschungsministerium der Bundesregierung.

Suche nach Stecknadeln im Heuhaufen (Durch das Tal der Enttäuschungen)

Wenn Rutengänger-Tests sehr einfach wären, hätte sie schon mancher Interessierte früher durchgeführt, und die anstehenden Fragen wären erledigt gewesen. Aber schon die ersten eigenen Versuche zeigten uns, warum die Angelegenheit doch nicht so simpel ist, wie sie anfänglich erscheinen mag. Beginnen wir damit, Rutengänger danach zu fragen, welche Leistungen sie ihrer Erfahrung nach vollbringen und demonstrieren könnten. Unsere Überraschung über die erhaltenen Antworten war groß, als wir feststellen mussten, dass fast keine Aufgabe zu finden war, von der die Rutengänger nicht behaupteten, sie sei mit hundertprozentiger Sicherheit zu lösen. Das konnte natürlich nicht gutgehen, und es ging auch nicht gut. Wer die Ansprüche der Rutengänger zu ernst nimmt, der wird sich im Tal der Enttäuschungen wiederfinden. Dazu das folgende Beispiel:

Ein Rutengänger wird gebeten, auf einem ausgedehnten Gelände in aller Ruhe eine Stelle zu suchen, an der er einen starken und deutlichen Reiz empfindet. Seine Antwort auf diese Bitte wird stets dieselbe sein: „Kein Problem". Unsere Überlegung ging von der Erfahrung aus, dass Rutengänger in beliebigen Wohnungen, die sie zwecks einer Untersuchung auf „Erdstrahlen" begehen, fast immer sogenannte Reiz- oder Störzonen finden und diesen nicht selten besondere Bedeutung beimessen. Stellt man nun ein ungleich größeres Gelände-Areal zur Auswahl, so müsste es eigentlich ein Leichtes sein, irgendwo eine reaktionsstarke Stelle herauszufinden.

Um die Aufgabe nicht zu schwer zu machen, hatten wir darauf verzichtet, nach einer bestimmten Ursache für die Rutenreaktion suchen zu lassen. Es war also vollkommen gleichgültig, ob die Rutengänger nach Wasser, geologischen Anomalien oder nach mysteriösen Reizstreifen irgendwelcher Art Ausschau hielten. Einziges Ziel war, einen Ort anzugeben, dessen „Anomalie" gegenüber seiner Umgebung irgendwie überprüfbar sein musste.

Wie sollte diese anschließend unbedingt erforderliche Überprüfung aussehen? Es gibt zwei Möglichkeiten: Man lässt das gleiche Areal durch andere Rutengänger absuchen, oder man verbindet ein und derselben Versuchsperson die Augen und lässt sie wiederholt das gleiche Gelände abgehen. In beiden Fällen ist zu prüfen, ob jeweils die gleiche Stelle identifiziert wird.

Wir führten eine große Anzahl solcher exploratorischer Tests durch, zuerst mit einzelnen ausgewählten Rutengängern. Da die fraglichen Fähigkeiten vielleicht doch nicht so breit verteilt sein würden, sollten im weiteren möglichst viele Testpersonen eingeschaltet werden. Dazu wurde Kontakt mit den Veranstaltern von Rutengänger-Lehrkursen hergestellt, so dass uns später an einem einzigen Wochenende oft zwischen 50 und 100 Versuchspersonen zur Verfügung standen. Wie immer wir aber diese ersten Versuche auch anstellten, die Ergebnisse waren zutiefst enttäuschend. Es gab nicht annähernd die Übereinstimmung der Ortsangaben, von der die Rutengänger träumten. Ein beispielhaftes Ergebnis ist in Abbildung 6.1 dargestellt. Man erkennt die breite Verteilung der Rutenausschläge über die gesamte Teststrecke; keine Stelle, wo nicht irgendwer eine Reaktion zu Protokoll gab. Bei der Streckenmarke von etwa 4 Meter ist zwar eine Häufung von Ausschlägen zu bemerken, es wäre jedoch riskant, dem allzuviel Bedeutung zu unterstellen.

Um nichts unversucht zu lassen, baten wir erfahrene Rutengänger, zum Beispiel einen Bohransatzpunkt in beliebig gewähltem Gelände anzugeben. Andere Rutengänger sollten dann, unter räumlicher Einengung der Teststrecke, diesen Punkt wiederfinden. Aber auch das gelang nicht in dem Maße, wie es die Rutengänger erwartet hatten. Das Ergebnis ist in Abbildung 6.2 wiedergegeben: Die Reaktionen verteilen sich auf die ganze Teststrecke. Die Häufung bei etwa 4 und 5 Meter ist zwar auffällig, aber zu wenig ausgeprägt, um definitive Schlüsse auf die Existenz eines Effekts ziehen zu können.

Als uns ein Proband, der beruflich als Tiefbau-Ingenieur arbeitete, mit Nachdruck versicherte, dass er vergrabene Wasserschläuche oder Leitungen finden könnte, arrangierten wir einen entsprechenden Versuch. Im Herbst 1984 vergruben wir einen langen Schlauch in 20 Zentimetern Tiefe auf einer ebenen Wiese. Im nächsten Frühjahr war auf dem Gelände rein äußerlich nichts mehr von der Aktion zu bemerken, und wir baten zahlreiche Rutengänger in darauffolgenden Tests, die Lage dieses Gartenschlauchs zu lokalisieren, wobei wir auch Wasserdurchfluss einstellten. So sehr sich die Probanden auch bemühten – einige rutschten auf den Knien über die Wiese und nahmen Pendel nahe am Boden zu Hilfe –, nichts gelang; die Anstrengungen der Versuchspersonen blieben vergebens.

An diesem Punkt überkamen uns zeitweise starke Zweifel an der Stichhaltigkeit sämtlicher angeblicher Fähigkeiten von Rutengängern. Hatten die Skeptiker vielleicht doch recht? Aber wie wären dann die schon bekannten und unbestreitbaren Erfolge der Spitzenkönner einzuordnen, wie etwa die Leistungen der Kittemanns? (Von Hans Schröter und den GTZ-Projekten hatten wir zu diesem Zeitpunkt noch keine Kenntnis.)

Durch diese Situation wird deutlich, wie es zu negativ verlaufenen Rutengänger-Tests kommt. Prüft man die von den Kandidaten selbst aufgestellten Behauptungen ohne Abstriche, so endet ein Test mit allerhöchster Wahrscheinlichkeit als Fehlschlag für denjenigen, der positive Erwartungen hegt. Als voreingenommener Skeptiker, dessen Absicht es ist, kein gutes Haar an der Rutengängerei zu lassen, hört man in dieser Phase der Untersuchung auf und verkündet den Misserfolg – wie reichlich in der Vergangenheit geschehen.

Unser Ziel bestand jedoch nicht darin, die verbreitete Unzulänglichkeit durchschnittlicher Rutengänger zu beweisen – das war aus früheren Erfahrungen bereits evident –, sondern es ging hauptsächlich darum, nach einem möglicherweise vorhandenen und gut versteckten Kern an rutengängerischen Fähigkeiten zu suchen. Das war eine echte Forschungsaufgabe, die viel Nachdenken und Intuition erforderte und sich im übrigen darin nicht von anderer Forschung in konventionellen Bereichen unterschied. Nur ein Unerfahrener glaubt, dass schwierige Probleme auf Anhieb und im ersten Streich zu lösen wären. Anfängliche Misserfolge sind die Regel und beweisen nur, dass die betreffenden Forscher noch nicht gleich das geeignete Handwerkszeug in Händen halten.

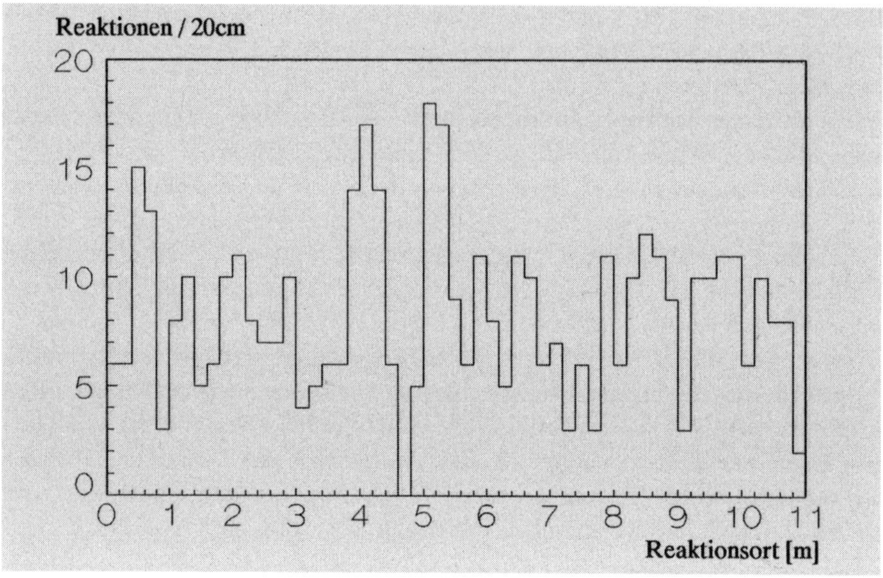

Abb 6.1 Verteilung von Rutenausschlägen längs einer natürlichen Teststrecke von 8 Metern Länge im Freien. 244 Versuchspersonen gaben dabei nacheinander 1683 Reaktionsorte zu Protokoll. Obwohl an einer Stelle eine Häufung zu erkennen ist, wurden an jedem Ort „Störungen" gefunden.

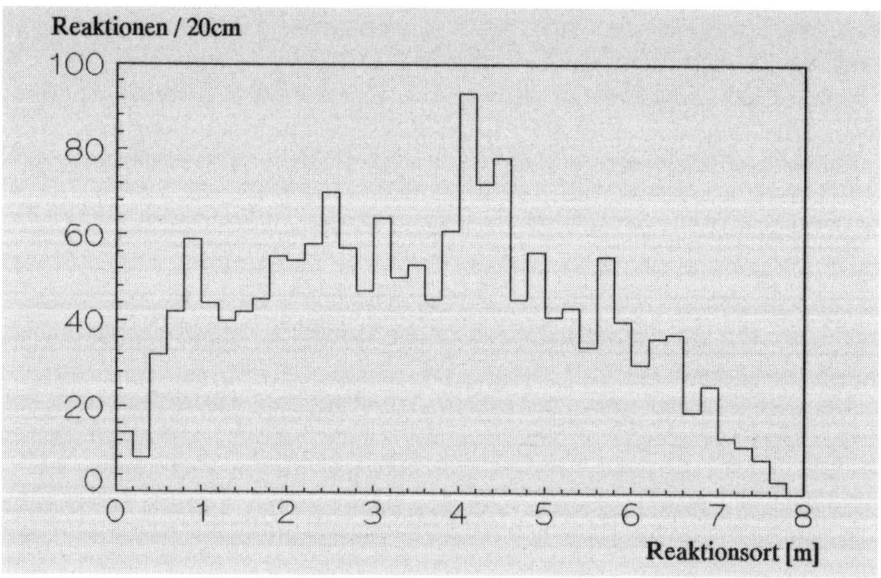

Abb. 6.2 Verteilung von Rutenausschlägen längs einer natürlichen Teststrecke von 11 Metern Länge im Freien. 61 Versuchspersonen gaben dabei nacheinander 458 Reaktionsorte zu Protokoll. Obwohl an zwei Stellen auffällige Häufungen zu erkennen sind, wurden an nahezu jedem Ort „Störungen" gefunden.

Zweierlei war uns durch die eigenen Vorversuche sicher geworden: Nur die wenigsten Rutengänger kommen für echte Leistungen in Frage, und die Aufgabenstellung für sinnvolle Test muss sehr sorgfältig ausgesucht werden. Und selbst dann ist mit geringen Trefferquoten zu rechnen, so dass auf jeden Fall statistische Betrachtungen anzustellen sind, um den Einfluss des bloßen Zufalls auf die beobachteten Ergebnisse auszusondern. Damit wird ersichtlich, dass es sich letztlich um eine recht komplexe Aufgabe handelt, die ein ziemlich breites wissenschaftliches Instrumentarium erfordert.

Lichtblicke

Im Lauf intensiver Forschungsarbeit ist oft das Glück mit von der Partie. So ergab es sich, dass wir mit einem von auswärts angereisten Rutengänger ein Experiment versuchten, das uns selbst zuerst ziemlich verrückt vorkam. Wir hätten es nie geplant, wenn nicht einleuchtende historische Gründe dafür gesprochen hätten. Und wir wurden wider Erwarten belohnt.

Ende der 70er-Jahre berichtete der Chemie-Konzern Hoffmann-La Roche über wiederholte spektakuläre Einsätze von Rutengängern zur Auffindung von Kluftwasser in Trockenzonen sowie über eine Experimentreihe zur gezielten Überprüfung von Fähigkeiten der beteiligten Rutengänger. Comunetti (1978, 1979) publizierte in zwei Arbeiten Versuche, eine verdeckte künstliche Wasserleitung zu orten sowie bei bekanntem Ort den Fließzustand (Wasser fließt oder fließt nicht) zu bestimmen. Nachdem hierbei bemerkenswert reproduzierbare Erfolge aufgezeigt wurden, planten wir bei unseren Vorversuchen eine modifizierte Wiederholung dieser Tests, die nun beschrieben seien:

In einem über 20 Meter langen Gebäudegang im Kellergeschoß eines wissenschaftlichen Instituts wurden quer zur Längs- bzw. Laufrichtung örtlich verschiebbare Rohrleitungen verlegt und den Versuchspersonen die Aufgabe gestellt, deren ihnen unbekannte Position durch Begehen des darüber im Erdgeschoß liegenden ebenso langen Stockwerkgangs zu orten. Diese Experimentieranordnung hatte den besonders wichtigen Vorteil, eine streng doppel-blinde und gegen jeglichen Einwand erhabene einwandfreie Durchführung der Versuche zu gewährleisten. Dazu wurden mindestens zwei Versuchsbetreuer benötigt. Der eine hielt sich stets im Keller auf und verlegte die Leitung auf Positionen, die mit Hilfe von Zufallszahlen ermittelt wurden. Der andere beaufsichtigte die Versuchsperson im Erdgeschoß und führte Protokoll über deren Angaben, natürlich ohne die jeweilige Position der Leitung zu kennen.

Der Versuch wurde angesetzt, ohne dass wir eine begründete Hoffnung auf Erfolg hegen konnten. Die Versuchsperson verfügte nämlich über keinerlei Erfahrung mit solchen Aufgaben und hatte sich nahezu ausschließlich mit der rutengängerischen Untersuchung von Wohnräumen befasst. In Vorversuchen stellten wir verschiedenartige Leitungssysteme zur Auswahl und waren nicht schlecht erstaunt, dass sich der Kandidat für ein leeres Kupferrohr von etwa 10 Zentimetern Durchmesser entschied. Dieses wurde wunschgemäß im Untergeschoß platziert, und die Tests nahmen ihren Lauf.

Die Ergebnisse verblüfften uns nicht wenig: Insgesamt wurden von diesem Probanden 7 Einzeltests absolviert und davon in 6 Fällen recht gute Treffer erzielt. In einem Fall war die Ortsangabe definitiv falsch, und in 4 Begehungen gab der Proband neben einer Haupt- auch eine zusätzliche Nebenreaktionsstelle an. Der Kandidat musste relativ viel Zeit darauf verwenden, unter meist mehreren Reaktionsstellen diejenige auszusondern, die er letztlich für die richtige hielt. Aus zeitlichen Gründen wurde daher die Länge der Strecke ab dem zweiten Versuch auf den Bereich zwischen den 5- und 15-Meter-Marken auf 10 Meter eingeschränkt.

Zur besseren Illustration seiner Trefferwahrscheinlichkeit sind die Ergebnisse in Abbildung 6.3 dargestellt. Es wird auch ohne detaillierte statistische Berechnung schnell klar, dass das Gesamtresultat dieser Versuchsperson extrem unwahrscheinlich durch den Zufall entstanden sein konnte. Teilt man die Strecke zum Beispiel in 10 Intervalle zu 1 Meter Länge ein, so steht in einem Einzelexperiment die Chance 1:10 gegen den Zufall, das richtige Streckenintervall zu treffen. Trifft man ein zweites Mal und häufiger, so sinkt die Zufallswahrscheinlichkeit bald unter 1 %, und das Ergebnis wird hochsignifikant. Eine konservative Auswertung dieses Experiments ergibt unter Berücksichtigung der jeweiligen Streckenlänge und der Mehrfachangaben eine Zufallswahrscheinlichkeit von deutlich unter 0,5 %, also eine hohe Signifikanz für dieses extrem gut kontrollierte Experiment. Ergänzend ist zu bemerken, dass die spezielle Festlegung der Länge des Trefferintervalls zwar das numerische Ergebnis beeinflusst, aber für die entscheidende Aussage der hohen Signifikanz keine Rolle spielt.

Nach diesem ersten und spontanen Erfolg wurde später mit etwa drei Dutzend anderen Versuchspersonen experimentiert, wobei die überwiegende Mehrzahl nur eine einzige Begehung absolvierte und keine Gelegenheit zu Vorversuchen hatte. Es handelte sich also zur Sammlung von Erfahrungen um rein exploratorische Tests, ohne dass Einflussfaktoren besonders berücksichtigt wurden, die sich auf das Ergebnis möglicherweise positiv oder negativ hätten auswirken können. So wurde beispielsweise nicht ausprobiert, ob Probanden auf verschiedenartige Leitungssysteme unterschiedlich reagiert hätten.

Die Resultate waren wiederum recht aufschlussreich. Zunächst ist zwar festzustellen, dass die Mehrzahl der Probanden keine auffälligen Trefferquoten erzielte. Bei 23 aus insgesamt 76 Begehungen waren jedoch Angaben über die richtige, per Zufallsgenerator bestimmte Leitungsposition innerhalb von ±0,5 Metern genau gemacht worden. Eine überschlägige konservative Abschätzung, diese Trefferrate entgegen der Erwartung gemäß der Zufallshypothese zu erreichen, führt abermals zu einem signifikanten Ergebnis.

Gerne hätten wir diese interessante Versuchsreihe weitergeführt, auch um den möglichen Einfluss von Variationen der Anordnung zu untersuchen. Zudem wäre diese Teststrecke wetterunabhängig zu benutzen gewesen. Leider erregten aber die Versuche den Unmut einiger auf ihrem eigenen Fachgebiet hoch angesehener Wissenschaftler,

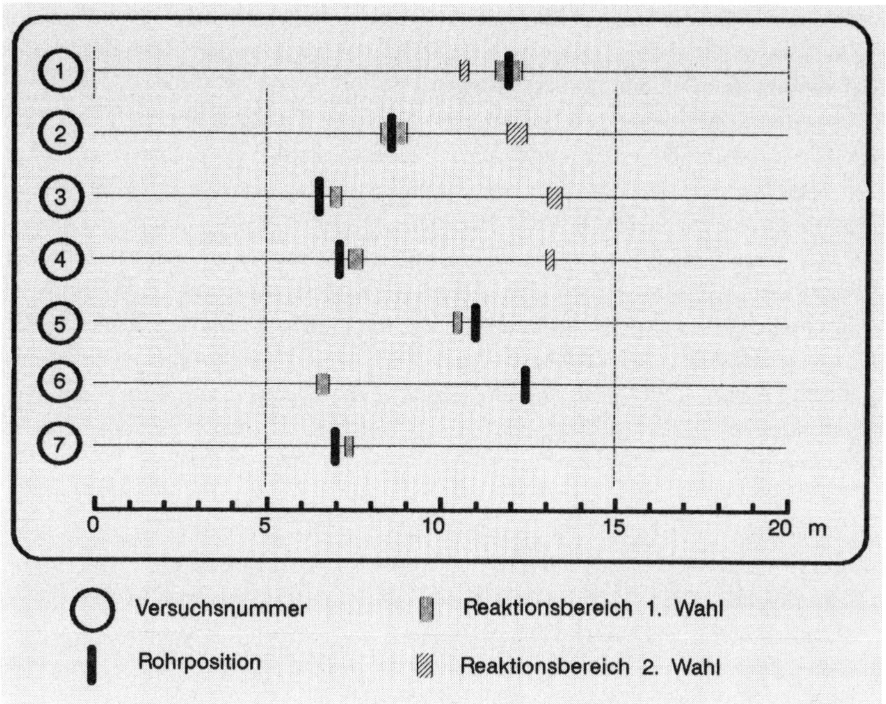

Abb. 6.3 Schematische Darstellung und Ergebnis eines Doppelblind-Experiments im Rahmen der Vorstudie. In einem Gebäudegang wurde quer zur Laufrichtung eine örtlich variable Rohrleitung verlegt. Die Versuchsperson hatte die Aufgabe, im darüberliegenden Stockwerk die jeweilige ihr unbekannte Leitungsposition zu finden. Die gestrichelte Linien geben die Begrenzungen der Teststrecke an. Der Proband gab Haupt- und Nebenreaktionsbereiche an. Das erzielte Ergebnis kann durch zufällige Reaktionen nur mit geringer Wahrscheinlichkeit erreicht werden und ist damit signifikant.

die in dem Gebäude arbeiteten, so dass die vielversprechende Experimentreihe um des lieben Friedens willen erst einmal abgebrochen werden musste.

Die Kommission tagt

Inzwischen waren ausreichende Erkenntnisse in den Pilotstudien angefallen, die eine besser fundierte Weiterführung der Untersuchungen rechtfertigten. Bisher waren sämtliche Arbeiten hauptsächlich auf freiwilliger Basis und mittels stundenweise beschäftigter Studenten erfolgt. Eine tiefergehende Untersuchung konnte jedoch nicht ohne mindestens einen festen Mitarbeiter erfolgen. Er sollte sich permanent um die Vorbereitungen und Durchführung der Experimente kümmern sowie den Kontakt mit den Versuchspersonen unterhalten und die vielerlei organisatorischen Aufgaben übernehmen. Um einen großen Schritt weiterzukommen, arbeitete ich zusammen mit meinem Kollegen Herbert König einen neuen, umfangreicheren Forschungsplan aus, um dessen Finanzierung die Geschäftsstelle für „Unkonventionelle Methoden der Krebsbekämpfung" in Bonn gebeten wurde.

Über den langen neuen Hürdenlauf, der nun folgte, könnte allerlei berichtet werden. Die Geschehnisse würden auch für Psychologen und Wissenschaftstheoretiker nicht ohne Interesse sein, obwohl unsere Ausgangsposition zu keiner Zeit schlecht war. So konnte kaum je ein ernsthafter Zweifel darüber bestehen, dass unser Forschungsantrag in Bonn nicht genehmigt werden würde. Da die genannte Geschäftsstelle den Auftrag hatte, auch eine „Erdstrahlen"-Forschung zu unterstützen und sich ansonsten keine kompetenten Antragsteller finden ließen, war die Chance für eine Genehmigung unseres Antrags überaus groß. Die vorliegenden, von uns bereits erarbeiteten Basisbefunde und die seit Jahren anhaltenden Gespräche der Experten, angefangen mit dem Symposium auf der Reisensburg, hatten die Notwendigkeit der Forschung und die guten Voraussetzungen für eine Durchführung in München erwiesen.

Nach mehreren sachkundigen Vorbegutachtungen durch die Mitglieder der Bonner Arbeitsgruppe im Bereich „Unkonventionelle Methoden" übernahm das Forschungsministerium unseren Antrag und setzte eine neue Experten-Kommission zur Prüfung ein. Man wollte sichergehen, nur ein solides und hin- und hergeprüftes Projekt zu finanzieren, damit von verschiedenen Gegnern solcher Projekte keine Kritik vorgebracht werden konnte, etwa in der Richtung „Verschwendung von Steuergeldern". Eine solche Absicherung war uns selbst willkommen, weil sie das Risiko auch für uns verminderte und zugleich das Gewicht des Projekts erhöhte. Es sollte sich um eine möglichst offizielle und breit diskutierte Untersuchung handeln – nur dann war zu hoffen, dass die Ergebnisse am Ende auch gebührend beachtet werden würden. Aus diesem Grund war es uns nicht zuviel, den Forschungsantrag mit den vorgeschlagenen Rutengänger-Tests mehrfach zu modifizieren, den erforderlichen Finanzierungsbedarf bis in das kleinste Detail auf Jahre voraus abzuschätzen, und allen Wünschen der Gutachter möglichst gerecht zu werden. Die Abmachungen sahen ferner vor, dass Mitglieder der Experten-Kommission in unregelmäßigen Abständen nach München fahren und den Fortgang der Experimente an Ort und Stelle in Augenschein nehmen sollten. Zudem musste die komplizierte statistische Auswertung der künftig anfallenden Daten von einem eigens hierfür benannten Fachinstitut betreut und kontrolliert werden – Sicherheit über alles. Wir waren es zufrieden und hofften auf eine baldige, verbindliche Genehmigung der Fördermittel.

Institut gesucht

Zwischendurch tauchte ein neues Problem auf, das es zu lösen galt: Ein Universitätsinstitut war zu finden, welches das Projekt offiziell akzeptierte und betreute. Wir hatten zwar eine Arbeitsgruppe aus 14 Wissenschaftlern aufgebaut, die neun verschiedenen Instituten im Raum München angehörten. Es waren dies die Bereiche Pharmazeutische Biologie, Strahlenbiologie und Physik der Ludwig-Maximilians-Universität, Technische Elektrophysik und Technische Elektronik der Technischen Universität, Medizinische Informatik und Systemforschung der Gesellschaft für Strahlenforschung sowie Biochemie und Verhaltenspsychologie zweier Max-Planck-Institute.

Dennoch gestaltete sich die Unterbringung des Projekts schwierig. Die Berührungsängste der etablierten Wissenschaftskreise schienen unüberwindlich. Man hatte Angst, es könnte etwas schiefgehen, man fürchtete um den guten Ruf der Institute und mochte nicht von anderen Kollegen süffisant belächelt werden, das Risiko schien schlicht zu groß. Allerdings war man in den meisten Instituten damit einverstanden, dass die Forschung an einem anderen Institut stattfinden sollte. Zuweilen wurde uns auch dringend von einer Projektdurchführung abgeraten, manchmal nicht ohne kuriose Begründungen. So sei bei einem früheren exotischen Projekt schon einmal ein Selbstmord vorgekommen, und das Bundesforschungsministerium habe einmal ein anderes, offenbar dubioses Projekt gefördert, das unangenehmes Aufsehen erregt habe. Einige „Außenseitermeinungen" von Wissenschaftlern mit hoher Reputation in engen Fachkreisen setzten das Projekt sogar mit Geisterbeschwörung gleich und wollten es radikal verboten wissen.

Man mag fragen, wo dabei die Freiheit der Forschung bliebe, die aus guten Gründen gleich dreimal gesetzlich verankert ist: im Hochschulgesetz, in der Landesverfassung und im Grundgesetz der Bundesrepublik. Nun, es wurde keine Verfassungsklage nötig. Wo ein Wille ist, ist auch ein Weg. Schon das erste Gespräch mit dem Vorstand des Pharmazeutischen Instituts ebnete den Weg. Dies stellte insofern eine gute Lösung dar, als wir bereits andere gemeinsame Experimente betreffs der biologischen Wirksamkeit künstlicher Magnetfelder in Arbeit hatten und der Institutsvorstand sehr bei der Förderung der Naturheilkunde aktiv war. Sollte es zu einem späteren Zeitpunkt zu einer biologisch-medizinischen Forschungsphase kommen, so waren hier geeignete Partner vorhanden. Der Nachteil, und deswegen hatten wir vorher andere Institute bevorzugt um Unterstützung gebeten, bestand in dem Mangel an technischer Infrastruktur, die für unsere Experimente erforderlich war. Aber das ließ sich beheben, wenn auch mit zusätzlicher Mühe an Finanz- und Personalaufwand. Ende 1986 war es dann endlich soweit: Das Forschungsministerium in Bonn schaltete auf grünes Licht.

Coup im Pressereferat

Kaum hatten wir damit begonnen, für das Frühjahr 1987 erste Experimente nach einem neuen Konzept zu planen, geeignete Mitarbeiter zu suchen und Versuchspersonen zu gewinnen, da platzte eine folgenschwere Nachricht herein. Das Pressereferat des Bundesforschungsministeriums hatte eigenmächtig, ohne jede Abstimmung mit uns, eine Pressekonferenz einberufen und den Start des „Erdstrahlen"-Projekts öffentlich bekannt gegeben. Eine Lawine überrollte uns.

Wohl waren die schriftlichen Verlautbarungen, die das Pressereferat zu unserem Projekt abgab, in der Sache völlig korrekt. Die Probleme entstanden durch zwei andere Ursachen. Einmal hatten wir mit der wissenschaftlichen Abteilung des Ministeriums vereinbart, über die Untersuchung solange Stillschweigen zu bewahren, bis erste Resultate vorlagen, die einer Mitteilung wert sein würden. Nicht ohne Hintergedanken hatten wir folgenden unscheinbaren Arbeitstitel für das Vorhaben gewählt: „Errichtung und Betrieb von Testanordnungen mit künstlichen variablen Feldern niedriger Energie zum Studium der Reaktionen in biologischen Makrosystemen". Bei einem derart heiklen Thema gedachten wir erst einmal in Ruhe forschen und Ergebnisse sammeln zu können, bevor der Sturm von Beifall und Entrüstung losbrechen würde.

Zum anderen hatte das Pressereferat den gesamten Wortlaut unseres Forschungsantrags mit allen Diagrammen an jeden interessierten Journalisten verteilt. Abgesehen davon, dass die Verbreitung dieses vollständigen Materials rechtlich problematisch ist und das Prinzip der Vertraulichkeit eklatant verletzte – wir durften davon ausgehen, dass der Antrag nur den sachkundigen Stellen vorliegen würde –, hat sich gezeigt, dass die reichlichen Einzelheiten unserer Planungen und Argumente von vielen Journalisten nicht auf Anhieb verstanden werden konnten. Das ist alles andere als erstaunlich: Man bedenke, dass den entscheidenden Gutachtern nicht nur der Forschungsantrag zur Beurteilung vorgelegen hatte, sondern über die Jahre der Diskussionen zahlreiche andere Informationen und Schriftwechsel aktenkundig geworden waren, denen bei einer Gesamtbetrachtung nicht unerhebliche Bedeutung zukam.

Glücklicherweise hatten wir den Antrag so formuliert, dass er – in falsche Hände gelangt – nur bei böswilligster Interpretation gegen uns verwendet werden konnte. So blieb die überwiegende Zahl an Kommentaren in der Presse – aufgrund von Agenturmeldungen war jede Redaktion erreicht worden – überaus fair und neutral. Für uns blieb jedoch das Problem, dass wir nahezu permanent von Journalisten kontaktiert wurden und immer wieder Auskünfte geben mussten, obwohl unsere Forschungsarbeit noch gar nicht richtig in Schwung gekommen war. Die Welle ebbte zwar wieder etwas ab, aber da das Projekt nun einmal landauf, landab bekannt geworden war, blieb uns eine mehr oder weniger intensive Begleitung durch die Medien bis zum Ende des Projekts nicht erspart.

Obwohl sich die meisten Journalisten mit Erfolg große Mühe gaben, unsere Zielsetzung zu verstehen und korrekt berichteten, lernten wir auch schwarze Schafe der Branche kennen. Entgegen landläufiger Meinung scheinen diese nicht etwa in den Hinterstuben kleiner Blätter zu sitzen, sondern eher in den allergrößten Redaktionen sowie in öffentlichen Anstalten. Den ersten Tiefschlag versetzte uns ein Redakteur eines bekannten Wochenblatts. Er erkundigte sich über alle Details des Projekts bei mehreren unserer Mitarbeiter in ausführlichen, stundenlangen Telefongesprächen und erhielt zusätzlich schriftliche Informationen. Man kann also unmöglich davon ausgehen, dass er nicht gewusst hätte, wie die Dinge lagen und laufen sollten. In seinem veröffentlichten Bericht schrieb er dann jedenfalls in allen wesentlichen Punkten genau das Gegenteil der Wahrheit.

Später widerfuhren uns noch eine ganze Reihe solcher hinterlistiger Spitzbübereien, deren Darstellung ein halbes Buch füllen würde (siehe Kapitel 9). Viel wichtiger war jedoch, dass die Leser in der Regel doch recht gut informiert wurden und vor allem die Diskussion zumeist auf höherem Niveau als früher in Gang kam.

Rutengänger im Härtetest

Nach diesen langen Vorreden, deren Inhalt für ein kontroverses Projekt typisch ist und daher zum Gesamtbild gehört, sind wir endlich soweit und können die endgültigen und entscheidenden Tests mit Rutengängern beschreiben. Um den Sinn der Vorgehensweise besser zu verstehen, formulieren wir nochmals die entscheidende, allen Experimenten zugrundeliegende Fragestellung:

▷ Gibt es menschliche Reaktionen, die nur vom Ort abhängen und nicht durch normal-sensorische Sinneskanäle erklärbar sind?

Da sich bereits herausgestellt hatte, dass Rutengänger meist fehlerhaft reagieren, mussten die Test so angelegt werden, dass auch bei hoher Fehlerrate noch schwach in Erscheinung tretende echte Effekte herausgearbeitet werden konnten – falls solche überhaupt auftraten. Es ging also nicht darum, nach einer vielleicht 80-prozentigen Treffersicherheit zu fahnden. Ein ausreichendes Ergebnis wäre auch darin zu sehen, wenn die prinzipielle Existenz eines Rutengänger-Phänomens dadurch aufgezeigt werden könnte, dass die Probanden bei den gestellten Fragen oder Aufgaben überzufällig richtig antworteten. Zur Konzeption solcher Tests bedarf es keiner besonderen Theorie über die möglichen Wirkungsmechanismen bei der Rutengängerei. Es genügen vielmehr wenige einfache und verständliche Annahmen, auf deren Basis sich ein rationales Experimentierkonzept aufstellen lässt.

Drei Hypothesen

Die zahlreichen verfügbaren Beobachtungen über Verhaltensweisen und Leistungen von Rutengängern ließen es zu, für das Konzept des neuen Projekts drei Arbeitshypothesen aufzustellen, die ein Minimum an evidenten oder denkbaren Widersprüchen zur Realität darstellten und keine Vorwegnahme einer möglichen wahren Theorie bedeuteten:

These 1: Es gibt keine „Erdstrahlen" im Sinn einer wohldefinierten, neuartigen Strahlung.

These 2: Es handelt sich bei der Rutenreaktion um ein komplexes biophysikalisches Phänomen, dessen Auslösung verschiedene Ursachen haben kann.

These 3: Die Verwendung einer sogenannten Rute ist als primitives, aber höchst effizientes sekundäres Hilfsmittel zur Verstärkung und Sichtbarmachung eines primären, physiologisch bedingten Signals aufzufassen. Auf ihre Benutzung ist aber prinzipiell verzichtbar.

Diese Arbeitshypothesen sind Personen, die auf dem Gebiet der Rutengängerei über genügend Erfahrung verfügen, ohne weiteres einleuchtend. Dennoch erscheint es nützlich, etwas näher darauf eingehen.

Die These 1 bedeutet im wesentlichen die Zurückweisung der Vorstellung, es gebe vollkommen neuartige, in der Physik bisher nicht bekannte Strahlen nach Art der Hinweise in Kapitel 1, die das Phänomen „Erdstrahlen" darstellen und die Rutengänger-Reaktion verursachen würden. Aussage 1 soll also beinhalten, dass wir es nicht für diskutabel ansehen, es gebe ominöse „Erdstrahlen", die nur von Rutengängern, prinzipiell aber nicht mittels geeigneter Messtechnik erfasst werden könnten. Mit noch einfacheren Worten heißt das in aller Deutlichkeit: Wir suchen nicht nach geheimnisvollen X-, Y- oder Z-Strahlen, sondern nehmen an, dass das Phänomen ausschließlich im Rahmen der etablierten Naturwissenschaft erklärbar sein sollte, und zwar mit Hilfe bereits bekannter Grundlagenkenntnisse.

In These 2 wird im Sinn einer vorläufigen Arbeitshypothese davon ausgegangen, dass zumindest manche biologische Organismen (darunter die Rutengänger) auf im Prinzip bekannte physikalische Strahlungsfelder (hyper-)sensitiv sein können und unter Umständen auf örtliche oder zeitliche Änderungen der betreffenden Feldgrößen mit einem physiologisch bedingten Signal reagieren. Letzteres wird von Rutengängern in vereinfachender Betrachtungsweise als eine sogenannte „Erdstrahlen"- oder Rutenreaktion bezeichnet. Wir nehmen also an, dass eine (geo-)physikalische Ursache zu einer biologischen Reaktion führt. Beeindruckende Beispiele ähnlichen Charakters für weitgehend unverstandene sensorische Leistungen von Organismen werden noch in Kapitel 7 angeführt.

Zur Veranschaulichung der These 3 sei bemerkt, dass einige wenige und sehr erfahrene Rutengänger überhaupt kein Instrument wie Rute oder Pendel benutzen müssen und die ortsabhängigen Signale direkt mit dem Körper erspüren. Drei solcher Probanden haben an unseren Experimenten teilgenommen. Ihre Reaktionen waren rein äußerlich durch zum Teil starkes Zittern von Händen und Armen zu erkennen.

Aus diesen Annahmen ist zu ersehen, dass wir versuchten, das Problem so nüchtern wie möglich anzugehen und von vorneherein keinerlei Widerspruch zu etabliertem und sicherem Wissen aufkommen lassen wollten. Es war weder möglich noch sinnvoll, eine genauere Theorie über den Wirkungsmechanismus der Rutengänger-Reaktion aufzustellen, die wahrscheinlich in eine Sackgasse geführt hätte. Für das Forschungsprojekt war es ausreichend, die Versuchspersonen als eine Art „schwarzen Kasten" zu betrachten, der zu einer bestimmten Aufgabenstellung (Stelle X gesucht) eine entsprechende Antwort (Stelle Y gefunden) liefert. Da Rutengänger nicht perfekt arbeiten – denn dann wäre stets X = Y –, lag das Problem bei uns, danach zu suchen, ob zwischen den Fragen X und den Antworten Y wenigstens ein genügend enger Zusammenhang bestand, der dann etwas über die vermuteten Fähigkeiten der Rutengänger aussagen würde. Das hört sich vielleicht kompliziert an, wird aber anhand der praktisch durchgeführten Versuche auf anschauliche Weise verständlich.

Das Scheunen-Experiment oder die Suche nach X = Y

Die Ausgangsidee zu dieser Testanordnung ist auf die Versuche von Comunetti (1978, 1979) mit künstlichen Wasserleitungen zurückzuführen und wurde bereits in Kapitel 6 im Rahmen unserer Pilotstudien beschrieben. Wir wollten damit feststellen, ob Rutenausschläge durch künstlich erzeugte Reize und „Störobjekte" ausgelöst werden können, wobei sich der Nachweis wegen der zu erwartenden Kleinheit der Effekte auf statistische Methoden stützen musste. Insbesondere galt dabei das Interesse der von Rutengängern behaupteten Sensitivität auf fließendes Wasser und verschiedenartige künstliche Leitungen, die nicht unbedingt Wasser führen müssen.

Viele Rutengänger erklärten uns immer wieder, dass es ein Leichtes sei, vergrabene Wasserleitungen radiästhetisch zu finden. Mindestens sechs solcher Probanden wurden eingeladen, um unter anderem nach solchen bereits vorhandenen Leitungen unterschiedlichster Durchmesser und Wandmaterialien zu suchen. In keinem einzigen Fall ist dies auf Anhieb gelungen – die entsprechende Trefferquote für solche Fähigkeiten ist demnach bestenfalls als meist gering einzustufen.

Zur genaueren Überprüfung dieses Phänomens diente ein örtlich verschiebbares Wasserkreislaufsystem mit austauschbaren Leitungsstücken aus Kupfer, Glas, Kunststoff und Gummi sowie ein offenes Kiesgerinne. Wegen der überaus sorgfältigen Durchführung und der grundsätzlichen Bedeutung dieser Testreihe für die Beurteilung des Rutengänger-Phänomens sollen diese Versuche sehr ausführlich beschrieben werden.

Versuchsanordnung

Der Versuchsaufbau befand sich über zwei Etagen verteilt in einem hölzernen Gebäude (Scheune) nördlich von München (Abb. 6.4). Im Erdgeschoß war die Anordnung zur Erzeugung des künstlichen „Reizes“ (Leitungen, quer zu der darüber befindlichen Teststrecke) installiert und konnte im Bereich von etwa 10 Metern längs der Teststrecke verschoben werden. Eine Umwälzpumpe sorgte für einen regulierbaren Wasserdurchfluss bis maximal 40 Liter pro Minute. Im Geschoß darüber absolvierten die Versuchspersonen auf der 10 Meter langen Laufstrecke die Tests. Sie durften bei einem Einzeltest beliebig oft auf dieser Strecke hin- und hergehen, um nach der gewünschten Stelle zu suchen. Zwischen oberer und unterer Etage bestand kein Sichtkontakt. Der Aufgang zum Obergeschoß erfolgte über eine Treppe an einer dem Zugang zum Erdgeschoß abgewandten Seite. Des weiteren existierte im ersten Stock ein geschlossener Rechnerraum, in dem die Erfassung der bei dem Experiment angefallenen Daten vorgenommen wurde. Dieser Raum diente außerdem zum vorübergehenden Aufenthalt für die im Test befindliche Versuchsperson, um eventuelle akustische Wahrnehmungen beim Umpositionieren der Reizquelle auszuschließen. Ein Rechner bestimmte zufallsverteilt die jeweils einzustellende Ortsposition der Leitung und brachte diesen Wert auf einem elektronischen Sichtfeld im Erdgeschoß, jedoch nicht auf dem Bildschirm des Rechners im Kontrollraum des Obergeschoßes zur Anzeige. Damit waren alle Voraussetzungen für strenge Doppel-Blindversuche erfüllt, denn weder der Versuchsleiter im Obergeschoß noch die Versuchsperson kannten jeweils die aktuelle Position der künstlichen Leitung.

Vorversuche und Training

Vor den eigentlichen Experimenten wurden mit den Probanden in einigen Fällen Vorversuche zur Optimierung der am besten geeigneten Reiz- beziehungsweise Testsitua-

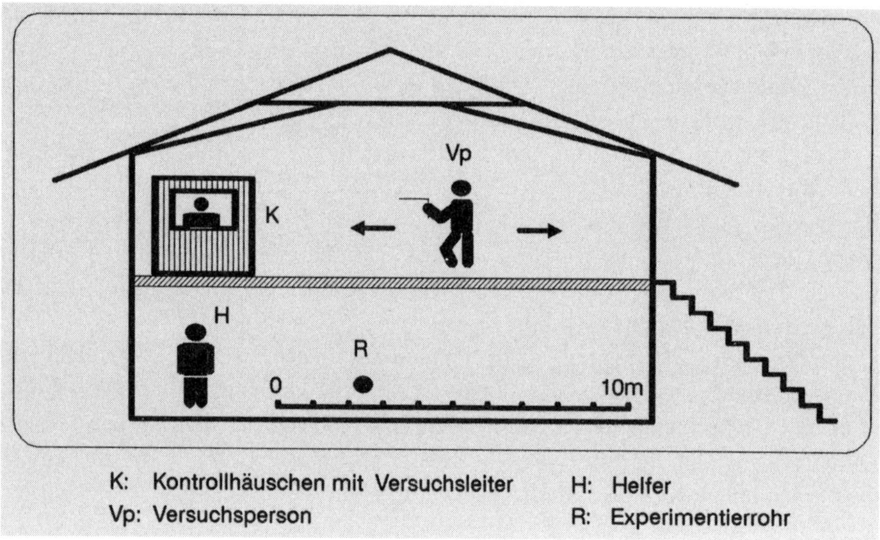

Abb 6.4 Schematische Darstellung der Anordnung beim Scheunen-Experiment. In diesem sorgfältig kontrollierten Doppelblind-Experiment wird im Erdgeschoß des Gebäudes ein Rohr R von dem Helfer H an eine mittels eines Zufallsgenerators ermittelte Stelle platziert. Der Versuchsleiter führt die Versuchsperson Vp auf die im Geschoß darüber liegende 10 Meter lange Teststrecke, wo der Proband die ihm unbekannte Ortsposition des Rohres finden soll.

tion angesetzt. Die Versuchspersonen konnten also erproben, auf welche Vorrichtung sie möglicherweise am besten reagierten. Die Variationsmöglichkeiten der für das Experiment vorgegebenen relevanten Parameter umfassten unter anderem das Material des Testrohrs (siehe Abb. 6.6), Fließsubstanz (Wasser, angesalztes Wasser, leeres Rohr), Geschwindigkeit bzw. Menge des Durchflusses (einschließlich Abschalten des Wasserflusses), Grad der Verwirbelung bzw. Art der Füllmasse (Kies, Blähton) sowie den vertikalen Abstand zwischen Begehungsebene und Leitung.

Es zeigte sich allerdings, dass die angebotenen Variationen keine auffälligen Unterschiede in der subjektiven Empfindung der Rutengänger auslösten. In allen Fällen glaubten die Versuchspersonen entweder nichts oder allenfalls nur sehr wenig zu spüren. Eine deutliche Reizempfindung konnte im Gegensatz zu den im Bericht von Comunetti gemachten Angaben bei unseren Anordnungen nicht beobachtet werden.

Manche Versuchspersonen haben im Bereich der Teststrecke ortsfeste, offenbar andersartige Reizzonen empfunden, was dort eine Ortung der künstlichen Leitung erschwert oder unmöglich gemacht hätte. Gab ein Proband mehr als drei solche ortsfesten Zonen an, so wurde er als für das Experiment ungeeignet eingestuft, es sei denn, er erklärte sich in der Lage, diese zusätzlichen unerwünschten Zonen auszusondern, das heißt, als nicht durch die Wasserleitung verursacht zu erkennen. Es bestand auch die Möglichkeit, bis zu drei ortsfeste Reizzonen mit ihren Positionen und Breiten (von 0,5 oder 1 Meter) anzugeben und bei der Berechnung der Zufallspositionen der künstlichen Leitung auszusparen sowie bei der späteren Auswertung entsprechend zu berücksichtigen.

Vor dem Versuch fand gelegentlich ein kurzes Training statt. Dazu wurde die künstliche Reizquelle unter die Teststrecke gebracht und deren Position der Versuchsperson mitgeteilt, damit sie sich eventuell entsprechend stimulieren konnte. Danach bekam der Proband eine unbekannte Leitungspositionen eingestellt, um ihm die Möglichkeit zu einer Trainingsangabe einzuräumen. Wir gedachten mit dieser Maßnahme zu klären, ob man ein derartig schwieriges Experiment in Kürze zu „üben" vermag. Das schien aber nicht der Fall zu sein. Im Gegenteil, es stellte sich bald heraus, dass die Versuchspersonen spätestens nach 1 bis 2 Stunden ermüdeten und in ihrer Konzentrationsfähigkeit stark nachließen. Die Probanden benötigten dann immer mehr Zeit für das Abgehen der Teststrecke und konnten sich nicht mehr zügig und klar entscheiden: Sie machten zuviele Angaben, die sie beim anschließenden Kontrollgang wieder zurücknahmen; eine Weiterführung der Tests wäre dann nicht mehr sinnvoll erschienen.

Bei den anfänglichen Tests erhielt die Versuchsperson, wie vorher vereinbart, nach ein oder mehr Einzelversuchen vom Versuchsbetreuer eine Rückmeldung, um den Erfolg oder Misserfolg der vorangegangenen Angaben beurteilen zu können und um demzufolge bei den künftigen Experimenten eventuell Änderungen im Suchverfahren oder bei der Beurteilung der empfundenen Reize vornehmen zu können. Die Regel war jedoch, eine Serie von 10 Einzelversuchen ohne Rückmeldung der Ergebnisse durchzuführen.

Hauptversuche

Die streng doppel-blind ausgelegten Versuche waren in Serien von je 10 Einzelexperimenten unterteilt und wurden mit jeweils einer Versuchsperson durchgeführt, sowie mindestens zwei Experimentatoren, dem Versuchsleiter (Probandenbetreuer) und einem Helfer. Die für eine Serie durchschnittlich benötigte Zeit entsprach erfahrungsgemäß der Konzentrationsdauer der Versuchspersonen von etwas über einer Stunde. Nach einer angemessenen Pause konnte eine zweite Serie mit ebenfalls 10 Durchgängen erfolgen.

Der zeitliche Ablauf der Versuche gestaltete sich wie folgt: Nach dem letzten Trainingsexperiment verließen Betreuer und Proband die Teststrecke im oberen Geschoß und begaben sich entweder in den Rechnerraum oder über die Treppe nach unten hinter das Gebäude auf ein Gelände, von wo aus kein Kontakt zum Experimentierbereich im Erdgeschoß bestand. Vorher startete der Betreuer den Rechner, dessen Zufallsgenerator die nächste Position für die künstliche Leitung ermittelte und im Erdgeschoß auf einer elektronischen Tafel zur Anzeige brachte. Der Versuchshelfer stellte dann die Testvorrichtung bei der angegebenen Position auf und meldete die Ausführung über eine Signalleitung nach oben. Es wurde für notwendig erachtet, zwischen der Anweisung für die Einstellung einer neuen Leitungsposition und der Rückmeldung für die Ausführung dieser Anweisung stets ein gleichlanges Zeitintervall festzulegen, damit eine Versuchsperson nicht aus unterschiedlich langen Ausführungszeiten irgendwel-

Abb. 6.5 Der GTZ-Experte Hans Schröter beim Scheunen-Experiment in München.

Abb. 6.6 Scheunen-Experiment: Das Kiesgerinne auf dem fahrbaren Gestell diente bei dem in Abb. 6.4 gezeigten Test als ortsvariable künstliche Reizzone.

che Rückschlüsse ziehen konnte. Nach der Ausführungsmeldung gab der Versuchsleiter die Teststrecke für die nächste Begehung frei und beobachtete den Probanden bei seiner Tätigkeit. Die Testperson hatte die Möglichkeit, neben einer gefundenen Ortsposition noch eine zweite anzugeben, wobei diese zweite Angabe entweder mit der ersten als gleichrangig oder als Nebenangabe behandelt werden sollte. Das Ergebnis der Begehung wurde in den Rechner eingegeben und dabei auch die Uhrzeit automatisch festgehalten. Dieser gesamte Vorgang wiederholte sich bis zum Ende einer Serie.

Vorsichtsmaßnahmen

Die Vorversuche hatten bestätigt, dass im Zusammenhang mit den Experimenten alle normal-sensorischen Empfindungskanäle wie beabsichtigt eliminiert waren, das heißt, dass eine eingestellte Testposition weder optisch noch akustisch wahrnehmbar war. Auch wurden beispielsweise die Helfer, die die Leitung positionierten, angewiesen, möglichst wenig Geräusche zu verursachen, während der Experimente nicht zu sprechen und sich auch immer am gleichen Ort aufzuhalten. Die Versuchsperson wurde ständig von einem Betreuer beobachtet und durfte den ihr angegebenen Experimentierbereich nicht verlassen. Es war selbstverständlich, dass das gesamte Experiment ständig unter der Kontrolle des Versuchsleiters stand und die Versuchsperson während einer laufenden Serie keinerlei eigene Änderungen vornehmen durfte (mit Ausnahme des Abbruchs bei bestimmten Voraussetzungen, wie Ermüdung). Die Versuchsperson konnte auf die Verwendung oder Verwerfung von aufgenommenen Daten keinerlei Einfluss nehmen und hatte auch keine Möglichkeit, die Verwertung von Daten nur auf den Erfolgsfall zu beschränken und schlechte Ergebnisse – aus was für Gründen auch immer – zu verwerfen.

Eine erstaunliche Spitzenleistung

An einem trüben und regnerischen Tag war der erste Test mit Hans Schröter angesagt, dem aus den Kapiteln 5 und 6 bekannten GTZ-Ingenieur und Wasserbau-Experten. Zu diesem Experiment gesellte sich auch ein Journalist einer großen überregionalen Zeitung, der die Vorgänge selbst kritisch verfolgen wollte und aus seiner Skepsis gegenüber der Rutengängerei keinen Hehl gemacht hatte. Allerdings gab er sich überaus fair und akzeptierte die Bitte, die Versuche nicht zu beeinflussen und sich überwiegend in dem Rechnerraum aufzuhalten. Ich hatte vorher viel Mühe darauf verwandt, ihm den Sinn dieser etwas „verrückt“ erscheinenden Experimente zu erklären und deutlich betont, dass er sich vom Ausgang der heute stattfindenden Versuche nicht allzuviel erwarten sollte. Schließlich hatten wir zu diesem Zeitpunkt bereits mit über einem Dutzend Versuchspersonen in der Scheune gearbeitet und keine Ergebnisse erhalten, die auf den ersten Blick als besonders auffällig erschienen.

Hans Schröter war zum ersten Mal nach München angereist und hatte noch nie mit radiästhetischer Methodik nach einer künstlichen Leitung gesucht. Die Experimentieranordnung stellte daher auch für ihn eine neuartige Aufgabe dar. Doch glücklicherweise glaubte er schon bei der ersten Trainingsmutung einen schwachen Reiz zu verspüren, der sich allerdings nur ganz undeutlich von den „Störungen" der Umgebung unterschied. Er wünschte daraufhin den sofortigen Beginn einer Testreihe zu 10 Durchgängen, ohne Zwischenergebnisse zu erhalten.

Gesagt, getan. Der spannungsgeladene Versuch dauerte knapp über eine Stunde. Schröter ging zügig über die Strecke und machte bei jedem Durchgang nur eine einzige Angabe über die jeweils vermutete Position der Wasserleitung. Dann war es soweit. Der Versuchshelfer kam aus dem Erdgeschoß mit seiner Liste der 10 Rohrpositionen, und wir verglichen mit den im Obergeschoß protokollierten Angaben von Schröter. Der erste Durchgang stellte sich als ein kompletter Fehlschlag heraus. Aber der zweite Test war ein Volltreffer, auf den Zentimeter genau richtig! Insgesamt hatte er 3 Volltreffer und 2 Beinahetreffer erzielt, in 5 Fällen waren seine Angaben definitiv falsch. Wir waren nicht schlecht erstaunt, ein solch gutes Ergebnis zu sehen; auch der Journalist erkannte die Ungewöhnlichkeit des Testausganges.

Abbildung 6.7 gibt die erhaltenen Ergebnisse wieder. An diesem Beispiel lässt sich sehr gut erkennen, welche Bedeutung den beiden Begriffen Trefferwahrscheinlichkeit und Irrtumswahrscheinlichkeit zukommt. Wir wollen hier keine Nachhilfe in Mathematik oder Statistik erteilen, doch ist Folgendes für die Beurteilung der rutengängerischen Fähigkeiten sehr wesentlich. Aus Abbildung 6.7 ist klar zu ersehen, dass der Proband keine sehr hohe Trefferquote zustandebrachte. Würde man die Zielvorgabe machen, das Rohr genau, das heißt innerhalb von 5 Zentimetern von der Rohrmitte, zu treffen, dann hatte er von 10 Versuchen „nur" 3 Richtige. Seine Methode ist demnach nicht besonders zuverlässig, wenn man in der Praxis damit etwas anfangen wollte.

Andererseits muss man aber auch fragen, ob das tatsächlich erhaltene Ergebnis denn durch bloßen Zufall zustande gekommen sein könnte. Im Prinzip ließe sich das hier unterstellen, doch ergibt eine zahlenmäßige Berechnung, dass die Wahrscheinlichkeit hierfür recht gering ist. Das erzielte Resultat kann nämlich zufällig nur mit einer Wahrscheinlichkeit von etwa 1:500 erreicht werden. Man müsste demnach im statistischen Mittel 500 solcher Serien zu je 10 Versuchen durchführen, um wenigstens einmal ein Ergebnis von obiger Güte zu erhalten. In der Sprache der Statistik spricht man daher von einem hochsignifikanten Ergebnis. Noch präziser: Das Experiment erlaubt die Aussage, dass die Annahme, der Proband verfüge über keinerlei echte rutengängerische Fähigkeiten, falsch ist, wobei diese Aussage mit einer Irrtumswahrscheinlichkeit von nur 0,2 % auch selbst falsch sein könnte.

Zu späteren Gelegenheiten wiederholte Schröter noch drei solcher Testserien. Diese erwiesen sich als nicht ganz so gut wie die erste. Da sie jedoch sämtlich erheblich von der Zufallserwartung abwichen, wurde sein Gesamtergebnis aus allen vier Serien hochsignifikant (1:2000 gegen den Zufall). Damit war ein Kandidat vorzuweisen, der unzweifelhaft reproduzierbar signifikante Leistungen aufwies.

Eine andere bemerkenswerte Testperson war der Chemiker Dr. Peter Treadwell, der früher bei dem Chemie-Konzern Hoffmann-La Roche als Fabrikdirektor fungiert und in seiner Eigenschaft als Rutengänger für die Firma in vielen Ländern starke Grundwasservorkommen lokalisiert hatte. Er war einer der erfolgreich Probanden bei den schon erwähnten Experimenten von Comunetti gewesen, wo es ebenfalls um die Suche

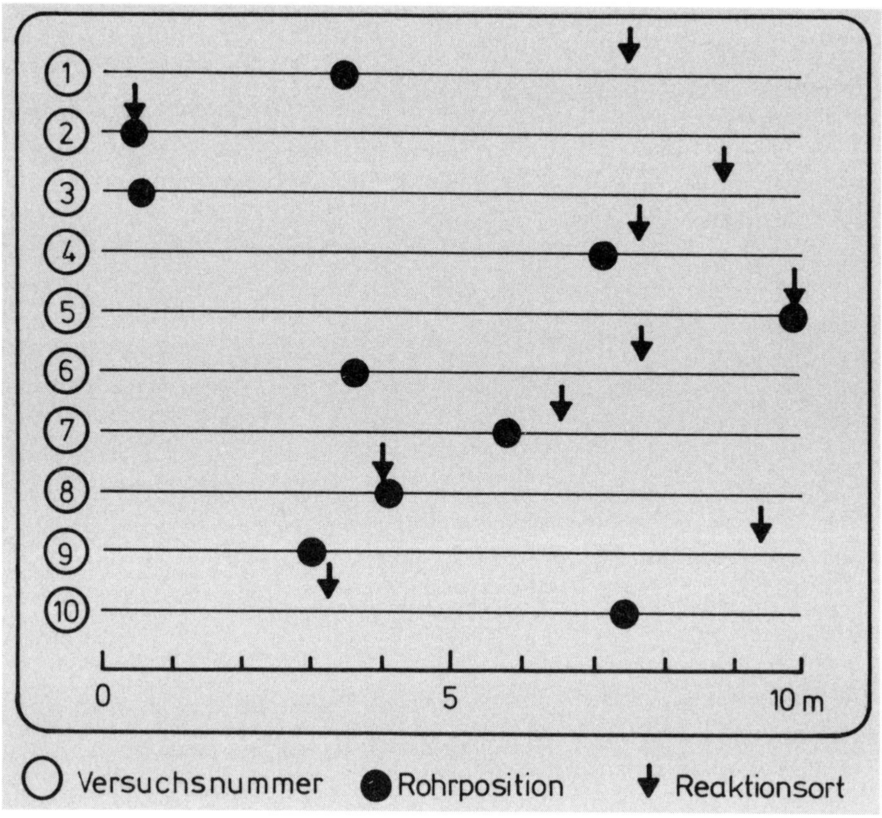

Abb. 6.7 Ergebnis eines Scheunen-Experiments mit Hans Schröter. Im Erdgeschoß wurde quer zur Laufrichtung eine örtlich variable Rohrleitung verlegt. Die Versuchsperson hatte die Aufgabe, im darüberliegenden Stockwerk die jeweiligen ihr unbekannte Leitungsposition zu finden. Das Ergebnis ist hochsignifikant und praktisch nicht durch Zufall erreichbar.

künstliche Wasserleitungen gegangen war. Aus Alters- und Gesundheitsgründen vermochte er nur eine Testserie des Scheunen-Experimentes zu absolvieren. Trotz unserer eigenen anfänglichen Skepsis: Auch bei unserem strengen Test war sein Ergebnis mit einer Eintrittswahrscheinlichkeit von 2,2 % signifikant!

Gesamtergebnisse der Scheunen-Versuche

In mühevoller und geduldiger Arbeit hatten die Mitglieder der Münchener Projektgruppe mit 43 Versuchspersonen 900 Einzeltests durchgeführt, die sich in 107 Serien gliederten. So gering die Erfolgschance anfangs schien, die Mühe lohnte sich. Zwar zeigten die meisten Probanden keine vom Zufall deutlich verschiedenen Leistungen, aber 10 der 43 Rutengänger lieferten 13 signifikante bzw. hochsignifikante Serien. Das bedeutete, dass die Anzahl der hochsignifikanten Serien dreimal so groß und diejenige der signifikanten Serien doppelt so groß war, als man aufgrund der Zufallshypothese erwarten konnte. Die Chance, insgesamt so gute Resultate ohne rutengängerische Fähigkeiten zu erhalten, liegt bei etwa 1 : 1500 gegen den Zufall.

Damit wird der Trend bestätigt, der durch die Comunetti-Versuche und unsere eigenen Pilotstudien vorgezeichnet war. Später ergab sich, dass an der Technischen Universität Graz eine ähnliche Testserie durchgeführt worden war, ebenfalls mit dem Ergebnis, dass sich die beobachteten Leistungen der Rutengänger als so signifikant erwiesen, dass sich das Zufallsprinzip nicht mehr als praktikable Erklärung anbot (Moshammer 1986).

Die Laufbrett-Experimente

Stelle gesucht

Erstaunlicherweise hatten die Scheunen-Experimente mit künstlichen „Störobjekten“ eine statistisch gut abgesicherte Evidenz für die Existenz eines echten Rutengänger-Phänomens ergeben. Allerdings erschien die Testanordnung insofern als unbefriedigend, als die angebotenen und zu suchenden „Reize“ offensichtlich extrem schwer zu erspüren waren. Selbst der bei diesen Tests erfolgreichste Proband, Hans Schröter, hätte mit der hier gezeigten geringen Trefferquote nie und nimmer die in Kapitel 4 berichteten Erfolge bei der praktischen Wassersuche im Gelände erzielen können. Es bestand daher trotz der enttäuschenden Resultate aus den Pilotstudien die Vermutung, dass in der Natur vorkommende „Reizzonen“ eine erheblich deutlichere Signatur aufweisen können und zumindest in einigen Fällen erheblich leichter zu lokalisieren sein sollten.

Was konnte nun die Ursache für die katastrophalen Fehlschläge bei den anfänglichen Tests im freien Gelände gewesen sein? Nach längerem Sammeln von Erfahrungen kamen wir zu folgendem Schluss: Die meisten Rutengänger spüren nahezu überall Reaktionen, die sich aber nur undeutlich von der Umgebung abheben, so dass sie bei einer erneuten Begehung des gleichen Gebiets die zuvor „gefundene“ Stelle nicht mehr wiedererkennen. Wirklich reizstarke Orte, die sich tatsächlich gut identifizieren lassen, sind aber offenbar nicht so häufig, wie die Rutengänger allgemein annehmen. Damit reduzierte sich das Problem darauf, geeignete Orte für die Versuche ausfindig zu machen.

Wieder war es der GTZ-Experte Schröter, der uns ein Stück weiterbrachte. Er gab uns die aus Kapitel 5 bekannte Stelle im Spessart an, die auf Anhieb zu durchschlagendem Erfolg führte. Von da an wussten wir, wie sich weitere geeignete Testorte am besten finden ließen: Nur die besten Rutengänger wurden mit der Suche beauftragt und eine Stelle nur dann näher ins Auge gefasst, wenn mindestens zwei der Rutengänger die betreffende Stelle unabhängig voneinander als aussichtsreich eingestuft hatten.

Versuchsanordnung

Wie prüft man, ob und inwieweit Rutengänger in der Lage sind, einen bestimmten ortsfesten Bereich mit Hilfe der Rutenreaktion in häufig wiederholten Einzelversuchen immer wieder aufzufinden? Lässt man eine Person einmal eine ausgewählte Strecke begehen, dann kennt sie ihre dort empfundenen Reaktionsorte, und es ist sinnlos, den Versuch mit ihr zu wiederholen. Experimentiert man hingegen bei jedem Einzeltest mit einer neuen Versuchsperson, die die Prüfstrecke noch nicht kennt, dann stößt man auf das Problem der Unterschiedlichkeit der Personen – es kann nicht damit gerechnet werden, dass jede genau gleich reagiert. Also wäre es das Einfachste, erst einmal von ein und derselben Person eine Teststrecke mehrfach begehen zu lassen.

Um diese Idee zu realisieren, musste unbedingt gewährleistet sein, dass die Versuchspersonen bei keinem Einzelversuch Informationen über ihren momentanen tatsächlichen Aufenthaltsort beim Abschreiten der Versuchsstrecke erhalten konnten. Es waren demnach alle Einflüsse und Hinweise aus der Umgebung und aus dem Gelände auszuschalten, die die Probanden dafür hätten ausnutzen können. Dies bedeutete eine ganze Reihe von Maßnahmen, vor allem die Ausschaltung des Sehsinns. Die Forderung, dass den Versuchspersonen auch während der eigentlichen Tests die Augen verbunden werden mussten, stellt leider eine gravierende Veränderung ihrer gewohnten Arbeitsbedingungen dar. Des weiteren war stets auf der gleichen Teststrecke zu gehen, ohne dass die Probanden zum Zweck der Richtungsgebung berührt werden oder irgendwelche andere ortsabhängige Führung erfahren durften. Eine einfache Lösung bestand in der Verwendung eines sogenannten Laufbretts.

Es wurden mehrere Einheiten von je etwa 2,7 Meter langen, unterseitig verstrebten, eben liegenden und zur Begehung geeigneten Brettern gebaut, versehen mit seitlich leicht nach oben geneigten, parallel verlaufenden Führungsbrettern, so dass eine Art Rinne entstand (siehe Abb. 6.8). Diese etwa 60 Zentimeter breiten Einheiten ließen sich durch Parallelzapfen in der Laufrichtung stoßfrei verbinden und mit seitlichen Haken oder Verkeilungen sichern. Die Übergänge zwischen den Einzelbrettern waren mit Sorgfalt bearbeitet, um bei normalem Darüberschreiten das Auffinden von Stoßstellen auszuschließen. An den ausgewählten Teststrecken genügten vier oder fünf dieser eisenfreien Einheiten, um eine hinreichend lange Bahn zu ergeben. Durch Bodenunebenheiten verursachtes Federn, Schwingen oder Knarren der Lauffläche ließen sich je nach Bodenbeschaffenheit mittels Unterlegen von Sand, Erde, Holzstücken und Holzkeilen beseitigen. War das Laufbrett, auch bei Belastung durch schwere Personen, über die gesamte Länge stabil positioniert, wurde die Oberfläche mit einem Besen von eventuell vorhandenen Störkörpern, wie etwa kleinen Steinen, gesäubert und zuletzt mit einem Teppichläufer überdeckt, um auch die letzte noch denkbare Orientierungshilfe durch Empfindungen über die Fußsohle auszuschließen (Abb. 6.9).

Der Vorteil einer derartigen Laufbrettkonstruktion bestand darin, dass Versuchspersonen mit verbundenen Augen wiederholt genau die gleiche Teststrecke auf dem Brett im Gelände selbständig abschreiten konnten, ohne beim blinden Gehen die Richtung zu verlieren und seitlich abzuweichen. Ferner ließen sich die Laufbretter leicht transportieren und meist auch relativ schnell aufbauen. So stellte es kein Problem mehr dar, die Experimente selbst an entlegenen Stellen durchzuführen, die nicht unmittelbar mit Fahrzeugen erreichbar waren.

Vorsichtsmaßnahmen

Um einen einwandfreien Ablauf der Versuche zu ermöglichen, mussten eine Reihe von Maßnahmen ergriffen werden, die jede nur denkbare Orientierung während der Tests verhinderte. Insbesondere ging es um Ausschalten visueller und akustischer Informationen, Vermeidung von Wind-, Wärme- und Geruchseffekten, Verhinderung von Orientierungshilfen durch die Bodenbeschaffenheit in der Umgebung des Laufbretts, räumliche Desorientierung der Probanden vor und bei jedem Einzelexperiment sowie um Beaufsichtigung der Versuchspersonen.

Den Probanden wurde vor Beginn der Tests eine undurchsichtige Ski- oder Motorradbrille aufgesetzt und zusätzlich ein undurchsichtiges Tuch locker von der Brille zum Hals hin umgebunden (Abb. 6.10). Das Tuch diente dazu, jegliche Sicht nach außen auch dann zu verwehren, wenn die Brille einmal an der Nase nicht ganz perfekt sitzen sollte (dieses Problem ist in der Täuschungskunst bekannt). Vor Beginn jedes Einzelexperiments fand immer eine Überprüfung des einwandfreien Sitzes des Sichtschutzes statt. Darüber hinaus ist stets darauf geachtet worden, dass keine extremen Temperatur- oder Helligkeitsunterschiede (Schlagschatten bei Sonnenschein) längs der Strecke auftraten, damit auch Ortsinformationen durch wechselnde Wärmestrahlung ausgeschlossen waren.

Während des Experiments durfte sich keine ortsfeste, kontinuierlich strahlende Schallquelle in näherer Umgebung der Versuchsanordnung befinden, durch welche die Versuchsperson über örtlich bedingte Pegelschwankungen Ortsinformationen hätte erhalten könnten. Dennoch wurde den Probanden ein Gehörschutz aufgesetzt, welcher die unvermeidlich vorhandenen geringen Geräuschpegel erheblich dämpfte und Richtungsinformationen ausschloss. Ferner war während des Versuchs das Sprechen untersagt, und die Versuchsbetreuer hatten sich nicht in unmittelbarer Nähe des Probanden aufzuhalten.

Weitere Beachtung galt dem Umstand, dass entlang der Teststrecke und im Versuchsbereich keine örtlichen Unterschiede durch wechselnde Windzüge erkennbar sein durften. Die Möglichkeit von Geruchseffekten als Informationsquelle wurde geprüft, stellte aber kein beachtenswertes Problem dar.

Das Laufbrett selbst war, wie oben beschrieben, so konstruiert und aufgebaut, dass beim Begehen keine Ortsinformationen abzuleiten waren. Weiterhin musste sichergestellt sein, dass die Versuchsperson auch beim Heranführen an das Laufbrett keinerlei Hinweise auf ihre Startposition erhielten. Dies ließ sich je nach Gelände auf verschiedene Art und Weise erreichen. Bei relativ ebenem Boden bestand die Möglichkeit, den mit dem Sichtschutz versehenen Probanden auf einen Laborwagen zu setzen und nach einigen Umwegen an das Brett heranzufahren. Ansonsten wurde die Versuchsperson im Zickzack auf stets verschiedene Weise umhergeführt und seitlich an die jeweils per Zufallsgenerator bestimmte Stelle des Bretts gebracht.

Auch das immer wieder praktizierte Auswechseln der Versuchsbetreuer führte zu keinen Anhaltspunkten, dass die Probanden durch bestimmte personenspezifische Verhaltensweisen einzelner Versuchsbetreuer auf subtile Art und Weise unzulässige Informationen erhielten.

Abb. 6.8 Laufbrett-Experiment: Das Brett verhindert die Orientierung an Unebenheiten des Geländes, und der wannenförmige Querschnitt ermöglicht ein selbständiges Blindgehen.

Abb. 6.9 Laufbrett-Experiment: Die Versuchsperson schreitet die Teststrecke ab, und ein Mitarbeiter protokolliert die Reaktionsorte.

Um zu prüfen, ob eventuell nicht erkannte, durch den Aufbau bedingte Eigenschaften des Bretts zu einer Orientierungshilfe Anlass gewesen sein könnten, wurde das Laufbrett in mehreren Fällen zwischen verschiedenen Testserien um etwa einen Meter verschoben und wieder neu aufgebaut. Es ergaben sich aber auch durch diese Prozedur keinerlei Hinweise auf derartige Effekte.

Die Versuchsperson befand sich unter ständiger Kontrolle des Versuchsleiters. Sie war weder am Auf- noch am Abbau des Laufbretts beteiligt und durfte sich nicht ohne Aufsicht in der Nähe des Teststrecke aufhalten.

Versuchsablauf

Die eigentlichen Versuche liefen nach einem genau festgelegten Protokoll ab. Zunächst wurde das Brettsystem nach Möglichkeit so über der für geeignet befundenen Stelle positioniert, dass das Brett senkrecht zur Richtung der vermuteten „Reizzone" orientiert lag und sich der zu suchende Bereich in Laufrichtung gesehen in der Regel hinter der Mitte des Laufbretts befand. Das Versuchsprinzip ist aus Abbildung 6.11 zu erkennen.

Selbstverständlich durfte nicht jeder Einzeltest damit beginnen, dass die Versuchsperson stets an einem Ende des Bretts von der gleichen Stelle aus loslief. Dann würde

Abb. 6.10 Testperson unter extremen Versuchsbedingungen: Eine geschwärzte Brille, ein zusätzliches undurchsichtiges Tuch und Schalldämpfer an den Ohren verhindern visuelle und akustische Orientierung.

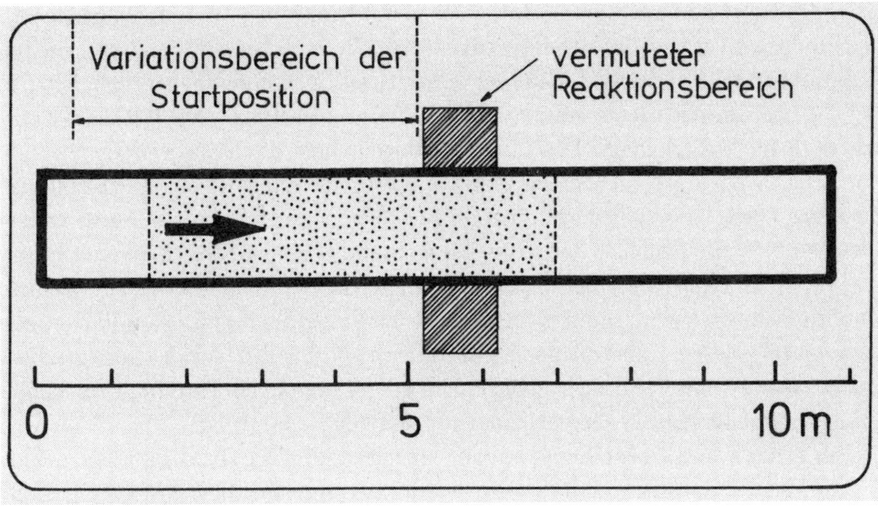

Abb. 6.11 Schematische Darstellung der Anordnung beim Laufbrett-Experiment. Das Brett überdeckt die schraffiert gezeichnete vermutete „Reizzone". Die mit einem Sichtschutz versehene Versuchsperson (Abb. 6.9) bekam die Aufgabe, diese Zone in wiederholten Tests beim Begehen der Strecke in Pfeilrichtung aufzufinden. Vor jedem Einzeltest wird der Anfangspunkt der Begehungsstrecke mit einem Zufallsgenerator innerhalb des durch gestrichelte Linien gekennzeichneten Variationsbereichs ausgewählt. Der Proband geht jeweils eine Strecke konstanter Länge (gepunktet).

der Proband seine Startposition recht genau kennen und könnte beispielsweise durch Abzählen von Schritten mit Leichtigkeit eine Stelle als „Reizzone" angeben. Um diese triviale Möglichkeit effektiv zu unterbinden, wurde die tatsächliche Startposition bei jeden Einzellauf verschieden gewählt, und zwar mit Hilfe eines unmittelbar vor dem Versuch aktivierten elektronischen Zufallsgenerators. Als Variationsbereich der Startpositionen stand etwa die erste Hälfte des Bretts zur Verfügung, von wo aus die Versuchsperson stets eine bestimmte, meist konstante Weglänge zurückzulegen hatte.

Am Ort des Experiments befanden sich nur der Proband und zwei Versuchsbetreuer, von denen einer das Protokoll führte und die per Zufallsgenerator für die Ermittlung der Startpositionen anfallenden Daten vorgab und der andere die örtliche Desorientierung der Versuchsperson übernahm. Dem Probanden wurde vor jeder aus mindestens zehn Einzelläufen bestehenden Serie der Sichtschutz angelegt. Vor jedem Einzellauf erfolgte die Desorientierung der Versuchsperson, wie oben beschrieben, durch Umherführen bzw. Umherfahren und das Heranführen von der Seite an die Startposition, die vom protokollführenden Betreuer inzwischen mittels eines Holzstabs gekennzeichnet worden war. Für den Probanden begann daraufhin das eigentliche Experiment, bei dem er selbständig von der ihm nicht bekannten Startposition aus eine vorbestimmte Weglänge abzugehen hatte und an deren Ende er vom Betreuer durch Zuruf gestoppt und sodann seitlich vom Laufbrett heruntergeführt wurde. Zwischen den Einzelversuchen waren die beiden Betreuer angehalten, ihren Aufenthalt in angemessener Distanz vom

Brett des öfteren zu wechseln. Damit sollte gewährleistet sein, dass die Versuchsperson durch den Vorgang des Herangehens eines der Betreuer zum Notieren eines ersten Reaktionsortes keinerlei Rückschlüsse auf ihren jeweiligen Aufenthaltsort zu ziehen in der Lage war, die nach dem Weitergehen für einen eventuellen zweiten Rutenausschlag hätten dienlich sein können. Es stellte sich jedoch heraus, dass die überwiegende Zahl von Versuchspersonen auf der relativ kurzen Teststrecke nur einen einzigen Reaktionsort bezeichnete, weswegen die Maßnahme primär eine generelle Vorsorge gegen unzulässige Informationsquellen darstellte. Die während eines Laufs von der Versuchsperson durch Stehenbleiben (und Ausruf) angezeigten Reaktionsstellen wurden an einem unmittelbar neben dem Laufbrett ausgelegten Maßband auf die nächsten 10 Zentimeter genau abgelesen. Dabei diente die Fußmitte des Probanden, von der Seite gesehen, als Messmarke. Ein Betreuer trug die anfallenden Daten in ein Formblatt ein, später erfolgte deren Eingabe in einen Rechner zur weiteren Auswertung.

Der Zeitaufwand für eine Serie von zehn Einzelexperimenten betrug im allgemeinen etwa 20 bis 25 Minuten. Da die Strecke jeweils nur einmal in einer Richtung abzugehen war, verlief jeder Test zügig. Die Kandidaten hatten dabei keine Gelegenheit, eine bestimmte Stelle durch langes und mehrfaches darüber Hin- und Hergehen genauer zu prüfen; die Entscheidung des Probanden, ob eine Rutenreaktion stattgefunden hatte, musste spontan während des Gehens erfolgen. Nach jeder Serie fand eine kurze Erholungspause statt, die in Ausnahmefällen auch der Mitteilung der zuvor erzielten Ergebnisse diente. Ohne den Sichtschutz abgenommen zu haben, wurden sodann weitere Zehner-Serien angehängt. Nur vor größeren Pausen legte der Proband die „Maskierung" ab. Besondere Beachtung fand dabei, dass sich die gesamte Experimentierdauer zumindest je Halbtag nicht wesentlich über eine bis eineinhalb Stunden hinaus erstreckte, um die ansonsten denkbaren Ermüdungseffekte möglichst auszuschließen. Diese Zeitvorgaben galten unabhängig von der persönlichen Selbsteinschätzung der eigenen, noch vorhandenen Leistungsfähigkeit der Versuchsperson. Es war uns nämlich des öfteren aufgefallen, dass sich nach zu langer Versuchszeit ein offensichtlicher Mangel an Konzentration einstellte, der dem Probanden selbst nicht zum Bewusstsein kam.

Laufbrett-Ergebnisse

Zur Auswertung gelangten alle Experiment-Serien, die entsprechend der jeweils vorgesehenen Verfahrensweise, also streng nach dem vorgegebenen Protokoll, erfolgt waren. Es handelte sich dabei um Ergebnisse von insgesamt 40 Probanden. Zahlreiche Vorversuche blieben unberücksichtigt, in denen die Versuchspersonen entweder aus verschiedenen Gründen ausschieden, die strengen Protokollbedingungen noch nicht ausreichend erfüllt waren oder unter kontrollierten Bedingungen keine vollständigen Versuchsserien zustande kamen.

Zwei typische Ergebnismuster für schlechte und gute Rutengänger sind in den Abbildungen 6.12 und 6.13 dargestellt. Im ersten Fall erkennt man, dass der Rutengänger überall auf der Teststrecke Reaktionsorte angegeben hat, ohne dass sich eine Stelle besonders auszeichnen würde. Ganz anders der zweite Fall: An welcher Startpo-

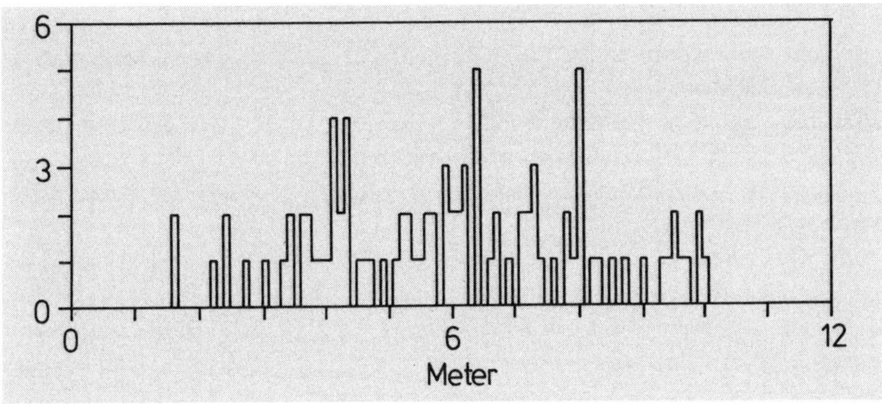

Abb. 6.12 Ergebnis eines Laufbrett-Experiments: Die Reaktionsverteilung entspricht der Zufallserwartung.

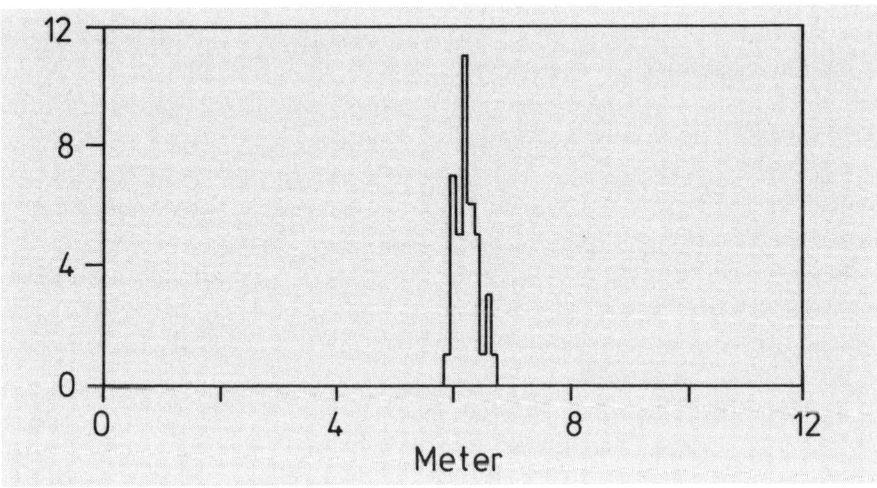

Abb. 6.13 Ergebnis eines Laufbrett-Experiments: Die Reaktionsverteilung ist ortsscharf und stellt ein hochsignifikantes Ergebnis dar, das kaum durch Zufall zu erzielen ist.

sition der Rutengänger seinen Testlauf auch begonnen hatte, seine Rutenreaktion fand immer dann zielsicher statt, wenn er eine bestimmte Zone erreichte.

Es war offensichtlich, dass die Mehrzahl der für diesen Versuchstyp ausgewählten 40 Versuchspersonen keine statistisch signifikanten Resultate erbrachte. Das entscheidende Ergebnis bestand jedoch darin, dass sich eine deutliche Häufung der signifikanten Testserien ergab. Dabei erzielten insgesamt 13 der 40 Probanden signifikante Ergebnisse, und 8 davon wiederum hochsignifikante Resultate. Die meisten dieser erfolgreichen Versuchspersonen waren in der Lage, solche guten Ergebnisse wiederholt zu produzieren.

Eine Gesamtbewertung der bei allen Laufbrett-Experimenten erzielten Ergebnisse lässt sich, statistisch betrachtet, auf zwei Arten durchführen. Erstens kann man die Wahrscheinlichkeit für rein zufälliges Eintreten der erhaltenen Ergebnisse aller Serien betrachten, und zwar unabhängig davon, welche Person die jeweiligen Tests produzierte. Die zweite Methode besteht darin, mit ausgewählten Versuchspersonen mehrere Experimente durchzuführen und dann jeweils deren sämtliche Ergebnisse personenspezifisch auszuwerten.

Bei Anwendung der ersten Methode mussten wir feststellen, dass die Anzahl der hochsignifikanten Serien etwa zehnmal so groß und die der signifikanten Serien etwa doppelt so groß war, wie dies per Zufall erwartet werden konnte. Dies bedeutete eine extrem hohe Signifikanz des Gesamtresultats, und zwar mindestens 1 : 1 000 000 gegen den Zufall. Zum besseren Verständnis sei hier nochmals betont, dass in dieser Berechnung alle erhaltenen Serien berücksichtigt sind, also auch die große Menge an Ergebnissen erfolgloser Probanden. Nach der zweiten Berechnungsmethode ergab sich ebenfalls ein solch deutliches und aussagekräftiges Resultat. Von allen Teilnehmern, die eine erste signifikante Serie geboten hatten, konnten 7, das sind etwa 15 Prozent aller geprüften Probanden, auch bei den Folgeexperimenten ähnlich hervorragend abschneiden. Hierzu sei auch klargestellt, dass die Versuchsreihen mit den erfolgreichen Probanden sowohl die gleiche Teststrecke mit verschieden aufgebautem Laufbrett, als auch zahlreiche Versuchstage und unterschiedliche Testorte beinhalteten. Eine genauere Diskussion der letztlich recht komplizierten Experiment-Bewertung ist in dem Ergebnisbericht zu dem gesamten Forschungsprojekt, dem Wünschelruten-Report der Münchener Gruppe zu finden (König & Betz 1989).

Insgesamt gesehen zeigt die Analyse der Testergebnisse, dass die Existenz des Phänomens rutengängerischer Ortserkennung in statistischem Sinn mit hoher Signifikanz nachgewiesen werden konnte. Für den bloßen Zufall als Erklärung bestand damit praktisch keine Chance mehr.

Ein skeptischer Beobachter der Szene mag fragen, ob mit der relativ unsicheren „Ortserkennung" durch Rutengänger, die sich in diesem Projekt nur mit Mühe nachweisen ließ, ein praktischer Anwendungswert ausgeschlossen ist. Eine solche Verallgemeinerung der Testergebnisse ist sicherlich nicht ohne weiteres zulässig. Es darf nämlich nicht vergessen werden, dass die harten Testbedingungen eine erhebliche Beeinträchtigung der Probanden darstellten. Dies lässt sich aus einer genauen Betrachtung der Arbeitsweise beim Rutengehen ohne Schwierigkeit erkennen. Manche Rutengänger benutzen beispielsweise eine Winkelrute, deren dünne Stäbe zunächst möglichst parallel gehalten werden. Beim Annähern an eine „Reizzone" können sehr feine Bewegungen sowohl nach außen als auch nach innen zu gekreuzter Stellung erfolgen, die beim Sich-Entfernen von der Zone wieder in umgekehrter Reihenfolge verlaufen. Ein Erkennen dieser delikaten Bewegungsabläufe ist beim Blindgehen mit Sehschutzbrille nahezu unmöglich. Ist die Benutzung der Augen unterbunden, so können nur erheblich kräftigere Rutenausschläge wahrgenommen werden. Dies dürfte eine Reduktion der Empfindlichkeit und der erzielbaren Ortsgenauigkeit darstellen.

Nicht wenige Vertreter der Radiästhesie haben uns mit diesem Argument vorgeworfen, die Tests seien ungeeignet konzipiert gewesen. Wer das behauptet, hat den Sinn der Untersuchung nicht verstanden. Wir hatten uns nicht die Aufgabe gestellt, möglichst viele und gute Resultate aktenkundig zu machen oder das Letzte an Leistungsmöglichkeit aus den Probanden herauszukitzeln. Ziel war einzig und allein die Prüfung, ob sich ein Beweis für die prinzipielle Existenz der behaupteten rutengängerischen Fähigkeiten finden ließe. Und das ist jedenfalls besser gelungen als jemals zuvor.

Wasser – kein Reiz für Rutengänger?

Nach historischer Überlieferung und heutigem Verständnis sämtlicher Rutengänger stellt Wasser eine besonders einmalige und starke Reizquelle dar. Daher sprechen sie auch allzu häufig von „Wasseradern". Jedenfalls ist die Wasserfindung durch Rutengänger belegt, wozu die Berichte in den Kapiteln 3 und 4 einen Beitrag liefern, der kaum deutlicher ausfallen könnte. Somit lässt sich die allgemeine Einstellung der betreffenden Kreise nachvollziehen, dass zumindest einige besonders begabte Rutengänger gerade auf Wasser sehr sensibel reagieren.

Ein wichtiges Ergebnis der Münchener Untersuchungen deutet aber unmissverständlich darauf hin, dass diese landläufige Meinung nicht stimmt. Selbst erfolgreiche Wassersucher finden gar kein Wasser, wenn sie Wasserquellen lokalisieren! Diese kühne Behauptung bedarf freilich einer näheren Erläuterung.

Schon mehrfach wurde erwähnt, dass sich zahlreiche Rutengänger zutrauen, auf vergrabene Rohrleitungen zu reagieren, vornehmlich auf Wasserleitungen, dies aber im Rahmen des Münchener Projekts nie unter Beweis stellen konnten. Auch das Scheunen-Experiment kann trotz seiner hohen statistischen Signifikanz nicht als erfolgreich verlaufenes Wasserfindungs-Experiment bezeichnet werden. Hier müssen sich also schon erste Zweifel an der allgemeinen Wasserfindungs-These einstellen.

Ein anfänglicher Einwand von Seiten der Rutengänger könnte lauten, dass die Menge nicht ausreichte, der Wasserfluss zu gering war. Dem stehen jedoch mindestens zwei gewichtige Befunde entgegen. Erstens können die besagten Spitzen-Probanden in der freien Natur durchaus extrem schwache Rinnsale lokalisieren. Man erinnere sich, dass beispielsweise der GTZ-Experte geringste Wassermengen in klüftigem kristallinen Gestein auffallend sicher zu erfühlen vermochte.

Das zweite Gegenargument ergibt sich aus Feldversuchen. In mehreren Fällen bemühten sich ausgewählte Rutengänger, massive Wasserströme in künstlichen Leitungen zu lokalisieren. Derartige Experimente setzten wir zum Beispiel über Leitungen der Münchener Wasserversorgung an, welche die riesige Menge von über 4 Kubikmeter pro Sekunde führen. Diese Versuche fanden an mehreren Stellen im Gelände statt, wo die Bedeckung über der Leitung erheblich variierte. Bei einer Teststrecke war die Leitung nur wenige Meter tief in einem Feld eingegraben, unter einer anderen Stelle führte sie in über 50 Metern Tiefe in einem Stollen durch kristallines Gestein. In keinem Fall vermochte der GTZ-Proband die Leitungsführung deutlich zu erspüren. Eine vergleichbare Erfahrung erbrachten ähnliche Versuche an der großen Bodensee-Wasserleitung in der Schwäbischen Alb, die ebenfalls viele Tausend Liter pro Sekunde in den Raum Stuttgart führt.

Was muss aus diesen merkwürdigen Beobachtungen geschlossen werden? Aus der experimentellen Tatsache, dass in künstlichen Rohren fließende riesige Wassermengen nicht besser als kleine Wasserdurchflüsse (wie beim Scheunen-Experiment) rutengängerisch zu spüren sind, wobei der empfundene Reiz bestenfalls als schwach und undeutlich zu bezeichnen ist, folgt eines: Es kommt nicht primär auf das Wasser an. Eine herber Schlag in historische Theoriengebäude! Vorstellungen von radiästhetisch erspürbarer Absorption oder Ablenkung von elektromagnetischen Strahlungen oder gar Neutronen im Wasserkörper verlieren damit von vorneherein ihren Sinn.

Über die wirklichen Zusammenhänge lässt sich derzeit nur spekulieren. Im nächsten Kapitel entwickeln wir dazu einige vorläufige Gedanken. Halten wir zunächst fest, dass selbst ein bei der Wassersuche nachweislich erfolgreicher Rutengänger wie der GTZ-Experte Schröter nicht primär auf das Wasser im Sinn einer chemischen Substanz reagiert, sondern eher auf sekundäre Phänomene, die entweder parallel zum Vorhandensein von Wasser auftreten oder durch Wasser verursacht werden können.

Ein kleines Gedankenexperiment mag dies veranschaulichen: Angenommen, ein Rutengänger lokalisiert einen Brunnenstandort, wo sich aus einer Kluft eine geringe Menge Wasser fördern lässt. Stellen wir uns nun vor, man würde den unterirdischen Wasserzufluss in einiger Entfernung blockieren, so dass der Brunnen austrocknet. Aus den oben gewonnenen Erfahrungen und Schlussfolgerungen würden wir nun vorhersagen, dass ein anderer, gleichwertiger Rutengänger bei einer erneuten Begehung den gleichen Brunnenstandort nach wie vor als aussichtsreich empfinden müsste, obwohl die Kluft im Untergrund gar kein Wasser mehr führt. In künftigen, geophysikalisch mitbestimmten Untersuchungen zur Wasserfindung wäre zumindest zu prüfen, ob derartige Situationen zu Fehlangaben von Rutengängern führen können. Man sieht, wieviele sinnvolle Fragen sich bei einer näheren Betrachtung der Versuchsergebnisse auftun und einer Beantwortung harren.

Wasser garantiert

Unter den Augen der Öffentlichkeit betrieb Herr Isken, ein hervorragender Rutengänger, von 1980 an über nahezu 20 Jahre eine kommerziell arbeitende Firma besonderer Art, die Ennepetaler Tiefbohrgesellschaft. Seine Spezialität war es, in Deutschland und umliegenden Ländern die Bohransatzpunkte ausschließlich mittels der Rutengänger-Methodik zu lokalisieren und den Kunden eine Wasser-Erfolgsgarantie anzubieten. Demzufolge wurden vertragsmäßig keine Bohrkosten berechnet, wenn die tatsächlich erzielte Schüttung in der prognostizierten Tiefe unterhalb einer vereinbarten Mindestmenge blieb. Eine solche Garantie kann nur geben, wer sich seiner Sache unbedingt sicher ist. Keine konventionell arbeitende Bohrfirma kann derartige Angebote machen, weil sich angesichts der vorhandenen, begrenzt wirksamen technischen Prospektionsmöglichkeiten eine derartige allgemeine und unbedingte Erfolgssicherheit nicht garantieren lässt. Indes hat Isken mit seinen Angeboten nicht etwa den wirtschaftlichen Ruin provoziert, sondern ein ständig wachsendes Geschäft erlebt; er war zuverlässig erfolgreich. Auftraggeber waren überwiegend Gemeinden und Wirtschaftsunternehmen, die bereits Trockenbohrungen oder andere Schwierigkeiten bei der Wassersuche zu verzeichnen hatten und kein weiteres finanzielles Risiko eingehen wollten. Daher lassen sich die Erfolge auch hier nicht auf triviale Ursachen zurückführen, wie z. B. auf das Vorhandensein ergiebiger, großflächig ausgedehnter Grundwasserleiter im jeweiligen Prospektionsgebiet.

Isken stellte sich auch einigen strengen Tests der Münchner Forschungsgruppe zur Verfügung, und seine praktische Arbeit wurde bei zahlreichen Kundenaufträgen detailliert durch Geowissenschaftler überwacht. So konnte sichergestellt werden, dass seine Erfolge wie behauptet eintreten und tatsächlich den Regelfall darstellen. Bei einem der Aufträge konnte Hans Schröter zusätzlich und mit gesondert überwachten Terminen eingesetzt werden. Die beiden Spitzenrutengänger kamen unabhängig voneinander zu dem gleichen Bohrpunkt sowie zu gut übereinstimmenden Tiefen und Schüttungen; diese Angaben stellten sich nach der Bohrung als korrekt heraus.

Die anstrengende Tätigkeit bewog Isken nach langer Berufsausübung zur Aufgabe. Sein einstmaliger Kompagnon, Textor, führte eine entsprechende Firma fort. Diese ist im Internet unter www.textor-brunnenbau.de zu finden, wo mit einer grundsätzlichen Wassermengengarantie geworben wird. Allerdings verrät die Informationsseite nicht den Grund für die ungewöhnlichen Angebote – die Nennung einer radiästhetischen Verfahrensweise würde nur allzu leicht missgünstige Dritte zu einer gerichtlichen Anklage wegen Ausübung nicht anerkannter Methoden führen – wie schon des öfteren geschehen. In einem längeren Filmbeitrag des Fernsehsenders ARTE konnten Zuschauer im Frühjahr 2005 beispielhaft die Probe aufs Exempel ansehen – Wasser garantiert.

7 Aktuelle Bestandsaufnahme und Erklärungsversuche

Was können Rutengänger wirklich?

Ja oder Nein – das ist die Frage

Nach all den erwähnten Berichten und Beobachtungsergebnissen ist es nunmehr an der Zeit, die Gretchenfrage zu stellen: Was können die Rutengänger denn tatsächlich leisten? Die Antwort lässt sich natürlich kaum mit wenigen Worten gerecht formulieren, denn wir wissen noch nicht genug, um auf jeden in der Frage verborgenen Teilaspekt auch nur annähernd befriedigend antworten zu können. Gehen wir also bei der Beurteilung des komplizierten Phänomens in kleinen Schritten vor.

Zunächst sei die allereinfachste Frage anhand der Kritik beleuchtet, die von den Gegnern immer wieder vorgebracht wird (siehe auch Kapitel 10): Sind Rutengänger Scharlatane, Bauernfänger oder Betrüger, gehört die Rutengängerei verboten, und müssen die Rutengänger einer psychiatrischen Untersuchung zugeführt werden? Ist demzufolge an der Rutengängerei absolut nichts dran? Die Antwort ist ein klares Nein! An der Rutengängerei ist sehr wohl etwas dran. Diese Feststellung ist in Anbetracht der vorliegenden Fakten auf jeden Fall gerechtfertigt. Freilich ist dabei einschränkend zu ergänzen, dass die allerwenigsten Rutengänger praktikable Leistungen vollbringen und es bisher eigentlich keinen Kandidaten gegeben hat, der tatsächlich all das konnte, was er zu leisten glaubte oder zu leisten vorgab. Hinzu kommen der bewusste Missbrauch und die breitgefächerten Irreführungen, die leider unverändert zu berechtigter Kritik Anlass bieten.

Zählen wir einmal die historischen, grundsätzlich verschiedenen Ansichten auf, die in der Diskussion stehen. Schon um die Jahrhundertwende war die für die damalige Zeit fortschrittliche Ansicht weit verbreitet, dass die Rute lediglich ein Anzeige-Instrument darstellt und die Ursache für den Ausschlag in einer Reaktion des Menschen zu suchen sei. Diskussionen gab es jedoch darüber, wodurch diese Reaktionen verursacht werden könnten. Hier lassen sich vier grundsätzlich verschiedene Ansichten unterscheiden:

1. Die Reaktionen sind nicht durch externe Felder und neuartige Sinneskanäle, sondern durch verschiedene suggestive Effekte, sowie durch bloßen Zufall bedingt und führen daher auch zu keinen nachweisbaren Rutengänger-spezifischen Leistungen.
2. Die Reaktionen werden durch bewusst oder unbewusst intelligentes Verhalten ausgelöst, so dass eine normal-sensorische Erklärung für erfolgreiche Rutengänger-Angaben vorliegt.

3. Es handelt sich um einen neuartigen biophysikalischen Mechanismus.
4. Rutengängerische Fähigkeiten stellen paranormale Phänomene dar, die außerhalb des bisher erfassten naturwissenschaftlichen Rahmens liegen.

Aufgrund der schon diskutierten Ergebnisse rutengängerischer Leistungen sind die ersten beiden Ansichten zwar nicht falsch, aber zweifellos unvollständig und scheiden daher als Gesamtlösung aus. Für eine Ortserkennung der vielbeschriebenen Art kommt eigentlich nur die dritte Hypothese in Frage. In Kapitel 10 wird die weitgehende Irrelevanz der vierten Hypothese plausibel gemacht.

Immerhin, nach der Lage der Dinge ist davon auszugehen, dass es Rutengänger gibt, die beeindruckende Fähigkeiten demonstrieren können. Wir haben uns bisher hauptsächlich auf die Wasserfindung beschränkt, weil es dazu reichlich Beobachtungsmaterial gibt. Die Geowissenschaften müssten also nach dem heutigen Kenntnisstand der Dinge zumindest akzeptieren, dass es – einige wenige – Rutengänger gibt, deren Involvierung und Hinzuziehung in hydrologische Aufgaben nachweislich von Vorteil war. Um den dabei zu vollziehenden Schritt nicht gleich zu groß werden zu lassen, sei hinzugefügt: Es ist zwar höchst unwahrscheinlich, aber vielleicht gibt es die „echt rutengängerischen" Leistungen gar nicht, und die Erfolge kommen durch die in Kapitel 4 beschriebene Technik der „Super-Beobachtung" zustande? Dies würde eine quasi-konventionelle Erklärung nach obiger Ansicht 2 beinhalten. Nun gut, dies entspräche dennoch einem Fortschritt und einer Verbesserung der Chancen zur Wasserfindung, und darauf kommt es in der Praxis letztlich an.

Der Ort gibt den Ton an

Gehen wir einen Schritt weiter. Manche Rutengänger sind nachweislich in der Lage, mit hoher Sicherheit Orte anzugeben, wo eine Bohrung nach Wasser fündig wird. Sie vermögen auch Stellen zu lokalisieren, wo man bei entsprechend angelegten Bohrungen kein Wasser in vergleichbarer Menge antrifft. Im Münchener Projekt wurden in den Scheunen- und Laufbrett-Experimenten eindeutig bestimmte Orte reproduzierbar erkannt oder erspürt, wobei keine Erklärung gefunden werden konnte, die auf dem Wirken bekannter Reize und Sinneskanäle beruht. Vielleicht ließe sich eine solche konventionelle Erklärung dennoch finden; bisher konnte sie jedenfalls niemand widerspruchsfrei angeben.

Bleiben wir nochmals beim Wasser. Aufschlussreich sind vor allem diejenigen Fälle, wo es zunächst Fehlbohrungen gab und dann hinzugerufene Rutengänger ganz in der Nähe einen neuen Bohransatzpunkt bestimmten, an dem sich die benötigte Wassermenge fand, und zwar auch noch in vergleichsweise geringer Tiefe. Die Skeptiker sagen dazu meist, dass es sich um Zufallserfolge gehandelt habe. Im Einzelfall kann man ein solches Argument meist anwenden, ohne dass es widerlegbar wäre. Es ist aber nicht zulässig, immer nur Einzelfälle zu betrachten. Vielmehr muss die Gesamtheit der Fälle betrachtet werden. Zum Beispiel könnte man die Ungewöhnlichkeit eines Spielers, der immer nur eine Sechs würfelt, auch nicht damit abtun, dass man jeden Wurf einzeln betrachtet und erklärt, eine Sechs käme eben durch Zufall zustande.

Glücklicherweise lassen sich auch Fälle zitieren, die durch die Details der Vorhersagen jedwede Einfach-Erklärungen ausschließen. Man denke nur an die eng nebeneinander liegenden „Wasseradern", die der GTZ-Experte Schröter auf den Philippinen erspürte und die in einem daraufhin angelegten Schachtbrunnen wirklich gefunden wurden! Wer hier immer noch den Zufall oder subtile andere „Normal -Erklärungen" geltend machen möchte, müsste sich schon gewaltig anstrengen. Bei aller Skepsis und bei aller Vorsicht: Es widerspräche jeder Vernunft, den erwachsenen Erklärungsbedarf weiterhin leugnen zu wollen.

Breit gestreut und scharf gebündelt

Unterirdische Wasservorkommen lassen sich in vielen Fällen messtechnisch erfassen. So können unter anderem Luftaufnahmen, Geoelektrik und die Reflexion in den Boden eingestrahlter elektromagnetischer Wellen das Vorhandensein von Grundwasser verraten. Schränken wir jedoch die Problemstellung auf das Auffinden von räumlich eng begrenzten, süßwasserführenden Klüften ein, so funktioniert die modernste Technik nur wenig effektiv oder praktisch oft gar nicht. Das muss natürlich nicht bedeuten, dass sich im Zug fortschreitender Entwicklungen keine künftigen Verbesserungen der Prospektionsmethoden entwickeln ließen. Das Pikante besteht nun verblüffenderweise darin, dass Rutengänger gerade in dieser Situation schon zu allen Zeiten besondere Erfolge reklamierten: Kluft- oder Spaltzonen werden an der Erdoberfläche mit Genauigkeiten angegeben, die nicht selten 1 Meter unterschreiten – und der Erfolg darauf basierender Bohrungen scheint die Präzision der Angaben zu bestätigen.

Betrachten wir einmal den Fall, dass sich in der Tiefe in der Tat sehr enge Klüfte befinden (Abb. 7.1). Im allgemeinen werden diese nicht senkrecht stehen, sondern unter einem gewissen Winkel zur Lotrechten verlaufen. Die möglicherweise wasserführenden Bereiche sind damit – von oben gesehen – notgedrungen ausgedehnt, selbst wenn die Kluft nur wenige Zentimeter breit sein sollte. Das Vorhandensein von Querklüften und Auflockerungen bringt ein Übriges an Ortsunschärfe. Lässt sich also grundsätzlich verstehen, dass ein guter Rutengänger beim Überschreiten dieser Zone dennoch eine Punktgenauigkeit von beispielsweise ± 0,5 Meter behauptet? Es ist nicht zu verstehen und kann in dieser Absolutheit auch nicht begründet werden.

Trotzdem muss dies kein Widerspruch zur Beobachtung und zur Vernunft sein. Wir illustrieren dies anhand einer Hypothese, deren Wahrheitsgehalt natürlich nicht bekannt ist, die aber nicht von vorneherein gänzlich auszuschließen ist. Der einfachste Ausweg würde demzufolge in der Annahme bestehen, dass der Rutengänger auf eine physikalische Feldgröße reagiert, die mit den Gegebenheiten im Untergrund korreliert ist. Aufgrund elementarer Gesetzlichkeiten ist dann davon auszugehen, dass die an der Oberfläche vorhandene Feldanomalie je nach Tiefe der mitverursachenden Schichten räumlich ausgedehnt, keinesfalls jedoch „messerscharf" ist (Abb. 7.1). Räumlich eng, etwa auf wenige Zentimeter begrenzte Strahlenbündel anzunehmen, die senkrecht aus der Erde hervordringen, hieße den sicheren Rahmen physikalischer Gegebenheiten zu

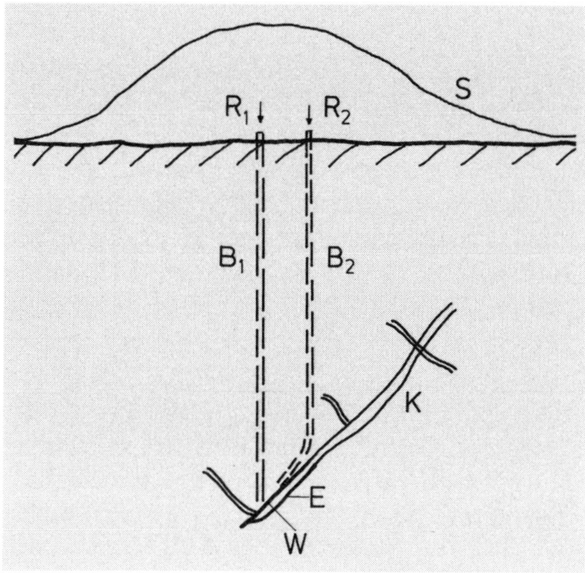

Abb. 7.1 Schematische Darstellung zur Wasserfindung durch Rutengänger. Der Rutengänger spürt die Kluft (K), die in den elektrisch besonders leitfähigen Bereichen (E) Wasser (W) führt. Obwohl er eine räumlich breit verteilte Reaktionsstärke (S) empfinden dürfte (siehe auch Abb. 5.2), gibt er beispielsweise die Bohransatzpunkt R_1 oder R_2 an; an beiden Stellen können Bohrungen B_1 und B_2 fündig werden; bei letzterer kann ein sich auf das Ergebnis günstig auswirkendes Abweichen der Bohrung von der Lotrechten angenommen werden.

verlassen. Ein Rutengänger müsste demnach eine entsprechend breite Zone spüren. Dies lässt sich auch in der Tat beobachten. In Kapitel 5 ist ein derartiges Reaktionsverhalten eines erfolgreichen Rutengängers bereits aufgezeigt worden (Abb. 5.2).

Die naheliegende Folgerung besteht darin, wesentlich schärferen Reaktionszonen eine echte ursächliche Realität abzusprechen und sie im Zusammenwirken physiologisch bedingter Abläufe, persönlicher Verhaltensmuster und örtlich vorhandener, kleinräumiger Störungen des Grundsignals zu sehen. Der Rutengänger spürt dann zwar das entscheidende, großflächig vorhandene Feld über ausgedehntere Strecken in unterschwelliger Weise, lässt sich aber bei seiner letztlich gemachten Ortsangabe durch vielleicht sogar zufällig vorhandene lokale Feldmuster beeinflussen oder irreführen. Sein Rutenausschlag könnte damit ziemlich reproduzierbar an der gleichen Stelle erfolgen, ohne dass die erregenden Felder wirklich nur an dieser Stelle vorhanden sein müssten. In einer unzulässig vereinfachten Interpretation des ortsgebundenen Rutenausschlags wird damit eine extrem genau definierte Zone nur vorgetäuscht.

Gestützt wird eine derartige Beurteilung auch dadurch, dass verschiedene Rutengänger bei der Angabe von Bohransatzpunkten meist keine Übereinstimmung innerhalb der jeweils von ihnen eingeräumten Toleranz erzielen. Ein Bohrerfolg kann sich dennoch an den etwas verschiedenen Ansatzpunkten einstellen, weil zum einen die zu treffende Zone eine gewissen Breite aufweist, deren Ausmaß der Rutengänger unterschätzt, und zum anderen Abweichungen der Bohrung von der Vertikalität die Regel sind und beim Erreichen von klüftigen Zonen der Bohrer in diese hinein abgelenkt werden kann. Genau senkrechte Bohrungen sind jedenfalls in kristallinem Gestein die Ausnahme, wenn nicht bewusst gezielte Gegenmaßnahmen ergriffen werden – die sich in bestimmten Fällen womöglich erfolgsvermindernd auswirken könnten.

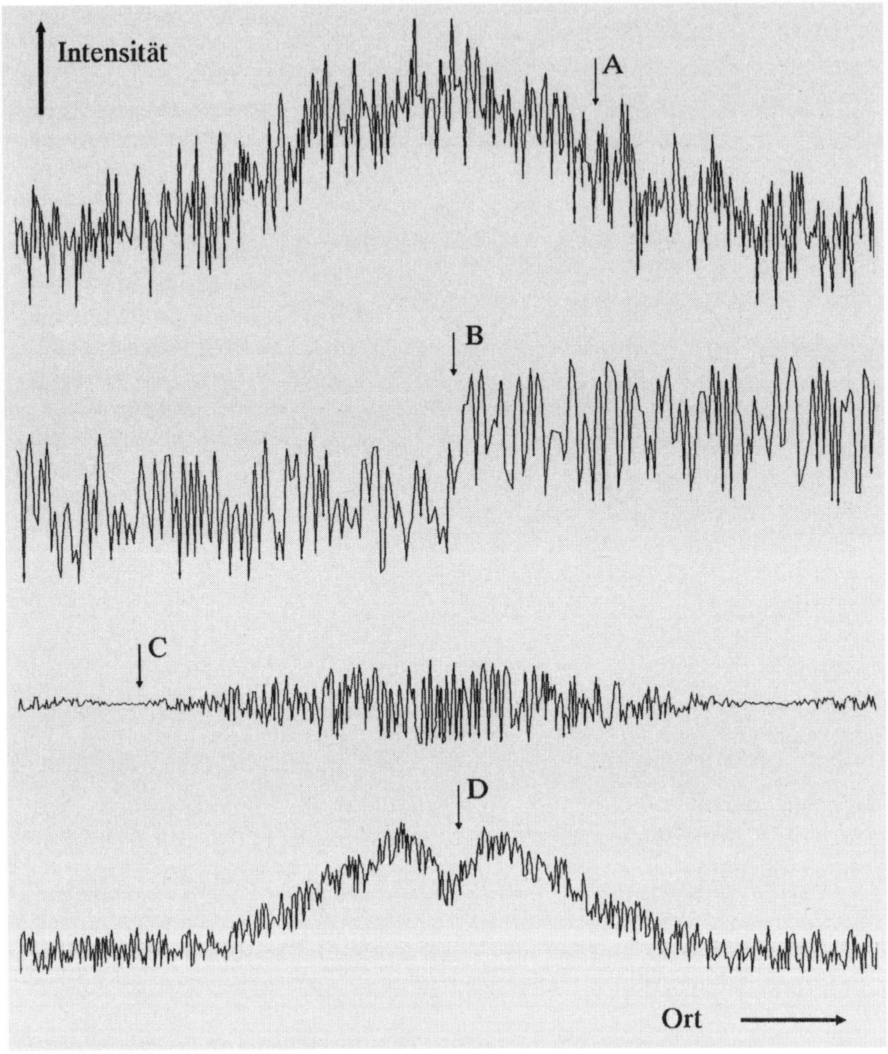

Abb. 7.2 Mögliche Variation angenommener physikalischer Feldgrößen in Abhängigkeit vom Ort (Signal S in Bild 7.1). A bis D bezeichnen Beispiele für charakteristische Stellen dieser Feldprofile, welche hypothetisch als Ursache für Rutengänger-Reaktionen betrachtet werden können. A: Überschreitung einer gewissen Schwellenintensität; B: Intensitätssprung; C: Minimum des Signalpegels; D: lokales Intensitätsminimum.

Wir haben bereits früher dargelegt, dass der Wasserfluss in den klüftigen Bereichen nicht die eigentliche Ursache für die Rutengänger-Reaktion darstellen dürfte. Eine aussichtsreiche alternative Erklärung könnte in der stark erhöhten elektrischen Leitfähigkeit der Kluftwände begründet sein, die sich im Laufe von Jahrtausenden durch Ablagerungen leitfähiger Substanzen, wie zum Beispiel Tonsilikate, nach und nach gebildet haben und in einer Art Echo-Verfahren geortet werden könnten. Diese Vorstellung besitzt auch den Vorteil, dass die räumliche Ausdehnung dieser Flächen erhöhter Leitfähigkeit viel größer sein kann als der Bereich förderbaren Wasserflusses. Dies wird – so paradox es für einen Laien klingen mag – an der Oberfläche eine gewisse Bündelung des betrachteten physikalischen Felds zur Folge haben.

Schließlich darf man bei künftigen Forschungen über diesen Fragenkomplex Mikro-Schwingungen des Gesteins bzw. damit zusammenhängende Erzeugung elektromagnetischer Strahlung mittels piezoelektrischer Effekte nicht außer Acht lassen. Wie immer man diese Hypothesen auch beurteilen mag, es ist nicht zu übersehen, dass eine Reihe rationaler physikalischer Modellvorstellungen zur Überprüfung rutengängerischer Ortserkennung anstehen.

Das Rätsel der Tiefenbestimmung und andere Spezialitäten

Am einfachsten und bequemsten wäre der Befund gewesen, dass Rutengänger rein gar nichts können. Da uns die Realitäten eines Besseren belehren und wir in einem ersten Schritt zumindest die Erkennung bestimmter Orte mit Hilfe der Rutengänger-Methodik als gegeben annehmen müssen, folgt zwangsläufig als zweiter Schritt die Auseinandersetzung mit dem Anspruch, dass Rutengänger auch die Tiefenlage der gesuchten Wasservorkommen zu erspüren vermögen. War die Frage der Lokalisierung von Orten nur mit Mühe und Not im Sinn von Hypothesen zugänglich, so wird es ab hier noch wesentlich mysteriöser.

Ohne Zweifel liegen einige bemerkenswerte Fälle vor, wo Rutengänger wirklich erstaunliche Tiefenangaben machten. Man denke an die Kittemannschen Vorhersagen aus Kapitel 3, die gegen alle fachspezifisch begründeten Hinweise und Vermutungen standen und sich dennoch als richtig erwiesen haben. Nicht nur die Schachtbrunnen auf den Philippinen stellen sehr gute Beispiele dar: Die im Bereich von 5 bis 7 Meter vorhergesagten Tiefen kleiner Wasserführungen waren auf etwa ± 50 Zentimeter, also jedenfalls innerhalb des viel breiteren Rahmens sinnvoller Genauigkeit bestätigt worden (Kapitel 4). Die Sache der Rutengänger wäre demnach unfair und unvollständig vertreten, würde man dieses zugegebenermaßen verblüffende Unterthema trotz aller Verständnisprobleme als Absurdität aussparen.

Zweierlei Grundgedanken mögen für eine Analyse der Fragestellung und möglicher Wege zu einer Erklärung sinnvoll sein. Zunächst könnte man annehmen, dass ein von Rutengängern aufgefangenes Signal nicht nur eine Ja-nein-Entscheidung nach der Art „Signal ist vorhanden" bzw. „Signal ist nicht vorhanden" enthält, sondern einen höheren Grad an Information aufweist. Unterstellt man nämlich das Wirken eines physikalischen Signalfelds, das durch die Verhältnisse im Untergrund erzeugt oder beeinflusst ist, so muss dieses Feld notgedrungen gewisse Eigenschaften der Umgebung widerspiegeln. In der Messtechnik ist es nicht ungewöhnlich, aus Intensität und zeitlicher Form eines Signals auf die Entfernung zur aussendenden Quelle zu schließen. Zusätzlich wäre anzunehmen, dass dieser Informationsgehalt durch den Menschen analysiert werden kann. Alle bekannten biologischen Sinne erlauben jedenfalls eine Differenzierung aufgenommener Reize nach Stärke und anderen Qualitäten. Es ist klar, dass eine derartige Signalaufbereitung viel schwieriger zu bewerkstelligen sein würde, als das bloße Registrieren des Vorhandenseins eines charakteristischen Felds. Das bedeutet in Übereinstimmung mit der Erfahrung, dass diese Art radiästhetischer Angaben nur mit besonderer Eignung und Übung zu leisten sind und sich demzufolge nur extrem selten beobachten lassen.

An früherer Stelle wurde darauf hingewiesen, dass erfahrene Rutengänger jede Tiefenangabe selbst mit einer erheblichen Unschärfe behaftet sehen, da zu viele Fehlermöglichkeiten von Einfluss seien. Zudem ist zu bedenken, dass in den meisten praktischen Fällen, jedoch beileibe nicht in allen, ungefähre Tiefen von Grundwasservorkommen aus vielerlei konventionell erfassbaren Parametern abgeschätzt werden können. Dies beginnt damit, dass in der Regel oberflächennahes Wasser nicht von Interesse ist, und endet damit, dass zu tiefe Bohrungen aus Kostengründen nicht in Frage kommen. Der Spielraum bleibt also oft gering. Eine Kontrolle über die tatsächliche diesbezügliche Fähigkeit von Rutengängern ist demnach nur in ausgewählten Fällen möglich.

Zur Frage der förderbaren Menge, Fließrichtung und der chemischen Zusammensetzung von Wasserläufen könnten im Prinzip ähnliche Argumente wie bei der Diskussion der Tiefenbestimmung bemüht werden. Wiederum gibt es einige seltene Fälle, wo mineralische Komponenten entgegen allgemeiner Erwartungen richtig vorhergesagt wurden (Benedictus-Quelle in Kapitel 3). Es gilt jedoch zu beachten, dass die Datenbasis sehr beschränkt ist und nur wenige Rutengänger überhaupt solche extrem schwierigen und problematischen Aussagen unter Erfolgshinweis machen können. Aus diesem Grund wollen wir die Spekulationen und Hypothesen nicht zu weit treiben und diese provozierenden Teilprobleme nicht weiter verfolgen.

Unverstandene Sensibilitäten bei Mensch und Tier

Hypersensorische Leistungen von Tieren

Als Zoologen vor wenigen Jahrzehnten erstmals feststellten, dass bestimmte Tiere auf Magnetfelder reagierten, wurden ihre Berichte über diese Befunde von der Fachwelt in das Reich der Fabel verwiesen und die betreffenden Forscher in eine entsprechend dunkle Ecke gestellt. Heute sind derartige Effekte nicht nur allgemein anerkannt, sondern haben zu einem Forschungsschwerpunkt in mehreren Disziplinen geführt. Es ist inzwischen unmöglich geworden, in Kürze auch nur einen annähernden Überblick über den Stand dieser Erkenntnisse geben zu können. Alle Tage liest man von gerade neu entdeckten, schier unglaublichen Sinnesleistungen von Tieren. Vieles, was Ingenieure für utopisch hielten, hat die Natur in ihrem etwa drei Milliarden Jahre alten Experimentier- und Schöpfungslabor in Sinnesorganen und Nervenschaltungen bereits verwirklicht. Über eine spannende Auswahl aus diesem reichen Fundus berichtet zum Beispiel Vitus Dröscher in allgemeinverständlicher Form in seinen Büchern „Magie der Sinne im Tierreich" und „Geniestreiche der Schöpfung" (Dröscher 1987, 1988).

Um uns in dieser Vielfalt neuer Erkenntnisse nicht zu verlieren, erscheint eine Beschränkung auf einige Aspekte zweckmäßig, die bei der Entwicklung von Modell-Vorstellungen zum Thema Geobiophysik und Radiästhesie nicht außer Acht gelasssen werden sollten. Dabei handelt es sich vor allem um die sinnesphysiologische Erfassung sehr schwacher und verrauschter Signale.

Am bekanntesten sind Studien über die Magnetfeldempfindlichkeit hauptsächlich bei Bienen, Zugvögeln und Brieftauben. Ferner besteht unter Fachleuten Einigkeit darüber, dass für Orientierung und Kompass-Sinn von Tieren neben Magnetfeldern noch eine ganze Reihe anderer Faktoren maßgeblich sein müssen. Darunter fallen zum Beispiel Geruchs- und Infrarotempfindungen, Infra- und Ultraschall, Zeitempfinden, elektromagnetische Felder, Polarisationssehen und die Wahrnehmung kleinster Temperaturunterschiede.

Eine weitere Erkenntnis besteht darin, dass manche der damit angesprochenen Sinneskanäle auch durch extrem schwache äußere Reize stimuliert werden. So ist beispielsweise bekannt, dass Bienen und wohl auch Wale bei dem sich auf insgesamt etwa 50 000 Nanotesla belaufenden Erdmagnetfeld noch Änderungen von nur wenigen Nanotesla wahrnehmen können.

Unstrittig ist auch die enorme elektrische Sensibilität von Fischen (Haie und Rochen) auf elektrische Potentialgradienten, selbst wenn sie weniger als 1 Millionstel (10^{-6}) Volt pro Meter betragen. Die Fachleute rätseln noch immer darüber, wie die Membranen der Rezeptor-Zellen bei diesen Fischen elektrische Spannungs-Signale von unterhalb 50 Milliardstel Volt (50 Nanovolt) empfangen können. Zur Verständigung unter Artgenossen benutzen Nilhechte elektrische Signale und Elefanten Infraschall als Sprachelemente. Ferner vermögen schwache elektromagnetische 50 Hz-Felder die Aktivität von Ratten messbar zu beeinflussen.

Skorpione verfügen über die Eigenschaften empfindlichster Seismographen und können noch Bodenschwingungen mit Amplituden von einem Zehn-Millionstel Millimeter (10^{-10} Meter) im 1-kHz-Bereich wahrnehmen – das sind Längenänderungen von etwa dem Durchmesser eines einzigen Atoms! Auch weist auffällige Verhaltensunruhe von vielen Tieren vor Erdbeben auf wenig erforschte Empfindlichkeiten hin, wie sie etwa durch Infraschall, erhöhte Luftionisation durch geladene Aerosolteilchen oder durch das Auftreten sehr langwelliger elektromagnetischer Strahlung im Bereich zwischen 10 Hz und 80 kHz bedingt sein könnten (Tributsch 1978a, 1978b; King 1983).

Auf zellulärer Ebene konnte nachgewiesen werden, dass sogar künstliche 60-Hz-Felder mit Feldstärken von nur 10 Millivolt pro Meter eine biologische Reaktion hervorrufen können, die sonst nur bei Zellteilungen stattfindet. Der Einfluss von Mikrowellen bestimmter Frequenz und geringer nicht-thermischer Intensitäten auf das Teilungsverhalten von Hefezellen konnte in langjährigen Studien wiederholt festgestellt werden.

Die Auflistung von Bioeffekten und intelligenten Sensorsystemen in der Natur (Heywang 1989), die schon durch geringste Feldstärken angeregt werden, ließe sich erheblich verlängern. Es soll hier der Hinweis genügen, dass eine Fülle von Beobachtungen und Beweisen auf Sensibilitäten und Empfindungsmechanismen aufgezeigt werden konnten, die sich in ihrer Art und in ihrem Ausmaß von den bisher bekannten klassischen Sinnen deutlich abheben und noch vor kurzer Zeit für nicht möglich erachtet wurden. Die zahlreichen genannten Arbeiten zeigen ganz deutlich Folgendes:

- Die Empfangs- und Wirkungsmechanismen dieser Bioeffekte sind in der überwiegenden Zahl von Fällen nicht im einzelnen verstanden.
- Es lassen sich extrem hohe Empfindlichkeiten auf externe Signalfelder und hochintelligente Verarbeitung der aufgenommenen Signale feststellen.

Ergebnisse beim Menschen

Im Folgenden seien aus der in letzter Zeit enorm angewachsenen Fülle von Berichten über elektrische und magnetische Bioeffekte beim Menschen einige Beispiele herausgegriffen. Diese zeigen recht deutlich, dass nicht nur das eine oder andere Tier, sondern wohl auch der Mensch über mehr Sinneskanäle (in erweiterter Definition) verfügen muss, als historisch und heute allgemein immer noch angenommen wird. Bemerkenswert erscheint uns in diesem Zusammenhang auch die Tatsache, dass die damit befassten Forscher in zahlreichen Fällen nicht nur die selbstverständliche und sachlich notwendige Kritik von Fachkollegen erfuhren, sondern sich darüber hinaus gegen massive unwissenschaftliche Angriffe wehren mussten, obwohl sie in der Regel solide und objektive Befunde vorlegen konnten. Dies veranlasste nicht wenige von ihnen, diese Forschungen aufzugeben, da sie es nicht ertragen konnten, ständig unqualifizierte Attacken abwehren zu müssen.

Vor etwa zehn Jahren berichtete der Zoologe Robin Baker (1980a, b) an der Universität Manchester über Experimente, in denen das Orientierungsvermögen von Versuchspersonen geprüft wurde. Er zog aus den erhaltenen Ergebnissen den Schluss, dass Menschen bei Orientierungsversuchen über gewisse nicht-visuell bedingte Fähigkeiten verfügen müssten und hierbei zumindest teilweise die Erkennung von Magnetfeldern eine Rolle spielen dürfte. Er hat seine ersten diesbezüglichen Experimente in sieben weiteren Arbeiten replizieren können. In einer neueren Übersichtsarbeit zeigte Baker (1987) darüber hinaus, dass es bei analogen Versuchen von sechzehn anderen unabhängigen Arbeitsgruppen gelang, die gleichen Zusammenhänge in einem Ausmaß nachzuweisen, dass die Chance für Zufälligkeit der von diesen anderen Gruppen erhaltenen Gesamtresultate konservativ mit 1‰ abgeschätzt werden kann. Es deutet demnach vieles auf das Vorhandensein eines noch ungeklärten Sinns für statische Magnetfelder beim Menschen hin.

Eine direkte Empfindlichkeit des menschlichen Auges auf Magnetfelder (von der Größenordnung des Erdmagnetfelds) konnte ebenfalls nachgewiesen werden. Des weiteren wurde eine Beeinflussung des Auges und der menschlichen Dämmerungssehschärfe bei schwachen Variationen des Erdmagnetfelds beobachtet. Es wird vermutet, dass hierbei das Sehpigment und die Ausschüttung des Hormons Melatonin eine Rolle spielen. Bei entsprechenden Tierexperimenten hat sich das jedenfalls mit

Sicherheit herausgestellt. Nach Meinung der betreffenden Autorengruppe ist damit nahegelegt, dass Magnetfeldänderungen die hormonellen Steuerungsmechanismen des Menschen beeinflussen.

Erste konkrete theoretische Erklärungsversuche für die beobachteten Magnetfeldempfindlichkeiten über das Sehpigment in der Netzhaut wurden von Klaus Schulten und Albert Weller (1984) gegeben. Von einem befriedigenden Verständnis kann zwar noch keine Rede sein, es kommt aber hier nur darauf an, ernsthafte und begründete Ansätze auf diesen neuen und noch uneinheitlich betrachteten Sektoren vermerken zu können.

Detaillierte und folgenreiche Untersuchungen über den Einfluss von Magnetfeldern niedriger Frequenzen (typischerweise 20 Hz) auf das Wachstum von menschlichen Knochenzellen liegen vor. Die maximale Stärke der verwendeten Felder lag zwar fast beim Tausendfachen des erdmagnetischen Felds, war aber trotzdem noch hinreichend schwach, so dass die Bestrahlung keine Erwärmung der Zellen hervorrufen konnte und weit unterhalb des normalen energetischen Grundumsatzes des Organismus lag. Am Genetischen Institut der Universität Hohenheim haben daraufhin drei erfahrene Zellbiologen und Biochemiker in einer 3-jährigen Studie den Einfluss solcher nicht-thermischen Magnetfelder auf menschliche Fibroplasten – Vorläufer der Bindegewebszellen – eindeutig nachweisen können (Rodemann, Bayreuther & Pfleiderer 1989). Mit dieser Arbeit verlieren die heftig agierenden Kritiker endgültig jede vernünftige Basis, auch weiterhin die grundsätzliche Möglichkeit zur biologischen Wirksamkeit nichtthermischer Magnetfelder in Abrede zu stellen.

In die gleiche Richtung weist eine neuere klinische Studie: Kopfschmerzen wetterfühliger Patienten ließen sich durch Anwendung künstlicher nicht-thermischer Magnetfelder deutlich reduzieren (Pelka & Molière 1989). In seinem Buch „Unsichtbare Umwelt" erläutert König (1986) eine Fülle ähnlicher Befunde, die sich in den letzten Jahrzehnten und in neuerer Zeit zum Thema Wirksamkeit elektromagnetischer Felder auf biologische Organismen ansammelten.

Eine Hypersensibilität gegenüber elektromagnetischen Feldern niedriger Frequenzen wurde bei einer Reihe von besonders ausgewählten Multi-Allergie-Patienten in England festgestellt und untersucht. Die beobachteten Empfindlichkeiten waren frequenzspezifisch und kaum von der Intensität der künstlichen Testfelder beeinflusst. Selbst schwächste Felder induzierten spontane Reaktionen, auch wenn vorher stärkere Felder mit anderen (offenbar unwirksamen) Frequenzen eingeschaltet worden waren.

Seit über 20 Jahren wird das Problem atmosphärischer Impulsstrahlung, sogenannter Sferics, untersucht. In diesem Zusammenhang sind Beobachtungen von Bedeutung, die eine statistisch begründete Korrelation zwischen den mit magnetfeldempfindlichen Antennen gemessenen Sferics im 10-kHz-Bereich und dem zeitlich gut bestimmbaren Ausbruch bestimmter Krankheiten beim Menschen aufzeigten. Signifikante Korrelationen wurden für epileptische Anfälle, Herzinfarkt und Hörsturz, sowie für Entzündungsreaktionen bei Ratten festgestellt. Überraschend dürfte auch der Befund sein, dass Schlafparameter des Menschen offenbar davon abhängen, ob die bevorzugte Schlafrichtung parallel oder senkrecht zur Richtung des Erdmagnetfelds orientiert ist. Die allgemein bekannte und in ihren wesentlichen Aspekten unerklärte Wetterfühligkeit sei in diesem Zusammenhang nur am Rande vermerkt, obwohl eine sehr große Zahl von Menschen dadurch in negativer Weise betroffen ist.

Von weitreichender Konsequenz könnten experimentelle Untersuchungen sein, in denen pyro- und piezoelektrische Eigenschaften von Organen und Systemen des Menschen gefunden wurden, so für die Haut und das Zentralnervensystem mit Gehirn und Rückenmark (Athenstaedt 1982). Mit diesen Befunden könnte sich eine direkte Möglichkeit für Sinneswahrnehmungen von Infraschall und bestimmten elektromagnetischen Feldern ergeben.

Es dürfte kaum überraschen, dass sich die Erforschung physiologischer Zusammenhänge bei der Mehrzahl der genannten Phänomene als äußerst schwierig erwiesen hat, sowohl im Hinblick auf die anzunehmenden Rezeptorsysteme als auch auf die nachgeschalteten neurophysiologischen Verarbeitungsmechanismen. Aufgrund des großen und aktiven Interesses an diesen Effekten und den in der letzten Zeit mehrfach nach unten korrigierten Sensibilitätsschwellen gegenüber bestimmten äußeren Einflüssen darf aber mit zukünftigen Fortschritten gerechnet werden, die möglicherweise auch Ansätze zum Verständnis rutengängerischer Fähigkeiten erbringen könnten.

Hypothesen

Erklärungsspektrum

Die erste und ehrliche Feststellung lautet: Wir stehen der Rutengänger-Problematik recht hilflos gegenüber, niemand hat derzeit eine passende Erklärung. Doch darf das kein Grund zum Verzagen sein, in der Vergangenheit haben sich schon öfters ähnliche, für lange Zeit unlösbare Fragestellungen ergeben. Ob die Zeit jetzt für einen Lösungsversuch reif ist oder nicht, lässt sich natürlich erst im Nachhinein erkennen, aber ohne einen solchen Versuch überhaupt zu wagen, wird sicher kein Fortschritt möglich sein.

Im vorangegangenen Abschnitt wurde das heute in seinem vollem Umfang mit Sicherheit noch nicht voll erfasste Leistungsspektrum biologischer Organismen unter Einschluss des Menschen in seiner erkennbaren Vielfalt angedeutet und auf das damit verbundene Erklärungsdefizit sicher beobachteter Phänomene hingewiesen. Es bedarf keiner allzu großen Phantasie, zunächst die wenigen tatsächlich reproduzierbar beobachteten Fähigkeiten von Rutengängern in einen Rahmen biologischer Sensibilitäten versuchsweise einzuordnen und nach entsprechenden Erklärungen zu suchen, die zwar Neuheitscharakter aufweisen müssten, dem Wesen nach aber als konventionell zu betrachten wären.

Die Verknüpfung mit den erwähnten, erst vor kurzem entdeckten und überraschenden Sinnesleistungen soll auch dazu dienen, bestimmten Kreisen auf seiten der Befürworter rutengängerischer Fähigkeiten folgenden wichtigen Gedanken aufzuzeigen. Aufgrund der Tatsache, dass es an einer einfachen Erklärung des Rutengänger-Phänomens mangelt, muss man nicht gleich die physikalisch beschreibbare Welt verlassen und zu transzendentalen Theorien Zuflucht nehmen, wie etwa die der „nicht messbaren Bioenergie". Viel naheliegender erscheint es doch, erst einmal die zum großen Teil noch versteckten Möglichkeiten der Biologie und Sinnesphysiologie zu erkunden und auszureizen.

Zweck der Ausführungen dieses Abschnitts ist es daher, im Hinblick auf den heutigen Wissensstand begründete Zusammenhänge und vorstellbare Möglichkeiten anzudeuten, nicht aber solche fertigen Erklärungen bereits anzubieten. Dabei sei ausdrücklich festgestellt, dass es sich zunächst nur um spekulative Erwägungen handelt. Mit Sicherheit ist anzunehmen, dass eine künftige Erklärung, so sie gefunden wird, nicht einfach sein kann und eher mit einer Kette aus vielen miteinander verwobenen Gliedern vergleichbar sein dürfte. Denkt man sich nämlich das Problem zu sehr vereinfacht, indem man ausschließlich bereits gut bekannte Wirkungsmechanismen heranzieht, dann wird man eben feststellen, dass „nichts passt", dass die zugelassenen bekannten Modelle versagen. Nach diesem Motto hat man zum Beispiel früher „nachgewiesen", dass es keine Magnetfeldempfindlichkeit biologischer Organismen geben kann. Es handelte sich um einen gewaltigen Irrtum. So kommen wir nicht weiter.

Es bleibt im ersten Schritt keine andere Wahl, als in einer etwas eindimensionalen und vereinfachenden Weise die Liste der denkbaren physikalischen Felder oder Signale unvernetzt durchzugehen, die in der Vergangenheit schon häufig als Ursache für ortsabhängige biologische Reaktionen genannt wurden. Sofern sie auch mit unserer Arbeitshypothese aus Kapitel 6 verträglich sind, lassen sich folgende, nicht notwendig vollständige Kategorien ausmachen:

- nicht-ionisierende elektromagnetische Strahlung (statische magnetische und elektrische Felder, elektromagnetische Wechselfelder von beliebig niedrigen Frequenzen bis zur Hochfrequenz im Mikrowellenbereich),
- ionisierende Strahlung (hinreichend kurzwellige elektromagnetische Strahlung beginnend ab UV-Strahlung, Röntgenstrahlung und Radioaktivität),
- luft- und materiegebundene Effekte (Infra- und Ultraschall, Luftionisation, Geruchsstoffe)
- Variation der Schwerkraft.

Natürlich sollte man nicht vergessen, auch die Komplizierung durch Primär- und Sekundäreffekte zu unterscheiden. So wird eine lokal variierende elektrische Bodenleitfähigkeit nicht ohne Einfluss auf die in der Luft darüber befindlichen elektrischen bzw. elektromagnetischen Felder sein. Auch eine lokal erhöhte Radioaktivität des Bodens kann eine Erhöhung der Luftionisierung zur Folge haben, letztere wiederum luftelektrische Felder beeinflussen und ähnliches mehr. An dieser Stelle sei gleich vermerkt, dass geologische Verwerfungen und Bruchzonen öfters durch eine messbar erhöhte Ausstrahlung von Radioaktivität, vornehmlich Radon, gekennzeichnet sind.

Man muss ferner von der Möglichkeit ausgehen, dass – ähnlich wie beim Kompass-Sinn von Vögeln – für das hier diskutierte Rutengänger-Phänomen mehr als eine spezielle Ursache verantwortlich sein könnte. Versucht man aber, für die bisher am sichersten nachgewiesenen Effekte eine gemeinsame Erklärungsrichtung zu finden, so bieten sich vornehmlich elektromagnetische Wechselfelder nicht zu hoher Frequenz, also aus dem nicht-ionisierenden Bereich an, eventuell auch Gravitations- und Vibrationseffekte. Zur Warnung vor ungerechtfertigten Hoffnungen sei aber nochmals auf den spekulativen Charakter dieser Diskussion verwiesen; es handelt sich dabei allenfalls darum, ein Mosaiksteinchen im Gesamtbild zu platzieren bzw. bestimmte Effekte auszuschließen, die mit Beobachtungen in Widerspruch stehen und daher zunächst keine weitere Beachtung rechtfertigen.

Unstrittig sind auf der Erdoberfläche örtliche Variationen der Intensität und Frequenz von Bodenschwingungen sowie des Schwerefelds messtechnisch nachzuweisen. Mit der sogenannten Turmgravimetrie gelingt es sogar, unterirdische Hohlräume mit Ausdehnungen unterhalb 10 Meter zu identifizieren. Verwerfungen und andere Inhomogenitäten des Untergrundes zeichnen sich durch sehr viel deutlicher messbare Anomalien an der Erdoberfläche aus. Niemand weiß jedoch derzeit zu sagen, ob Rutengänger mittels ihrer Methodik auf kleinste Änderungen dieser Größen, Bodenschwingungen oder Schwerkraft, reagieren und – falls dem so wäre – über welches Maß an Sensibilität sie dabei verfügen. Ansätze zu künftiger Forschung bieten sich demnach in verschiedensten Richtungen. Erst nach genaueren künftigen Untersuchungen ließe sich entscheiden, ob eine Relevanz für unser Problem vorliegt oder nicht.

Verfügen Rutengänger über einen Magnet-Sinn?

Obwohl das Erdmagnetfeld und seine lokalen Variationen häufig mit Reaktionen von Rutengängern in Verbindung gebracht werden und darüber in internationalen Zeitschriften Berichte erscheinen (Williamson 1979, 1987; Rocard 1988), ist dieser Zusammenhang jedenfalls nicht als generell stichhaltig anzusehen. Eine direkte, gut beobachtbare Magnetfeldempfindlichkeit ließ sich nämlich trotz vielfältiger Bemühungen bisher nicht nachweisen. Auf die Frage, ob es einen Magnetsinn beim Menschen gibt, muss daher in einer groben Betrachtungsweise zunächst mit Nein geantwortet werden. Um einen in der üblichen Weise definierten Sinn annehmen zu dürfen, müsste eine gut funktionierende Erkennung von Magnetfeldern vorhanden sein. Es lassen sich dementgegen allenfalls schwache Korrelationen mit Magnetfeldern beobachten. Als differenziertere Antwort auf die eben gestellte Frage ließe sich höchstens von der Möglichkeit bedingter, indirekter Reaktionen auf Magnetfelder reden, wie sie vielleicht bei den Experimenten von Baker eine Rolle spielten.

In der Münchener Projektstudie wurden Rutengänger sehr intensiv auf eine denkbare Magnetfeldempfindlichkeit geprüft. Die Probanden hatten die Aufgabe, das Vorhandensein oder Nichtvorhandensein eines künstlichen Magnetfelds festzustellen. Nimmt man sämtliche mehrere tausend Einzeltests mit nahezu 100 Versuchspersonen zusammen, so ist das Ergebnis klar negativ, gleichgültig wie stark oder schwach die Felder gewählt wurden.

Aber das ist wiederum nicht die ganze Wahrheit. Eine Reihe der Rutengänger, die in anderen Tests (Scheunen- und Laufbrett-Experimente) besonders gut abgeschnitten hatten, produzierten nämlich auch bei den Magnetfeld-Experimenten überzufällig gute Serien. Allerdings bestand das Problem darin, dass sich die zahlenmäßig geforderte Reproduzierbarkeit nicht einstellte. Dennoch würde man es sich zu leicht machen, die beobachteten Teilsignifikanzen einfach als Zufallsfluktuation anzusehen. Ein Kandidat erzielte beispielsweise am ersten Versuchstag in 90 Einzeltests ein Ergebnis, das nur mit 2 % per Zufall hätte erreicht werden können. Es war Schröter. Da fällt es schwer, an reinen Zufall zu glauben. Eine irgendwie geartete Verwertung dieses Zwischenergebnisses war aber nicht möglich, da der Proband diese Leistung in folgenden Tests nicht wiederholen konnte. Er traf zwar immer noch besser, als im statistischen Mittel zu erwarten war, es reichte aber nicht für die angestrebte und statistisch erforderliche Absicherung.

Daraus ist zu entnehmen, wie kompliziert die Untersuchung biologischer Systeme ist. Der Begriff der Reproduzierbarkeit ist allenfalls bedingt anwendbar. Nur bei extrem gut funktionierenden Sinnen lassen sich Tests erfolgreich wiederholen. Befasst man sich aber mit Experimenten an den Leistungsgrenzen, wo keine ausgeprägten Sinne wirksam sind, sorgen nicht kontrollierbare Effekte aller Art für Fehlerquellen. Wer würde erwarten, dass zum Beispiel ein Spitzensportler seine Bestleistung jederzeit garantiert zu wiederholen vermag?

Wie immer man dies bewerten möchte, von einer sicheren Erkennung der angebotenen Magnetfelder konnte keine Rede sein. Damit wird es unwahrscheinlich, permanent gute rutengängerische Ortserkennung mittels Magnetfeldrezeption zu erklären. Darüber hinaus eignet sich die Magnetfeld-Hypothese auch nicht zur Erklärung eines Großteils der experimentellen Befunde. Dies sei anhand von drei Überlegungen näher begründet:

Erstens haben sich bei den Münchener Experimentserien an verschiedensten Orten in keinem Fall mehr als zufällige Übereinstimmungen zwischen leicht erkennbaren (größeren) Magnetfeldgradienten und Rutengänger-Angaben gezeigt. Zumeist lagen die Reaktionsorte der Versuchspersonen außerhalb solcher Bereiche, wo Variationen der magnetischen Feldstärke von mehr als einigen Prozent messbar waren. So hatten mehrere Rutengänger unabhängig voneinander in einem engen Ortsbereich mit recht konstantem Magnetfeldverlauf hochsignifikant reagiert, während eine etwa 2 Meter weiter weg vorhandene Magnetfeldanomalie offensichtlich keine Auswirkung zeigte. Ein möglicher Fehler in dieser Argumentation könnte allenfalls in der zugrunde gelegten Annahme bestehen, dass die maximalen Feldgradienten auch die größte biologische Reizwirkung haben.

Zweitens wird als Argument vielfach eingewendet, die tatsächlich relevanten Feldgradienten seien sehr klein und auch richtungsabhängig. Das erscheint aber insofern als zweifelhaft, weil einerseits sehr kleine Feldänderungen nahezu überall zu finden sind und andererseits auch sehr geringe künstliche und technisch bedingte Magnetfelder aller Form keine deutliche Korrelation mit Rutenausschlägen erkennen lassen.

Drittens steht unter Berücksichtigung der heute sehr weit vorangeschrittenen Kenntnisse zur magnetischen Prospektion zweifelsfrei fest, dass an der Erdoberfläche nachweisbare örtliche Fluktuationen des statischen Magnetfelds nur die entsprechenden Gegebenheiten der oberflächennahen Bodenschichten widerspiegeln und praktisch nichts über tieferliegende geologische Strukturen aussagen können. So lassen sich mit Hilfe modernster Magnetfeldmessungen mit höchster Empfindlichkeit und bestem Auflösungsvermögen (ein Fünfzigtausendel der Stärke des Erdmagnetfelds ist erkennbar) sehr wohl gewisse knapp unter der Erde liegende archäologische Strukturen aufspüren, nicht aber zum Beispiel 50 Meter tief liegende wasserführende Klüfte, die allem Anschein nach rutengängerisch erfassbar sind.

Aus all dem geht unter anderem hervor, dass heute keinerlei Rechtfertigung dafür besteht, mittels handelsüblicher Magnetfeld-Messgeräte nach „Erdstrahlen“ zu suchen, wie das fälschlicherweise oft geschieht.

Elektromagnetische Felder

Im Bereich des elektromagnetischen Spektrums vermag der Mensch mit seinem Sehsinn Wellenlängen von knapp unter einem Millionstel Meter hervorragend wahrzunehmen. Im Infrarotbereich mit Wellenlängen von etwa 0,1 Millimeter gibt es mit dem Wärmeempfinden ebenfalls eine spezifische, wenn auch wesentlich undeutlichere Wahrnehmung (sie ist bei Klapperschlangen erheblich besser entwickelt). Damit erschöpft sich die direkte Sensibilität für elektromagnetische Strahlung. Der Vollständigkeit halber bleibt zweierlei hinzuzufügen: Zum einen ziehen hohe Intensitäten an Strahlung beliebiger Wellenlänge eine mehr triviale biologische Wirkung nach sich, wenn die im Körper absorbierte Energie ein gewisses Mindestmaß übersteigt und damit Wärme (bis zur Verbrennung) erzeugt. Zum anderen führt hinreichend kurzwellige Strahlung zu Ionisierungseffekten in Körperzellen, die mit erkennbaren Folgewirkungen verbunden sein können. Allerdings sind keine spürbaren Spontanreaktionen bekannt; beispielsweise macht sich eine Überdosis an Gammastrahlung, falls Regenerationsmechanismen nicht greifen, erst nach relativ langer Zeit bemerkbar.

Für eine Diskussion im Zusammenhang mit rutengängerischen Spontanreaktionen kann daher in einer ersten Annäherung nur der langwellige und damit nicht-ionisierende Teil des Spektrums in Frage kommen. Dennoch besteht ein Dilemma in zwei Teilen. Einerseits gibt es nach den Ausführungen im vorhergehenden Abschnitt nur schwache Hinweise dafür, dass biologische Organismen auf langwellige und intensitätsschwache (nicht-thermische) Strahlung reagieren. Andererseits ist es bisher nicht möglich gewesen, an Reaktionsorten von Rutengängern solche Strahlungen festzustellen – die fraglichen Wellenlängen in Größenordnungen von oberhalb etwa 1 Zentimeter ließen sich nämlich technisch gut messen.

Relativierend ist dabei einzuwenden, dass weder die besagte biologische Sensibilität ausreichend erforscht ist, noch die erwähnten messtechnischen Untersuchungen mit dem nötigen Aufwand erfolgt sind. Es verbleibt also noch Spielraum. In diesem Sinne ist auch folgende Modellvorstellung zu sehen:

Man stelle sich eine unterirdische Kluft nach Abbildung 7.1 vor, deren Wände eine sehr viel höhere elektrische Leitfähigkeit als das umgebende Gestein aufweisen. Für auftreffende Wellen stellt dies eine Störung dar, die sich in einer veränderten Intensitäts- und Phasenverteilung in der Umgebung widerspiegelt. Tatsächlich steht ein breites Spektrum von Wellen zur Verfügung, das von oben aus der Atmosphäre auf den Störkörper auftrifft und zu einem kleinen Teil an die Erdoberfläche zurückreflektiert wird. Es sind aber auch Strahlungen denkbar, die aus dem Untergrund selbst stammen und beispielsweise durch piezoelektrische Effekte in mikroseismisch aktiven Gesteinsformationen verursacht werden.

Ein weiteres Problem besteht darin, dass man für ein derartiges Modell aus geophysikalischer Sicht heraus eigentlich zwei sich widersprechende Annahmen machen müsste. Erstens benötigt man eine gute Ortsschärfe des Signals auf der Erdoberfläche, zweitens sollen die betreffenden Wellen den Untergrund genügend leicht durchdringen. Aus grundlegenden physikalischen Tatsachen ergibt sich jedoch, dass kurze Wellen, also zum Beispiel im Dezimeter- oder Meterbereich, den Boden nicht ausreichend zu durchdringen vermögen. Umgekehrt erlauben längere Wellen, die aus größeren Tiefen (Bereich 100 Meter) kommen können, keine absolut großen Intensitätsunterschiede innerhalb der kurzen Längendimensionen, die radiästhetisch bedeutsam sind. Selbst wenn man hier noch einen gerade tragfähigen Kompromiss eingehen könnte, würde dieser sehr stark von der jeweiligen Situation abhängen müssen. Je tiefer das geortete Objekt, desto größer müssten die nutzbaren Wellenlängen sein.

Es bliebe noch zu untersuchen, inwieweit intensitätsschwache Modulationen oder lokale Minima der betreffenden Felder eine bessere Ortsauflösung ermöglichen. In diesen Fällen wären die oben genannten Einschränkungen weniger bedeutsam, allerdings würde sich die nutzbare Feldintensität kaum vom Rauschen und dem allgemeinen Störpegel unterscheiden. Zugegebenermaßen fühlt sich ein Physiker bei solch ungewisser Argumentation nicht gerade wohl; aber die zu erklärenden Befunde machen es erforderlich, alle denkbaren Richtungen abzutasten.

Infraschall

Es erscheint sinnvoll, auch die Hypothese betreffs Infraschall in die Diskussion einzubeziehen. Dies wird unter anderem dadurch nahegelegt, dass einmal die im Kapitel 5 dargelegten Messungen des Bodenschalls über Teststrecken eine kleinräumige mikroseismische Struktur zeigen, die auch von namhaften Geophysikern über aktiven Kluftbereichen erwartet werden, und zum anderen biologische Sensibilitäten auf derartige Schwingungen zumindest im Tierreich nachweisbar sind.

Beim Menschen sind nach vorliegenden Informationen weder die Schwellenwerte für Infraschall-Empfindung noch deren individuelle Streuung ausreichend untersucht worden. Aus praktischen Gründen war es lediglich notwendig geworden, Grenzwerte zur Schadenvermeidung einzuführen. So geht man bei den diesbezüglichen Vornormen im Bauwesen davon aus, dass die untere Wahrnehmungsstärke für den Menschen bei 20 Hz durch Schwingungsamplituden von einem Tausendstel Millimeter (1 μm) gegeben sei. Bei den Messungen im Spessart waren die aufgefundenen Schwingungsamplituden allerdings etwa hundertmal kleiner. Jedoch sind die Werte aus der Vornorm nur zur Vermeidung von wahrnehmbaren Belästigungen gedacht und können ihrer Natur nach keine echten Grenzwerte der biologischen Wahrnehmung darstellen. Auch ist darauf hinzuweisen, dass gerade die Rutengängertechnik eine kurzzeitige Erhöhung bestimmter Sensibilitäten ermöglichen dürfte. Die von Rutengängern reproduzierbar angegebenen Ortsbereiche werden ja auch nur mit Hilfe der spontanen Rutenreaktion gefunden, während der gleiche Proband an solchen Stellen ohne Rute in der Regel keine direkt beobachtbare Reaktion erfährt. In diesem Zusammenhang sei nochmals auf die schon zuvor erwähnten piezoelektrischen Eigenschaften von menschlichen Organen hingewiesen, die bei der Umwandlung von externen Schallsignalen in körpereigene elektrische Impulse eine Rolle spielen könnten.

Ferner stellt sich die Frage, ob Rutengänger vielleicht auch auf Gebäudeschwingungen reagieren, die sich frequenzmäßig näherungsweise zwischen 10 und 30 Hz bei vertikalen Schwingungen und unter 10 Hz in horizontaler Richtung bewegen. Dies wäre eine hypothetische Erklärung dafür, dass Rutengänger in mehrstöckigen Gebäuden senkrecht übereinanderliegende Reaktionszonen angeben. Da Gebäude in den verschiedenen Stockwerken meist gleichartige Bauweise und Dimensionen zeigen, sollten auch übereinanderliegende Zwischendecken stockwerkunabhängig ähnliche Schwingungsmuster aufweisen.

Schließlich wäre zu bedenken, ob die bekannte Auswahl und Bevorzugung bestimmter Plätze bei verschiedenen Tierarten nicht auch teilweise mit Bodenschwingungen korreliert sein könnte. Entsprechend empfindliche Sensorik ist jedenfalls bei vielen Tierarten zweifelsfrei festgestellt, wobei deren maximale Sensibilitäten noch um einige Größenordnungen besser sind, als es die Wahrnehmung der in ruhigen Lagen messbaren Schwingungen des Bodens erfordert.

Modellprinzipien

In Zusammenfassung der bisher umrissenen Hinweise und Spekulationen lässt sich konstatieren, dass zwei für eine naturwissenschaftliche Klärung des Problems als unabdingbar anzusehende Mindestvoraussetzungen mit respektabler Wahrscheinlichkeit erfüllt sind. Zum einen weisen verschiedenste bekannte Felder örtliche Schwankungen auf, die zumindest in bestimmten Fällen mit Strukturen des Untergrunds korrelieren. Zum anderen liegt eine Vielzahl von Hinweisen und Beweisen zur Sensibilität biologischer Organismen unter Einschluss des Menschen vor, auf verschiedenste räumlich und zeitlich variierende Felder in einer Art und Weise zu reagieren, die nicht im Rahmen der klassischen, gut bekannten Sinne zu verstehen ist.

Eine Erklärung rutengängerischer Fähigkeiten setzt weiter voraus, dass örtliche Variationen von Feldern nicht nur integral erkannt, sondern auch differenziert analysiert werden können. Es sei zum besseren Verständnis dieser Forderung nochmals auf Abbildung 7.2 verwiesen und das Prinzip des Rutenausschlags nach praktischer Erfahrung im Sinn einer Arbeitshypothese geschildert.

Bewegt sich ein Rutengänger ohne Rute über eine Reizzone, so spürt er in aller Regel nichts. Hält er eine Wünschelrute extrem locker in den Händen und geht wiederum über die Zone, wird er höchstwahrscheinlich noch immer nichts spüren. Erst wenn er die Rute nahe an ein labiles Gleichgewicht bringt, zum Beispiel eine klassische V-Rute unter starker Spannung hält, wird eine Reaktion in Form des Rutenausschlags stattfinden. Interessant ist dabei eine Beobachtung, die sich mit den meisten Rutengängern machen lässt: Je stärker die V-Rute gespannt wird, desto früher erfolgt ein Ausschlag bei Annäherung an die Zone. Der Vollständigkeit halber sei hinzugefügt, dass es sich dabei um Erfahrungen aus Blindversuchen handelt.

Es entsteht der Eindruck, dass die spezielle Handhabung und -haltung einer Rute den Grad an erreichbarer Sensibilität wesentlich mitbestimmt. Wird die Rute zu stramm und labil gehalten, finden Überreaktionen statt, und die Bezogenheit zum Ort schwindet, der Rutengänger spricht schon auf kleinste, unwesentliche Feldvariationen an (abgesehen von den zusätzlich vorhandenen körpereigenen Fehlreaktionen). Hält er dagegen die Rute nicht hinreichend gespannt, so ist er relativ unsensibel und spürt nur die allergrößten externen Reize. Allerdings ist zu ergänzen, dass dies nur in geringem Maß für sehr fortgeschrittene Rutengänger gilt, die mit zunehmender Sensibilisierung immer weniger vom Instrument Rute abhängen.

Da die betreffenden Felder nicht räumlich scharf isoliert auftreten, sondern als ausgedehnt angenommen werden müssen, kommt es nicht nur auf die Wahrnehmung der Felder selbst an, sondern auch auf die Erkennung bestimmter ortsabhängiger Informationsgehalte in diesen Feldern. Es dürfte vor allem die reproduzierbare Beherrschung dieser im letztgenannten Punkt erwähnten Fähigkeit sein, durch welche sich die „guten" Rutengänger von der Masse der anderen Menschen unterscheiden.

Demnach sollte die Entschlüsselung einer im Signalfeld enthaltenen Information eine zentrale Rolle spielen. Damit würde auch zu verstehen sein, dass ein „guter" Rutengänger unter Umständen mehr als nur Ortsinformationen erhalten kann – wie es auch bei allen anderen Sinnen entsprechend der Fall ist, die nicht nur Ja-nein-Antworten, sondern auch Intensitäten und teilweise komplexe Qualitäten vermitteln. Zu den hiermit verbundenen Fragen der Informationskapazität von verrauschten Nachrichtenkanälen liegen breite und fundierte Kenntnisse und ausgiebige Fachliteratur vor.

In diesem Zusammenhang ist es aufschlussreich, auf nur eine der zahlreichen eindrucksvollen Sinnesleistungen des Menschen speziell hinzuweisen. Es ist bekannt, dass manche Personen aus einem Sprachengewirr eine bestimmte bekannte Stimme oder aus der Klangfülle eines großen Orchesters ein bestimmtes Instrument „heraushören" und zeitlich unmittelbar mitverfolgen können, auch wenn die physikalisch angebbare Einzellautstärke der gewünschten Information weitaus geringer als die Gesamtintensität der Schallquelle ist. Zur heutigen Zeit ist diese Spontanleistung der Mustererkennung in ihrem Ausmaß technisch nicht zu simulieren, selbst wenn die schnellsten Computer mit einer technisch noch so einwandfreien Mikrofonaufnahme elektronisch gefüttert werden und die raffiniertesten Frequenzanalysen zur Anwendung kommen. Der Musik-Kritiker kann noch nicht durch einen Computer ersetzt werden und erst recht nicht durch eine zeitsynchrone Anlage. Es ist zwar vorstellbar, dass sich dies in Zukunft ändern mag, doch bleibt es dabei, dass die hier angesprochene Leistungsfähigkeit menschlicher Signalanalyse enorm hoch anzusiedeln ist. Sollten Rutengänger über integrale Körperfunktionen – ein spezielles Empfangsorgan dürfte kaum vorhanden sein – bestimmte Felder wahrnehmen, so sind an die Differenzierfähigkeit betreffs der aufgenommenen Signale Anforderungen zu stellen, die im Vergleich zu dem Beispiel spezifischen Hörens als vergleichsweise gering anzusehen wären.

Insgesamt gesehen bieten sich eine ganze Reihe wissenschaftlich diskutabler Untersuchungen an, um dem Phänomen Wünschelrute auf die Spur zu kommen. Dennoch darf die absolut unbefriedigende aktuelle Situation nicht vergessen werden: Eine definitiv plausible Erklärung für Rutengängerleistungen ist derzeit nicht vorhanden und auch nicht in Sicht. Natürlich muss dabei auch in Rechnung gestellt werden, dass es auf diesem Gebiet noch gar keine gezielte Forschung gegeben hat oder gibt, so dass der magere Kenntnisstand aus dieser Sicht kaum verwundern dürfte.

Gefragt sind Beiträge aus den Wissenschaften

Welche Disziplinen könnten dazu beitragen, das Geheimnis der Rutengänger zu lüften? Auf der Seite des „Senders" sind es zweifellos Physik und Geowissenschaften, auf der Seite des „Empfängers" Medizin, Biologie und Biophysik mit jeweils mehreren Teilbereichen. Wenn die noch vorherrschende Meinung, Rutengänger seien Scharlatane, durch eine objektivere Ansicht abgelöst werden kann – und viele Zeichen deuten in diese Richtung –, wäre eine interdisziplinär zusammengesetzte Arbeitsgruppe künftig vorstellbar. Vordringlich dürften dabei zwei Forschungsansätze sein, die sich auf die vornehmlich physiologischen Aspekte am „Empfänger", beziehungsweise auf die mehr geophysikalisch orientierten Fragen des „Senders" beziehen.

Biologisch-medizinische Projekte

Mit den vorgelegten Befunden zu ortsabhängigen Reaktionen von Versuchspersonen ist eine praktikable Basis gegeben, nunmehr die Erforschung des biologischen Wirkungsmechanismus gezielt verfolgen zu können. Dabei kämen zunächst die grundsätzlichen Erwägungen als Ausgangspunkt in Frage, die im Rahmen des in Kapitel 6 erläuterten Expertentreffens auf der Reisensburg 1984 erarbeitet wurden. In Kürze wären die wichtigsten Gesichtspunkte für einen zukünftigen Forschungsansatz aktualisiert wie folgt zu umreißen:

Zur besseren Objektivierung der Ortsreaktion ist es unbedingt erstrebenswert, vom sogenannten Rutenausschlag der Versuchspersonen und damit von der subjektiven Selbsteinschätzung dieses Vorgangs als ursächlicher Informationsquelle loszukommen. Da dieser Vorgang als Ende einer biophysiologischen Kettenreaktion im Körper der Versuchspersonen gesehen werden muss, sollte es möglich sein, den auslösenden Reiz oder einen begleitenden physiologischen Vorgang direkt messtechnisch, und damit objektiv, zu erfassen und eventuell zu interpretieren. Mittels eines solchen messbaren Signals würde man nicht nur von Eigenarten, subjektiven Fehleinschätzungen und Unzuverlässigkeiten der Probanden weitgehend unabhängig werden, sondern hätte auch die Möglichkeit, mittels der Eigenschaften des erfassten Signals

(Stärke, Form, Zeitverhalten) nach Veränderungen und Beeinflussungsmöglichkeiten zu suchen, also Ursachenforschung zu betreiben. Darüber hinaus könnten großflächige Ortsbereiche untersucht werden, um über die räumliche Häufigkeit von „Reizzonen" genauere Kenntnisse zu erlangen. Dies wäre wiederum für eine spätere Werteinschätzung bei der Durchführung von epidemiologischen Studien im Hinblick auf geopathogene Effekte eine nahezu unerlässliche Hilfe (siehe auch Kapitel 8).

Ein objektivierbares Reaktionssignal würde es auch erlauben, verschiedene Versuchspersonen auf ihre spezifische Sensibilität hin zu untersuchen und bei in vieler Hinsicht notwendigen Eignungstests von Probanden Hilfestellung zu leisten.

Ein unbekanntes Phänomen sollte nur mit bekannten und anerkannten Messverfahren angegangen werden, da sonst zu viele Unwägbarkeiten auftreten können. Eine genauere Beurteilung der Einsatzmöglichkeiten erprobter Verfahren ist aber derzeit kaum möglich, da zu wenig über den vermuteten räumlichen und zeitlichen Verlauf der Reizursache bei Rutengänger-Reaktionen bekannt ist. Da die Expositionszeiten, das heißt die Verweildauer auf „Störzonen", eine große Rolle spielen, muss zunächst zwischen Kurz- und Langzeitreaktionen unterschieden werden. Zudem bedingt die Suche nach physiologischen Reaktionen einerseits beim Rutenausschlag und andererseits nach längerem Aufenthalt auf einer sogenannten „Reizzone" vollkommen unterschiedliche Messtechnik.

Im einzelnen könnten folgende physiologische Parameter bzw. Verfahren benutzt werden, die hier nur stichwortartig genannt seien: Hautwiderstand, Potentialdifferenzen mittels der drei Standardverfahren EEG, EKG und EMG, Muskelaktivität, Frequenzanalyse im Myogramm, Pulsfrequenz (zeitabhängige Kurvenformen und Frequenzanalyse), Pupillometrie, Finger-Verschluss-Pletysmographie, Stressreaktionen, Thermographie, Kreislaufregulation bei Belastung, Erwärmungszeit nach standardisierter Abkühlung, Flimmerverschmelzungsfrequenz, Blutsenkungsgeschwindigkeit, Bluntuntersuchungen mittels induzierter Biolumineszenz und andere Blutparameter, Entzündungsbereitschaft standardisierter Versuchstiere sowie andere Tierversuche, tierphysiologische Modelle und Bioindikatoren oder auch verhaltensphysiologische Merkmale. Hinzu kommen Überprüfungen der Sensibilitätsschwellen gegenüber Intra- und Ultraschall, sowie verfeinerte Tests bezüglich der Empfindlichkeit auf elektromagnetische Felder in den verschiedensten Frequenzbereichen.

Dies sind keine Phantastereien, wie man vielleicht bei einer ersten Berührung mit dem Thema glauben möchte. In Kapitel 8 erweist sich, dass eine Reihe solcher Verfahren die Feuertaufe offenbar bereits bestanden haben.

Geophysikalische Projekte

Im Hinblick auf die neuere Entwicklung, vor allem aber durch die bereits über mehrere Jahre andauernde Untersuchung der GTZ (Kapitel 4), scheint nunmehr eine breitere Basis für eine zukünftige konstruktive Zusammenarbeit mit den Geowissenschaften ermöglicht zu sein. Nachfolgend werden daher einige Ansatzpunkte für solche denkbaren Projekte angedeutet.

Die in den Kapiteln 4 und 5 beschriebenen Befunde lassen mit den nötigen Einschränkungen vermuten, dass sich bestimmte wasserführende Kluftsysteme in kristallinem Gestein durch einige wenige, aber dafür besonders geeignete Rutengänger unter bestimmten Voraussetzungen mit praktisch hinreichend hoher Zuverlässigkeit auffinden lassen. Damit eröffnet sich prinzipiell die Möglichkeit für weitere Testserien. So wäre ganz besonders hilfreich herauszufinden, welche geophysikalischen Signale von den Rutengängern hierfür ausgenutzt werden. Dabei sollte auch der erstaunliche und noch völlig unverständliche vorläufige Befund Beachtung finden, dass solche Rutengänger eine enge Kluft der oben genannten Art höchstwahrscheinlich sogar genauer und schneller finden können, als dies die derzeit genutzten technischen Messverfahren in der Regel erlauben. Als Ziel derartiger Forschungsbemühungen könnte erhofft werden, mittels der hierbei zu gewinnenden Erfahrungen gängige technische Verfahren zu optimieren oder aber auch eventuell neue Methoden zu entwickeln.

Eine mögliche Vorgehensweise bestünde beispielsweise darin, anhand ausgewählter geophysikalischer Problemstellungen herauszufinden, bei welchen geologischen Situationen ein Rutengänger erfolgreich ist oder versagt. Wo er erfolgreich ist, sollte das gesamte verfügbare Instrumentarium moderner Messtechnik zum Einsatz kommen, um nach ortsabhängigen, strukturell bedingten und kleinräumigen Feldanomalien zu suchen.

Nach Expertenmeinung und aufgrund weitreichender geologischer Erfahrung handelt es sich bei der Auffindung von grundwasserführenden Spalten und Klüften um ein problemreiches Unterfangen, bei dem die üblichen geophysikalischen Verfahren meist versagen. Beispielsweise erlaubt die Geoelektrik nur, oberflächennahe Verwerfungen über die Messung der Bodenleitfähigkeit zu erkennen. Tieferliegende Anomalien bis etwa 100 Meter und teilweise tiefer können noch am ehesten mit elektromagnetischen (EM) Verfahren erfasst werden. Das Prinzip einiger solcher Methoden sei im Folgenden vereinfacht erläutert, damit der Umfang der bisher technisch genutzten physikalischen Felder erkenntlich wird.

Im einfachsten Fall werden in passiver Weise natürliche und technisch bedingte elektromagnetische Längstwellen (VLF) mit Frequenzen von etwa 10 bis 20 kHz ortsabhängig gemessen. Feldstärkeanomalien weisen auf Änderungen der Leitfähigkeit im Untergrund hin. Solche Geräte bezeichnet man in Laienkreisen häufig als „moderne Wünschelrute". Die Ortsauflösung ist hier allerdings nicht sehr gut, und es besteht auch eine Reihe von Möglichkeiten zu Fehlinterpretationen.

Effektiver sind aktive Geräte, die mittels Spulen ein magnetisches Primärfeld mit Frequenzen zwischen etwa 100 Hz und 10 kHz aufbauen, das im Untergrund ein Sekundärfeld erzeugt. Letzteres wird mittels einer Empfangsspule gemessen, die in einem speziell gewählten Abstand von der Sendespule positioniert ist. Der Vergleich von Intensitäten und Phasenlagen ermöglicht Rückschlüsse auf den elektrischen Widerstand des Untergrunds. Der Frequenzbereich ist dadurch eingeengt, dass Signale mit zu hohen Frequenzen im Erdboden absorbiert werden und solche mit zu tiefen Frequenzen keine gute Ortsauflösung ergeben.

Aufschlussreich ist die Feststellung, dass Spalten bei Messungen mit dem sogenannten Slingram-Verfahren Minima der Feldstärke erzeugen, wenn sie mit leitfähigem (tonigen) Material oder Wasser gefüllt sind. Zum VLF-Messverfahren ist zu bemerken, dass nur dann eine erkennbare Anomalie über einem Leiter (zum Beispiel eine Verwerfung mit Tonsilikaten) gemessen werden kann, wenn die Richtung von Sender und Verwerfung aufeinander ausgerichtet sind und die Messprofile senkrecht dazu verlaufen. Diese Richtung der geologischen Störung muss also entweder schon bekannt sein oder erst einmal gefunden werden, bevor Messungen aussagekräftige Details ermöglichen.

Normalerweise leiten Kluftwände elektrisch sehr viel besser als Wasser. Im allgemeinen wird nämlich in einem wasserführenden Kluftsystem der durch elektromagnetische Messverfahren erkennbare Leiter nicht vorwiegend vom Wasser gebildet, sondern hauptsächlich durch die Ablagerungen (Tonsilikate) oder Alterationsprodukte des anliegenden Gesteins. Letztere beinhalten meistens ein größeres Volumen und sind darum geophysikalisch leichter erfassbar. Das bedeutet, dass sich mit der EM-Methode zwar Spalten lokalisieren lassen, aber nicht ohne weiteres zu entscheiden ist, ob sie zum Zeitpunkt der Messungen auch Wasser führen.

Unter diesen Umständen bieten sich Tests von Rutengängern in Kombination mit dem EM-Verfahren über gut bekannten Spaltensystemen an, insbesondere im Hinblick auf die schon erwähnte Beobachtung, dass Rutengänger, die offenbar bei der Lokalisierung von Spalten mit relativ geringem Wasserdurchsatz erfolgreich sind, vergleichsweise riesige Wassermengen in eng begrenzten künstlichen Rohrleitungen nicht oder kaum zu erspüren vermögen. Man könnte demnach prüfen, wie groß Wasserflächen oder ausgedehnte leitende Flächen sein müssen, um rutengängerisch erkannt zu werden. Sollten sich hierbei nachprüfbare Zusammenhänge ergeben, wäre dies für eine Theoriebildung nützlich. Allerdings ist es nicht einfach, für solche Testobjekte geeignete Spalten oder Klüfte aufzufinden, da diese hinlänglich genau lokalisiert sein müssen und normalsensorisch nicht erkennbar sein dürfen.

Insbesondere sollte die begründete Vermutung überprüft werden, dass Rutengänger in solchen Fällen entgegen landläufiger Meinung gar nicht auf Wasser im Sinn einer chemischen Substanz reagieren, sei es in fließendem oder ruhendem Zustand, sondern vielmehr auf Sekundäreffekte, wie sie unter anderem auch durch Wasser, insbesondere fließendes Wasser, erst erzeugt werden.

Schließlich sei noch auf die tomographische Methode hingewiesen, mit Hilfe der modernen Kernspin-Resonanz nach Wasservorkommen zu suchen. Dabei erzeugt eine Spule ein konstantes Magnetfeld, das in den Boden eindringt. Dort vorhandene Wasserstoffkerne werden dadurch zu Oszillationen angeregt, die über ein gleichzeitig eingestrahltes magnetisches Wechselfeld durch Resonanzeffekte nachweisbar sind. Aus der Frequenz der Resonanz lässt sich auf die Tiefe, aus Stärke und zeitlichem Verhalten des Signalechos auf Quantität und Qualität des Wasservorkommens schließen. Dieses Verfahren ist demnach geeignet, gleichzeitig mehrere Detailinformationen, also nicht nur eine Ortsangabe, zu liefern – in Analogie zu den von guten Rutengängern berichteten Fähigkeiten.

Auf die Notwendigkeit zur Überprüfung des niederfrequenten Erdschallspektrums im Hinblick auf rutengängerische Reaktionsorte wurde schon deutlich hingewiesen, wobei vorwiegend biologisch wirksame Frequenzen um 10 Hz Beachtung finden sollten.

Zusammenfassend lässt sich zu den in diesem Abschnitt abgehandelten Problemen sagen, dass es eine große Anzahl von teilweise noch nicht bis zur denkbar höchsten Perfektion entwickelten geophysikalischen Verfahren gibt, die sich prinzipiell zur Lokalisierung von Grundwasser oder damit korrelierten Strukturen eignen. Diese Vielfalt technischer Möglichkeiten sollte der Reihe nach daraufhin durchdacht werden, ob sich Ansätze zur Erklärung der genannten rutengängerischen Fähigkeiten ableiten lassen. Es ist derzeit zwar nicht möglich, solche direkten Zusammenhänge herzustellen, man erkennt aber aus dem Gesamtbild, dass sich zahlreiche Wege und Mechanismen zur zukünftigen Überprüfung anbieten, die im Rahmen mehrerer kleinerer gezielter Forschungsprojekte im Bereich der Geowissenschaften angesiedelt werden könnten. Eine Basis dafür bietet sich nunmehr an, nachdem endlich zwischen Aberglauben und Wissenschaft sehr deutliche Unterscheidungen möglich geworden sind und ganz handfeste, viel Kraft erfordernde Fragen zur Beantwortung anstehen.

Dabei sollte man nicht vergessen, bis zur eventuellen Klärung oder gar messtechnischen Objektivierung der vermuteten biologischen „Erdstrahlen“-Reaktion eine vernünftige Zusammenarbeit zwischen Geowissenschaften und geeigneten Rutengängern anzustreben, wie dies bereits mehrfach, und insbesondere in den Kapiteln 2 und 4 zum Ausdruck kam. Es dürfte in diesem Zusammenhang auch von Interesse sein, entsprechende Aktivitäten geologischer Institute in Russland zu nennen. Beispielsweise können sich Studenten der Geologie am Polytechnischen Institut in Tomsk und am Geologischen Institut in Leningrad über praktikable Anwendungen der Rutengänger-Methodik unterrichten, die dort als „biologische Ortungsmethode“ bezeichnet wird. Gelegentlich hört man über dortige Erfolge beim Einsatz solcher kombinierten Methoden, es liegen jedoch keine ausreichenden Daten zu einer näheren Beurteilung vor. Auch ist kaum davon auszugehen, dass in Russland oder irgendwo anders ein wesentlich tieferes Verständnis des Rutengänger-Problems bereits erreicht worden sein könnte.

8 Krankheit als Standortproblem?

Erfahrungen und Beobachtungen

Behauptungen und Konsequenzen

Wie gelingt es, mit einem einzigen Satz gleich zwei große Disziplinen der Wissenschaft auf die Palme zu bringen? Den Rutengängern fällt das mit ihrer Behauptung „Krebs durch Erdstrahlen auf Wasseradern" nicht schwer. Für Mediziner und Geologen wirkt eine solche Aussage wie ein rotes Tuch. Über die meist falsche Benutzung des Begriffs „Wasserader" und den damit zwingend ausgelösten Widerspruch durch Fachleute aus den Geowissenschaften haben wir bereits berichtet. Aber was steckt nun hinter der verbreiteten Furcht, sich durch Aufenthalt an bestimmten Orten möglicherweise Krankheiten zuzuziehen?

Diese Frage spielt für eine Mehrheit der an „Erdstrahlen" und am Rutengänger-Thema interessierten Personen die Hauptrolle. Deswegen wäre es unbefriedigend, diesen wichtigen Komplex mangels endgültiger und unwiderlegbarer Daten hier mit Stillschweigen zu übergehen. Zudem haben die schon erwähnten Bemühungen der Carstens-Stiftung und der beiden Bonner Ministerien für Gesundheit und Forschung eindeutige Signale gesetzt und würden einem geeigneten Zug in Richtung „Aufklärung durch Forschung" gerne grünes Licht geben. Wie zu Zeiten des Reichsgesundheitsministers Reiter vor etwa 60 Jahren stehen wir wieder einmal vor der Chance, Licht in das Dunkel eines in verschiedenster Hinsicht beunruhigenden Phänomens bringen zu können. Aus diesem Grund erscheint der Versuch nützlich, die bereits vorhandenen Kenntnisse und Indizien zu beleuchten und kritisch zu kommentieren. Trotz aller bekannter Missstände zeigt sich nämlich, dass auch dieser Teil des Themas nicht durch die eine oder andere Extrem-Meinung zu beschreiben ist, sondern einer differenzierteren Betrachtung bedarf.

Berichte über den Einfluss des Ortes auf menschliches Befinden, Verhalten von Tieren und Wachstum von Pflanzen sind uralt und stellten unzweifelhaft einen der Ausgangspunkte für die Radiästhesie dar. Eine Überlieferung muss jedoch nicht deswegen zwingend wahr sein, weil sie alt ist. So stellt sich die Frage nach besseren Beweisen und überzeugenden Experimenten. Obwohl in dieser Hinsicht zahlreiche Anstrengungen zu verzeichnen waren, lässt sich noch heute kein eindeutiger Standpunkt ausmachen. Das wird aus folgender Überlegung verständlich: Nachdem es in der Vergangenheit nicht möglich war, selbst die einfachsten Grundtatsachen zur vergleichsweise leicht überprüfbaren Wasserfindung durch Rutengänger einem allgemeinen Konsens zuzuführen, darf man nicht erwarten, dass bei der Standortfrage eine Klärung eher in Aussicht stünde. Im Gegenteil, es handelt sich mit Sicherheit um eine wesentlich komplexere Angelegenheit, weil Befindlichkeitszustand und Krankheit des Menschen von einer Vielzahl unterschiedlichster Faktoren abhängen, über deren Einfluss sogar in den konventionellen Kreisen der Medizin heftig gerungen wird.

Neue Experimente zur Standortfrage unter Einbeziehung des Menschen wären höchstwahrscheinlich extrem aufwendig und langwierig. Man denke zum Beispiel daran, wie viele Jahrzehnte es dauerte, bis der schädliche Einfluss des Rauchens statistisch so gut abgesichert war, dass innerhalb der verschiedenen Interessengruppen von einem allgemeinen Konsens gesprochen werden durfte. Die Medizin-Experten bei den Gesprächen auf der Reisensburg (Kapitel 6) vermochten jedenfalls keinen einfachen Weg für eine schnelle Klärung des umstrittenen Sachverhalts zur Geopathie-Frage aufzuzeigen. Damit ist natürlich noch lange nicht jede denkbare Möglichkeit erschöpft und Resignation angesagt; wir werden sogar sehen, dass wichtige Anfänge bereits erfolgt sind – man sollte sich jedoch betreffs der ungeheueren Komplexität der Fragestellung keinen Illusionen hingeben.

Nach dieser Vorrede wollen wir zu dem entscheidenden Punkt kommen: Ist anzunehmen, dass es ortsabhängige Einflüsse auf die menschliche Gesundheit gibt? Generell ist dies natürlich der Fall, man denke nur an das großräumige Klima oder an kleinräumige Einflussfaktoren wie Wärme, Luft, Geräusche und Ähnliches, die im Sinn unserer Problembetrachtung von trivialer Art sind. Es gilt demnach, die Frage auf rutengängerisch geortete „Störzonen" einzuschränken und alle anderen „normalen" und bekannten Faktoren aus der Diskussion auszuschließen. Damit befinden wir uns bereits mitten in der Problematik. Der Mensch kann unter gegebenen Umständen auf derartig viele äußere Einflüsse reagieren, dass die gewünschte Trennung oder Konstanthaltung der Randbedingungen kaum zu gewährleisten ist. Hinzu tritt die zeitliche Komponente: Wenn es beispielsweise zehn Jahre dauern würde, um an einem auf einer „Störzone" gelegenen Schlafplatz merkliche Schädigungen zu erfahren, dann wird es unweigerlich Mühe bereiten, andere Faktoren als Ursache auszugrenzen.

Aus guten Gründen stehen somit nicht nur Mediziner der Hypothese von krankheitsverursachenden „Erdstrahlen" skeptisch gegenüber. An dieser Haltung lässt sich vorläufig wenig ändern, mögen noch so viele unkoordinierte Einzelbefunde entgegengehalten werden, die über erstaunliche Befindlichkeitsverbesserungen nach Wegrücken der Betten aus „Störzonen" berichten. Doch stehen wir damit nicht schon am Ende, sondern erst am Anfang der notwendigen Überlegungen.

Zunächst müssen wir die Konsequenzen aus den beobachteten Fähigkeiten der Rutengänger bezüglich Ortserkennung ziehen. Ungeachtet der meist schlechten Trefferquote bei diesbezüglichen Experimenten (siehe Kapitel 6) scheint festzustehen, dass zumindest einige Rutengänger über eine biologisch bedingte Sensibilität gegenüber noch nicht näher identifizierten ortsabhängigen Umweltreizen besitzen. Genauer: Beim Überschreiten einer bestimmten Zone erfahren sie einen physiologischen Reiz im Sinn einer wahrscheinlich reversiblen Spontan- oder Kurzzeitreaktion, die sich zum Beispiel als Rutenausschlag manifestiert. Wesentlich ist dabei, dass es überhaupt zu einer Wechselwirkung der Umgebung mit dem Körper des Menschen kommt.

Damit ergeben sich zwei nicht allzu fern liegende Spekulationen. Erstens ließe sich annehmen, dass im Prinzip jeder Mensch für diese Reize empfänglich ist und der Unterschied zu einem sensiblen Rutengänger nur in der Höhe der Schwelle zur bewussten Wahrnehmung der Reizwirkung besteht. Mit einfacheren Worten heißt das, die Umweltreize wirken prinzipiell auf jeden Organismus ein, die Fähigkeit zur direkten Wahrnehmung ist jedoch begrenzt und unterschiedlich gut entwickelt. Manche Rutengänger spüren es eben besser als andere Menschen. Zweitens wäre vorstellbar, dass die Reize bei langzeitigem Aufenthalt in der „Störzone" ebenso lange einwirken und damit für den Körper eine Art Dauer-Stressfaktor darstellen; versagen die Regel- und Regulationsmechanismen aus anderweitigen Gründen, so könnte dadurch eine Erkrankung begünstigt werden.

Damit keine Missverständnisse entstehen: Die letztgenannte Schlussfolgerung ist zunächst graue Theorie. Allerdings gewinnt sie zusammen mit noch vorzustellenden Befunden an Wahrscheinlichkeit, wenigstens teilweise wahr zu sein. Für eine grundsätzliche Ablehnung besteht bei einer Gesamtschau jedenfalls keine ausreichende Basis. Ein Wort der Vorsicht und zur Klarheit darf dennoch nicht vergessen werden: Sollte sich tatsächlich nach eingehenden Untersuchungen ergeben, dass ortsabhängige Effekte den Gesundheitszustand beeinflussen können, dann stellen sie eben nur einen Faktor neben vielen anderen dar, die für den Ausbruch einer Krankheit ursächlich wirken. Und es bleibt dann immer noch offen, welchen Stellenwert diese standortabhängigen Faktoren im Einzelfall wirklich einnehmen. Möglicherweise bleiben zahlreiche andere Ursachen wesentlich wichtiger, die auch leichter zu objektivieren und zu beeinflussen sind. Das letzte Wort ist also noch lange nicht gesprochen, und es bedarf der Geduld. Ohne Zweifel erkennt der Leser aber, dass hier interessante und eventuell wichtige Probleme ihrer Aufklärung harren. Keinesfalls ist ein Abtun wegen angeblich erwiesener Nichtigkeit vertretbar.

Der Fall von Pohl

Aus den zahlreichen Beispielen historischer Bemühungen um Klärung der Geopathie-Frage wird häufig eine Untersuchung von Gustav Freiherr von Pohl zitiert, von den „Befürworten" als positiver Beweis, von den „Gegnern" als Beispiel für Nicht-Relevanz der Rutengänger-These, gekoppelt mit unverantwortlicher Angstmacherei. Den Leser wird es kaum wundern, dass abermals weder die eine noch die andere Seite vollkommen recht zu haben scheint und das Ringen um Aufklärung weitergehen muss. Betrachten wir dazu einige Details des historischen Experiments.

Im Jahr 1932 veröffentlichte von Pohl ein Buch mit dem Titel „Erdstrahlen als Krankheits- und Krebserreger", das großes Aufsehen erregte und schnell vergriffen war. Seine Mitteilungen wurden schon zur damaligen Zeit von den einen heftig bekämpft und von anderen als klarer Beleg für standortabhängige Krankheiten bewertet. An dieser kontroversen Diskussion hat sich seit 60 Jahren nichts verändert. Die Geschichte

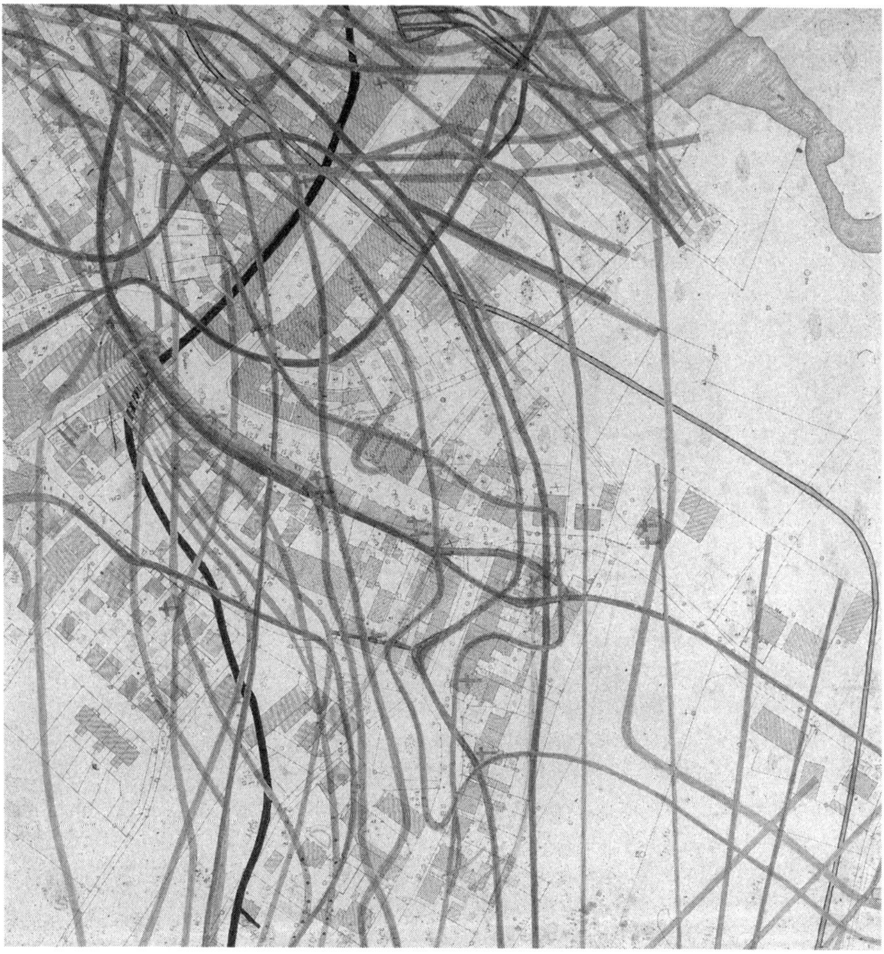

Abb. 8.1 Aus dem „Störzonen-Plan" von Pohls: Der ausgewählte Ausschnitt weist die dichtesten Streifen auf, jedoch bleiben zahlreiche Häuser teilweise oder vollkommen ausgespart.

eignet sich noch heute als gutes Beispiel dafür, dass aus offensichtlich gut durchgeführten und bestens kontrollierten Experimenten dennoch keine entsprechenden Konsequenzen gezogen werden, und wären es nur die notwendigen Überprüfungen gewesen. Was war damals geschehen?

Der Rutengänger von Pohl hatte nach eigenen Erfahrungen festgestellt, dass Erkrankungen, insbesondere schwere Fälle wie Krebs, mit radiästhetisch erfassbaren Reizzonen korreliert zu sein schienen. Um dies einem größeren Kreis möglichst eindeutig zu beweisen und der Diskussion ein für allemal ein Ende zu setzen, führte er in zwei ihm vorher nicht näher bekannten Städten große systematische Untersuchungen durch. Dabei fertigte er mittels einer Begehung unter strenger Aufsicht „Reizzonenpläne" an. Von Pohl stellte dieses neuartige Experiment so dar:

„Die Aufgabe war also, ohne Kenntnis von Krebstodesfällen, sämtliche nach meinen Erfahrungen krebsgefährlichen Ausstrahlungsstriche einer ganzen Stadt zu ermitteln und in eine Karte der Stadt einzuzeichnen. Nach Fertigstellung meiner Planzeichnung musste die Karte möglichst amtlich mit den Krebsleichenschauscheinen der Stadt verglichen werden, um zu prüfen, ob, wie ich behauptete, sämtliche Krebstodesfälle genau auf den von mir eingezeichneten Linien erfolgt waren. Bei dieser Prüfung kam nicht nur das betreffende Haus in Frage, sondern es musste hierbei auch in jedem einzelnen Falle das Sterbezimmer und in diesem die Stellung des betreffenden Bettes, in dem der an Krebs Verstorbene stets geschlafen hatte, festgestellt werden, um zu ermitteln, ob das Bett auch wirklich genau auf den von mir eingezeichneten Linien stand oder gestanden hatte. Falls eine Ausnahme vorkommen sollte, war ferner festzustellen, wie lange der Verstorbene dort schon gewohnt hatte bzw. ob er nicht etwa schon krank dorthin gezogen war, sowie eventuell auch, ob er vielleicht an seiner Arbeitsstätte Tag für Tag ständig in starken Ausstrahlungen gesessen hatte."

Diese Prozedur geschah unter nachweislich strengem Protokoll in zwei Orten, die von Pohl selbst vorher nicht in den für die Untersuchung relevanten Details kannte. Als man am Ende die 54 und 16 dort jeweils bekannten Krebsfälle mit den Reizzonenplänen verglich, stellte sich für die Kritiker eine große Überraschung ein: Sämtliche Fälle lagen auf den vorher bezeichneten Streifen. In der Schlussfolgerung des amtlichen Protokolls aus der einen Stadt mit immerhin 3300 Einwohnern und Schlafplätzen heißt es hierzu:

„Es wird hierdurch festgestellt, dass Freiherr von Pohl der oben unter dem Titel ‚Zweck' genannte Nachweis, dass Todesfälle an Krebs ausnahmslos in Häusern bzw. Zimmern bzw. Betten erfolgen, die über besonders starken unterirdischen Wasserläufen stehen, in vollstem Maße gelungen ist."

Mehr noch: In den darauffolgenden Jahren traten weitere Todesfälle infolge Krebserkrankungen auf, die ebenfalls in die bestehende Karte eingetragen wurden. Es erwies sich, dass auch diese späteren Fälle auf den von Pohlschen Zonen zu liegen kamen.

In einer kritischen Bewertung ist zunächst klarzustellen, dass die Meinung von Pohl, es handle sich bei den „Störzonen" um Auswirkungen unterirdischer Wasserläufe, aus hydrogeologischer Sicht nicht sinnvoll ist. Jedoch bleibt dies für unsere Zwecke unerheblich, da es lediglich um rutengängerisch festgelegte „Zonen" geht, wie immer diese verursacht oder begründet sein mögen.

An echter Kritik zu den Pohlschen Ergebnissen fand sich bisher in der langen Zeit nur ein einziger Einwand: Die von Pohl angegebenen Streifen seien derart zahlreich, dass praktisch jedes Bett darauf zu stehen komme und die gefundenen Übereinstimmungen daher rein zufällig bzw. sogar unvermeidbar seien. Ein Blick auf den in Abbildung 8.1 wiedergegebenen Plan-Ausschnitt bestätigt jedoch diese Vermutung nicht im erforderlichen Maße. Zwar sind die Pohlschen Streifen in einigen Bereichen sehr dicht, insgesamt liegen aber nach einer konservativen Schätzung höchstens die Hälfte der Häuser teilweise auf den Zonen; hinzu kommt die einschränkende Bedingung, dass in allen relevanten Fällen nicht eine Ecke eines betroffenen Hauses, sondern der entsprechende Schlafplatz der an Krebs Verstorbenen über einem der nur wenige Meter breiten Streifen gelegen war. Dies lässt sich natürlich nicht aus Abbildung 8.1 entnehmen, wohl aber aus den Einzelprotokollen zur genauen Lage jedes der 3300 Bettplätze relativ zu den „Störstreifen", die von Pohl ermittelt hatte.

Ferner ist zu bemerken, dass sich die „Störzonen" nicht gleichmäßig über die Stadt verteilen, sondern der westliche Teil eine deutliche Häufung zeigt. Eine einfache Erklärung der berichteten Übereinstimmung ist demnach auf der Basis rein statistischer Überlegungen nicht befriedigend möglich. Eine generelle Ablehnung der Untersuchungsergebnisse bedarf besserer Argumente.

Weitere Kritik könnte daran ansetzen, dass die erhaltenen Resultate zu gut sind. Selbst wenn eine Beziehung zwischen Ort und Gesundheit angenommen wird, kann diese, wie schon oben ausgeführt, höchstens einen Faktor aus vielen anderen darstellen. Es ist demnach sicher nicht zu vertreten, dass jeder Krebsfall ortsabhängige Ursachen haben müsse. Folglich wäre auch bei den von Pohlschen Untersuchungen unbedingt zu erwarten gewesen, dass ein bestimmter Anteil tödlich endender Krebserkrankungen durch andere als ortsabhängige Ursachen entsteht und zumindest einige „Ausreißer" in der erhaltenen Statistik auftreten. Seltsamerweise war das nicht der Fall, was als Hinweis auf versteckte Fehlerquellen zu werten wäre.

Wie immer man diese Befunde wichtet, es bleibt Unbehagen zu beiden Seiten hin zurück. Eine neue, mit besseren statistischen Methoden abgesicherte Untersuchung wäre erforderlich. Es müsste sich dabei nicht gleich um eine ganze Stadt handeln, denn gezielte Experimente wären mit erheblich geringerem Aufwand möglich und auch aussagekräftiger, wenn sowohl mehrere Rutengänger als auch modernere Methoden aus der heutigen, sehr viel weiter entwickelten medizinischen Statistik zum Einsatz kämen.

Suche nach krankmachenden Plätzen

Hausuntersuchungen

Mehrere tausend Rutengänger gehen allein in Deutschland dem Aufspüren angeblich gesundheitsgefährdender „Erdstrahlen" in Schlaf-, Wohn- und Arbeitsräumen nach. Nach den dabei berichteten Ergebnissen würde nahezu jeder der untersuchten Orte gefährliche Zonen aufweisen. Angesichts dieser im Raum stehenden Behauptungen wurde im Rahmen der von der Carstens-Stiftung geförderten Pilotstudien der Münchener Arbeitsgruppe ein Versuch unternommen, derartige Zonen in einigen gezielt angelegten Experimenten zu objektivieren. Der erste in dieser Richtung erfolgte Schritt bestand in der Prüfung, ob und inwieweit verschiedene Rutengänger in ausgewählten Häusern übereinstimmende Angaben machen würden. Damit war natürlich noch keine Verbindung mit ortsabhängigen Erkrankungen herzustellen – dies würde künftigen Untersuchungen vorbehalten bleiben.

Als sich die Münchener Forscher dann konkret bemühten, geeignete Häuser zu finden, möglichst sogenannte Krebshäuser, in denen die gefährlichen Stellen nach Angaben von Rutengängern relativ leicht auszumachen seien, ergab sich eine erste Ernüchterung: Kaum einer der vielen angesprochenen Rutengänger sah sich imstande, eine Wohnung mit vermutlich starken „Erdstrahlen" auch wirklich anzugeben. Selbst eine Annonce in einer Rutengänger-Zeitschrift brachte keinen Erfolg. All die gefürchteten „Krebshäuser" schienen plötzlich wie vom Erdboden verschwunden. Nach langen Mühen fanden sich schließlich zwei Häuser, in denen Krebserkrankungen ohne Todesfolge vorgekommen waren und deren Bewohner den geplanten Experimenten zustimmten.

Zwei Dutzend Rutengänger wurden nach dem Zufallsprinzip ausgewählt und stellten sich ausnahmslos für die Hausuntersuchungen zur Verfügung. Die Vorsichtsmaßnahmen bei den Versuchen umfassten mehrere Punkte. Den Rutengängern wurde der Versuchsort vorher nicht mitgeteilt; auch gab es für sie keine Information über die Hausbewohner und deren Krankengeschichten. Sie wurden einzeln an jeweils verschiedenen Tagen zu einem Treffpunkt einbestellt und sodann zu dem Testhaus gefahren. Die gesamte Hausbegehung fand unter der Beaufsichtigung von mindestens zwei Versuchsbetreuern statt. Ferner waren die Bewohner des Hauses in keinem Fall anwesend und hatten dafür Sorge getragen, möglichst alle ihre persönlichen, eventuell hinweisgebenden Gegenstände zu entfernen.

Zwei weitere Maßnahmen dienten der Ausschaltung von bewussten oder unbewussten Hinweisen. Im einen Haus war nach Eintreten der Krebserkrankung das bisherige Schlaf- mit dem Wohnzimmer vertauscht worden; selbstverständlich blieben die Rutengänger darüber im Unklaren. Des weiteren hatten alle Probanden zuerst das Haus von außen zu umgehen und dabei alle zum Haus führende „Reizzonen" in einen Plan einzuzeichnen, ohne die Verteilung der Zimmer und ihre Möblierung zu diesem Zeitpunkt zu kennen. In dem anderen Anwesen wurde nicht das im Obergeschoß gelegene Schlafzimmer untersucht, sondern die im Erdgeschoß darunter liegenden weitläufigen Räumlichkeiten, die reinen Wohnzwecken dienten. Durch alle diese gut kontrollierten Umstände konnte den Versuchen eine gewisse Aussagekraft zugebilligt werden.

Die Ergebnisse waren je nach Erwartung sowohl enttäuschend als auch ermutigend. Wenden wir uns den Angaben über „Störzonen" in dem ersten der beiden untersuchten Häuser zu. Eine oberflächliche Sichtung ergab, dass die von den verschiedenen Rutengängern insgesamt lokalisierten Zonen kreuz und quer lagen und weder in Richtung noch in Breite übereinstimmten. Es sah zunächst nach einem vollständigen Fehlschlag aus. Darüber hinaus war es den einzelnen Probanden nicht möglich gewesen, ihrer Meinung nach eindeutig gefährliche Stellen im Haus anzugeben. All die behaupteten Künste und Fähigkeiten schienen in Rauch und Chaos aufgelöst.

Natürlich konnte keine wundersame Wende dieses Bildes eintreten. Es war eindeutig klar, dass die Suche nach krankmachenden Orten nicht so (gut) funktioniert, wie es die Gilde der Rutengänger zu leisten vorgab – ein Ergebnis, das mit dem unbefriedigenden Ausgang der zeitlich später erfolgten Münchener Experimente bei der Suche nach beliebigen rutengängerisch erspürbaren Orten im Trend völlig übereinstimmt. Und dennoch ließ sich ein kleiner Teil des Anspruchs der Rutengänger bestätigen.

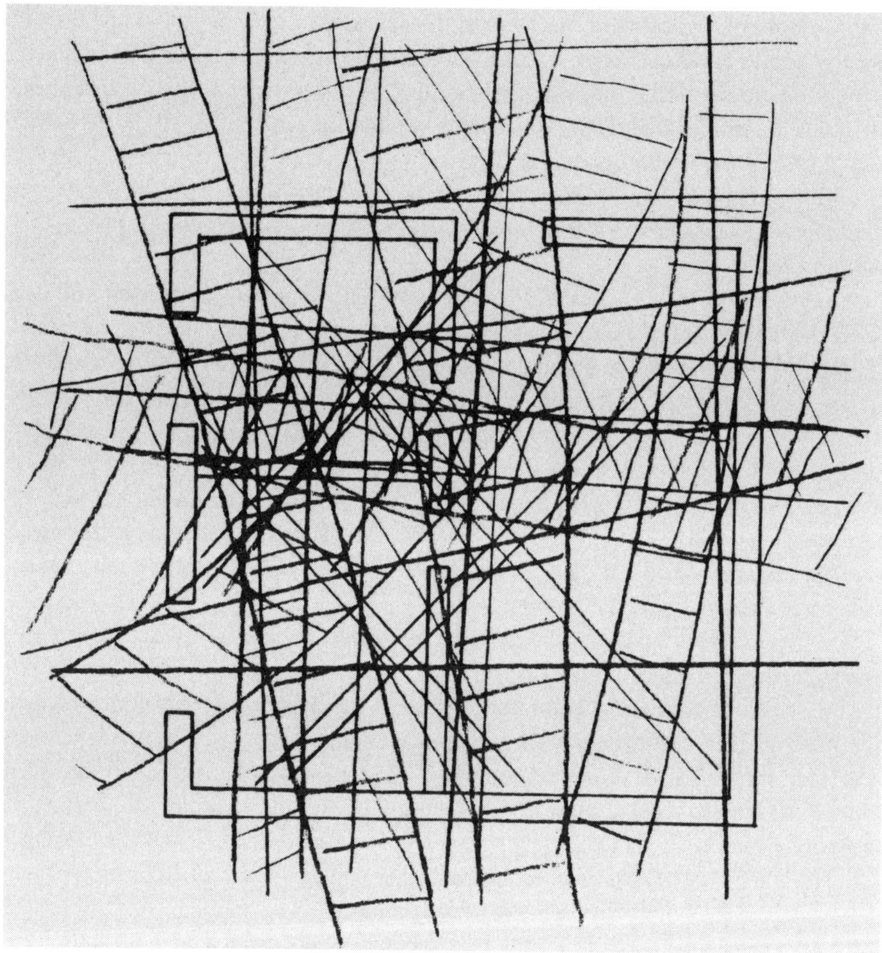

Abb. 8.2 Ergebnis von Begehungen des Hauses 1 durch mehrere (schlechte) Rutengänger. Es ist keine auffallende Übereinstimmung zu erkennen (Münchener Pilotstudie).

Die erhaltenen Daten durften nämlich nicht pauschal, sondern mussten differenziert betrachtet werden.

Es stellte sich bei einer genaueren Sichtung heraus, dass die Ergebnisse der Versuchspersonen in zwei Gruppen eingeteilt werden konnten. Die Probanden der ersten Gruppe lieferten „Reizzonen"-Muster, die mit keinem der anderen verträglich waren. Die zweite Gruppe hingegen stimmte in wesentlichen Trends der lokalisierten Streifen überein. Beide Gruppen erwiesen sich mit jeweils 10 Rutengängern als gleich stark. Dies wird durch die Abbildungen 8.2 und 8.3 veranschaulicht, in denen die angegebenen Zonen aus den beiden Gruppen übereinandergezeichnet sind. Bei der „besseren" Gruppe erkennt man durchaus bevorzugte Bereiche. Die deutlichste Stelle kommt in den Raum des früheren Schlafzimmers knapp neben dem Schlafplatz zu liegen, an

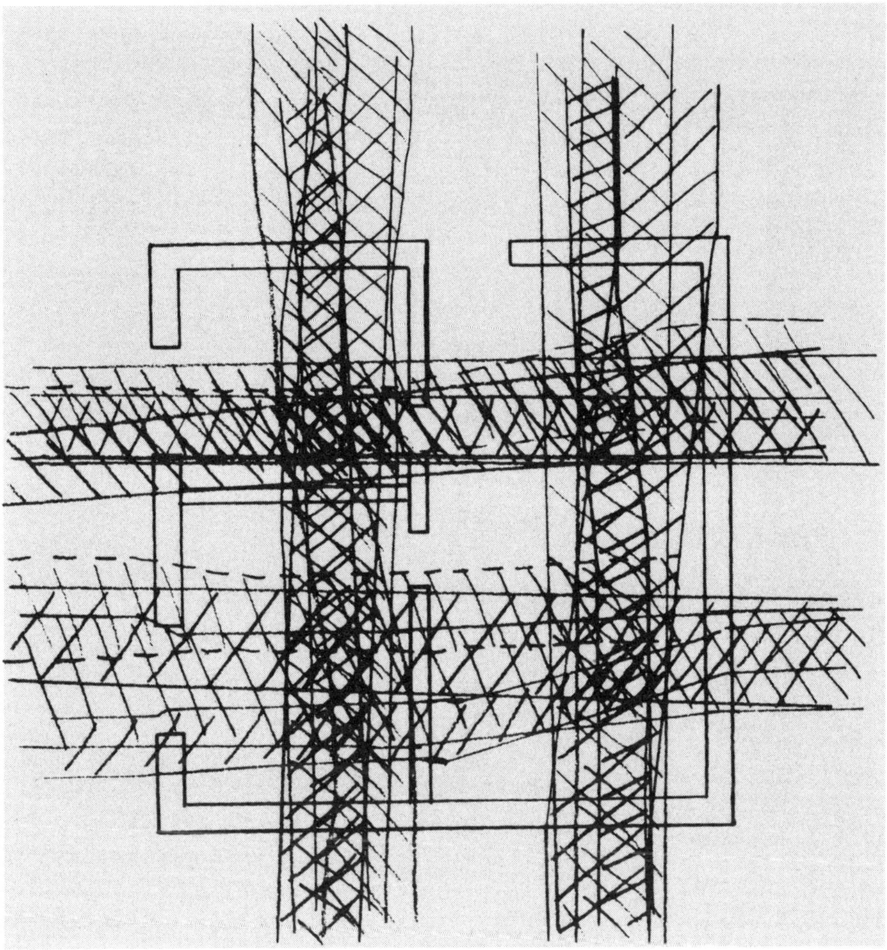

Abb. 8.3 Ergebnis von Begehungen des Hauses 1 durch mehrere (gute) Rutengänger. Die sich ergebende Übereinstimmung in wesentlichen Zonen ist überraschend (Münchener Pilotstudie).

dem die Erkrankung in dem Haus aufgetreten war. In dem zur Zeit der Begehungen als Schlafzimmer erkennbaren Raum wurden dagegen wesentlich weniger Zonen angegeben.

Im zweiten Testhaus kamen nur vier Rutengänger zum Einsatz. Ein Ergebnis zeigt Abbildung 8.4. Angesichts der Unzahl von Linien wurde der Rutengänger befragt, welche Bereiche er als gesundheitlich bedenklich bezeichnen würde. Er benannte zwei Punkte zu je etwa 50 cm Durchmesser; später stellte sich heraus, dass der eine dieser beiden Punkte im Erdgeschoß genau unterhalb des betroffenen Schlafplatzes im Obergeschoß lag. Der nächste Rutengänger erstellte einen „Störzonen"-Plan im Erdgeschoß, der auf das Obergeschoß übertragen in Abbildung 8.5 dargestellt ist. Wiederum kam der als kritisch bezeichnete Bereich nahe unter der besagten Bettstelle

Abb. 8.4 „Reizstreifen-Plan" eines Rutengängers im Haus 2. Obwohl die Vielfalt der Detaillinien nicht ernstzunehmen ist, hat der Rutengänger die ihm „gefährlichste" Stelle im Wohnzimmer dort angegeben, wo sich in dem darüberliegenden Geschoß die ihm zuvor nicht bekannte Schlafstelle der erkrankte Person befindet (Münchener Pilotstudie).

zu liegen. Die anderen beiden Rutengänger lieferten völlig divergierende Zonen und konnten keine präzisen Angaben machen.

Gewiss ist das gesamte Ergebnis alles andere als ein Beweis für die Wahrheit der allgemeinen Behauptungen der Rutengänger zur Geopathiefrage. Sicher scheint dagegen zweierlei zu sein: Erstens verfügt ein Großteil der Rutengänger über keine ausreichende Qualifikation für die gefragte Ortserkennung, und zweitens sind möglicherweise vorhandene ortsbedingte Gefahrenzonen keineswegs so leicht aufzufinden, wie dies im allgemeinen behauptet wird. Man muss jedoch in Rechnung stellen, dass die am Experiment beteiligten Rutengänger nicht nach irgendwelchen nachgewiesenen Leistungsmerkmalen ausgewählt worden waren. Wie bei den in Kapitel 6 vorgestellten Laufbrett-Versuchen erst nach langen Testreihen einige wenige befähigte Rutengänger

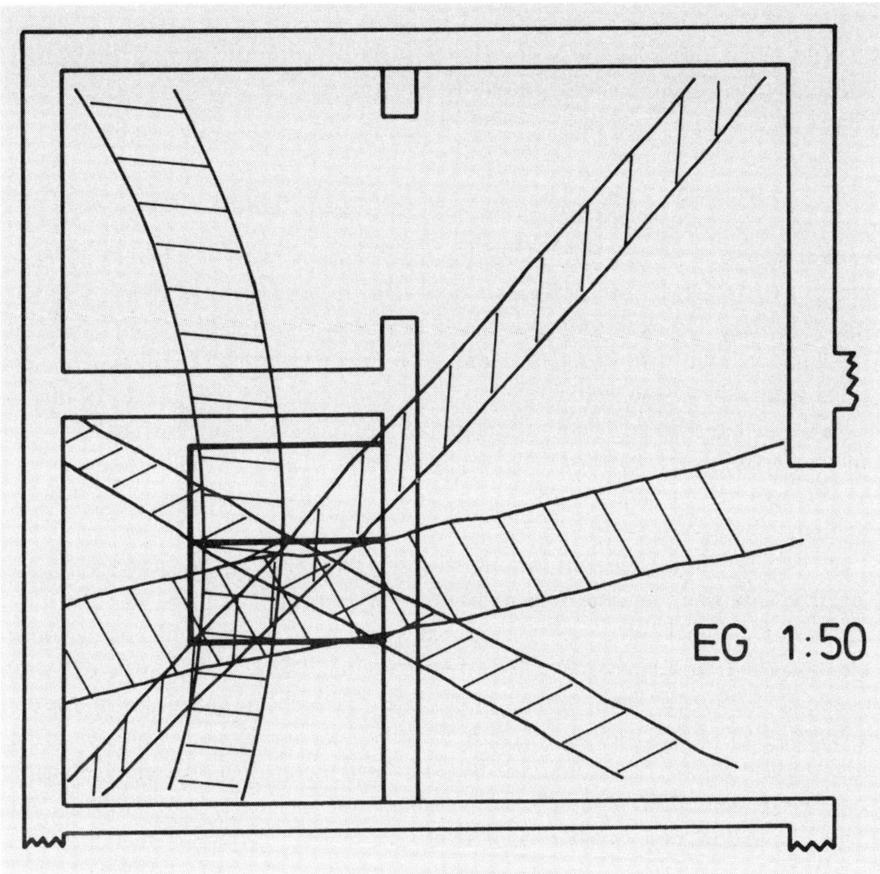

Abb. 8.5 „Reizstreifen-Plan" eines Rutengängers im Haus 2. Auch in diesem Falle wurde im Wohnzimmer ein Bereich als „gefährlich" angegeben, welcher sich unter dem Schlafplatz der erkrankten Person im Obergeschoß befand. (Die Lage der Schlafstelle im OG wurde erst im Nachhinein in den EG-Plan hinzugezeichnet; Münchener Pilotstudie.)

erkannt wurden, scheint es auch bei Hausuntersuchungen unabdingbar zu sein, mit speziell ausgewählten Personen zu arbeiten, die es erst einmal zu finden gilt.

Des weiteren ist – glücklicherweise – davon auszugehen, dass „schlechte" Plätze, die möglicherweise radiästhetisch erspürbar sind, durchaus nicht so häufig anzutreffen sind, wie dies von Seiten der Rutengänger gemeinhin unterstellt wird. Eventuell spielen die großräumige Umgebung und die geologische Struktur des Erdkörpers, wie vielfach behauptet, doch eine größere Rolle, was nicht zuletzt durch die Laufbrett-Experimente im Münchener Projekt nahegelegt wird. Dennoch zeigen die hier erhaltenen Ergebnisse, dass an der Geopathie-Behauptung ein Kern Wahrheit stecken könnte und das „Bettenrücken" vielleicht doch nicht so verrückt sein muss, wie es auf einen oberflächlichen Blick erscheint. Es wird künftigen Untersuchungen vorbehalten bleiben, einen solchen Kern an Wahrheit vielleicht hinreichend zuverlässig herauszuschälen. Dabei sollte auch die hypothetische Frage Beachtung finden, ob biologische Reaktionen durch Boden- und Gebäudeschwingungen verursacht sein könnten (siehe Kapitel 7).

Linien im Übermaß

Bei der Diskussion zur Wasserfindung durch Rutengänger hatte sich bereits die Frage nach der Genauigkeit von Ortsangaben gestellt. In ausgewählten Fällen schienen reproduzierbare Ortsreaktionen innerhalb des Bereichs von einem Meter sinnvoll. Wenn man aber die Pläne in den Abbildungen 8.2 bis 8.4 betrachtet, erhebt sich sofort die Frage der Relevanz so vieler Linien – und es sind noch nicht einmal die extremsten Beispiele wiedergegeben. Können Rutengänger Reaktionslinien auf buchstäblich Zentimeter-Genauigkeit feststellen? Nicht selten werden Pläne so detailliert angefertigt. Der Widerspruch zu einfacher Logik und zu den Ergebnissen der Münchener Tests ist offenbar.

Bei den oben dargestellten Hausuntersuchungen konnten einige Zusatzprüfungen eingestreut werden, um dem Linienwirrwarr experimentell zu Leibe zu rücken. So wurden zum Beispiel Rutengänger veranlasst, in einem größeren Raum erst den nördlichen und danach den südlichen Teil zu untersuchen, während der mittlere Bereich ausgespart blieb. Wie kaum anders zu erwarten, passten die vielen Linien aus den beiden Endbereichen dann in der Mitte nicht zueinander! Hinzu kommt, dass verschiedene Rutengänger die unterschiedlichsten Hypothesen über relevante Linien und Zonen vertreten und zu entsprechend divergierenden Angaben gelangen müssen. Aus all dem kann nur geschlossen werden, dass man schlecht beraten wäre, das präsentierte Liniengewirr im Detail ernst zu nehmen.

Vielfach wird auch sogenannten Gitternetzen Bedeutung beigemessen, die auf der gesamten Erdoberfläche vorkommen sollen. Auch hier bestehen die unterschiedlichsten Meinungen über Richtung, Linien- und Maschenbreite sowie Bedeutung im Sinn der Geopathie-Hypothese. Aus den vielfältigen Tests der Münchener Gruppe kann wiederum als erwiesen angesehen werden, dass diese Netze nicht reproduzierbar zu lokalisieren sind. Ansonsten hätten die Versuchspersonen bei den Münchener Tests nur nach solchen Netzlinien suchen müssen und damit reproduzierbare Ergebnisse an jedem beliebigen Testort erbringen können – tatsächlich ist das nicht im Entferntesten gelungen.

Damit scheint sich abermals herauszuschälen, dass die Ansichten der Rutengänger eine gewaltige Übertreibung der denkbaren Realitäten darstellen: Rutengängerisch gut erfassbare „Störstreifen“ weisen sicher nicht die enorme Dichte auf der Erdoberfläche auf, die durch das vermeintlich erspürte Linienspektakel suggeriert wird. „Krebspunkte“, so es sie wirklich gibt, müssen extrem selten sein und sind keineswegs in jedem Gelände und in jedem zweiten Wohnraum zu finden. Eine zwar mögliche, aber noch nicht hinreichend sicher belegte Gefahr wird zur Verunsicherung der Bevölkerung maßlos überbewertet.

Über die seit langer Zeit angepriesenen „Entstör- und Abschirmgeräte" zur Neutralisierung von „schädlichen Erdstrahlen" genügen vergleichsweise wenige Worte. Selbst eine große Zahl von Rutengängern ist sich über die Unsinnigkeit der angepriesenen Apparate sehr wohl im klaren, soweit es um die Beeinflussung der ominösen „Erdstrahlen" geht. Zur angeblichen Wirksamkeit der Geräte lässt sich sehr leicht ein einfacher Test durchführen, der die Nutzlosigkeit der von manchen Rutengängern empfohlenen Maßnahmen offenlegt:

Im Rahmen des Münchener Projekts ließen sich insgesamt über ein Dutzend Verfechter von Abschirmgeräten auf die Probe stellen. In der Regel wurde von ihnen behauptet, dass sich an bestimmten Stellen „schädliche Erdstrahlen" finden ließen, die jedoch nach geeignetem Platzieren des betreffenden Geräts nicht mehr mittels Rutenreaktionen zu spüren seien. Dies wurde anhand von Blindversuchen überprüft, bei denen die Rutengänger nicht wussten, ob ihr Gerät tatsächlich aufgestellt war oder nicht; Zeitfaktoren zum „Wirksamwerden" der jeweiligen Positionsänderung fanden dabei Berücksichtigung. In allen Fällen ergaben sich daraufhin rein zufällige Rutenreaktionen, das heißt, die Rutengänger konnten nicht einmal mit annähernder Sicherheit entscheiden, ob ihr Gerät gerade wirksam sein sollte oder nicht. Eine objektive und ursächliche Wirkung von Abschirmgeräten ist jedenfalls bisher nicht schlüssig nachgewiesen worden.

Berichte über positive Wirkungen von Abschirmgeräten auf menschliches Befinden können trotzdem wahr sein. Hierbei ist allerdings zu beachten, dass der Mensch vielen Einflussfaktoren unterliegt und Befindlichkeitsänderungen durch eine Unzahl von Effekten auslösbar sind; die bekannten, aber in ihrem Mechanismus noch unverstandenen Placebo-Phänomene seien eingeschlossen. Eine genaue Zuordnung von Ursache und Wirkung ist daher nur mit erheblichem Aufwand möglich.

Die in diesem Abschnitt vorgebrachte Kritik gilt nicht für Maßnahmen, bekannte und technisch messbare Felder in ihrer Stärke zu reduzieren. Dies mag Streufelder von Transformatoren, hohe Feldstärken durch mangelhaft isolierte elektrische Leitungssysteme oder unzulässig intensive Radioaktivität durch Radon-Emanation aus dem Untergrund unter Häusern betreffen. Die moderne Baubiologie vermag dazu nützliche und technisch sinnvolle Ratschläge zu geben.

Objektivierung biologisch wirksamer Zonen

Es fehlte auch in neuerer Zeit nicht an Versuchen, krankmachende Orte mit modernen Methoden aufzuspüren. An der Universität Bern kam 1983 eine Studie mit dem Titel „Gesundheitszustand je nach Schlafstelle – eine epidemiologische Studie zur Geopathiefrage" zustande (Bühler 1983). Darin wurde versucht, einen Zusammenhang zwischen dem Gesundheitszustand kürzlich Verstorbener und der rutengängerischen Bewertung der entsprechenden Schlafplätze zu finden. Dies gelang nicht, obwohl es sich bei 37 der 109 Fälle um Tumorpatienten gehandelt hatte. Eine entscheidende Schwachstelle der Untersuchung bestand allerdings darin, dass zur Bewertung

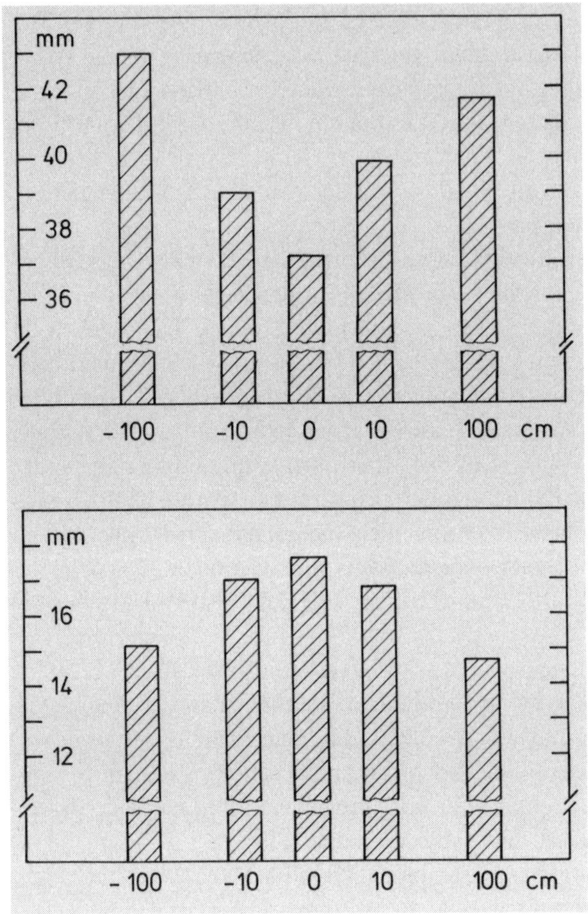

Abb. 8.6 Ergebnis von Pilot-Experimenten mit Blutsenkungen über „Reizzonen". Die Mitte der vermuteten Störzone liegt bei 0. Oben: gesunde Probanden; unten: erkrankte Probanden. In allen Fällen ergaben sich signifikante Anomalien (nach Neuberger).

der Schlafplätze nur ein einziger Rutengänger zum Einsatz kam. Infolge der notwendigerweise bestehenden Unsicherheit über die Fähigkeiten dieses Rutengängers erübrigen sich zu detaillierte Analysen des Endergebnisses.

Wenig später erstellten Karl Maximilian Fischer und Urs Baumann (1985) eine ausgedehntere Untersuchung zur Geopathie. Zwei Rutengänger definierten die „Störzonen" in einem Gebäude mit 87 Schlafplätzen, und die betroffenen Personen (Studenten) gaben eine subjektive Einschätzung ihres Gesundheitszustands zu Protokoll. Es zeigte sich, dass die eine Probandengruppe, die nach radiästhetischer Einschätzung geopathisch belastet war, tatsächlich eine schlechtere Allgemeinbefindlichkeit als die andere unbelastete Gruppe angegeben hatte. Der Unterschied erwies sich auch beim Vergleich mit einer Stichprobe aus der Durchschnittsbevölkerung als hochsignifikant.

Die bisher umfangreichste medizinisch-physiologisch orientierte Arbeit über „Störzonen" stammt von Otto Bergsmann und Mitarbeitern aus Wien (1990). Österreichische Ministerien finanzierten eine „Forschungsgemeinschaft Pathogene Standorteinflüsse", die sich mit viel Phantasie und modernen Methoden erfolgreich darum bemühte, standortabhängige Veränderungen bestimmter Messgrößen am menschlichen Organismus festzustellen. An hunderten von Versuchspersonen (Patienten) wurden mit 24 verschiedenen medizintechnischen Verfahren nahezu eine halbe Million Messdaten erfasst und ausgewertet. In den meisten Fällen ließen sich in der Tat statistisch signifikante Effekte nachweisen.

Zunächst war es die Aufgabe verschiedener Rutengänger, nacheinander und voneinander unabhängig in vorgegebenen Räumen nach „Störzonen" zu suchen und deren Lage möglichst genau anzugeben. Wenn hinreichende Übereinstimmungen der Rutengänger-Angaben auftraten, führte dies zur Einbeziehung der betreffenden Stelle in die Untersuchungen. Damit waren zugleich auch rutengängerisch „neutrale" Zonen erfasst. Zufällig ausgewählte Patienten, die nichts mit der Rutengänger-Frage zu tun hatten, konnten daraufhin an beiden Plätzen der jeweils gleichen Untersuchungsmethode unterzogen werden. Das Ziel bestand darin, nach Unterschieden der an beiden Orten am Patienten gemessenen Parameter zu suchen.

Dazu sei ein Beispiel aus den 24 verschiedenen Testverfahren geschildert, die Messung der Muskelaktivität. Ein Patient legt seinen Unterarm auf einen Tisch auf und lässt die mit einem Gewicht belastete Hand frei über den Tischrand hängen. Während dessen erfolgt am Unterarm über vorher angebrachte Elektroden die Messung der Muskelspannung. Etwa 10 Sekunden Messzeit reichen bereits aus. Diese Prozedur wiederholt sich im Wechsel auf den beiden Zonen mehrere Male. Die anschließende Auswertung zeigte, dass die jeweils auftretenden Frequenzen der Muskelaktivität deutlich unterschiedlich waren: Auf den „Störzonen" erwies sich das Schwingungsspektrum als weniger „harmonisch".

In ihrer Gesamtwertung schließen Bergsmann und Mitarbeiter, dass „Störzonen" existieren und als Risikofaktor zu werten seien, weil die Regelgüte von Körperfunktionen an solchen Orten herabgesetzt sein kann. Damit sind weitere Indizien dafür gegeben, dass sich „Störzonen" nicht nur mit Hilfe geeigneter Rutengänger finden lassen, sondern auch andere, wahrscheinlich bessere Methoden zu ihrer Objektivierung vorstellbar sind.

Schließlich sei noch eine der bereits im Kapitel 7 angedeuteten alternativen Möglichkeiten dargestellt. Sie basiert auf einer naheliegenden Idee: Sollten Rutengänger auf ortsabhängige Reize körperlich reagieren, dann müssen auch andere oder einfachere biologische Systeme Empfindlichkeiten aufweisen. Eine Methode besteht darin, die Geschwindigkeit von Blutsenkungen auf den fraglichen Zonen zu beobachten. Die Technik an sich stellt in der Medizin ein Standardverfahren dar. Schon frühzeitig wies Hartmann (1964) mit seinem Buch „Krankheit als Standortproblem" auf ihre Anwendung bei Geopathiefragen hin und präsentierte entsprechende Daten. Allerdings stellte sich heraus, dass die Senkungsgeschwindigkeit in komplizierter Weise von mehreren Parametern abhängt. Die wichtigsten sind der Gesundheitszustand und die Veranlagung des blutspendenden Patienten, das Wetter während der Senkung und neuerlich der Senkungsort.

Abbildung 8.8 zeigt eine neuere Wiederholung solcher Experimente nach Sascha Neuberger (1989). Nach radiästhetischer Identifizierung eines „Reizstreifens" wurden jeweils 8 Blutproben eines (von 10) Probanden entlang einer 2 Meter langen Messlatte quer zur Zone aufgestellt und die Senkung beobachtet. Bei gesunden Probanden zeigte sich über der Streifenmitte eine Beschleunigung gegenüber den beiden („neutralen") Randbereichen, wogegen bei erkrankten Probanden über dem Zentrum der Zone eine relative Hemmung zu beobachten war. Die Größe dieser hier beobachteten ortsabhängigen Effekte lässt Ungenauigkeiten der Datenerfassung und systematische Fehler kaum als Ursache diskutabel erscheinen. Es wäre extrem nützlich, derartige, an sich sehr einfache und wenig kostenaufwendige Messungen unter Anwendung aller denkbaren Vorsichtsmaßnahmen und unter Einbeziehung von Experten zu wiederholen. Sollte sich dabei keinerlei Reproduzierbarkeit der im Raum stehenden Effekte ergeben, so müsste dies zur Beruhigung und Dämpfung der Ängste in der Bevölkerung beitragen. Ergäbe sich jedoch eine Relevanz der behaupteten Befunde, so wäre ein konkreter Anlass und Ansatzpunkt für weitergehende Untersuchungen geschaffen.

Insgesamt gesehen, lässt sich die Geopathie-Frage mit den heute verfügbaren Daten noch nicht sicher und schlüssig beurteilen. Es sollten jedoch die verschiedenen Indizien für ortsabhängige biologische Wirkungen nicht generell ignoriert werden. Ihr Gewicht ist mittlerweile groß geworden und macht künftige Forschungen nötiger denn je.

9 Einwände und Kritiker

Beweise, Beweise

Jede Naturbeobachtung und jedes Experiment, das auch nur einen Hauch an Seriosität beansprucht, muss hinterfragt, überprüft und diskutiert werden. Das einfache Rezept, Gedanken zum Für und Wider auszutauschen und an möglichst einfachen Modellvorstellungen zu messen, hat sich in der Vergangenheit ohne jeden Zweifel bestens bewährt und kann effektiv dazu beitragen, aus neuen und zunächst unübersichtlichen Befunden die entscheidenden Erkenntnisse herauszuschälen. In den Naturwissenschaften wirkt sich eine solche Vorgehensweise besonders vorteilhaft aus, weil die entwickelten Modelle und Vorstellungen immer wieder an den Beobachtungen und Experimenten gemessen werden – jede festgestellte Diskrepanz zwingt unweigerlich dazu, der Wahrheit ein Stückchen näher zu kommen, auch wenn manchmal Umwege unvermeidlich sind.

Steht die Diskussion von Beobachtungen in Grenzgebieten an, so wird von Seiten der Kritiker oft gefordert, dass hier ein ganz besonders strenger Maßstab angelegt werden müsse. Denn je unwahrscheinlicher die zu beurteilenden Behauptungen oder Phänomene sind, desto sorgfältiger müsse Beobachtung und Forschung durchgeführt werden. Im Prinzip ist das keine unvernünftige Einstellung, sie führt jedoch des öfteren zu weit überzogenen Forderungen. Wahrscheinlich haben diejenigen, die diese Ansprüche stellen, selbst noch keine echten Forschungsarbeiten betrieben, denn dann wüssten sie, dass Forschung immer unter Anwendung maximaler Sorgfalt zu erfolgen hat. Besser formuliert: Die Vorsichtsmaßnahmen und Kontrollen müssen der Schwierigkeit des Problems angepasst sein. Insofern bedarf es keiner zusätzlichen Maßstäbe; auch ein Projekt im Bereich der Grenzgebiete kann mit den Methoden aus dem bewährten Arsenal der Wissenschaften bewältigt werden.

Konventionell erzielte wissenschaftliche Ergebnisse werden publiziert, auch wenn ihre Richtigkeit noch nicht absolut sicher feststeht. Experimente einzelner Gruppen müssen nämlich trotz aller Kontrollen irgendwann beendet sein. Nahezu jedes noch so konventionell betriebene Einzelexperiment könnte daher, isoliert betrachtet, von böswilligen Kritikern in Grund und Boden kritisiert werden. Dies liegt daran, dass es überhaupt keine absolut sicheren und eindeutigen Experimente geben kann, wenn man sämtliche Umstände einbezieht. Irgendwelche, wenn auch noch so weit hergeholte Einwände lassen sich immer finden. Die Erwartungen aufgrund vorhandener und glaubhafter Theorien sowie die Reproduzierbarkeit durch unabhängige Gruppen sind für eine letztliche Akzeptanz unabdingbar und entscheidend.

Solange beobachtete oder berichtete Phänomene nicht verstanden oder erklärt sind, ist der Wunsch verständlich, die Menge der Befunde immer weiter zu vergrößern und alle nur denkbaren Parameter immer wieder zu verändern. Wird dieses Spiel aber zu weit getrieben, so erhält man schwerlich ein höheres Maß an Sicherheit betreffs der fraglichen Realität der Phänomene, sondern man verhindert Aufklärung und möglichen Fortschritt. Irgendwo auf dem langen Weg der Datensammlung muss einmal ein Schnitt erfolgen und eine kritisch-objektive Bestandsaufnahme durchgeführt werden. Dann lassen sich die weiteren Schritte gezielter planen.

Aus den vorangegangenen Kapiteln ist nicht nur einmal ersichtlich geworden, dass dieser Punkt im Fall der Radiästhesie schon längst überschritten und eine ernsthafte Fachdiskussion mehr als überfällig geworden ist. Ein gehöriges Maß an Verantwortung hierzu fällt auf diejenigen Kritiker, die das für eine sachbezogene Diskussion notwendige Augenmaß nicht aufzubringen bereit sind. Die Wasserfindung durch Rutengänger ist dafür das beste Beispiel: Sie ist zumindest seit Jahrhunderten für einzelne Rutengänger in recht eindrucksvoller Weise belegt, und dennoch werden auch in der heutigen Zeit immer wieder neue wissenschaftlich begründete Beweise gefordert – und, wie aufgezeigt worden ist, auch erbracht –, ohne dass die entsprechenden Konsequenzen folgen.

(Weg-)Erklärungsversuche oder Einwände in vier Stufen

Wer wollte sich ernsthaft von Rutengängern und ihren oft überzogenen Behauptungen narren lassen? Wohl niemand; um das aber zu vermeiden, ist es notwendig, zuerst nach möglichst einfachen Erklärungen für die behaupteten Phänomene zu suchen. Vielleicht kommt man dabei auf eine im Prinzip triviale Lösung und kann das Problem damit als erledigt erklären. Schon viele Effekte haben sich auf diese Art und Weise in Nichts aufgelöst. Das Rutengänger-Problem scheint aber gegen eine solche Verfahrensweise resistent zu sein. Jedenfalls ist es den Kritikern, so sehr sie sich auch bemühten, bisher nicht gelungen, die Frage der Wasserfindung durch ausgewählte Rutengänger befriedigend zu erklären. Dazu seien nun in aller Ausführlichkeit die wesentlichen vier Punkte der Argumentationsstufen dargelegt, denen man nacheinander, nicht nur als Kritiker, Beachtung schenken muss:

1. sachliche Hinterfragung,
2. Zufallshypothese,
3. Trivial-Erfolg,
4. Experten-These.

Zu Punkt 1 ist zu bemerken, dass natürlich vor jeder eingehenderen Diskussion geprüft werden muss, ob der berichtete Erfolg eines Rutengängers unter den angegebenen Umständen wirklich stattgefunden hat, oder ob nicht etwa eine irreführende Berichterstattung vorliegt, beispielsweise durch Verwechslungen, Übertreibungen oder unwahren Angaben. In den meisten Fällen lässt sich das sehr leicht klären. Mit dem zweiten Argument wird ausgedrückt, dass der Rutengänger zwar einen unbestreitbaren Erfolg erzielt, es sich dabei aber um einen bloßen Zufall gehandelt hat. Schließlich kann jeder einmal Glück haben, und es wäre darüber hinaus zu prüfen, wieviele Fehlschläge dieser Rutengänger bei anderen Gelegenheiten produziert hat. Bei Anwendung dieses strengeren Kriteriums scheiden sicherlich die meisten Rutengänger für die weitere Betrachtung im Hinblick auf eine wissenschaftliche Beweisführung aus, es bleiben aber nicht wenige im Netz der Wahrheitsforscher hängen.

Im nächsten Schritt ist die Wahrscheinlichkeit des eingetretenen Erfolgs unter Berücksichtigung der örtlichen hydrogeologischen Verhältnisse zu prüfen. Handelt es sich zum Beispiel um ein Gebiet, in dessen Untergrund ausgedehnte Grundwasserhorizonte auftreten, dann erübrigt es sich, Erfolge der Wasserfindung der Wünschelrute zuzusprechen, da unter solchen Umständen Fehlbohrungen nahezu ausgeschlossen sind und sich Fündigkeit bei der Grundwassererschließung praktisch nicht vermeiden lässt. Es ist nicht immer leicht, die Relevanz dieses Arguments im Einzelfall zu begründen, da es dazu einer genauen Kenntnis des Untergrunds bedarf. Und diese liegt meist nicht in ausreichenden Details vor.

Manche Geologen gehen sogar so weit und behaupten: „Auf jedem Punkt der Erde wird man auf Wasser stoßen, wenn man genügend tief bohrt." Zuweilen wird das Zielgebiet etwas zurückhaltender auf Westeuropa eingeschränkt. Nicht nur aus theoretischer Sicht, sondern auch aus den praktischen Anforderungen bei einer Wassererschließung, wie sie sich vor allem aus finanzierbarer Bohrtiefe und gewünschter Wassermenge ergeben, liegen solche Pauschaläußerungen nicht nur völlig neben den eigentlichen Diskussionspunkten, sondern sind auch sachlich nicht gerechtfertigt.

Im Sinn der beabsichtigten wissenschaftlichen Beweisführung kommt es also darauf an, erst einmal solche Erfolge von Rutengängern auszuwählen und zu betrachten, für welche die genannten hydrogeologischen Erkenntnisse über den Erdkörper entweder direkt vorliegen oder durch andere Indizien, wie zum Beispiel vorher erfolgte Fehlbohrungen im gleichen Gebiet, abgeschätzt werden können. Man ersieht daraus bereits, dass eine einzelne Bohrung keine ausreichende Aussagekraft besitzt, vielmehr eine statistische Betrachtung erforderlich wird. So mag es beispielsweise Gebiete geben, wo aufgrund der gegebenen Untergrund-Verhältnisse die Chance 30 % beträgt, in Bohrlöchern, die an zufälligen Punkten angesetzt werden, bis zu einer bestimmten Tiefe Wasser bis zu einer bestimmten Menge zu finden. Der Nachweis einer überzufälligen Leistung des Rutengängers erfordert demnach, dass er eine Erfolgsrate erbringt, die höher als 30 % liegt. Man denke hier an das Projekt Sri Lanka aus Kapitel 4. Es erfordert ohne Zweifel einen gewissen Aufwand, diese Folgerungen auf statistisch gesicherter Basis treffen zu können; auf jeden Fall ist eine sachkundige Analyse durch mehrere Fachleute unabdingbar.

Ergibt die Prüfung gemäß des dritten Arguments tatsächlich eine überzufällige Erfolgsquote des Rutengängers, dann lässt sich noch ein vierter und letzter Ausweg anführen, nämlich die schon im Kapitel 4 diskutierte Hypothese des „Super-Beobachters". Dabei wird dem Rutengänger unterstellt, er sei ein besonders fähiger Experte im Sinn hydrogeologischen Wissens und könne gute Bohransatzpunkte vorwiegend an Topographie, Fauna und Flora erkennen. Da man mit diesem Einwand nahezu unbegrenzte Fähigkeiten und Intuitionen unterstellen kann, handelt es sich meist um eine Art „Totschlag-Argument" – eine Widerlegung ist in den meisten Einzelfällen nicht oder nur mit erheblichem Aufwand möglich. Erschwerend kommt hinzu, dass nach dem „Stand der Technik" gar nicht exakt entscheidbar ist, ob ein wie auch immer ausgewählter Bohransatzpunkt tatsächlich im Sinn der jeweils gestellten Anforderungen der richtige sein wird. Es wird dazu von verschiedenen Experten vorher verschiedene Ansichten geben, und im Nachhinein sind die unterschiedlichsten Interpretationen, Begründungen und Vermutungen des an der betreffenden Bohrstelle erzielten Erfolgs oder Misserfolgs möglich.

Es bedarf schon besonders guter Rutengänger, um die „Experten-These" einleuchtend widerlegen zu können. Um in dieser schwierigen Situation zu einer vernünftigen und gesicherten Aussage zu gelangen, sind entweder ausgedehnte Testreihen oder spektakuläre Einzelerfolge heranzuziehen, wie sie in den Kapiteln 3 und 4 beschrieben wurden. Die Details der rutengängerischen Vorhersagen müssen beispielsweise so genau und unwahrscheinlich sein, dass die Bestätigung ihre Eintretens die Anwendung von Gegenargument 4 aus der obigen Liste praktisch inakzeptabel macht. Man denke hierbei etwa an die Benedictus-Quelle oder die in Kapitel 4 erwähnten Schachtbrunnen auf einer Philippinen-Insel.

Bisher war es in Fachkreisen meist üblich, jedwede Erfolgsberichte über rutengängerische Leistungen bei der Grundwassererschließung mit Hilfe der Einwände nach den Punkten 1 bis 4 wegzuerklären. Wie bereits begründet, ist eine sorgfältige Diskussion dieser Punkte nicht nur Pflicht der „Befürworter", sondern auch Aufgabe der Kritiker. Allerdings sollte dabei mit Augenmaß und Fairness vorgegangen werden. So ist die (Salami-)Taktik abzulehnen, Einzelerfolge von Rutengängern separat nach den Gegenargumenten 1 bis 4 zurückzuweisen, ohne das Gesamtbild einzubeziehen.

Es ist schon erstaunlich, mit welcher Hartnäckigkeit eine Klärung der grundlegenden Fragen über lange Zeiträume vermieden werden konnte. Neben dem bereits Erwähnten gibt es für die Opponenten noch eine Reihe weiterer Gründe, das anstehende Problem zu vertagen. So wurde beispielsweise schon 1903 von fachlicher Seite erklärt, dass die Klärung nicht die Aufgabe der Geologie sei und nicht die Geologen, sondern die Rutengänger den Nachweis des Werts der Wünschelrute für die Grundwassererschließung zu erbringen haben. So einfach sollte man sich die Sache aber nicht machen. Zwar gilt unumstritten, dass diejenigen, die neue Effekte geltend machen, ihre Annahmen und Behauptungen auch beweisen sollten. Wenn aber neue Ideen aus Laienkreisen herrühren und zum Beweis der Thesen eine solide wissenschaftliche Bearbeitung erforderlich wird, dann bleibt eben nichts anderes übrig, als kompetente Wissenschaftler zu bemühen – vorausgesetzt, es liegen hinreichend Evidenzen für die Stichhaltigkeit der Thesen vor.

Im Grund wird dies auch von den meisten Beteiligten eingesehen. Dementsprechend haben sich Fachleute aus verschiedenen Disziplinen mehrfach mit Prüfungen von Rutengängern befasst. Manche meinten daraufhin sogar in nicht gelinder Übertreibung, „die Wissenschaft habe nichts unversucht gelassen, sich ernsthaft mit dem Problem der Wünschelrute zu beschäftigen". Im Ergebnis kamen Prüfungen durch

Skeptiker immer wieder, so auch noch 1950, zu dem „klaren Ergebnis, dass ein Zusammenhang zwischen Wünschelrutenausschlag und Untergrund nicht erwiesen, ja noch nicht einmal wahrscheinlich gemacht worden ist" (siehe Kapitel 2). Ob bei diesen „exakten Prüfungen" nicht etwas schief gelaufen ist und einiges Wesentliche außer Acht gelassen wurde? Vielfach wird eine Auseinandersetzung mit dem Thema auch deswegen für nicht erforderlich gehalten, weil die Rutengänger ersichtlich verfehlte Begriffe, wie zum Beispiel die vielbemühten „Wasseradern", sowie eine oft abstruse Terminologie verwenden.

Es ist durchaus nachvollziehbar, warum die Sache bisher so unbefriedigend verlaufen ist, aber man darf keinesfalls behaupten, dass es bei diesen Bemühungen um Klärung bereits zur Anwendung des Besten aus der Wissenschaft gekommen wäre!

Alles schon widerlegt („Gemessen und nichts gefunden")

Eine Reihe von Kritikern hält jede wissenschaftliche Beschäftigung mit dem Thema Rutengänger für vollkommen überflüssig oder glaubt, dass dadurch nichts Neues gefunden werden könne: Es habe bereits genügend Untersuchungen gegeben, und die Falschheit der „Erdstrahlen"-Thesen sei darin hinlänglich erwiesen worden. Als Standard-Zitat dient zur Untermauerung die Arbeit von Prokop und Wimmer (1985), auf die später noch ausführlich eingegangen wird. Im einzelnen werden von diesen Kritikern zwei Behauptungen aufgestellt:

1. Wissenschaftliche Experimente haben keinerlei Hinweis auf die Berechtigung der „Erdstrahlen"-Hypothese erbracht.
2. Der Rutenausschlag könne vollständig durch natürliche, vorwiegend physiologische Faktoren erklärt werden.

Es gibt selbstverständlich über die Jahrhunderte eine lange Reihe von Bemühungen zur Klärung der Rutengänger-Problematik, auch von zahlreichen Wissenschaftlern, jedoch in den seltensten Fällen in „offiziellem" Auftrag und nie durch Beschluss einer größeren, in der Wissenschaft autorisierten Gruppe. Das ist einer der Gründe, weswegen nur sehr wenige jener Experimentreihen einwandfreie Randbedingungen in der Durchführung aufweisen. Wahr ist nämlich, dass die permanent aufflackernden Aktionen der „Gegner" einen kontrollierten und systematischen Einsatz jeweils verfügbarer wissenschaftlicher Verfahrensweisen und Messmethoden verhindert haben. So ist aus genau dieser Erkenntnis heraus das Münchener Forschungsprojekt als notwendig erkannt und gefördert worden. Im Abschlussbericht zu diesem Projekt (König & Betz 1989) werden auch die neuesten 17 Rutengänger-Untersuchungen diskutiert, die zwischen 1954 und 1988 bekannt geworden sind (inzwischen handelt es sich bereits um 21 Arbeiten; siehe Literaturverzeichnis). Das gefundene Ergebnis passt ganz und gar nicht zu der von den Kritikern immer wieder vorgebrachten Behauptung, alle Untersuchungen würden für die Rutengänger negativ ausgehen: Von den 17 Studien wiesen 15 auf die mögliche Existenz der fraglichen Phänomene hin, nur zwei der Studien erbrachten nachhaltig negative Resultate. Ein Beharren auf der Gültigkeit der oben zitierten ersten Behauptung ist in Anbetracht dieser Faktenlage vollkommene Illusion.

Eine Untervariante der Behauptung 1 lautet, man habe schon alle nur erdenklichen messtechnischen Methoden zur Verifizierung der „Erdstrahlen" angewandt, aber nichts Derartiges dingfest machen können. So erklärte der Physiker Horst Löb (1984, 1988), der noch nie auf unserem hier debattierten Gebiet selbst forschend tätig war: „ ... unsere Messinstrumente sind viel empfindlicher als etwa der Mensch; man hat versucht, die ‚Erdstrahlen' zu messen, aber an den Stellen, wo sie auftreten sollten, hat man nichts gefunden." Wenn man nun nachfragt, welche Wissenschaftler mit welchen Messgeräten solche Tests durchgeführt hätten, folgt eine herbe Enttäuschung: Es stellt sich heraus, dass es solche Messungen nicht gibt. Auch die von Kritikern in diesem Zusammenhang häufig angeführte Untersuchung der Niederländischen Akademie der Wissenschaften hat bei ihren Untersuchungen um das Jahr 1954 nicht ein einziges Messgerät eingesetzt.

Dennoch machen es sich manche Kritiker weiterhin viel zu leicht. Zum Beispiel behauptete der Psychologe David Marks in der angesehenen und viel gelesenen internationalen Zeitschrift Nature im Jahr 1986 sinngemäß: Die Rutengängerei beruht auf normal-sensorischen Hinweisen, Erwartungshaltung und Wahrscheinlichkeitsargumenten; kontrollierte Tests erbringen keine Ergebnisse außerhalb des puren Zufalls. So einfach ist das! Für die Mehrheit der wissenschaftlich gebildeten Leser und ‚Mitläufer' bei der Grenzgebiet-Diskussion zementiert sich dadurch der schon vorhandene Eindruck nach dem Motto „Ganz klar, das kann ja auch nicht anders sein". Wie gelangt nun aber Marks zu seiner Erkenntnis? Für den Kenner der Szene keine Überraschung: Er weist als Begründung auf die Arbeiten der drei Ober-Skeptiker in den USA hin – einschließlich des Zauberers James Randi, den wir im nächsten Kapitel noch auf die Bühne holen. Sämtliche Evidenzen auf der „Pro"-Seite werden dagegen vollkommen ignoriert. Von Ausgewogenheit und durchdachtem Abwägen keine Spur. Wer sich des Beifalls der großen Mehrheit und der kleinen Gruppe einflussreicher Autoritäten sicher wähnen darf, muss wissenschaftliche Qualität offensichtlich nicht besonders kräftig auf seine Fahne schreiben, um Gehör zu finden.

Die zweite der beiden genannten Behauptungen von Kritikern geht auf Beobachtungen zurück, über die erstmals im Jahr 1787 berichtet wurden, und erweist sich bei näherem Hinsehen ebenfalls als irrelevant. Es wird argumentiert, dass der Rutenausschlag durch physiologische und psychologische Vorgänge zustande komme, wie etwa durch Ermüdungseffekte infolge ständig angespannter Muskulatur oder durch Wunschvorstellungen (Prokop & Wimmer 1985). Es sei unmöglich, so die Kritiker, für längere Zeit eine Rute unter starker Muskelanspannung im labilen Gleichgewicht zu halten und dabei auch noch über meist unebenes Gelände zu laufen. Früher oder später müsse es zu einem Kippen, zu einem Ausschlag der Rute kommen. Zu Unrecht würden die Rutengänger dies dann äußeren Einwirkungen zuschreiben.

Einerseits ist diese Schlussweise in gewissen Fällen unbedingt richtig und vermag einen Teil der mehr zufallsbedingten (Fehl-)Reaktionen von Rutengängern plausibel zu machen. Insbesondere Anfänger in der Rutenkunst zeigen genau das beschriebene

Verhalten und sind daher nicht in der Lage, reproduzierbar ortsabhängige Reaktionen zu entwickeln. Der Fehler von Kritikern wie Prokop und Wimmer liegt jedoch darin, ihre Vorstellung von der Rutenhandhabung auf alle Rutengänger und alle Fälle zu verallgemeinern. Das ist nicht zulässig, denn gerade die sehr erfolgreichen Rutengänger arbeiten ganz anders, als es sich die Kritiker vorstellen. Sie halten die Rute weder absolut ruhig noch extrem nahe der labilen Gleichgewichtslage, auch nicht unbedingt unter großer Spannung. Kleinere unvermeidliche Schwingungen während des Gehens sind für einen geübten Rutengänger kein entscheidender Störfaktor. Ein besonders gutes Beispiel für die Haltlosigkeit dieses Kritiker-Standpunkts ist in Abbildung 5.2 (Kapitel 5) zu sehen: Der Ausschlagwinkel der Rute ändert sich beim Gehen über mehrere hundert Meter nur ganz langsam und erreicht seinen Extremwert über einer tektonischen Störung. Im übrigen haben ja auch die zahlreichen Experimente des Münchener Projekts bestens erwiesen, dass Ausschläge eben doch mit dem Ort korreliert sind und nicht allein aufgrund der Handhabung zu deuten sind. In Anbetracht solcher Befunde verliert die These der Kritiker im entscheidenden Punkt ihre Berechtigung.

Theorie-Einwände

Vor allem Naturwissenschaftler unter den Kritikern wollen zuweilen zeigen können, dass es so etwas wie das „Erdstrahlen"-Phänomen gar nicht gibt, ja aus theoretischen Erwägungen heraus gar nicht geben kann. Die „Befürworter" würden deswegen einem nicht-existenten Phantom nachjagen, und weitere Anstrengungen zur Aufklärung der Rutengängerproblematik seien Zeit- und Geldverschwendung. Obwohl solche Argumente keinen beeindruckenden wissenschaftlichen Wert besitzen, fundamentale wissenschaftshistorische Erfahrungen ignorieren und das Prinzip wissenschaftlicher Forschung auf den Kopf stellen, ist eine nähere Beleuchtung dieses Einwands unter einigen Aspekten recht aufschlussreich.

Die Argumentationsweise jener kritisch eingestellten Wissenschaftler beruht auf der guten Kenntnis der Naturgesetze. Man wisse, dass die große Vielfalt der Erscheinungen auf vier fundamentale Kräfte zurückgeführt werden könne, die Gravitation, den Elektromagnetismus und zwei Kernkräfte (es wird nicht erwähnt, dass in der Physik inzwischen eine fünfte Kraft in der Diskussion steht). Aus damit verbundenen und gut bekannten Effekten und wohldefinierten Strahlungsarten wird der Rahmen der (eigenen) Erkenntnismöglichkeiten aufgezeigt und geschlossen, dass man „Erdstrahlen", so es sie gäbe, längst mit existierender Technologie hätte finden und identifizieren können. Da dies nicht geschehen sei, folge das Fazit: „Keine der bekannten natürlichen Felder, Wellen und Strahlungen ist in der Lage, zur Erklärung ortsabhängiger Rutenreaktionen beizutragen. Verglichen mit modernen Detektoren besitzt die Wünschelrute die gleiche apparative Aussagekraft wie Kaffeesatz. Erdstrahlen entbehren jeglicher physikalischer Grundlage" (Löb 1984, 1989).

Phänomene, die vermutlich nicht mit den bekannten und anerkannten apparativen Vorrichtungen messbar sind, oder für die messtechnische Versuche noch gar nicht mit dem nötigen Aufwand unternommen wurden, werden durch Kritiker mit dieser Argumentationsweise negiert. Abgesehen vom Ausklammern der durch Rutengänger-Experimente geschaffenen Faktenlage wird zudem übersehen, dass neuartige Phänomene durchaus auf einer Spielart oder Kombination altbekannter Effekte beruhen können. Die Ausführungen in Kapitel 7 zeigen das in aller Deutlichkeit. Kurzum, die theoretische Widerlegung der Radiästhesie fällt mehr als dürftig aus und stellt eine unzulässige Verengung der Möglichkeiten dar. Sie ist erkenntnistheoretisch unsinnig und wird überdies durch die Macht der Beobachtungsfakten hinweggefegt.

Die Rolle der Fehlschläge

In der Diskussion um die Wünschelrute und ihren prognostischen Wert spielen die Misserfolge und Fehlleistungen von Rutengängern eine wichtige Rolle. Viele Kritiker bemühen sich, möglichst lange Listen solcher Negativ-Ergebnisse zusammenzustellen und wollen damit die Unsinnigkeit rutengängerischer Tätigkeiten untermauern. In Wirklichkeit lässt sich jedoch aus nachweislichen Fehlschlägen mit Sicherheit nur folgern, dass es viele unfähige Rutengänger gibt – eine nicht gerade spektakuläre oder neuartige Erkenntnis.

Insbesondere ist die oft von Skeptikern oder „Gegnern“ wohl infolge wissenschaftlich mangelhafter Ausbildung vorgebrachte These scharf zurückzuweisen, dass einzelne oder viele negativ verlaufene Experimente die Nicht-Existenz des Phänomens an sich bewiesen. Unsere Argumentation zu diesem Punkt müssen wir aus immer wieder gegebenen Anlässen näher begründen.

Es sei einerseits die These der Skeptiker unterstellt, dass einem in Wirklichkeit nicht existierenden Phänomen von „Befürwortern“ fälschlicherweise Existenz zugeschrieben wird. Dann wäre jede neue Untersuchung konsequenterweise überflüssig, weil sie wie frühere Tests auch ergebnislos verlaufen müsste. Die Grundsatzfrage bliebe dann aber weiterhin offen, weil erfolglos verlaufene Experimente nichts mit einem Nachweis der Nicht-Existenz eines Phänomens zu tun haben. Es könnte ja theoretisch auch so sein, dass man prinzipiell falsch experimentiert und nur deswegen nicht zu einem anderen (positiven) Ergebnis gelangt. Das wäre in der Wissenschaft nichts Ungewöhnliches. Der negative Ausgang eines Experiments ist nämlich nur dann für eine Entscheidungsfindung geeignet, wenn es eine hinreichend begründete Theorie gibt, die durch das betreffende Experiment prinzipiell bestätigt oder abgelehnt werden kann. Im vorliegenden Fall sind wir aber von einer testbaren Theorie des Rutengänger-Phänomens weit entfernt.

Betrachtet man nun andererseits die einzig mögliche andere Alternative, nämlich die Existenz des Phänomens, gilt es zweierlei festzuhalten. Erstens wird man keinen Effekt finden können, solange man mit unzureichenden Methoden oder Mitteln experimentiert. Zweitens werden alle früheren, aus welchen Gründen auch immer ergebnislos verlaufenen Untersuchungen im Hinblick auf die Existenzfrage dann irrelevant, wenn der Effekt tatsächlich gefunden wird. Mit einfacheren Worten: Wenn der weiße

Rabe gesucht und schließlich gefangen wird, dann ist es vollkommen gleichgültig, wieviele schwarze Raben vorher von den Skeptikern gesehen, gezählt und aufgelistet wurden.

In Fortführung dieser Argumentation sei hinzugefügt, dass Kritiker den „Befürwortern" des öfteren vorwerfen, sie würden bei ihrer Arbeit nicht gebührend viele negativ ausgegangene Untersuchungen würdigen. Wenn man aber nur den Existenzbeweis führen möchte, und darum geht es ja noch immer, dann ist besagter Vorwurf aus oben erläuterten Gründen gänzlich fehl am Platz. Das gilt nicht für die umgekehrte Situation. Die Kritiker, die die Nicht-Beobachtbarkeit des Phänomens belegen möchten, dürfen positiv verlaufene Experimente nicht ignorieren; leider halten sie sich nur selten daran.

Selbstverständlich stellen die erfolglosen Experimente unabhängig hiervon für die praktische Auffindung oder Nichtauffindung des Phänomens auch weiterhin eine wichtige technische Information dar, die nicht unterbewertet werden sollte. In diesem Zusammenhang ist auch darauf hinzuweisen, dass nicht selten in Untersuchungen positive Ergebnisse erzielt werden, diese aber – wahrscheinlich wegen einer entgegenstehenden Voreingenommenheit der Autoren – keine entsprechende Würdigung erfahren. Der Münchener Wünschelruten-Report gibt über solche Versuche Auskunft, und der spektakulärste Fall, den wir dem Zauberer Randi verdanken, wird wegen seiner Einmaligkeit in einem der folgenden Abschnitte gesondert herausgestellt.

Nicht wenige Experimente mit Rutengängern sind auf ziemlich inkompetente Art und Weise ausgeführt worden, so dass deren Ergebnis keinen besonderen Erkenntniswert darstellt. Das gilt zum Beispiel für die im Jahr 1954 von der Königlich Niederländischen Akademie der Wissenschaften in Amsterdam vorgelegte Studie, die häufig von Kritikern als Beispiel für Negativ-Resultate zitiert wird und daher exemplarisch beleuchtet werden soll.

Der Untersuchungsauftrag betraf den möglicherweise schädlichen Einfluss von „Erdstrahlen" auf Gesundheit und Wachstum von Tieren und Pflanzen und schwerpunktmäßig die Wirkung von Entstörgeräten in landwirtschaftlichen Bereichen. In der Tat haben sich bei den relativ umfangreichen Untersuchungen unbestreitbar keine der fraglichen Effekte als nachweisbar ergeben.

Schaut man sich aber das Versuchsprogramm und die zugrunde liegenden Arbeitshypothesen näher an, so lässt sich zunächst feststellen, dass es um die – aus verständlichen Gründen interessierende – praktische Anwendbarkeit von Rutengängerangaben und Abschirmgeräten ging, und nicht um die Suche nach der möglichen Existenz irgendeines eventuell schwachen Effekts. Der Hauptteil der Studie befasst sich mit hypothetischen Effekten, die Entstörgeräten von recht exotisch veranlagten Rutengängern zugeschrieben wurden. Es ist gänzlich unverständlich, dass ein größeres Wissenschaftler-Team ernsthaft untersucht, ob beispielsweise – um nur zwei der grotesken Aufgabenstellungen zu nennen – nach Aufstellen eines Entstörgeräts in Ställen Maul- und Klauenseuche sowie andere Infektionen weniger häufig auftreten als vorher und ob auf holländischen Feldern von Krankheiten befallene Kartoffeln und Rüben unter dem Einfluss solcher ominösen Geräte sich regenerieren und besser gedeihen! Die Aufzählung all der anderen auf ähnlich erschütternd niedrigem Niveau liegenden Fragestellungen sei dem Leser erspart.

Hier kann man nur irritiert den Kopf schütteln und konstatieren, dass offensichtlich nach Wundern gefahndet wurde. Das Untersuchungsziel könnte kaum unrealistischer gewählt sein und basiert einmal mehr auf den enormen Selbstüberschätzungen, die in Rutengänger-Szene verbreitet ist, sowie auf der Naivität der Wissenschaftler, Behauptungen von Rutengängern in jedem Detail ernst zu nehmen und nicht von vornherein auf einen wissenschaftlich sinnvollen Rahmen zu reduzieren. Man ist ohne Zweifel gut beraten, diese Untersuchung nicht zu laut in den Zeugenstand zu rufen, wenn es um die Grundfrage nach der Relevanz rutengängerischer Fähigkeiten geht.

Extreme Kritik

Sagten Sie „Im Lichte der Wissenschaft"?

Trotz der Vielfalt von kritischen Abhandlungen über das Thema Radiästhesie scheint es keine Arbeit zu geben, die einen umfassenden, ausgewogenen und realistischen Überblick ermöglicht. Viel Aufsehen hat hingegen eine „Negativliste" des Gerichtsmediziners Prokop und des Juristen Wimmer erregt, in der die Auswüchse der Rutengängerei und die oft haarsträubenden Praktiken auf diesem Gebiet zu recht angeprangert werden. Die Autoren übertreiben aber ihre Bemühungen in dieser Richtung auf eine Weise, die in krassem Gegensatz zu wissenschaftlichem Vorgehen steht und viel zu sehr durch Einseitigkeit, unhaltbare Interpretationen und blanke Polemik gekennzeichnet ist. Mit dem Buch der beiden Autoren lässt sich unter anderem vorzüglich illustrieren, wie man Hürden vor eine rationale Behandlung des Rutengänger-Problems aufbaut, die der Verhinderung von Forschung Vorschub leisten, und wie Vorurteile zu Urteilen werden. Trotz des unzweifelhaften Mangels der Autoren an sachlich gebotener Einsicht über das Wesen von Grenzgebieten ist das Buch dennoch in weiten Leserkreisen auf Resonanz gestoßen. Wird nämlich ein „Skeptiker" oder Wissenschaftler zur Frage der Rutengängerei angesprochen, so weist er meist als erstes auf das genannte Buch hin und möchte damit zum Ausdruck bringen, dass sich wohl weitere Diskussionen über die Relevanz des Themas erübrigen würden. Auch die in Kapitel 4 geschilderten Bemühungen um Aufklärung durch die GTZ wurden von nicht wenigen der zuständigen Fachleute unter Hinweis auf die Auslassungen von Prokop und Wimmer für überflüssig erklärt.

Wer das Buch jedoch einer kritischen Prüfung unterzieht, wird feststellen, dass es nur insofern von Interesse ist, als es um die Zurückweisung der überzogenen Ansprüche von Rutengängern geht; dies wurde schon mehrfach und unmissverständlich zum Ausdruck gebracht. Doch erheben Prokop und Wimmer den Anspruch, das gesamte Bild der Rutengängerei abzudecken und die vollständige Wahrheit zu berichten, werden dem aber entgegen ihrer kräftig formulierten Ankündigungen nicht im mindesten gerecht. Sie beachten nämlich nur die negativen Aspekte des Themas, während die tatsächlich nachgewiesenen Leistungen von Rutengängern entweder gänzlich ignoriert oder auf ein bedeutungsloses Maß heruntergespielt werden. Schon Wetzel bemerkte hierzu: „Alles, was zugunsten der echten Rutengänger spricht, ist in dem Prokopschen Buch sorgfältig totgeschwiegen." Insofern wird unbestreitbar das häufigste Erscheinungsbild der Rutengänger beleuchtet, aber der im Rahmen seriöser wissenschaftlicher Bemühungen zu untersuchende Kern der Angelegenheit geht dabei vollständig verloren. Leider schauen viele „Skeptiker" über diese eklatanten Mängel nur allzu großzügig hinweg.

Die beiden Autoren sind schon lange durch undifferenzierte Rundumschläge auf allen möglichen Grenzgebieten bekannt. Unter anderem verfassten sie eine Abhandlung mit dem Titel „Der moderne Okkultismus", das sich gegen „gewissenlose Okkultverbrecher" (gemeint sind auch hier die Rutengänger) richtet und mit folgenden zwei Feststellungen beginnt:

- „Hochschullehrer haben die sittliche Verpflichtung, ihren Schülern klare Bilder von dieser Welt zu vermitteln, in der sie sich zurechtfinden müssen.
- Das vorliegende Buch ist ein Protest und eine Anklage, gerichtet gegen die Tätigkeit der Parapsychologen und Paramediziner, die mit Unterstützung einer bestimmten Presse nunmehr jahrelang ungestraft die Öffentlichkeit gründlichst fehlinformiert haben."

Was für ein Abgrund an Überheblichkeit! Welcher Erkenntnishorizont tatsächlich hinter diesen oberlehrerhaften Ankündigungen steckt, wird spätestens beim Abschnitt über Akupunktur offenbar. Während sich zum Beispiel in unzähligen Kliniken erfahrene Ärzte die schmerzbetäubende Wirkung der Akupunktur zu Nutze machen, erzählen Prokop und Wimmer ihren Lesern, dass es sich dabei um ein absolut mystisch-magisches Verfahren handle, das, weil es okkult sei, nichts leiste! Nachdem die Autoren sich nicht scheuen, Akupunktur-Spezialisten anzuklagen und in die Nähe von „Okkult-Verbrechern" zu rücken und damit eine weltweit ziemlich klar bekannte Faktenlage in nicht nachvollziehbarer Art und Weise derart verkennen, nimmt es nicht wunder, dass sie auch an der Rutengängerei kein gutes Haar lassen.

Ihrem Buch „Wünschelrute, Erdstrahlen, Radiästhesie" geben Prokop und Wimmer auch schon den entlarvenden Untertitel „Die okkulten Strahlenfühligkeitslehren im Lichte der Wissenschaft". Es steht für sie von vorneherein und ohne jeden Zweifel fest, dass Rutengänger Okkulttäter und Verbrecher sind und alles, was mit Rutengängerei zu tun hat, okkult ist und bekämpft werden muss. Die Meinung der Autoren gipfelt in folgenden, schier unglaublichen Schlussfolgerungen: Forscher, die das Phänomen „Erdstrahlen" untersuchen und sich nicht total dagegen aussprechen, werden als Schreibtischtäter sowie der Beihilfe zu Straftaten bezichtigt und sollten einer psychiatrischen Untersuchung zugeführt werden! Kennzeichnend sind auch Zitate aus den Schlussworten, die das erreichte Erkenntnisniveau für jeden Leser deutlich belegen: „Zu guter Letzt bleibt auf die okkultistische ‚Herausforderung' ... die psychiatrische Untersuchung des einzelnen Falles ... Doch kann in unserer Welt ... kein Platz sein für mittelalterliche Wahnvorstellungen. Die Schonzeit für Magie ist vorbei – die Tage der

Schamanen sind gezählt. Von unserem Thema bleiben nur zwei Worte: Rutengänger – Bauernfänger.“

Es dürfte auch einem Laien recht klar sein, dass derartige Auslassungen in der Wissenschaft nicht üblich sind und jedes Kennzeichen einer rationalen und unvoreingenommenen Behandlung vermissen lassen. Wer solche extrem einseitige und abwegige Einstellungen zu einem komplexen Problem vorträgt, kann natürlich gar nicht in der Lage sein, die vorhandenen Fakten und Befunde in ihrem gesamten Ausmaß korrekt wiederzugeben oder gar die richtigen Schlüsse daraus zu ziehen. So besteht ein Hauptziel der Autoren in der Erbringung des Nachweises, dass sämtliche Tests von Rutengängern negativ verlaufen seien. Dazu werden lange Listen von nachgewiesenen und angeblich nachgewiesenen Fehlschlägen erstellt. Um dem Generalanspruch besser Ausdruck zu verleihen, dass man mit Rutengängern nichts als Reinfälle erlebt und auch gar nichts anderes zu erwarten ist, werden weniger in dieses Bild passende, relativierende Äußerungen involvierter Forscher verschwiegen. Ein Experiment von Fritz Gassmann (1946) wird beispielsweise zum Beweis dafür zitiert, dass Rutengänger keinerlei Prüfungen bestehen. Gassmann hat in der Tat über ergebnislos verlaufene Experimente wie folgt berichtet: „Es ist nicht gelungen, mit Hilfe der beschriebenen Versuche Reizstellen zu ermitteln, die als Grundlage für physikalische Messungen hätten dienen können.“

Prokop und Wimmer zitieren diesen Befund in ihrer zweiseitigen Kommentierung der Versuche von Gassmann, lassen aber die dann unmittelbar folgenden Sätze in dessen Bericht gänzlich außer Acht: „Aus dieser Tatsache jedoch zu schließen, dass den Rutenausschlägen überhaupt keine physikalisch erfassbare Ursache zugrunde liegen könne, würde ich für verfehlt halten. Dazu waren die Versuche offenbar zu primitiv und zu summarisch angelegt. Durch die Versuche haben sich nämlich eine ganze Reihe von Fragen ergeben, deren Beantwortung nur von einer mehr ins Einzelne gehenden Versuchsanlage erhofft werden kann.“

Nur die erste der beiden Passagen von Gassmann als Zitat auszuwählen, erfüllt den Zweck, die Meinungsbildung der Leser in eine ganz bestimmte Richtung zu lenken, hat jedoch nichts mit einer sachlich-objektiven, wissenschaftlichen Darstellung zu tun. Es handelt sich vielmehr um eine bei diesem Themenkreis häufig anzutreffende typische Verengung der tatsächlichen Situation. Es ist zwar korrekt, dass den Rutengängern in der betreffenden Versuchsreihe kein Erfolg bescheinigt werden konnte. Das beweist aber nicht allzuviel, wenn der Versuchsleiter selbst seine Experimente als zu primitiv einstuft. Jedenfalls ist damit auf keinen Fall ausgeschlossen, dass besser angelegte Versuche nicht anders verlaufen könnten. Wie schon im vorigen Abschnitt dargelegt wurde, haben solche negativ ausgegangenen oder schlecht konzipierten Versuche eben nur eine sehr begrenzte Aussagekraft.

Die Lektüre von Prokop und Wimmer kann nur demjenigen empfohlen werden, der noch immer glaubt, dass die meisten oder gar alle aus Rutengängerkreisen stammenden Behauptungen bezüglich ihrer Leistungen berechtigt wären. Es kann nicht bestritten werden, dass die überwiegende Zahl rutengängerischer Aktionen erfolglos verläuft. Wer jedoch an der gesamten Wahrheit, an einer Suche nach dem Kern, an echter

Aufklärung des Phänomens und an wissenschaftlicher Aufarbeitung des Themas interessiert ist, kann die Fallsammlung allenfalls als Beispiel dafür werten, wie man es gerade nicht machen sollte. Durch die Aktivitäten des Münchener „Erdstrahlen"-Projekts und viele davon ausgelöste Bemühungen scheint es nach und nach zu gelingen, Kritiker und Wissenschaftler, die für künftige Kooperationen wichtige Partner in der Forschung sein sollten, davon zu überzeugen, dass eine Berufung auf Prokop und Wimmer nicht mit den erforderlichen Qualitätsstandards zu vereinbaren ist.

Kreuzzügler gegen die Wissenschaft

Nachdem die Fortschritte der Naturwissenschaften im Lauf der letzten Jahrhunderte ein immer erstaunlicheres Maß angenommen haben und weiter steil aufwärts in die Höhen der Erkenntnis weisen, konnte es nicht ausbleiben, dass mit dem einhergehenden Überbordwerfen alten Denkens gleich ein ganzes Bündel zuviel in den Mülleimer der Geschichte wanderte. Paul Feyerabend hat das in „Wissenschaft in einer freien Gesellschaft" (1978) anhand vieler Beispiele, vor allem aus dem medizinischen Bereich, sehr deutlich und unwiderlegbar geschildert. Denn sowohl Experten enger, moderner wissenschaftlicher Spezialgebiete, als auch Laien ohne besondere Erfahrung im Wissenschaftsbetrieb verfallen nicht selten der Meinung, nun würden sie die Welt doch recht gut verstehen und könnten auch für alle anderen Mitmenschen entscheiden, was es gibt und was es nicht gibt.

Heute lässt sich gerade anhand von Randgebieten der Medizin und bei manchen Naturheilverfahren sehr schön beweisen, wie massiv die Skeptiker und Gegner von bestimmten „nicht-schulwissenschaftlichen" Anschauungen auf die Nase gefallen sind. Ihre Fundamentalopposition war unbegründet gewesen, obwohl sie doch vorher alles besser gewusst haben und sich über die in der Natur realisierten „Tatsachen" angeblich so sicher waren. Inzwischen mussten sie manche Stellung räumen. Wohlgemerkt, es geht hier nicht um den normalen Fortschritt der Erkenntnis, sondern um die Anerkennung von Fakten, die schon lange vorher als solche hätten akzeptiert werden müssen. Im Bereich der paranormalen Phänomene sind die Fronten dagegen noch nicht aufgeweicht und die Befestigungsanlagen der sich allzu aufgeklärt Dünkenden stehen noch äußerlich unversehrt. Dummerweise zählt die Rutengängerei meist zu diesem Bereich – sie wird für ein okkultes, das heißt nicht-existentes Phänomen gehalten.

In den USA hat sich eine Skeptiker-Gruppe formiert, deren Ziel es ist, alle angeblich paranormalen Phänomene zu entlarven und durch natürliche Vorgänge zu erklären. Da die bekämpften Phänomene jedoch recht hartnäckig auftreten, muss der Verein schon zu fragwürdigen Methoden greifen, um seine Positionen aufrechtzuerhalten. Ein fast dramatisches Beispiel stellt die lange Kontroverse um einen Untersuchungsbericht dar, der von einer Skeptiker-Kommission unter Einbeziehung der genannten Gruppe für eine amerikanische staatliche Institution (National Research Council) zum Stand der Parapsychologie verfasst wurde und eine Fülle von Un- und Halbwahrheiten enthält (Palmer 1989). Mitglieder der Psi-Skeptiker-Organisation CSICOP tun sich dabei besonders hervor, die Fahne der Wissenschaften rein zu halten; in Kapitel 10 werden dazu noch nähere Begründungen angeführt. Um ihren Kreuzzug möglichst weit zu tragen, haben sie in zahlreichen Ländern Ableger gegründet. In Deutschland geschah das just zu der Zeit, als das Forschungsministerium das „Erdstrahlen"-Projekt der Münchener Gruppe finanzierte. Das war den Skeptikern eine willkommene Gelegenheit zum Losschlagen. Wir wollen dem Leser auszugsweise vorführen, wie die frischgebackenen Apostel der reinen Wahrheit daraufhin ihr Metier betrieben.

Die deutsche Gruppe nannte sich ihren Zielen entsprechend zunächst ASUPO – Arbeitsgemeinschaft der Skeptiker zur Untersuchung von Pseudowissenschaften und Okkultem – und begann sofort mit der Kritik an dem Münchener Forschungsprojekt, und zwar unter Anwendung ähnlich fragwürdiger Methoden, wie sie von der Muttergruppe CSICOP bekannt waren. Es verwundert schon, dass sich die in wesentlichen Aspekten unerfahrene ASUPO einbildete, ausgerechnet ein von mehreren Dutzend Wissenschaftlern und Kommissionsmitgliedern nach langen Beratungen gefördertes Forschungsprojekt, an dessen Durchführung neun verschiedene Institutionen beteiligt waren, als pseudowissenschaftliches und okkultes Zielobjekt bezeichnen zu können. Weder engagierten sich diese Skeptiker selbst in der Forschung, noch konzentrierten sie sich darauf, den anderweitig in der Welt tatsächlich vorhandenen Sumpf von Pseudowissenschaftlichkeit anzuprangern – was viel eher angebracht gewesen wäre. Aber in Wirklichkeit ging es den wenigen ideologisch festgefahrenen, sich wissenschaftlich ziemlich unbedarft gebenden Gruppenmitgliedern gar nicht um eine eigene Untersuchung, sondern hauptsächlich um Verhinderung und Erschwerung bestimmter Forschung. So verkündeten sie in ihrem ersten Vereinsblatt eine Beurteilung des Münchener Forschungsantrags in dem ihnen eigenen Stil mit Vokabularien wie „tendenziös, voreingenommen, außerordentliche Schwachpunkte, stellt wissenschaftliche Vorgehensweise auf den Kopf, Vorschub für das Irrationale, erhebliche systematische Fehler, abenteuerlich, dilettantisch, haben das Forschungsministerium getäuscht ...". Damit wurde allen halbwegs aufgeweckten Betrachtern der Szene klar, dass die mit einem akademischen Pelz kaschierte ASUPO vor Inkompetenz strotzte und als Diskussionspartner nicht ernst zu nehmen war.

Dies wurde auch von den Vertretern des Forschungsministeriums und den Gutachtern des Münchener Projekts leicht erkannt. Das Sperrfeuer erzielte daher keine besondere Wirkung und erschöpfte sich im Aufscheuchen der Medien. Ein Ziel der destruktiv operierenden Kreuzzügler dürfte dennoch erreicht werden: Wissenschaftler ohne dickes Fell werden sich künftig noch mehr hüten, heiße Eisen ohne ausreichende Rückendeckung anzufassen. Wer möchte schon gern seine ehrlichen Arbeiten nicht in Fachjournalen sehen, sondern in der Boulevardpresse verunglimpft wissen?

Wenig später wurde die ASUPO von einem Sympathisanten, der noch Hoffnung auf Läuterung des Vereins hatte, darauf hingewiesen, dass ihr Name die vorhandene Voreingenommenheit gegenüber den Zielthemen nur allzu deutlich ausdrücke. Wenn man nämlich ankündigt, einen Vorgang daraufhin untersuchen zu wollen, ob er möglicherweise pseudowissenschaftlicher Natur ist, dann darf man dieses denkbare Ergebnis nicht schon von vorneherein so festlegen. Also benannte sich die ASUPO in GWUP um, Gesellschaft zur wissenschaftlichen Untersuchung von Parawissenschaften. Viel besser ist diese Namenswahl offensichtlich auch nicht, zumal von wissenschaftlichen Untersuchungen bislang nichts zu vermerken war.

Die Rezepte des Vereins zur Opposition gegen missliebige Projekte enthalten einseitige Auswahl von sachlichen Argumenten, Verknüpfen der Thematik mit völlig anderen, nicht-relevanten Fragen, Unterstellen nicht zur Debatte stehender Forschungsziele, Falschdarstellung von Fakten, und als wesentliche Taktik die Diskreditierung der am Projekt beteiligten Personen. In scharfem Kontrast zu den in der Wissenschaft üblichen Gepflogenheiten dienen vorwiegend Pressekampagnen dazu, um unangemessene Ansichten und Meinungen in die Öffentlichkeit zu tragen. Die daraus resultierenden Schlagzeilen „Sind Münchener Uni-Professoren Scharlatane?“ in der Münchener Bild-Zeitung vom 9.5.1989 oder „Erdstrahlen – Manipulation zu Lasten der Steuerzahler?“ in der Ärzte-Zeitung vom 22.2.1989 sind Ausdruck „gelungener Vereins-Aktivitäten“. Dies erinnert stark an die „Deutsche Gesellschaft Schutz vor Aberglauben“ mit Sitz in Berlin, die früher zahlreiche Versuche unternommen hat, um alle schimpflich zu diffamieren, die sich entweder um die wissenschaftliche Forschung oder die Praxis des Rutengehens bemühten. Sie hat ein förmliches Kesseltreiben veranstaltet, um Rutengänger vor die Schranken der Gerichte zu bringen und ihre Tätigkeit grundsätzlich als gegen die bestehenden Gesetze verstoßend zu verurteilen.

Es muss schon als ein Trauerspiel angesehen werden, dass in solch blindem Aktionismus auch die falschen Zielscheiben anvisiert werden, wo doch Aufklärung und Forschung an der wahren Front kein Fehler wären.

Der 1-Million-Dollar-Bluff

Die Pointe dieser Geschichte ist an Pikanterie nicht zu übertreffen. Ausgerechnet der hartnäckigste Skeptiker und Gegner der Rutengängerei beweist selbst – ohne es lange Zeit zu merken –, dass an den Fähigkeiten der Rutengänger etwas dran sein muss. Wie kam es dazu?

Tragende Figur der amerikanischen „Skeptiker“, der CSICOP, Mitinitiator und Financier der deutschen ASUPO bzw. GWUP, ist James Randi, ein bekannter Zauberkünstler. Er hat sich in zweifacher Hinsicht einen besonderen Namen gemacht. Erstens ist Randi als sehr guter Show-Magier bekannt, und zweitens bemüht er sich seit Jahrzehnten intensiv darum, Ergebnisse wissenschaftlicher Forschung auf Grenzgebieten mittels zum Teil in Kreuzzug-Manier geführter Kampagnen als Scharlatanerie zu entlarven. Er hat mit Recht durch die begrüßenswerte Enttarnung von allerlei Schwindlern von sich reden gemacht, schüttet jedoch nicht selten das Kind mit dem Bade aus. So hält er aus naheliegenden Gründen auch von Rutengängern nichts. Er geht von der in sich widersprüchlichen Annahme aus, dass rutengängerische Leistungen, sollten sie existieren, paranormale Effekte wären, die sich aber nicht beweisen ließen. So setzte er schon seit langer Zeit eine dem Charakter des Show-Geschäfts entsprechend werbeträchtige Belohnung für denjenigen aus, der einen von ihm konzipierten Test erfolgreich besteht. Das Preisgeld ist im Lauf der Jahre ständig erhöht worden und liegt inzwischen bei einer Million Dollar. Immerhin ist davon auszugehen, dass solche von Randi entworfenen Tests denkbar gut gegen Betrug von Seiten der Versuchspersonen gesichert sind.

Show-Time in Australien

Im Jahr 1980 führte James Randi in Sydney, Australien, zwei Testserien mit Rutengängern durch. Mit der ersten Serie wollte Randi die behauptete Fähigkeit überprüfen, dass vergrabene und in verschlossenen Schachteln verborgene Messing- und Goldstücke mit radiästhetischen Methoden auffindbar seien. Es wurden hierbei allerdings keine besonders auffälligen Ergebnisse beobachtet, so dass dieser Teil der Versuche für die beteiligten Rutengänger ein Fehlschlag war.

Analog den aus Kapitel 6 bekannten Experimenten mit künstlichen vergrabenen Leitungen bestand die Aufgabe der zweiten Versuchsserie darin, in einem einwandfrei kontrollierten Doppelblind-Experiment unter 10 in etwa 50 Zentimeter Tiefe eingegrabenen und im Abstand von rund 1,50 Metern verlaufenden dicken Plastikrohrleitungen diejenige herauszufinden, die gerade Wasserdurchfluss hatte. Nach unseren Erfahrungen mit dem Scheunen-Experiment aus Kapitel 6 ist eine solche Prüfung als überaus schwierig zu bezeichnen. Sie bietet selbst bei Einsatz von (bei natürlichen Wasservorkommen) erfahrenen Wassersuchern keine nennenswerte Chance auf Erfolg – wenn auch viele Rutengänger sich bedenkenlos eine Lösung der Aufgabe zutrauen würden, wie zum Beispiel die damals am Experiment beteiligten Versuchspersonen.

Der Test sollte vereinbarungsgemäß dann als bestanden gelten, wenn die Rutengänger bei allen beiden Experimentarten (Material- und Wasserrohrsuche) in mehr als 80 Prozent aller Fälle Treffer erzielen würden. Es handelte sich also auch bei diesem Experiment wiederum um das bekannte Problem, dass ausschließlich hohe Trefferwahrscheinlichkeit, nicht aber hohe Signifikanz für die Zurückweisung der Zufallshypothese geprüft werden sollte.

Das von Randi offensichtlich einwandfrei kontrollierte, jedoch wahrscheinlich zum Nachteil für die Rutengänger unter großem Spektakel verlaufene Experiment ergab Folgendes: Es fanden 50 Einzelbegehungen statt, und dabei wurde in genau 11 Fällen das richtige Rohr gefunden. Eine statistische Auswertung dieser Zahlen ergibt zweifelsfrei, dass dieses Resultat nur mit einer Wahrscheinlichkeit von 1 : 107 zufällig zu erwarten war. Genauer: Man müsste 107 derartige komplette Experimente mit je 50 Einzelbegehungen durchführen, um dann wenigstens einmal mindestens 11 oder mehr Treffer per Zufall erwarten zu können (Osborne 1981).

Es entbehrt nicht einer gewissen Komik, dass ausgerechnet Randi in einem als überaus schwierig zu bezeichnenden Test eine statistische Gesamt-Signifikanz von etwa 9 % – das ist unbezweifelbar besser, als es die allgemein anerkannte Schwelle für hochsignifikante Ergebnisse von 1 % erfordert – für die Existenz des Rutenphänomens erzielte, er selbst also nur noch mit dieser geringen Wahrscheinlichkeit die Hypothese zulässt, dass Rutengänger nur Zufallserfolge erzielen!

Es kann nicht hoch genug eingeschätzt werden, dass ein ausgesprochener Skeptiker ein solches als hochsignifikant einzustufendes Ergebnis zu verzeichnen hat, ein Skeptiker, der keine Chance auslässt, alle Rutengänger als Scharlatane hinzustellen und nicht selten dazu beiträgt, ernsthafte Forscher zu disqualifizieren und bei der Aufhellung schwieriger Phänomene in ihrer Arbeit zu behindern.

Leider haben die Rutengänger den ausgesetzten Preis nicht erhalten, weil sie ihn aufgrund der getroffenen Abmachungen nicht verdient hatten. Die angestrebte Erfolgsquote von 80% war nicht annähernd erreicht worden. Deswegen behauptet auch Randi weiterhin, dass Rutengänger erstens nichts können und zweitens deswegen an der ganzen Rutengängerei nichts dran sei.

Im ersteren Punkt ist ihm zum beträchtlichen Teil zuzustimmen. Aber seine zweite Schlussfolgerung, die ungerechtfertigterweise auf der ersten basiert, ist erkennbar falsch. Es ist das alte Problem, das wir schon in vielen der vorhergehenden Abschnitte angesprochen haben: Laien und Skeptiker wollen oder können nicht den Unterschied zwischen Trefferquote und Signifikanz (genauer: Irrtumswahrscheinlichkeit für die Zurückweisung der „Sie-können-nichts-Hypothese") verstehen. Die meisten Rutengänger sind nicht so gut, wie sie es vorgeben, aber der Kern der Fähigkeiten ist dennoch zu finden. So schwer kann diese Unterscheidung doch nicht sein – wenn man es nur versuchen wollte.

Zauberer kontra Wissenschaft

James Randi lernte immerhin ein wenig hinzu, indem er angesichts der unwiderlegbaren mathematischen Statistik die hohe Signifikanz seines Experiments nach einer Bedenk- und Oppositionszeit von knapp 10 Jahren nicht mehr bestritt. Er gab aber dennoch nicht auf: Zusammen mit seinen Gefolgsleuten von der GWUP startete er nach Abschluss des Münchener Forschungsprojekts eine erneute Pressekampagne und setzte als Köder ein Preisgeld von damals noch 100 000 US-Dollar für denjenigen aus, der als erster einen doppelblinden Wünschelrutentest erfolgreich bestehen würde. Wie es bei solchen spektakulären Aktionen nicht anders zu erwarten ist, fand die Skeptiker-Kampagne umfangreiche Aufmerksamkeit in der Presse. Schließlich eignen sich 100 000 Dollar allemal für eine Schlagzeile. Nur wenige durchschauten jedoch die Hintergründe des auf den ersten Blick vernünftig und fair erscheinenden Angebots. Man könnte – und soll nach der Absicht der Initiatoren – auf die Idee kommen, dass die Fähigkeit von Rutengängern so lange als unbewiesen gelten müsste, bis der Preis abgeholt ist. Warum also, so wurde die Münchener Gruppe zuweilen gefragt, stellen sich nicht die besten Versuchspersonen zur Verfügung und zeigen ihr Können, zumal eine solch hohe Belohnung winkt? Müsste es für sie nicht ein Leichtes sein, den Preis zu gewinnen?

Die Gründe für die Unangemessenheit der Randi-Aktion können dem Leser an dieser Stelle der Lektüre kaum noch ein Geheimnis sein. Dennoch wollen wir sie hier der Reihe nach verständlich machen und dazu mehrere Punkte des Preisausschreibens unterscheiden:

- Unklarheit der genauen Bedingungen und Durchführung,
- Problem der Zusammenarbeit mit Extrem-Skeptikern,
- Erfolgskriterium und Anpassung des Tests an realitätsnahe Fähigkeiten,
- Komplexität der Fragestellung und Problematik von Schnell-Tests.

Im einzelnen ist festzustellen, dass Randi keine Angaben darüber gemacht hat, was eigentlich wie getestet werden soll. Rutengänger, die von dem Angebot hören, haben keine Ahnung, welche ihrer vermeintlichen Fähigkeiten auf welche Art und Weise geprüft werden sollen. Wer sich die früheren Aktionen von Randi als Anhaltspunkt herannimmt, muss jedenfalls mit Tests rechnen, die nicht unbedingt der Praxis der Rutengänger entsprechen.

Da für Randi und die GWUP vollkommen klar ist, dass das Rutengänger-Phänomen nicht existiert, werden sie kaum Bedingungen zustimmen, die den Rutengängern eine echte Chance lassen. Nur Naive und nicht umfassend Informierte können glauben, dass sich Randi unter solchen Umständen einen Fehlschlag erlauben und sein eigenes Geld tatsächlich zur Disposition stellen würde. Insofern müsste ein Test, sollte er tatsächlich zur Durchführung kommen, von mehreren Parteien gemeinsam koordiniert und überwacht werden. Insbesondere müsste man einen „Gegen-Zauberer" engagieren, um die Korrektheit der Testdurchführung möglichst gut zu gewährleisten. Mit Sicherheit wird eine solche Aktion unter großem Medienspektakel ablaufen und in vielen Phasen gefilmt werden. Randis Public-Relation-Agentur würde mit dem Filmmaterial weltweit Reklame machen wollen, wie das auch bei und nach dem Experiment in Australien geschehen ist. Aus dem damaligen Film und der damit verbundenen Aufmerksamkeit in Presse und Fernsehen ist nämlich recht gut zu ersehen, dass es sich in erster Linie um eine PR-Aktion für Randi gehandelt hat. Im übrigen stelle man sich einmal den Aufwand und die Mühen vor, dem finanzkräftigen Akteur Randi von Seiten der im wesentlichen mittellosen Wissenschaft in allen wichtigen Phasen Paroli zu bieten. Randis Stiftung, die den Preis verwaltet, spricht daher nach wie vor von einer Herausforderung („challenge") im Sinn eines Angriffs, bei der die Regeln für den, der zur Verteidigung antritt, festliegen und nicht diskutabel sind.

Ein wesentlicher Unterschied zwischen der Meinung der Skeptiker und den Ergebnissen aus der Wissenschaft betrifft die Trefferquote der Rutengänger bei den verschiedenen vorstellbaren Experiment-Typen. Randi stellt sich vor, dass Rutengänger bei einer zu stellenden Aufgabe extrem erfolgreich sein müssen, zum Beispiel 80% Treffer in einer Experiment-Serie erzielen müssten, um den Preis zu verdienen. Im Münchener Projekt hat sich aber gezeigt, dass kein solcher, einfacher Test gefunden werden konnte, der derart hohe Erfolgsraten ermöglicht. Es war lediglich eine überzufällige Trefferquote beobachtet worden, genau so, wie sie Randi bei seinem Australien-Experiment bereits selbst nachgewiesen hat. In ähnlichen Tests könnte man also kaum bessere Ergebnisse erwarten. Anders formuliert: Man könnte allenfalls wiederholen, was bereits in früheren Tests durch verschiedene Gruppen und Randi selbst bereits mehrfach gezeigt worden ist – das aber würde Randi offenbar als Erfolgskriterium nicht genügen. Aus wissenschaftlicher Sicht ergibt es jedenfalls keinen Sinn, irgendwelche überzogenen Behauptungen von Rutengängern zu testen, deren Realität in keinem seriös angelegten Experiment bisher je nachgewiesen oder wahrscheinlich gemacht wurde. Es wäre absurd, sich auf die Überprüfung von rutengängerischen „Fähigkeiten" einzulassen, die aus der Sicht der Forschung gar nicht zur Debatte stehen!

Sehr viel bessere Trefferquoten sind bisher nur bei der Wasserfindung durch geeignete Rutengänger mit recht guter Zuverlässigkeit nachgewiesen worden. So man eine Chance für hohe Trefferquoten haben will, müsste man also ein kritisches Experiment auf Tests an natürlichen „Störzonen" ausrichten, wie etwa an schmalen Klüften in geeignetem Gelände mit kristallinem Untergrund. Solche Tests sind aber bisher noch nie gezielt und schnell durchgeführt worden. Vielmehr haben die Diskussionen in den Kapiteln 3, 4 und 5 betreffs der beobachteten Erfolge von Rutengängern bei derartigen Aufgaben gezeigt, wie kompliziert und langwierig eine zuverlässige Entscheidungsfindung ist. Keinesfalls kann man aufgrund des bisherigen Wissens eine Samstag-Nachmittag-Aktion daraus machen. Es bedarf eben der sorgfältig geplanten und von vielen geeigneten Experten begleiteten Forschung! Und genau dieser Weg ist von der Münchener Gruppe eingeschlagen worden und soll künftig entsprechend fortgeführt werden. Ein solch komplexes Problem kann schlichtweg nicht durch ein einmaliges Stunden-Spektakel unter maßgeblicher Verantwortung völlig ungeeigneter Initiatoren gelöst werden. Medien-Rummel als Ersatz für Wissenschaft? Nein danke.

Einige Rutengänger haben sich dennoch für die Tests interessiert, sei es aus Neugier oder Unkenntnis der oben erläuterten Hintergründe. Dabei stellte sich ein großer Bluff heraus: Die werbeträchtigen 100 000 Dollar stammten gar nicht von Randi, sondern waren von einer Fernseh-Gesellschaft in Aussicht gestellt worden, um einen „Knüller" zu produzieren. Die TV-Leute hatten aber inzwischen die Lust verloren und das Preisgeld war nicht mehr im Angebot.

Inzwischen versichert die James Randi Educational Foundation jedoch auf ihrer Internetseite www.randi.org, dass die Million in einem Rückstellungsfonds gehalten wird. Um den Verdacht zu zerstreuen, dass es Randi nicht in erster Linie um publikumswirksames Show-Business, sondern um wissenschaftliche Wahrheitsfindung geht, sollte er seine überflüssigen Finanzmittel besser der Forschung spendieren. Im übrigen sollten sich die Skeptiker endlich einmal mit den bereits vorhandenen, gut fundierten Evidenzen für bestimmte Fähigkeiten von Rutengängern vertraut machen und solide Forschung nicht unfair bekämpfen, sondern ihre Kräfte gezielt dort einsetzen, wo sich wirklich und unmissverständlich Auswüchse zeigen, die niemand gutheißen kann.

10 Das Rutengänger-Phänomen als wissenschaftliches Grenzgebiet

Über vierzehn Gräben musst du gehn

Der Leser wird aus den letzten Ausführungen erkannt haben, warum einer Klärung des Wünschelruten-Problems so viele Hürden entgegenstehen. Verfolgt man diese Hindernisse tiefer zu ihren Ursachen, so zeigt sich entgegen den ersten Erwartungen, dass die Barrikaden gar nicht viel mit dem Sachproblem an sich zu tun haben, sondern grundsätzlich auch vor alle anderen nicht ganz routinemäßigen Forschungen aufgebaut werden. Neue Ideen haben es eben schwer. Und dies ist keine Erscheinung der Neuzeit. Auf was ein (zu) neugieriger Forscher trifft und in welche Gräben er beim Verfolgen relativ ungewöhnlicher Fragen zu fallen droht, ist von dem berührten Grenzgebiet nur in Nuancen abhängig. Es muss nämlich nicht gleich die Wünschelrute oder gar ein „okkultes" Thema sein, es genügt schon ein geringfügiges Abweichen vom standardisierten Denken, um plötzlich feststellen zu müssen, dass die sonst vehement verteidigten hehren Prinzipien von wissenschaftlicher Freiheit, Rationalität und Logik nicht mehr den vermuteten Stellenwert besitzen. Begibt man sich auf „intellektuelle Abwege", stößt man in der Gesellschaft vermehrt auf zweierlei: Verzerrung von Prinzipien und pragmatisches Taktieren als Abwehr- und Selbstschutzmaßnahmen.

Forschung auf wissenschaftlichen Grenzgebieten war noch nie eine einfache Angelegenheit. Der naive Betrachter, der meint, dass heutzutage, im Zeitalter einer aufgeklärten Gesellschaft und fortgeschrittener Technik, jede wissenschaftlich interessante und vielleicht bedeutsame Frage objektiv und unvoreingenommen untersucht werden könne, kennt die Realitäten nicht. Eine wesentliche Schwierigkeit besteht darin, dass ein Grenzgebiet per Definition nicht in wohlgelittene normale Bereiche integriert sein kann, wie sie einer laufenden, als gut und fundiert einzustufenden wissenschaftlichen Forschung zuzuordnen sind. Vielmehr muss es seiner Natur nach eine Art Außenseiterdasein führen und genießt keinen Schutz durch etablierte und im Ziel gleichgerichtete Kreise. Im Gegenteil, es erfährt meist Misstrauen und Kritik besonderer Prägung, zusätzlich zu der Komplexität des Forschungsgegenstands, der ja nicht mit ausschließlich vorhandenen Rezepten und Verfahren bearbeitet werden kann und erheblicher interdisziplinärer Behandlung bedarf.

Es ist eine historische Erfahrung, dass Kritik und sogar Diskreditierung von der Qualität des betreffenden Projekts weitgehend unabhängig sind und auf gewachsenen Vorurteilen und Opportunitätsdenken beruhen, die durchaus von der „herrschenden Meinung" gedeckt sein können. Kritiker sind oft nicht einmal bereit, sich mit der Faktenlage objektiv vertraut zu machen, bevor sie ihre Meinungen äußern. Die allgemeinere Problematik von Grenzgebieten hat tiefe Wurzeln und wurde in der Wissenschaftstheorie schon oft behandelt; wir verweisen den näher interessierten Leser auf Darstellungen von Herbert Pietschmann (1980), Paul Feyerabend (1981) und Wolfgang Stegmüller (1985). Weiterführende Disputationen über das Wesen wissenschaftlicher Theorienbildung, wie sie die renommierten Philosophen Ludwig Wittgenstein und Karl Popper führten, wären zwar nicht ohne Reiz, liegen aber etwas abseits unseres Themas, solange es noch um die Bewertung der experimentellen Evidenzen geht und weniger um deren intellektuelle Folgen.

Mit am ausführlichsten hat sich Thomas S. Kuhn in seinem Buch „Die Struktur wissenschaftlicher Revolutionen" (1962) mit den erstaunlichen Kontroversen um Grenzgebiete befasst. Er meinte beispielsweise, dass es für einen Forscher und sein Programm keinen höheren Maßstab als die Zustimmung der relevanten Gemeinschaft gibt. John Casti (1990) formulierte dies mit anderen Worten: Es geht nicht um rationale, sondern um emotionale Streitfragen, die nicht mit Logik, Syllogismen und Appellen an die Vernunft gelöst werden, sondern durch irrationale Faktoren wie Gruppenzugehörigkeit und die Herrschaft der Mehrheit. Die am Münchener Projekt beteiligten Forscher können durch ihre eigenen Erlebnisse bestätigen, dass Kuhns alte Lektionen keine graue Theorie darstellen, sondern unbedingt begründet sind und in der Praxis hautnah erfahren werden – so man die Herausforderung wagt.

Bevor die Münchener Rutengänger-Forschung im Jahr 1986 zur Durchführung kam, war es zweckmäßig und notwendig gewesen, eine ganze Reihe von Einwänden gegen das Projekt zu diskutieren. Im wesentlichen kreisten die Argumente und Vorbehalte um 14 Kernpunkte, die nachfolgend kurz umrissen seien. Sie bezogen sich zwar damals direkt auf das Rutengänger-Projekt, sind aber ausnahmslos auch auf andere Grenzgebiete übertragbar:

1. Die Zeit ist für die Bearbeitung der Aufgabe noch nicht reif.
2. Das Problem ist zu komplex und daher nicht untersuchbar.
3. Die Gefahr von Misserfolg ist unverhältnismäßig groß.
4. Die vermuteten und zu untersuchenden Effekte sind nicht existent; frühere Untersuchungen reichen aus; das Projekt ist überflussig.
5. Die Qualifikation der Projektdurchführenden ist unzureichend.
6. Die für die Untersuchung geplanten Verfahrensweisen sind nicht akzeptabel.
7. Experimente mit Versuchspersonen sind abzulehnen, da diese als Signaldetektor unzuverlässig und möglicherweise betrügerisch sind und/oder Placebo-Effekten unterliegen.
8. Das Projekt passt nicht in den Aufgabenbereich der betreuenden Institutionen.
9. Die Durchführung des Projekts beeinträchtigt den Ablauf der routinemäßigen Arbeit und Forschung an den betreuenden Institutionen.
10. Das Forschungsgebiet tangiert negativ vorbelastete Bereiche.
11. Die Finanzierung stellt eine Verschwendung von Steuergeldern dar.
12. Die wissenschaftliche Bearbeitung eines kontroversen Themas kann von einschlägig tätigen Scharlatanen als Legitimationsnachweis missverstanden oder missbraucht werden.

13. Öffentlich vorgebrachte, auch unbegründete Kritik von Projektgegnern kann zu unerwünschtem Aufsehen führen.
14. Es besteht die Gefahr unsachlicher oder böswilliger journalistischer Berichterstattung über das Projekt.

Befassen wir uns mit einigen dieser Punkte etwas genauer, und zwar zunächst aus der Sicht, wie sie sich für uns vor Beginn des Münchener Projekts darstellte; für andere kontroverse Vorhaben würden wahrscheinlich ähnliche Gedanken gültig sein. Zu (1.) sollte man meinen, dass das Problem nun wirklich hinreichend alt ist, um endlich angepackt zu werden. Die Zeit ist in rein wissenschaftlicher Hinsicht eher überreif, wenngleich man im Hinblick auf psychologische Verhaltensmuster des Menschen und der heutigen Gesellschaft und der daraus für die Forscher resultierenden Mühen durchaus die in (1.) ausgedrückte Ansicht resignierend vertreten mag – ohne Initiative und Wagemut müssen aber die meisten Ziele unerreicht bleiben. Punkt (2.) ist nicht stichhaltig, da es um ein konkretes und realistisches Arbeitsprogramm ging. Punkt (3.) ist zwar berechtigt, stellt jedoch keinen zwingenden Grund zur Resignation dar, denn in der Forschung ist immer ein vertretbares Risiko einzugehen. Zu (4.) kann ebenso gut die Gegenmeinung angenommen werden. Das Argument (5.) lässt sich bei jedem beliebigen Vorhaben anbringen. Man sollte speziell bei dem hier behandelten Thema aber nicht übersehen, dass die Auswahl an fachlich qualifizierten und in der Sache ausreichend vorgebildeten Wissenschaftlern nicht sehr groß war. Eine spezielle Variante zu diesem Einwand besteht in der Unterstellung, die Projektdurchführenden seien voreingenommen und würden daher die Ergebnisse in ihrem Sinn verfälschen. Hierzu lässt sich entgegnen, dass dem die besonders sorgfältige Projekt-Organisation, eine große Zahl von Projektmitarbeitern und die Kontrollen durch Gutachter und externe Projektinvolvierte entgegenstand. Zu den Punkten (6.) und (7.) ist zu bemerken, dass eine unter Experten abgestimmte Versuchsplanung die hier ausgedrückten Vorbehalte gegenstandslos machte.

Eine wesentliche und keineswegs unberechtigte Sorge bestand nach den Punkten (8.) und (9.) in der Gefahr, dass die Bearbeitung ungewöhnlicher und kontroverser Themen sowohl für die direkt damit befassten Wissenschaftler als auch für die – wenn auch nur indirekt – beteiligten Institutionen und deren verantwortliche Repräsentanten eine Schädigung des wissenschaftlichen Rufs mit sich zu bringen drohte. Hierbei darf allerdings nicht übersehen werden, dass die Hauptbetroffenen gerade die Projektbeteiligten waren, die ohne Zweifel ein in der wissenschaftlichen Grundlagenforschung ungewöhnliches und hohes Risiko auf sich nehmen mussten, das aber durch genügend Unabhängigkeit und ein entsprechendes Maß an anderweitiger Unterstützung aufgefangen werden konnte.

Argument (10.) charakterisiert nicht selten das Umfeld von Grenzgebieten und muss in Kauf genommen werden; sollte man den Einwand nicht eher umdrehen und das Projekt als Beitrag zur Psychohygiene sehen? Zu dem beliebten Totschlag-Argument (11.) lässt sich zweierlei entgegnen: Einmal stand das Projekt ausdrücklich auf der Wunschliste verschiedener staatlicher Organisationen und unterlag strengen Kontrollen; zum anderen gab es keinerlei Hinweise auf ineffektive Durchführung, so dass die Unterstellung einer Geldvergeudung grundsätzlich erst nach Projektende hätte begründet sein können. Punkt (12.) sollte eher gegenteilig gesehen werden, wie das auch Max Planck ausdrückte (siehe das Zitat in Kapitel 1). Ohne fundierte Kenntnisse sind eben keine gesicherten Aussagen oder Verhaltensempfehlungen möglich und erst durch eine (Teil-)Aufklärung der Phänomene kann dem Missbrauch allmählich der Boden entzogen werden.

Die letzten beiden Bedenken (13.) und (14.) stellen in der Tat ein nicht zu unterschätzendes Problem dar. Ein Teil der öffentlichen Angriffe, der auf einen unterstellten Mangel an Seriosität des Projekts abzielte, ließ sich (wie bei Punkt 5.) durch Hinweis auf eine recht große Arbeitsgruppe und die Unterstützung zahlreicher renommierter Gutachter und Projektbetreuer entkräften. Ansonsten bleibt eben nur die Auseinandersetzung auf allen Ebenen: Vorgänge öffentlichen Interesses müssen auch in der Öffentlichkeit (kontrovers) diskutiert und immer wieder klargestellt werden. Beim Hobeln müssen wohl die Späne fliegen, und wer gute Argumente parat hat, muss sich nicht davor fürchten.

Das besondere Forschungsrisiko bestand darin, dass die Eigenarten des zu untersuchenden Phänomens nur andeutungsweise bekannt waren und erst geeignete Experimentiermethoden entwickelt werden mussten. Es bestand aber kein Zweifel darüber, dass einige deutlich vorformulierte Fragen als untersuchbar und beantwortbar anzusehen waren. Natürlich galt für diese Forschungsaufgabe wie für jede andere, dass zu Beginn niemand wusste, welche Ergebnisse erzielbar sein würden und ob diese den Aufwand lohnten. Es erwies sich jedoch später, dass die tatsächlich erhaltenen Resultate des Projekts in einem vergleichsweise sehr günstigen Verhältnis zum finanziellen Aufwand standen und auch mehrere andere der oben zitierten Einwände im Nachhinein als durch die Praxis widerlegt angesehen werden mussten. Auch die Institutionen haben das Projekt nach einigem Pulverdampf unbeschadet überstanden. Die Gräben ließen sich überbrücken, und es hat sich als richtig herausgestellt, bei bestimmten, auch an praktischen Gesichtspunkten orientierten Voraussetzungen wissenschaftliche Neugier höher zu bewerten als überkommene gesellschaftliche und wissenschaftliche Tabus oder Furcht vor sachlich unbegründeten Widerstanden.

Abgrenzung zur Parapsychologie

Fernmutungen

Nur wenige Menschen wissen mit dem Begriff Parapsychologie etwas Sinnvolles anzufangen. Meist versteht man alles „Übernatürliche“ darunter, einschließlich Okkultismus, Esoterik und Geisterbeschwörung. Eine Differenzierung und Beurteilung dieser Bereiche ist nur einer kleinen Zahl eingeweihter Experten möglich. Die große Masse hingegen, Öffentlichkeit wie wissenschaftliche Kreise, haben über diese nichtetablierten Grenzgebiete nebulöse Vorstellungen, die noch diffuser sind als bei der Frage der Rutengängerei. Da nun ein guter Teil der Fähigkeiten, die sich Rutengänger zuschreiben, von dem ausschließlichen Gegenstand dieses Buchs – der reinen Ortserkennung – abweicht und sich in paranormale Zonen erstreckt, ist eine Klarstellung und Abgrenzung unbedingt erforderlich.

Wie wir gesehen haben, stellt die Ortserkennung durch Rutengänger schon ein hinreichend komplexes Problem dar; um das Maß übervoll zu machen, treten nun immer wieder Probanden in Erscheinung, die mit Leistungen aus dem Reich der Phantasie aufzuwarten scheinen. Geben wir zwei konkrete und dokumentierte Beispiele dafür, was hiermit gemeint ist. Um auf erfolgreich verlaufene Fernmutungen hinzuweisen, überbrachte eines Tages ein Rutengänger Y anläßlich seiner Teilnahme an den Tests bei dem Münchener Projekt zwei Originalschreiben deren Inhalt im Folgenden wiedergegeben ist. Das erste lautete:

„Der Bürgermeister der Gemeinde X, 28. Februar 1985

Betr.: Wasserverlust beim WZV

Sehr geehrter Herr Y,

am 11. Januar 1985 stellte der Wasserzweckverband einen täglichen Wasserverlust von circa 250 cbm fest. Es herrschte klirrende Kälte, und der Boden war insbesondere an geräumten Straßen und Gehsteigen tief gefroren. Am 16. Januar 1985 setzten wir die Presse davon in Kenntnis und baten die Bevölkerung um Mithilfe bei der Suche nach dem Wasserverlust. Am 20. Januar machte sich ein Rutengänger auf die Suche. Der von ihm vermeintliche Rohrbruch stellte sich jedoch als Fehlanzeige heraus. Ungeachtet dessen bemühten Sie sich unaufgefordert ebenfalls um die Aufklärung des Wasserverlustes in unserer Gemeinde.

Auf einer Karte mit den eingezeichneten Leitungsnetzen zeigten Sie (ohne in der Gemeinde gewesen zu sein) zwei Leckstellen auf, die sich wenige Tage später tatsächlich als Rohrbrüche an den Hauptleitungen erwiesen. Sehr geehrter Herr Y, durch Ihre freiwillige Hilfe mit Ihren übernatürlichen Kräften – ich kann es nicht anders ausdrücken – haben Sie dem WZV eine Menge Arbeit erspart und vor weiterem Wasserverlust bewahrt. Als Bürgermeister und Vorsitzender des WZV danke ich Ihnen für Ihre Hilfsbereitschaft sehr herzlich und wünsche Ihnen weiterhin segensreiches Schaffen.

Mit freundlichen Grüßen, 1. Bürgermeister“

Das zweite Schreiben las sich wie folgt:

„Stadt Z, 10. Mai 1985

Betr.: Wasserzuführung zum städtischen Weiher

Sehr geehrter Herr Y,

im Sommer 1984 stand die Stadt vor dem Problem, den ausgelaufenen Weiher wieder neu zu füllen. Die natürlichen Zuflüsse waren in der Zwischenzeit durch die ringsum stattfindende Bautätigkeit versiegt. Der Weiher wurde schon seit geraumer Zeit lediglich durch Niederschlagwasser gespeist. Zur heißen Jahreszeit kam es deshalb immer wieder zu Schwierigkeiten mit der Wasserqualität. Aufgrund dieses Sachverhalts haben Sie sich freundlicherweise bereit erklärt, der Stadt bei der Suche nach Wasser zu helfen.

Das betroffene Gebiet haben Sie am Stadtplan durchgegangen und uns mitgeteilt, an welchen Stellen und in welcher Tiefe Wasser zu finden wäre. Sogar die Wassermenge, die bei den einzelnen Quellen zur Verfügung steht, konnten Sie uns anhand des Planes sagen. Die anschließend erfolgte Begehung bestätigte das anhand des Planes gefundene Ergebnis und konnte von Ihnen in der Natur noch genauer ermittelt werden. Der Bauhof wurde beauftragt, an den betroffenen Stellen zu graben und zu erschließen. Dabei waren die von Ihnen angegebenen Tiefenlagen bis auf 20 cm Genauigkeit bestätigt worden. Dank Ihrer Mithilfe sind wir heute wieder in der Lage, den Weiher wieder mit Wasser zu speisen und den Bürgern ein schönes Erholungsgebiet zur Verfügung zu stellen

Mit freundlichen Grüßen, Stadtbaumeister"

Diese Mitteilungen hielten einer ersten und einfachen Wahrheitsprüfung stand. Wäre es dennoch gelungen, bei intensiverem Nachbohren eine „normale" und akzeptable Erklärung zu finden? Das war aber nicht die Aufgabe der Münchener Forscher. Die Vorfälle mussten demnach als nicht zum Untersuchungsgegenstand gehörend ignoriert werden. Ob sie nun genau wie geschildert abgelaufen sind oder nicht – Tatsache ist das Vorkommen solcher Ereignisse als Teil des Rutengänger-Spektrums. Würde es gelingen, derartige Fernmutungen nach ausreichender Prüfung als „echt" einstufen zu können, so hätte man es mit einem typisch paranormalen Phänomen zu tun. Solche Vorgänge würden wie auch Hellsehen oder Telepathie sicherlich nicht auf der Basis existierender naturwissenschaftlicher Theorien verstanden werden, gänzlich neuartige Ansätze wären erforderlich.

Was ist paranormal?

Zu dem Gebiet der paranormalen Vorgänge – oder was immer dafür gehalten wird – lassen sich kuriose Meinungen vorfinden. Allerdings sollte vermerkt werden, dass es auf diesem Sektor ausgezeichnete wissenschaftliche Literatur und Zeitschriften gibt, deren Niveau um Größenordnungen höher liegt als es auf dem Gebiet der sogenannten Radiästhesie der Fall ist (Krippner 1977, 1978, 1982, 1984; Edge et al. 1986; Lucadou 1986, 1989; McConnell 1987; Alcock 1987; Rao & Palmer 1987; Bauer & Lucadou 1988). Es würde hier zu weit führen, diesen scheinbaren Widerspruch aufzuklären. Wir wollen uns deshalb damit begnügen, eines der wichtigsten der heute in entsprechenden Fachkreisen als unstrittig angesehenen Merkmale paranormaler Phänomene in wenigen Worten zusammenzufassen, womit auch dem Leser eine eigene Beurteilung jedweder als „paranormal" angepriesener Vorfälle erleichtert wird. Dies bedeutet aber keinesfalls, dass dem Autor irgendeine persönliche Meinung zur Frage, ob derartige Phänomene tatsächlich existieren, unterstellt werden darf:

- ▷ Paranormale Phänomene treten sporadisch und im einzelnen ungezielt und unvorhersehbar auf.

Nach den vorliegenden Erfahrungen lässt sich dies vereinfacht sogar zu folgender Aussage umkehren und erweitern: Wenn ein einzelner Effekt stets recht gut reproduzierbar beobachtbar ist, dann kann es sich nicht um ein paranormales Phänomen handeln, sondern es liegt entweder ein bekannter Effekt (einschließlich Schwindel) oder ein zwar neuartiges, aber prinzipiell in den Rahmen der etablierten Wissenschaft einzuordnendes Phänomen vor. Daraus folgt, dass ortsabhängige biologische Reaktionen, die sich bei geeignetem Experimentieren mit Rutengängern sehr wohl als signifikant reproduzierbar erwiesen haben – dies aufzuzeigen war Ziel der Darstellungen dieses Buchs –, nicht dem paranormalen Spektrum zuzurechnen sind. Dies mag bei einigen entfernter liegenden und exotisch anmutenden Effekten anders sein, die aus historischen Gründen unglücklicherweise ebenfalls unter der Rubrik Rutengänger-Phänomene eingeordnet werden. Hierunter würden beispielsweise die oben dargestellten Fernmutungen fallen.

Es darf als sicher angenommen werden, dass Rutengänger Y diese exotischen Leistungen in gut kontrollierten Experimentserien nicht wiederholen könnte – selbst wenn die „Echtheit" des Einzel-Effekts eindeutig bestätigt worden wäre. Daraus folgt aber nicht, dass ein wissenschaftlicher Nachweis des Phänomens grundsätzlich unmöglich sein muss. Schließlich stellen zumindest einige der angesprochenen Fälle extrem unwahrscheinliche Begebenheiten dar: Könnten keine bekannten Erklärungen gefunden werden, dürfte auch der Ausweg nach dem Motto Zufallsprinzip nicht in Frage kommen, und die Frage nach der Realität des Phänomens bliebe bestehen.

Anomalien in der Naturwissenschaft

Ohne Zweifel nähern wir uns hier einem wahrlich ungeheuerlichen Fragenkomplex. Nichts wäre einfacher und bequemer, könnte man die mögliche Existenz paranormaler Effekte generell in Abrede stellen. Man sollte aber als Begründung nicht auf die sehr guten Erklärungsmöglichkeiten der Natur durch unsere heutige Wissenschaft hinweisen. Erstens erkennen wir trotz einer Zunahme des Wissens die grundsätzliche Begrenztheit unserer intellektuellen Entwicklungsstufen immer deutlicher: Je mehr wir erforschen, desto mehr Fragen tun sich auf. Niemand kann ernsthaft behaupten oder gar beweisen, dass eine wesentliche Erweiterung unseres derzeitigen Erkenntnishorizonts nicht möglich wäre, nachdem es in der Vergangenheit trotz gleicher Argumentation immer wieder zu erheblichen Fortschritten im Naturverständnis gekommen ist. Man denke zum Beispiel an das Geist-Materie-Problem, das sich auf biochemischer und neurophysiologischer Ebene noch nicht annähernd beschreiben lässt; Karl Popper und John Eccles (1977) haben dies in dem bekannten Werk „Das Ich und sein Gehirn" ausführlich dargelegt.

Zweitens möge man doch einmal den bereits existierenden Wissens- und Theorienstand der modernen Physik betrachten. Für wen die Quantentheorie nicht von Berufs wegen zum vertrauten Modell geworden ist, der könnte hier mehr „Okkultes" zu finden meinen als in der Parapsychologie. Wie anders sollte man es als Laie auffassen, dass nach unstrittiger physikalischer Interpretation Teilchen auch als Wellen in Erscheinung treten oder als unteilbar angesehene Partikel durch zwei Löcher gleichzeitig fliegen können? So kann auch John Casti (1990) in seinem Beitrag über die „wirkliche Welt" nicht umhin, zu einer rein physikalischen Diskussion zu erklären: „Sollte der Leser jedoch bemerken, dass der Bericht mitunter ins Okkulte abgleitet, so kommt dies daher, dass die von den Quantenfaktoren suggerierten Realitäten tatsächlich so seltsam sind, dass es manchmal schwerfällt, ernsthafte Wissenschaft und hoffnungslose (beziehungsweise hoffnungsvolle) Spekulation auseinanderzuhalten."

Die Wahrnehmung und Einordnung von Anomalien in der Natur sind nahezu eine Grundlage der Physik – besonderes Interesse gilt gerade denjenigen Phänomenen, welche sich noch nicht mit dem vorhandenen Rüstzeug „verstehen" lassen. Die unglaublichen Umwälzungen des physikalischen Weltbilds in diesem und in den vergangenen Jahrhunderten haben die hervorragendsten Repräsentanten der Physik immer wieder veranlasst, über die Grundlagen der Naturerkenntnis und die zukünftigen, denkbaren Möglichkeiten erweiterten Verständnisses zu argumentieren und zu spekulieren. Dabei gerät man unweigerlich in die Domäne der Parapsychologie: Deren moderne und wissenschaftlich gebildete Vertreter kommen ohne physikalische Modell- und Theorienentwicklung auch nicht mehr aus.

Grundlegende Aussagen der Physik sind mit den Interessensschwerpunkten der Parapsychologie eng vernetzt. So erklärte Nobelpreisträger Brian Josephson anläßlich einer Tagung „An den Grenzen der Wissenschaft", auf der etwa ein Dutzend Physiker über Parawissenschaften und Bewusstsein vortrugen: „Es ist nicht zu weit hergeholt zu sagen, wären paranormale Phänomene nicht schon experimentell gefunden worden, hätte sie ein phantasiebegabter Theoretiker vorhergesagt haben können." Warum verbleiben die Paragebiete dennoch in den Nischen der Wissenschaft? Bereits Goethe machte sich mittels Mephisto im „Faust" über den Umstand lustig, dass es wohl „höhere" Kräfte gebe, für diese aber noch kein akademisches Fach eingerichtet worden sei. Im Hinblick auf „Unerklärliches" sei auch an eine von sieben bemerkenswerten und zum Nachdenken anregenden Grundthesen des Philosophen Wittgenstein zur Erkenntnistheorie erinnert: „Die Welt ist alles, was der Fall ist."

Robert Jahn und Brenda Dunne (1987) haben in ihrem Werk „Grenzbereiche der Wirklichkeit" bemerkenswerte Aussagen von zwölf berühmten Physikern der Neuzeit zum Problemkreis „Natur der Realität" eindrucksvoll dargestellt. Hintergrund der Publikationen von Jahn und Dunne bildeten die Experimente, die sie in langen Jahren an der Princeton Universität, USA, mit zahlreichen Versuchspersonen durchführten: Es gelang einigen Probanden immer wieder, elektronische Zufallsgeneratoren auf unerklärte Weise zu beeinflussen – weder apparative Unzulänglichkeiten noch Zufallseffekte konnten für die statistisch signifikanten Erfolge der Probanden verantwortlich zeichnen. Auch die heftigsten Kritiker, etwa aus den Reihen der CSICOP haben sich an einer normalen Erklärung bisher die Zähne vergeblich ausgebissen und ziehen es daher neben wenigen kaum stichhaltigen Beanstandungen meist vor, die spätestens seit 1983 bekannten Befunde mit Schweigen zu übergehen.

Mit diesem kurzen Ausflug an die Grenzen der Wissenschaft soll lediglich angedeutet werden, welche Dimensionen uns umhüllen, die wir voller Unverständnis kaum erahnen. Könnte man angesichts dieser verborgenen Wirklichkeiten die vergleichsweise primitiven Fähigkeiten von Rutengängern betreffs Ortserkennung aufgrund theoretischer Argumentation zurückweisen? Wohl schwerlich. Ob es jedoch einen Zusammenhang oder fließenden Übergang zwischen den nachweislichen Sinnesempfindungen von Rutengängern und allgemeineren, exotischeren Leistungen mit paranormalen Vorgängen gibt, bleibt vorerst nur Spekulation und kann erst durch die Zukunft erwiesen werden.

Rutengänger und Wissenschaft

Die Sichtung der zuverlässig vorliegenden Beobachtungen und Erfahrungen betreffs rutengängerischer Hochleistungen (Berckhemer 1993, Betz et al. 1996) führt zu folgenden bemerkenswerten Gesamtergebnissen, die einerseits eine Grundfrage klären, aber andererseits neue Fragen aufwerfen:

- Das Rutengänger-Phänomen ist durch Indizienbeweise als existent anzusehen;
- der harte Kern an Beobachtungen lässt sich vorerst nicht erklären; keine der zahlreichen untersuchten physikalischen Feldgrößen konnte als Ursache für Rutengänger-Reaktionen identifiziert werden.

Diese Schlussfolgerungen sind überaus ungewöhnlich, weil man doch vermuten würde, dass sich ein Phänomen – so es tatsächlich immer wieder auftritt – wissenschaftlich klar objektivieren und zumindest in prinzipieller Hinsicht erklären lassen müsste. Da bislang keine befriedigenden und mit dem gesicherten naturwissenschaftlichen Weltbild nicht in Widerspruch stehende Erklärungen gefunden werden konnten, postulieren mangelhaft Informierte dann schlichtweg – und traditionsgemäß – die Nicht-Existenz des Phänomens, ohne dabei die dieser Ansicht entgegenstehenden und einsehbaren Indizienbeweise in der notwendigen Weise zu würdigen. Das stellt keine Lösung der Fragestellung dar, und ist erst recht nicht mit wissenschaftlichem Vorgehen zu vereinbaren. Befassen wir uns nun näher mit der zweiten oben getroffenen Aussage.

Die zentrale Frage lautet: Ist das Rutengänger-Phänomen eher als eine biophysikalische oder paraphysikalische Erscheinung zu verstehen? Handelt es sich demnach um ein im Prinzip wissenschaftlich konventionelles Problem oder um eher paranormale Erscheinungen? Diese Frage ist bisher nicht ernsthaft wissenschaftlich diskutiert und schon gar nicht entschieden worden. Für beide Thesen gibt es nämlich eine Reihe von Argumenten, die seit langer Zeit von ihren jeweiligen Befürwortern meist laienhaft vertreten werden, ohne dass eine schlüssige Beweisführung vorgelegt werden konnte (Betz 2002).

Für die biophysikalische Argumentationslinie sprechen die Erkenntnisse und Beobachtungen, dass einzelne Rutengänger ohne jeden Zweifel reproduzierbare und zuverlässige Angaben machen können. Erfolgreiche Rutengänger können ihre besondere Fähigkeit in Form eines „Berufs“ täglich reproduzierbar ausüben. Dies beinhaltet, dass der Rutengänger von Auftraggebern zu einem beliebigen Zeitpunkt zu einer „Begehung“ verpflichtet wird und nahezu in jedem Einzelfall eine erfolgreiche Angabe betreffs eines Bohransatzpunkts macht. Hans Schröter hat nachweislich in Sri Lanka über Jahre hinweg oft zwei bis drei Bohrpunkte je Tag lokalisiert und eine Gesamt-Erfolgsquote von über 90% erzielt (konventionelle Techniken erbrachten nicht einmal 30%). Aus solchen Beobachtungen müsste eigentlich geschlossen werden, dass ein externes ortsabhängiges (geophysikalisches) Signal den Probanden zu einer biologischen Körperreaktion veranlasst, also ein typisches biophysikalisches Reiz-Reaktionsmodell vorliegt.

Hingegen passen die genannten Beobachtungen nicht gut zur Parawissenschaft, wo bestens bekannt ist, dass echte paranormale Phänomene – so man diese als existent annimmt – sporadisch, ungezielt und unreproduzierbar auftreten. Es ist jedenfalls kein als paranormal einzustufender Effekt berichtet worden, der nahezu nach Belieben reproduzierbar wäre. Im Umkehrschluss ist es also durchaus vertretbar, zu behaupten, dass ein gut wiederholbares Einzelphänomen definitionsgemäß keine paranormale Ursachen haben kann und mit bekannten Methoden erklärbar sein sollte (wir schließen statistische Experimente mit vielen Probanden oder über lange Zeiträume hier aus und beschränken uns auf prägnante paranormale Einzeleffekte). Die bloße Betrachtung der Leistung von besonders begabten Rutengängern bei der Grundwassersuche gibt also zunächst noch keine Veranlassung, ortsabhängige Rutenreaktionen nicht mit rein konventionellen Methoden anzugehen und erklären zu wollen.

Es gibt eine weitere Erfahrung, die für einen biophysikalischen Mechanismus sprechen könnte. Dies ist der vielfach zu beobachtende Lerneffekt, der bei einer rein paranormalen Grundlage nicht derart massiv auftreten würde: Wenn immer mit Anfängern geübt wird, einen nicht-zufälligen Rutenausschlag zu erhalten, zeigen sich Erfolge. Sobald Anfänger gelernt haben, eine Rute ruhig in einem labilen Gleichgewicht zu halten und dabei zu gehen, zeigen sich bei geschickter Wahl der Teststrecke unerklärte Ausschläge, die nicht durch Fehlhaltung oder bewusstes Manipulieren der Rute zustande kommen. Die latente Fähigkeit, einen nicht-trivialen Rutenausschlag zu erhalten, muss in der Bevölkerung weit verbreitet sein. Es ist jedoch zu beachten, dass das Zustandekommen eines Ausschlags noch nicht entfernt eine nutzbare Fähigkeit darstellt; Ausschläge müssen selektiert und interpretiert werden, um sinnvoll und nutzbar zu sein. Hier scheiden sich die Fähigkeiten in drastischer Weise, und es verbleiben nur wenige Probanden übrig, die diese Kunst erlernen und beherrschen. Der Vergleich eines guten Rutengängers mit einem hervorragenden Künstler im allgemeinen Sinn ist durchaus nicht abwegig.

Würde ein Rutengänger ausschließlich geophysikalisch bedingte ortsabhängige Störungen im Untergrund finden, und zwar dadurch, dass er sich mit seinem Körper über die betreffende Stelle „wie ein Messgerät“ hinwegbewegt, wäre keinerlei Grund für eine paranormale Hypothese ersichtlich. Die paranormale Argumentationslinie wird aber durch das Nicht-Auffinden physikalischer Reizursachen und das unglaubliche Differenzierungsvermögen von Rutengängern dennoch provoziert. Fassen wir daher nochmals die besonders charakteristischen beiden Befunde zu radiästhetischen Spitzenleistungen zusammen, wie sie beispielsweise bei den beiden Kittemanns, bei Schröter, Isken und Textor zu beobachten waren:

Befund 1:

Der Rutengänger muss sich bei der Vor-Ort-Wassersuche keineswegs präzise über dem letztlich erkannten Bohrpunkt befinden. Vielmehr spüren die Probanden die geeigneten Stellen auch aus einer gewissen Distanz. So ließ sich z. B. Schröter bei der Suche nach (wegen der Wüstensituation voraussehbar schwach fördernden) Brunnen im Zentralsinai mit dem Jeep in das gewünschte Gebiet fahren und spürte während der Fahrt spontan den nächstnahen geeigneten Bohrpunkt im Umkreis von einigen Kilometern: Er stieg dann nach Gutdünken aus, um den präzisen Bohransatzpunkt durch direktes Überschreiten der vorher aus der Entfernung erkannten Stelle genauer zu bestimmen. Diese Technik ist auch aus pragmatischen Gründen glaubhaft und nachvollziehbar; würde ein Rutengänger einen Bohrpunkt nur dann erspüren, wenn er sich direkt darüber befindet, wäre eine effektive Prospektion auf einer großen Fläche praktisch unmöglich, da es zuviel Zeit und Kraft kostet, jeden Quadratmeter des Gebiets mit der nötigen Sorgfalt einzeln und direkt abzugehen. Das Problem ist dann aber darin zu sehen, dass z. B. die sichere Mutung einer schwachen, 20 Meter tiefen Quelle aus einer Distanz von einem Kilometer unter realen Bedingungen geophysikalisch nicht vorstellbar ist. Die denkbaren physikalischen Signale sind zwar durchaus als räumlich ausgedehnt und nicht punkt- oder linienförmig aufzufassen, die messtechnisch tatsächlich oft sehr genau erfassten Felder nehmen aber mit der Distanz entweder sehr schnell ab oder zeigen von vorneherein keinen auffälligen Bezug zu einem ergiebigen Bohrpunkt. Erschwerend kommt hinzu, dass solche Distanzmutungen auch im langsam fahrenden Auto möglich sind; zwischen dem jeweiligen Standort des Probanden und dem erfassten Bohrpunkt kann sogar ein Hügel liegen, so dass der Bohrpunkt noch gar nicht visuell zu orten ist und eventuell detektierte Feldsignale eine enorme Abschwächung erfahren und im allgemeinen Rauschen untergehen müssten.

Befund 2:
Der Proband kann bei einer solchen Distanzmutung eine Art Peilung durchführen, wobei er sich auf der Stelle langsam dreht und mögliche Ausschläge z. B. einer Winkel- oder V-Rute beobachtet. Die Rute kann dabei in verschiedenen Höhen gehalten werden, um verschiedene „Reichweiten" zu erfassen; die genaue Handhabung und Mutungstechnik ist allerdings nicht einheitlich und wird – wie schon oben erläutert – von jedem der Spitzenprobanden verschieden ausgeführt. Gemeinsam ist den Probanden, dass sie aus nennenswerter Distanz eine Fülle von Informationen sehr selektiv erspüren, indem mittels variierender Rutentechniken verschiedene „Abfragen" erfolgen, z. B. nach Ort, Tiefe, Menge und Qualität des vermuteten Wasservorkommens. Die nachweislichen Erfolge sind bei den verschiedensten Konstellationen dieser physikalischen Parameter erzielt worden sowie unter stark variierenden und teilweise äußerst schwierigen Randbedingungen. Besonders gute Rutengänger sind nicht nur zuverlässig und effizient, sie lassen sich auch kaum durch externe Störungen bzw. Störsignale in ihrer Leistungsfähigkeit beeinträchtigen, seien es Geräusche und Erschütterungen, ungünstige oder extreme Wetterlagen, starke elektromagnetische Sender und vieles andere mehr.

Man gewinnt den Eindruck, dass Rutengänger vor Ort, ähnlich wie bei holographischen Techniken, detailreiche Informationen über eine begrenzt entfernte Umgebung aufnehmen können und gewissermaßen „in den Untergrund sehen" können. Die

Vorgehensweise erscheint einem kritischen Betrachter – und auch unserer Arbeitsgruppe – zunächst absolut irreal und unglaubwürdig, so dass wir lange davor zurückscheuten, diese Befunde ernst zu nehmen und zu akzeptieren. Die intensive und jahrelange Observierung und Erfolgskontrolle der Rutengänger machte es aber trotz intensiver Suche nach Alternativerklärungen erforderlich und unausweichlich, das hier geschilderte Phänomen als Tatsachenbestand anzusehen.

Wir veranlassten im Rahmen der in Kapitel 6 geschilderten langjährigen Forschung zahlreiche Versuche, die mittels der Rutengänger-Vorgehensweise erhaltenen spezifischen Informationen über kleinräumige Untergrundstrukturen alternativ auch mit modernster Messtechnik zu erfassen. Dies erwies sich generell als ziemlich aussichtslos; nur in Einzelfällen und bei Verwendung mehrerer aufwendiger Messverfahren konnten äußerst grobe, das heißt vieldeutige und im allgemeinen wenig verlässliche Voraussagen vor Ort, aber nicht aus Distanz gemacht werden. Das enorme und technisch auch nicht annähernd kopierbare Leistungsspektrum der Spitzenprobanden ist (derzeit) nicht nachvollziehbar und fordert die Heranziehung gänzlich neuartiger Mechanismen geradezu heraus. Das heißt natürlich nicht, dass moderne Prospektionsmethoden nicht allgemein funktionieren würden. Es geht hier speziell um sehr detaillierte Vorhersagen über lokal eng begrenzte Wasserleiter in geologisch schwierigen Gebieten sowie um Distanzmutungen, wo erstaunlicherweise erfahrene Rutengänger wesentlich effizienter als derzeitig modernste Technik arbeiten können.

Es bleibt also das Dilemma der Einordnung des Phänomens vorerst bestehen. Möglicherweise handelt es sich um eine bisher nicht erkannte Zwischenform, die eine sowohl reproduzierbare, aber dennoch in wesentlichen Zügen paranormale Form der Wahrnehmung darstellt. Das beobachtete relativ hohe Maß an Reproduzierbarkeit könnte an die örtlich verfügbare hohe Dichte von zielrelevanten Informationen gekoppelt sein. Sollte diese Argumentationslinie bevorzugt werden, liegt gleichermaßen nahe, dass es sich bei der radiästhetischen Erfassung von Daten um ein Informations- bzw. Korrelationsphänomen handelt, das jedoch psychophysiologisch induzierbar ist und in gewissem Umfang durch Lerneffekte nutzbar gemacht werden kann. Ein theoretischer Zusammenhang mit Hypothesen zur psychophysischen Wechselwirkung und Psychokinese, wie von zahlreichen theoretischen Physikern diskutiert, ist entgegen erstem Anschein bei näherer Betrachtung durchaus vorstellbar und sollte künftig intensiver behandelt werden.

Es ist nicht unpassend, hierbei einmal zu betonen, dass eine generelle Ablehnung des Rutengängerphänomens wegen Unerklärbarkeit umso weniger gerechtfertigt ist, als sich die Grenzgebiete der Physik mit einer ganzen Reihe „unerklärlicher" Effekte befassen, die mindesten seit Bekanntwerden der Relativitätstheorie von Einstein und der Entwicklung der Quantenmechanik auf eine verborgene Realität hinweisen, die mit den üblichen menschlichen Erfahrungen und logischem Vorstellungsvermögen nicht abzudecken ist. Nimmt man die bei Rutengänger-Experimenten beobachteten Informations-Übertragungen ernst, eröffnen sich ohne Zweifel spezifische Fragen, die nur auf hohem wissenschaftlichen Niveau angegangen werden können und auf ein mögliches Potenzial an interessanten neuartigen Erkenntnissen hindeuten.

Gerade die moderne Physik zeigt unmissverständlich erhebliche Defizite im Verständnis der Grundgesetze der Natur. Die geltenden Gesetze sind zwar unglaublich effizient anwendbar, entziehen sich aber im Grund jeder anschaulichen Deutung. Wer sich weniger für tief wissenschaftliche Grundsatzfragen interessiert, sollte die nächsten Absätze überschlagen; es genügt zu wissen, dass auch Physiker manche Grundlagen und Grenzen der Naturwissenschaft nicht wirklich verstehen.

Wer einen kleinen naturwissenschaftlichen Exkurs nicht scheut, denke beispielsweise an die in letzter Zeit durch Anwendung moderner physikalischer Experimentiertechniken verstärkt Aufmerksamkeit findenden Experimente mit korrelierten Lichtteilchen, die eine besondere Art von Informationsübertragung beinhalten und unter anderem eine erstaunlich sichere Verschlüsselung von Daten ermöglichen (Quantenkryptographie). Hiervon wird in den Massenmedien immer wieder berichtet. Das Prinzip dieser natürlichen Erscheinung soll wegen seiner beispielhaften Eigenschaften mit möglichst einfachen Worten für Nichtspezialisten erläutert werden:

Es gehört zum Arsenal moderner Lasertechniken, zwei Lichtquanten als „Zwillinge" so zu erzeugen, dass sie physikalisch zusammen eine Einheit darstellen. Jedes der Quanten kann bei einer späteren Messung entweder als rechtsdrehend oder linksdrehend erkannt werden. In der Summe heben sich die Drehungen wegen eines streng gültigen Erhaltungssatzes auf, das heißt, wenn ein Quant als rechtsdrehend gemessen wird, muss das andere zwingend linksdrehend sein. Die Quantenmechanik sagt nun verständniserschwerend aus, dass der tatsächliche Drehzustand der beiden Quanten solange unbestimmt ist, bis eine Messung erfolgt. Es handelt sich (vor der Messung) nicht um eine bedauerliche Unkenntnis unsererseits, sondern die Quanten-Zustände sind vorher einfach nicht festgelegt. Erst beim Messprozess wird das Ergebnis nach dem Zufallsprinzip festgelegt. Daher haben die Quanten vor der Messung auch keine eigenständige Identität, sondern sind Teil eines quantenmechanischen Gesamtsystems.

Das anschauliche Problem entsteht nun dadurch, dass die Quanten nach ihrer Erzeugung mit Lichtgeschwindigkeit weit auseinanderfliegen und trotzdem ein Ganzes, eine quantenmechanische Einheit bleiben. Wenn schließlich eines der Quanten durch eine Messung einen Drehsinn zugeordnet erhält (erst durch die Messung wird „gewürfelt", welcher der beiden möglichen Drehsinne sich einstellt), nimmt das andere Quant sofort den entgegengesetzten Drehsinn an, obwohl es sich viele Kilometer – oder Lichtjahre – entfernt im Flug befinden mag. Nach anschaulicher klassischer Vorstellung müsste das gemessene Quant mit unendlicher Signal-Übertragungsgeschwindigkeit dem noch ungemessenen mitteilen, welchen Zustand es plötzlich anzunehmen hat. Echte Signalübertragung mit mehr als Lichtgeschwindigkeit ist aber definitiv indiskutabel – und für die Theorie auch nicht notwendig. Die Theorie kann mit sechsdimensionalen statistischen Wellenfunktion die Experimente rechnerisch perfekt beschreiben und tut kund, zumindest pragmatisch kein Problem zu haben. Dieser nicht-lokale Korrelationseffekt ist seit nahezu einem Jahrhundert als Einstein-Podolsky-Rosen-Paradoxon bekannt und findet in der Physik dauerhafte und intensive Diskussion, ohne dass besondere Aufregung entsteht.

Trotzdem bleibt es eine Tatsache, dass zwei mit Lichtgeschwindigkeit auseinanderfliegende korrelierte Quanten sich jederzeit instantan, unabhängig von ihrer Entfernung, beeinflussen können. Das ist anschaulich absolut unerklärbar, es sei denn, man nimmt zu höheren unanschaulichen Dimensionen Zuflucht, wie es ja auch die Theorie vornimmt.

Was hat dies nun mit der Rutengänger-Problematik zu tun? Ganz einfach: Man braucht sich nur vorzustellen, dass Rutengänger und Zielobjekt ein quantenmechanisch korreliertes Gesamtsystem bilden – und schon stehen wechselseitige Eigenschaften ortsunabhängig zur Verfügung! Das Problem ist natürlich, dass derartige Systeme bisher nur in mikroskopischem Maßstab bekannt sind. Kann man aber makroskopische Systeme gänzlich ausschließen? Wissenschaftlichem Einfallsreichtum sollte hier keine Grenzen gesetzt werden. Schließlich gibt es noch eine ganze Reihe weiterer mysteriöser Basisphänomene, wie z. B. die Gravitation und vieles andere mehr, was sich im Weltraum abspielt. Auch makroskopische Körper im Weltall stehen in ihrer Gravitationswirkung trotzt gigantischer Distanzen instantan miteinander in Verbindung, sonst würden die Newtonschen Gesetze nicht den Lauf der Gestirne beschreiben können – trotz allgemeiner Feldtheorie, Verbiegung des Raums und anderer seltsamer Effekte für den normalen Menschenverstand und nicht-spezialisierte Physiker ein Ding der schieren Unmöglichkeit. Kurzum, wenn man nach Rätseln sucht, muss man nicht unbedingt Rutengänger heranziehen. Urknall und dunkle Materie tun es auch. Mit dieser zugegebenermaßen etwas naiven Argumentation soll aufgezeigt werden, dass ein existentes Rutengänger-Phänomen als kaum weniger überraschend angesehen werden muss als manche altbekannte und akzeptierte, im Grund unverstandene naturwissenschaftliche Effekte. Es gibt daher aus theoretischer Sicht keinen triftigen Grund, Rutengänger-Effekte für unmöglich zu halten – zumal sie ohnehin kein einziges etabliertes physikalisches Gesetz verletzen.

Forschung auf Grenzgebieten – private und offizielle Erkenntnis

Das Bemühen, nur bestimmte Rückkopplungen in der Wissenschaft zuzulassen, hat sich insofern bewährt, als es zu stürmischen Fortschritten in bestimmten Disziplinen führte. Aber viele Grenzbereiche und die darin gesammelten Erfahrungen sind dadurch verdrängt und vernachlässigt worden, obwohl sie eine neue Dimension wissenschaftlicher Erkenntnisse beinhalten. Als Beispiel lassen sich eine Fülle von Gebieten anführen. Die lange ignorierten und heute mit zunehmendem Erstaunen wahrgenommenen Sensibilitäten im Tierreich stellen nunmehr, und für viele Experten „überraschend", hochaktuelle Phänomene dar. Bloße aufmerksame Beobachtung von Verhaltensweisen hatte dies aber schon lange erwarten lassen, man denke nur an Zugvögel oder Brieftauben. Warum hinkt die Wissenschaft bei vielen Fragen so langsam hinterher?

Helmut Tributsch fragt in seinem Buch über Erdbebenvorzeichen, das er nach jahrelangen und intensiven Recherchen 1978 verfasst hat: „Wieso hat sich die moderne Erdbebenforschung während ihrer stürmischen Entwicklung im 20. Jahrhundert den traditionsreichen Erdbebenvorzeichen aus dem Volksmund gegenüber völlig verschlossen? Warum wurden detaillierte Berichte über ungewöhnliches Tierverhalten vor Erdbeben, über trüb gewordene Quellen, seltsame Lichterscheinungen und ähnliche mysteriöse Phänomene, die seit Jahrhunderten und Jahrtausenden nach schweren Katastrophen immer wieder aufgetaucht sind, hartnäckig als unbegründete Phantasieprodukte des Volkes abgestempelt? Warum haben, in völlig unwissenschaftlicher Weise, diesen Berichten immer wieder selbst viele anerkannte Erdbebenforscher jeden Wahrheitsgehalt abgesprochen, ohne dass diese Dokumente jemals ernsthaft gesammelt oder die Naturphänomene gar wissenschaftlich analysiert worden wären?"

Es bedarf wohl kaum des Hinweises auf die weitgehende Analogie zur Problematik des Rutengänger-Phänomens. Wir sind umgeben von Grenzgebieten, die alle ein ähnliches Geschick erfahren. Uralte Heilmethoden und Verfahren in der Medizin würden ein vergleichbar lohnendes Beispiel abgeben: Wo man Schwerpunkte des Interesses setzte, ließen sich mit wenigen Ausnahmen phantastische Fortschritte erzielen, aber die moderne Medizin hat auch alte Erfahrungen nahezu völlig über Bord geworfen und gewinnt diese in unseren Tagen nur mühsam und auf langsamem Weg zurück – Erfahrungen, die für das Wohl des gesamten Volks von unschätzbarem Wert sein würden. Die Rutengängerei erscheint im Vergleich dazu ziemlich unbedeutend.

Weit sind die Wege von der ersten Erkenntnis zur allgemeinen Anerkennung eines Phänomens aus dem Grenzbereich. Eingeweihte Akupunkteure mögen noch so oft und sicher mittels der Nadeln und ohne Medikamente eine örtliche Betäubung von Patienten herbeiführen, die Akupunktur-Stellen auf der Haut mögen noch so deutlich mit einem einfachen Messgerät für elektrischen Widerstand nachzumessen sein, der Kreis der darüber solide Informierten bleibt für lange Zeiträume klein, die wissenschaftliche Allgemeinheit verharrt träge, ignoriert und bekämpft zuweilen die eigentlichen Fakten mit ausdauernder Hartnäckigkeit. Die Prioritäten der Wissenschaft spiegeln zu sehr die einseitigen Interessen und Belange der bereits etablierten Bereiche wider – die allzu neuartigen Randgebiete bleiben auf der Strecke.

Die Schwierigkeiten der Grenzbereiche erwachsen aus zwei Gründen: Einerseits aus den schon genannten einseitigen und unvollständigen Zielsetzungen der herrschenden Wissenschaft, die durch allgemeinen Konsens gefestigt sind und nicht oder kaum von bestimmten Personen abhängen. Andererseits treten die schon in Kapitel 9 erwähnten Kritiker auf, die sich in maßloser Selbstüberschätzung zum Oberrichter in Wissenschaftsfragen ernennen und entscheiden wollen, was forschenswert sei und was nicht. Es sei eingeräumt, dass allerlei bestehende handfeste Missstände den Anstoß zu solcherlei Aktivitäten von Skeptikern geben und eine gewisse Aufklärung not tut. Aber leider überziehen viele Kritiker die sinnvollen Grenzen ihrer selbstgestellten Aufgaben, sei es aus mangelnder Kompetenz oder wegen irgendwie gewachsener und unüberwindbarer Vorurteile.

Als Beispiel für eine solche Gruppe übertreibender Kritiker sei nochmals die amerikanische Skeptiker-Organisation CSICOP genannt, die ein eigenes Mitteilungsblatt herausgibt, den „Skeptical Inquirer“. Der Physiker und Experte auf dem Gebiet des

Paranormalen Robert A. McConnell von der Universität Pittsburgh, setzte sich in seinem Buch „Rückblick auf die Parapsychologie – Meine Suche nach dem Einhorn" ausführlich mit den Praktiken der CSICOP auseinander. Er benannte das betreffende Kapitel seiner Arbeit sinnigerweise „Mächte der Finsternis" und beklagt vor allem die Versuche der Gruppe, vernünftige und mit streng wissenschaftlichen Methoden betriebene Paranormalitätsforschung zu stören und gezielte Fehlinformationen in der Öffentlichkeit zu verbreiten.

Hart geht er mit den Herausgebern des Skeptical Inquirer zu Gericht. Das Blatt vermische ganz bewusst die Bemühungen ernsthafter Para-Forscher mit dem breiten und undifferenzierten Spektrum meist abstruser Dinge, die sich der uninformierten Öffentlichkeit unter der Flagge „Para" anbieten lassen (wie zum Beispiel Bermuda-Dreieck, Pyramidenkraft, Astrologie, Monster und UFOs). Damit werde der Eindruck erweckt, es gebe keine seriöse Para-Forschung. Ergänzend würden individuelle Parapsychologen grundlos attackiert. Die guten und bisher nicht widerlegten Experimente betreffs paranormaler Vorgänge würden in der Regel verschwiegen und durch die Behauptung ersetzt, es gebe keinerlei positiven Befunde. Diese Methode kommt dem Leser wohl inzwischen bekannt vor! McConnell legt unmissverständlich dar, dass die Herausgeber ein niedriges Niveau intellektueller Prinzipien aufweisen; sie ließen in ihrem Blatt jeden zu Wort kommen, der gegen die Parapsychologie intrigiere, so primitiv es auch geschehe; positive Befunde fänden dagegen keine Aufmerksamkeit. Durch all diese Taktiken erweise sich die CSICOP als reine Interessensgruppe, die sich der Unterstützung durch Wissenschaftler nur zur Verschleierung bediene. Aufgrund langjähriger Erfahrungen gipfelt er in der Feststellung, die CSICOP-Autoren ließen keinerlei Anzeichen für intellektuelle Kompetenz zur Bewältigung der übernommenen Aufgabe erkennen.

Es kann kein Zweifel bestehen: Die Vertreter der CSICOP haben sich in ihrem Eifer als unfähig erwiesen, zwischen anklagenswerter Scharlatanerie und ernsthaften wissenschaftlichen Bemühungen auf Grenzgebieten zu unterscheiden. Beides bekämpfen sie mit zerstörerischen Taktiken im Stil von Kreuzzügen. Das Hinterlistige an der Sache besteht darin, dass sie dabei den Eindruck erwecken, bei ihren Methoden von der Wissenschaft Gebrauch zu machen. In Wirklichkeit tun sie das nicht, denn sie vermögen nicht „Schlechtes" von „Gutem" zu unterscheiden. Warum nicht? Weil sie gar keine Wissenschaft betreiben, sondern die Befunde an einem fixiert vorgegebenen, idealisierten und reduzierten Modell messen. Das ist aber nicht die Methodik der Wissenschaft. Daher ist es auch nicht verwunderlich, dass insbesondere die heftig agierenden Kritiker meist nicht den oberen Rängen der Wissenschaften entspringen. Gestandene Wissenschaftler mit breiter Erfahrung würden es kaum sinnvoll finden, Arbeiten auf komplexen Gebieten für längere Zeit auf eine derart verzerrte, voller kurzsichtiger Annahmen steckende Basis zu stellen.

Die deutsche Ableger-Gruppe könnte keine bessere Kopie der amerikanischen Vorlage sein. Im vorangegangenen Kapitel wurde kurz umrissen, wie die neue Vereinsfiliale mit den gleichen Methoden versuchte, das Münchener Projekt zu stören und sich dabei die Zähne ausbiss. Stellt man diese Skeptiker gezielt zur Rede, so ist es mit deren Argumenten meist vorbei, so sie dann überhaupt noch welche vorzubringen wagen. Wie ihr Mutterverein CSICOP fördert auch sie mit solchen Kreuzzugsmethoden die Nischenbildung für Scharlatane, anstatt durch Mitwirkung bei vernünftigen Aufklärungsbemühungen diese Nischen zu schließen. Kurzum, Wissenschaft vermag sich sehr wohl selbst zu kontrollieren und bedarf nicht solcher Außenseiter als selbsternannte Oberrichter.

Schließlich darf nicht versäumt werden, auf ein letztes Problem hinzuweisen. Auf Grenzgebieten sind meist keine oder nur sehr wenige Gesprächspartner zu finden, die in dem einschlägigen Forschungsbereich über ausreichend gute Kenntnisse verfügen und als solide informierte Spezialisten angesehen werden können. Kontakte mit weniger vorgebildeten Wissenschaftlern resultieren daher nicht selten in emotionalen Äußerungen anstatt in konstruktivem Gedankenaustausch.

Schwerer noch wiegt das Dilemma, gute Ergebnisse, wenn sie nach großen Mühen endlich vorliegen, nur selten in Fachzeitschriften publizieren zu können. Wohlgemerkt, diese Hürde besteht nicht für die Bekanntgabe negativ verlaufener Experimente; es sind die positiv ausgegangenen Tests, die auf Widerstand stoßen. Ein Manuskript mag noch so sorgfältig und kompetent abgefasst sein, wenn der zum Ausdruck kommende Trend nicht den Erwartungen der Kongregation entspricht, sind die Chancen zur Veröffentlichung gering. Wissenschaftliche Wahrheitsfindung durch Abstimmung? Selbst wenn die Herausgeber wissenschaftlicher Journale Interesse bekunden und ein entsprechendes Manuskript veröffentlichen möchten, scheitert der Versuch an den Gutachtern. Entweder werden diese erst gar nicht gefunden, oder sie erweisen sich nicht in der Lage, die Publikationswürdigkeit der eingereichten Arbeit objektiv und sachverständig beurteilen zu können; häufig werden dann auch die Skeptiker aus den oben illustrierten Reihen gutachterlich herangezogen – mit leicht vorherzusehendem Ergebnis. Dementgegen lassen sich skeptische Artikel sehr leicht publizieren, auch wenn sie erkennbar inkompetent angelegt sind und, anstatt ein Mindestmaß an Ausgewogenheit zu präsentieren, ausschließlich die Argumente der Kontra-Seite berücksichtigen.

Es bleibt zu vermerken, dass die Eigenarten menschlichen Intellekts gesellschaftliche Rahmenbedingungen schaffen, aus denen ein Wissenschaftsbetrieb resultiert, der zu keiner Zeit der Entwicklung von Forschung auf Grenzgebieten förderlich war. Wie in frühesten Zeiten, so bleiben noch heute viele gut beobachtete Erfahrungen und Naturerkenntnisse einem kleinen, eingeweihten Kreis vorbehalten. Dennoch sollten die Chancen für neue Gedanken in einer freien Gesellschaft nicht grundsätzlich pessimistisch eingeschätzt werden. Trotz aller Widrigkeiten ist zu erwarten, dass langfristig – sehr langfristig – eben doch eine rationale und sachlich ausgewogene Einstellung die Oberhand gewinnen wird. Der Weg zur Entschleierung der Geheimnisse ist allerdings voller Hindernisse und wird noch viel Zeit benötigen – ein Abenteuer ohne Ende.

Schlusswort

Meine Geschichte über die Rutengänger ist erzählt. Es fanden sich seltsame Spuren an den Grenzen des Unbekannten, die zu verschweigen eine Verkrüppelung der Perspektiven bedeuten würde. Mit tiefen Schlaglöchern gepflastert, führte der Weg über Höhen und durch Niederungen menschlicher Vorstellungskraft. Nicht minder verschieden erlebten wir Qualität und Stärke der Argumente und Handlungen aller Beteiligten im Pro-und-Kontra-Spiel.

Sowohl die Macht der Unvernunft als auch die Ohnmacht der Vernunft triumphierten im Wechsel. Die Fronten stehen noch, aber hinter den Fassaden auf beiden Seiten der Straße wanken die Stützen. Kein Zweifel: Die eine Gruppe muss überzogene Ansprüche und Erwartungen zurückschrauben, die andere kategorische Be- und Verurteilungen zugunsten von Kompromissen weichen lassen.

Das Hin und Her der bewegten Szene erhellt mehr als nur die Radiästhesie. Ein vielleicht kaum vermeidbarer Defekt unserer kollektiven Verhaltensweisen kommt zum Vorschein, eine einäugige Einengung der Natur in Spezialgebiete der Wissenschaft, in denen sehr viel Gleiches – und damit zu wenig – gedacht wird. Und dennoch bieten die existierenden Institutionen und Wissenschaftssparten, wie wir sehen konnten, alle Chancen zu künftigem Fortschreiten der Erleuchtung.

Eine Kette starker Evidenzen zu Gunsten eines harten Kerns rutengängerischer Fähigkeiten zog sich durch dieses Buch und signalisierte das Erreichen einer wichtigen Zwischenstation. Die Karten liegen nun ziemlich aufgedeckt auf dem Tisch. Nur Uneinsichtigen reicht der Augenschein nicht aus und veranlasst Forderungen zum Erbringen von immer neuen Beweisen unter immer wieder variierten Bedingungen. Gewiss wäre es möglich, dem nachzugeben und noch bessere Experimente mit Rutengängern zu veranstalten; eine Fülle neuer Tests wäre vorstellbar. Aber sie sollten nur im Rahmen künftiger und konstruktiv-gezielter Forschungen stattfinden und nicht mehr der Genugtuung ewig Zweifelnder dienen. Denn diese dürften wohl nie zufriedenzustellen sein: In Pervertierung wissenschaftlicher Prinzipien würden sie beispielsweise fordern, neben jeden Rutengänger und Versuchsverantwortlichen einen Zauberer, einen Notar und eine vielköpfige Kommission speziell ausgewählter und international anerkannter Hydrogeologen zu stellen ... Dies erinnert an eine zwar etwas abschätzige, aber trotzdem treffliche Schlussfolgerung von Professor Moriz Benedikt aus dem Jahre 1917:

„Der schlichte Mann erkennt instinktmäßig die Souveränität der Tatsachen an; der akademisch Verbildete die Souveränität der Meinungen. Der Bauer kennt die Tatsachen von Kindheit an durch Tradition, und sie wird für ihn zum unumstößlichen Ereignisse, sobald er den ersten Rutenausschlag gesehen und gefühlt hat. Der ‚Intellektuelle' legt Scheuklappen gegen die Wahrheit an, wenn er Tatsachen nicht in die Kammer seiner Weisheit einreihen kann."

Doch wollen wir nicht mit müßigen Anklagen schließen, sondern lieber mit Appellen an die Vernunft, an die Wissenschaften zur Besinnung auf die eigenen bewährten Grundprinzipien, und an den Einzelnen, seine Meinung auf eventuelle Vorurteile zu überprüfen und vielleicht als solche zu erkennen. Dieses Buch löst die vielen Probleme der Rutengänger nicht, aber es soll eine gezielte Hilfe zum Flottmachen des in den Sumpf geratenen Karrens liefern. Und nicht zuletzt ist es seine Absicht, Folgendes zu bedenken zu geben: Viele hatten eine scheinbar wahre und unverrückbare Meinung gegen die Rutengänger vertreten und müssen nun einräumen, zumindest in einem kleinen, aber wesentlichen Teil ihrer Argumente geirrt zu haben; denn der Kern des Phänomens erweist sich bei allem Klopfen als beständig und gegen Angriffe gefeit. Welche anderen Erscheinungen in Grenzgebieten aus dem reichen, alten und neuesten Erfahrungsschatz der Menschen werden heute ebenso verkannt wie einige berechtigte Anliegen der Rutengänger?

Es bleibt die begründete Hoffnung auf das Gelingen, den ehrlichen Anteil der Rutengängerei in Zukunft rational zu fördern und seine in vielen Phasen überaus spannende und intellektuell lohnende Erforschung voranzutreiben. Und nicht zuletzt bietet sich an, seine begründeten und gut kontrollierbaren Anwendungen zum Wohl der Menschen als bescheidenen Beitrag in die Palette diskutabler Möglichkeiten einzureihen.

Anhang

Interview mit Hans Schröter

In der Fachzeitschrift Hagia Chora, Ausgabe 19 (2004), erschien ein aufschlussreiches Gespräch mit dem in diesem Buch gewürdigten Hydrologen und Radiästheten Hans Schröter. Dabei gab er auch Auskunft über seinen ungewöhnlichen Lebensweg.

Hagia-Chora-Redaktion: *Herr Schröter, Sie bezeichnen Radiästhesie als Ihr Hobby. Das wundert uns – bei Ihrer Biografie! Ist Ihnen die Bezeichnung Hydrogeologe lieber?*

Hans Schröter: Tatsächlich bin ich Diplomingenieur für Wasserbau, spezialisiert auf Siedlungswasserbau. Seit zwanzig Jahren habe ich mich ganz auf den Bereich der Wassererschließung konzentriert. Die Hydrogeologie wurde in meinem Studium nur gestreift. Vielleicht ist es ganz gut, dass ich nicht Hydrogeologie studiert habe, so bin ich nicht auf bestimmte Denkmuster programmiert. Was die Hydrogeologen zur Grundwassererschließung zu sagen haben, ist sicherlich richtig, aber offenbar gibt es noch etwas, das ich mit der unkonventionellen Methode des Rutengehens erschließen kann. In der Praxis habe ich meistens mit einem für meine Technik aufgeschlossenen Hydrogeologen zusammengearbeitet. Mein Ziel war und ist, durch eine Verbindung von Wissenschaft und traditionellen Techniken zu besseren Ergebnissen zu kommen als durch die Wissenschaft allein.

Das gelingt in der Regel höchst selten. Was kam Ihnen dabei entgegen?

Mit den Messmethoden der modernen Prospektion lassen sich Wasservorkommen nur bis zu rund 100 m Tiefe nachweisen. Ist das Wasser tiefer, zeigen die Geräte nichts mehr an – aber ich kann es mit der Wünschelrute noch erfassen.

Vor nicht allzu langer Zeit, bereits nach meinem Unfall, war ich noch ehrenamtlich für die GTZ im Sinai und im Westjordanland (Westbank) tätig. Vor allem vom Sinai-Wüstengebiet ist bekannt, dass es weit und breit kein Wasser gibt, und wenn, dann nur in extremer Tiefe und versalzen. Ich habe mich zuerst gegen diesen Auftrag der Trinkwassererschließung gewehrt, denn niemand kann Wasser finden, wo es keines gibt. Aber der Projektleiter hat mich immer wieder gedrängt und gesagt: „Erst, wenn du es probiert hast und wirklich keines findest, dann gebe ich auf."

Schließlich hat er mich überredet, aber ich machte klar, dass ich nur anreisen würde, wenn folgende Voraussetzungen erfüllt wären: Erstens, der dortige Jahresniederschlag, etwa 50 mm im Jahr, musste in einem kurzen Regenschauer als Platzregen niedergegangen sein – sonst verdunstet der Regen, bevor er im Boden versickern kann. Die Verdunstungsrate im Sinai liegt immerhin bei etwa 3500 mm im Jahr. Zweitens, der Boden in der betreffenden Region musste grobkörnig sein, damit der Regen schnell versickern kann, und drittens musste die Geologie so beschaffen sein, dass in 20 bis 30 Meter Tiefe Wasserstauer vorhanden sind, wo sich das versickerte Wasser sammeln konnte. Wären alle drei Bedingungen erfüllt, dann wäre ich bereit, die „Stecknadel im Heuhaufen" zu suchen. Daraufhin stellte der örtliche GTZ-Projektleiter in Ägypten die entsprechenden Nachforschungen an und teilte mir nach relativ kurzer Zeit mit, dass die drei oben genannten Bedingungen im Sinai erfüllt seien. So gab es für mich keinen Grund mehr, den Einsatz nicht anzunehmen, und ich flog nach Kairo. Meine ersten Schritte dort waren Recherchen über die Geologie des Zielgebiets. Ich nehme nie einfach die Rute in die Hand und suche drauflos. Im Desert-Institute in Kairo hatte ich einen Geologen an meiner Seite, mit dem ich gemeinsam Bohrprofile aus dem zu untersuchenden Gebiet einsehen konnte. Ich versuche mir immer ein möglichst klares Bild über den Untergrund zu machen, um Möglichkeiten für Wasservorkommen abzuschätzen: Wie ist die Regenverteilung, wieviel Regenwasser könnte sich wo im Boden sammeln? Wie ist der Untergrund beschaffen? Wie ließe sich das gefundene Wasser gewinnen? Auch ein erfahrener Hydrogeologe muss viele Annahmen treffen und einiges abschätzen, insofern ist mein Arbeitsweg der Grundwassererschließung dem Vorgehen der Hydrogeologen ziemlich ähnlich, nur ergänze ich es durch das zusätzliche Rutengehen. So setze ich alte Tradition – das Wünschelrutengehen – und moderne Technik – Geophysik – bei der Wassersuche wechselweise ein.

Die von mir angezeigten Brunnenstandorte in der Wüste Sinai ergaben nach ihrer Fertigstellung genügend Trinkwasser für die dort lebenden Nomaden und deren Tiere, so dass sie nun nicht mehr über Wassertransportfahrzeuge aus 100 bis 200 Kilometern Entfernung versorgt werden müssen. Auch auf der Westbank konnte ich schließlich einen Karstkanal von gerade mal 6 Metern Breite in 650 Metern Tiefe mit einem reichlichen Wasservorkommen von 400 Kubikmetern in der Stunde lokalisieren. In so großer Tiefe hat meines Wissens noch niemand Trinkwasser gefunden, vor allem nicht in einer so schmalen geologischen Struktur.

In dieser Tiefe vermutet man eher fossiles Wasser ...?

Grundsätzlich suche ich immer nach regenerierbaren Wasserquellen, schon aus ökologischen Gründen. Nur in Notfällen, wenn beispielsweise 30000 Menschen kein Wasser haben, kann man ausnahmsweise auch ein fossiles Wasservorkommen erschließen, wie z.B. in den Oasen Dachla und Kharga in Ägypten.

Wir nehmen an, dass es für Ihre Kollegen und Vorgesetzten nicht einfach war, zu akzeptieren, dass Sie mit der Rute arbeiten – und dann noch derart treffsicher.

Am Anfang habe ich bei der GTZ niemandem von meiner Technik erzählt. Ich war zunächst als Projektsprecher in verschiedenen Bereichen tätig, habe mich mit Klärtechnik und Dammbau befasst, aber zunehmend immer mehr mit Wassererschließung. Nach einer mehrjährigen Inlandstätigkeit ergab sich dann für mich die Möglichkeit, eine Projektleitung in Sri Lanka zu übernehmen. Wir hatten den Auftrag, in den beiden ärmsten Distrikten von Sri Lanka, in denen es nur traditionelle, flache Trinkwasserbrunnen gab, die oftmals verschmutzten und in den Trockenmonaten versiegten, neue und tiefere Brunnen zu erbohren, um die Wasserversorgung der Dörfer ganzjährig sicherzustellen.

In Sri Lanka kommt das Grundgestein – Granite und Quarze – fast bis an die Oberfläche. Darin befinden sich auch Trinkwasser-Schachtbrunnen, die aber in der heißen Zeit meist trocken fallen. Die ersten 100 Brunnen habe ich rutengängerisch gesucht, ohne dass die GTZ etwas davon wusste. Alle meine Resultate wurden selbstverständlich vor der Bohrung mit geophysikalischer Messtechnik von einem einheimischen Hydrogeologen in meinem Team überprüft. Von den 100 Bohrstellen erwiesen sich 96 als ergiebige Trinkwasservorkommen. Nach diesem Erfolg habe ich offen über meine Methode gesprochen, so dass auf der nächsten Wasser-Konferenz der GTZ in Kenia mein Vorgesetzter davon erfuhr. Prompt wurde mir diese Arbeitsweise untersagt, aber ich konnte es vor mir selbst nicht verantworten, eine offenbar funktionierende Technik nicht einzusetzen, wenn es darum ging, das akute Trinkwasserproblem von tausenden von Menschen zu lösen. Ich machte meinem Vorgesetzten in einem Brief klar, dass ich mich für mein Projekt verantwortlich fühlte und mit meiner bewährten Arbeitsmethode weiterarbeiten würde, ansonsten könne ich das Projekt nicht weiterführen. Danach hörte ich lange Zeit nichts mehr aus der GTZ-Zentrale, und ich habe weitere 100 Brunnen radiästhetisch bestimmt und bauen lassen.

Während einer Projektverlaufskontrolle durch das Bundesministerium für Technische Zusammenarbeit (BMZ) ergab sich für mich die Gelegenheit, dem Leiter meine Arbeitsweise zu demonstrieren, sozusagen als Test und Überzeugungsarbeit für das Rutengehen. Ich sollte in seiner Gegenwart einen Bohrpunkt auf einem sehr schwierigen Gelände bestimmen. Sein Vorschlag war das Schulgelände eines Waisenhauses, wo schon zwei Bohrungen einer anderen Entwicklungshilfe-Organisation fehlgeschlagen waren. Das Testgelände war nur etwa 200 mal 200 Meter groß und hatte so gut wie keinen Bewuchs, so dass die häufig vorgebrachte Meinung, ich würde mich an Hinweisen aus der Natur orientieren, keine Grundlage hatte.

Es war in der Tat eine schwierige Aufgabe. Wie üblich, lokalisierte ich den Bohrpunkt und notierte die von mir prognostizierte Tiefe, Qualität und Schüttung des Wassers. Der Bohrmeister führte dann vor den Augen des BMZ-Vertreters die Bohrung durch, und das Wasser kam genauso, wie ich es vorausgesagt hatte. Diese Demonstration war sehr überzeugend, und ein weiterer wichtiger Befürworter meiner Vorgehensweise bei der Wassersuche war gewonnen. Damit stand einer Verlängerung des Projekts nichts mehr im Wege. Die ursprünglichen Vorbehalte meiner GTZ-Kollegen gegenüber der Rutengängerei nahmen nach und nach ab und wichen einer allgemeinen Akzeptanzsteigerung für die „unkonventionelle Wasserfindung".

Die erste Projektphase in Sri Lanka von 1982 bis 1985 hatte die ganzjährige Trinkwasserversorgung von 600 Dörfern zum Ziel gehabt, und das wurde in der vorgegebenen Zeit erreicht. Wegen der effizienten Projektdurchführung – besonders wegen der optimalen und unkonventionellen Wasserfindung – waren noch Gelder übrig, die dann für eine zweite Projektphase im Kurunegala-Distrikt zur Verfügung standen.

600 Brunnen in kurzer Zeit zu muten – wie hat Ihr Organismus diese Zumutung verkraftet? Wir haben gelesen, dass Sie einheimische Rutengänger ausgebildet haben.

Als der BMZ-Vertreter Dr. W. diese zweite Projektphase in Sri Lanka plante, stellte er zunächst die Bedingung, dass ich persönlich das Projekt weiterführen müsse, denn nur ich sei zu der besonders effizienten Grundwassererschließung mit der Rute in der Lage. Meinen Einwand, dass die GTZ die Personalpolitik mache, wollte er nicht gelten lassen. Schließlich bemühte ich mich in der mir verbleibenden Zeit der ersten Projektphase einen oder mehrere lokale Rutengänger zu finden, sie gut zu trainieren und in das Projekt zu integrieren, im Team mit einheimischen Hydrogeologen zusammen. Schließlich heißt ein Hauptziel der Entwicklungshilfe: Macht euch überflüssig durch Ausbildung, Schulung und Weitergabe von Erfahrungen. Tatsächlich konnte ich zwei jüngere lokale Rutengänger finden, die ich trainierte, so dass sie dem Projekt auch für spätere Phasen zur Verfügung standen – ich machte mich wirklich überflüssig! Das war auch gut so, denn erstens wollte mich meine Firma GTZ zurück in die Zentrale nach Deutschland holen, und zweitens war ich durch die anstrengende Arbeit gesundheitlich ziemlich angeschlagen, ich litt unter massiven Gleichgewichtsstörungen und einer totalen Überlastung des vegetativen Systems, eine Folge von drei Jahren fortlaufendem Rutengehen.

Trotzdem wollte ich auf keinen Fall meine Arbeit unterbrechen. Ich ging zu einem Ayurveda-Mediziner, und er hatte keinen anderen Rat für mich, als unbedingt mit der Wassersuche über Radiästhesie aufzuhören, was mir nicht gefallen wollte. In meiner Not suchte ich schließlich einen der besten Handleser Sri Lankas auf – ein sehr beeindruckendes Erlebnis. Auch er sagte mir klar, dass ich so nicht weiterarbeiten könnte, wenn ich nicht einen vollständigen Zusammenbruch erleben wollte. So viele Botschaften, die alle in die gleiche Richtung deuteten, nahm ich schließlich doch ernst und ging nach Deutschland zurück.

Gewiss nicht zur Erholung ...

Nun, lange fühlte ich mich hier nicht wohl, es drängte mich wieder hinaus in die Ferne. Wieder war mir der einflussreiche Befürworter meiner Arbeitstechnik, Dr. W. vom BMZ behilflich, meinen Vorschlag bei der GTZ einzubringen: die erprobte Arbeitsweise aus Sri Lanka weltweit einzusetzen. Es galt zu erforschen, ob die Technik in Gegenden mit kristallinem Gestein, in verkarstetem Kalkstein und Sandstein in anderen Entwicklungsländern mit ähnlich guten Ergebnissen wie in Sri Lanka zu erreichen wäre. Nach einigen Diskussionen stellte mich die GTZ von meinen bisherigen Arbeiten frei für die Pilotmaßnahme „Felderprobung der Radiästhesie für die Grundwassererschließung in verschiedenen Entwicklungsländern“. Die Arbeiten wurden als GTZ-Eigenmaßnahme durchgeführt. So war ich über drei weitere Jahre hinweg als Gutachter und Berater in Gegenden unterwegs, in denen die Wassersucher mit konventionellen Methoden nicht weiterkamen, während Professor Hans-Dieter Betz meine Arbeit dokumentierte. Dabei zeigte sich, dass sich meine kombinierte Arbeitstechnik auch an anderen Orten bewährte, z.B. auf den Philippinen, im Jemen, in Kenia oder im Kongo. Die Ergebnisse und Schlussfolgerungen sind im Abschlussbericht „Unkonventionelle Wasserfindung“ der GTZ-Schriftenreihe dokumentiert.

Als „Troubleshooter“ dauernd an verschiedenste Orte der Welt gerufen zu werden, war zwar sehr interessant, aber eben wieder extrem anstrengend, schon aufgrund der ständigen Umstellung auf ein anderes Klima: Im steten Wechsel im Ausland und dann wieder in Deutschland zu sein, konnte ich nicht permanent leisten. Bald war klar, dass ich wieder über längere Zeit konstant an einem Ort arbeiten müsste. Es wurde mir nahegelegt, mit der systematischen Weitergabe meines Wissens anzufangen. So ergab sich der Auftrag, in Namibia Brunnensucher in der Radiästhesie auszubilden.

Erfahrung oder Ihr spezifisches Wissen als Wasserbauingenieur weiterzugeben, ist das Eine. Begabung und Sensibilität aber kann man nicht übertragen. Wie haben Sie diese Schwierigkeit gemeistert?

Viele Leute sind sicherlich sensibler als ich, aber sie können oft mit dem Rutenausschlag nicht allzuviel anfangen. Am schwierigsten ist, zu vermitteln, wie man den richtigen Filter setzt, sich konsequent nur auf eine Sache, z.B. Wasser von einer bestimmten Qualität in einer bestimmten Menge, fokussiert. Es nützt nichts, wenn ich einen Ausschlag über einer 90 m tiefen Kluftzone, in der nur geringfügig Wasser läuft, nicht von einem Ausschlag über einem reichhaltigen Wasservorkommen in 40 m Tiefe, das vielleicht nur unweit vom Ort des ersten Ausschlags entfernt liegt, unterscheiden kann.

In Namibia war aber die größte Schwierigkeit zunächst die mangelnde Akzeptanz meiner Kollegen. Namibia ist ein sehr konservatives Land. Die Fachleute fühlten sich durch mich in Frage gestellt nach dem Motto: „Sind wir denn so dumm, dass wir einen Rutengänger aus Deutschland brauchen?". Die ersten Wochen in Namibia konnte ich gar nichts bewirken. Dann ergab es sich, dass ich gemeinsam mit meiner Frau einen Ausflug machen wollte und mein Projekt-Partner mich bat, unterwegs in einer Gegend, wo man bis jetzt partout keine erfolgreichen Brunnen hatte bohren können, doch eine Stunde der Wassersuche zu widmen. Normalerweise arbeite ich nicht, ohne mich über die hydrogeologischen Bedingungen informiert zu haben, aber jetzt sah ich in diesem Auftrag eine Chance, meine Arbeitsweise überzeugend zu demonstrieren.

Weil ich nicht viel Zeit hatte, begab ich mich auf die höchste Stelle, von der aus ich die gesamte Gegend überblicken konnte. Um gut arbeiten zu können, muss ich mich mental vorbereiten, mich sammeln und in mich gehen. Ich muss im Geist klar fixieren, was ich suche. In diesem Fall stellte ich mich schlicht auf „den bestmöglichen Punkt für Trinkwasser" ein. Dabei brauche ich eine klare Vorstellung davon, was trinkbares, gutes Wasser ist. Alle Parameter eines guten Wassers müssen in meinem inneren Bild präsent sein. Meine Mutungen deuteten immer wieder an einen Punkt in 3 Kilometer Entfernung hin. Ich markierte die Stelle und fertigte mein Protokoll über die Tiefe, Menge und Qualität des Wassers an. Tatsächlich wurde das Wasser wie vorausgesagt gefunden – der Brunnen lieferte 12 Kubikmeter pro Stunde – und das in einer Gegend, in der schon seit vielen Jahren nach Grundwasser geforscht worden war und diverse Studien besagten, dass es hier kein Wasser gäbe.

Ich dachte, dass nun meine Kollegen eher bereit sein würden, sich auf meine Vorgehensweise einzulassen, aber statt dessen begegnete mir noch mehr Ablehnung. Ich war verzweifelt und ratlos, wie dieses Eis zu brechen sei. Der Zufall wollte es dann, dass der namibische Präsident den Direktor des Wasserwesens anrief. Der Präsident war verärgert über die mangelnde Wasserversorgung von ehemaligen Militärlagern im Nordwesten des Landes, die jetzt von der Bevölkerung genutzt werden, und setzte den Direktor unter Druck: Wenn er innerhalb der nächsten Woche kein Wasser gefunden hätte, werde er Probleme bekommen.

In dieser Situation fragte mich der Wasser-Direktor, ob ich auch aus dem Flugzeug heraus muten könne, da es für aufwendige Vorbereitungen vor Ort keine Zeit mehr gebe. Ich hielt das durchaus für möglich, denn meine Peiltechnik, die ich sonst vom höchsten Punkt des Geländes aus anwende, müsste ja auch vom Flugzeug aus funktionieren. Die Arbeitsbedingungen waren sehr beschwerlich, es gab im Flugzeug kaum Platz, die Rute zu bewegen, außerdem war es fürchterlich laut. Aber wir hatten eine klare Sicht, so dass ich das gesamte Gebiet „abscannen" konnte. Das Peilen aus dem Flugzeug funktionierte recht gut, ich fühlte mich immer wieder zu einem bestimmten Punkt hingezogen und wies den Piloten an, diesen Punkt zunehmend dichter einzukreisen. In dem Moment, wo er ihn genau überflog, tippte ich dem Direktor auf die Schulter, damit er mit dem GPS die Position speicherte. Mit dieser Technik konnten wir etwa vier geeignete Punkte lokalisieren, die wir anschließend mit einem Jeep aufsuchten und markierten.

Alle vier Brunnen lieferten zwischen 10 und 100 Kubikmeter Wasser pro Stunde, was für diese Gegend sehr viel ist, schon Brunnen mit einer Schüttung von einem Kubikmeter pro Stunde gelten hier als gut. Der Direktor war glücklich und fragte, ob ich einen Wunsch hätte. Ja, ich wünschte mir, meine Kollegen würden mir gegenüber aufgeschlossen sein und würden gut mit mir zusammenarbeiten. – So wurde die Erfüllung dieses Wunsches schließlich offiziell verordnet.

Im Zusammenhang mit Ihrer Arbeit in Namibia haben wir zum ersten Mal von Ihnen erfahren.

Über meine Brunnenfunde in Namibia erschien damals ein Artikel im „Spiegel", über den ich mich doch ziemlich geärgert habe. Ich war drauf und dran, an die Redaktion zu schreiben, aber dann bin ich doch meinem Vorsatz treu geblieben, nie etwas gegen verzerrte Berichte in der Presse zu tun, sondern still bei meiner Sache zu bleiben. In der Presse wurde oft gesagt: Hans Schröter ist ein guter Beobachter, deshalb kann er geeignete Brunnenbohrpunkte in der Natur identifizieren. Aber wenn man in der Wüste arbeitet, wo man in alle Richtungen hin nur Sand sieht, gibt es keinerlei Orientierungspunkte! Der Artikel im Spiegel war so naiv, es hat mich wirklich in den Fingern gejuckt, etwas zu schreiben, aber ich habe mich dann doch zurückgehalten.

Ist es Ihnen schließlich gelungen, in Namibia Menschen im Wünschelrutengehen auszubilden?

Naja, ich hatte zwei Jahre Zeit, und die „vertrauensbildende Maßnahme" hatte schon ein Jahr gedauert. Jetzt sollten über eine Annonce rutenfühlige Leute gefunden werden. Das erste Problem war, dass sich zu einem Test 20 Schwarze und zwei Weiße meldeten, und keiner der Schwarzen war rutenfühlig! Also wurde mir sofort Rassismus vorgeworfen. Schließlich fand aber doch eine gute Gruppe von 18 Personen zusammen, in der Schwarze, Weiße, Männer, Frauen, junge und ältere Leute gleichmäßig verteilt waren. Darunter waren sehr interessante Leute, unter anderen ein Hydrologe, ein Radiästhet, der bereits im Bergbau gearbeitet hatte, und ein Landwirtschaftsminister.

Zunächst unterrichtete der Abteilungsleiter für Hydrogeologie des Namibischen Wasserwesens die Kursteilnehmer in einem knappen Umriss über die wesentlichen

Zusammenhänge der Geologie des Landes. Im Anschluss daran führte ich eine theoretische und praktische Schulung im Rutengehen durch. Dabei legte ich besonderen Wert auf die Verknüpfung der Geophysik mit der traditionellen Arbeitsweise der Radiästhesie. Anschließend begann die praktische Feldarbeit. Anfangs war ich jeweils mit zwei Trainees unterwegs, aber das war äußerst schwierig. Rutengänger sind Individualisten, wie sie im Buche stehen. Wir hatten alle drei verschiedene Ergebnisse, und jeder war von seinem Punkt fest überzeugt. Zum Glück gab es noch das geophysikalische Messgerät, das bei meinen Punkten meist die größten Peaks lieferte. Schließlich nahm ich nur noch jeweils einen „Lehrling" mit, so ließ sich wesentlich harmonischer und effektiver arbeiten.

In Namibia ereignete sich dann Ihr schier unglaublicher Unfall?

Das war am 16. März 1995. Wir arbeiteten ungefähr 100 km östlich von der Stadt Lüderitz am Rand der Wüste Namib. In dieser Gegend gibt es kaum Niederschlag, also keine Neuwasserbildung, so dass man Wasser, wenn überhaupt, nur an großen Verwerfungszonen finden kann, zu denen es aus Wassereinzugsgebieten hinfließt. So ein Kanal ist oft über 100 Meter tief. Gemeinsam mit meinem Sohn, der mir assistierte, und einem Hydrogeologen war ich auf der Suche nach einer Kreuzung zweier Verwerfungszonen, um einen optimalen Bohrloch-Ansatzpunkt zu erhalten. Ich war zunächst auf einen Berg geklettert und hatte die Gegend „abgescannt". Als ich dann an Ort und Stelle den genauen Bohrpunkt markierte und ihn mit geophysikalischen Geräten und mit der Rute verifizieren wollte, gab es einen irren Knall – und von da an setzt meine Erinnerung aus.

Aus praktisch wolkenlosem Himmel hatte mich ein Blitz getroffen.

Sie haben den Blitzschlag überlebt; die Wahrscheinlichkeit ist doch minimal ...

Ja, es ist sehr unwahrscheinlich, einen solchen Blitzunfall zu überleben. Mit Jeep, Ambulanz und Flugzeug hat man mich ins Krankenhaus von Windhoek transportiert. Als ich nach ein paar Tagen einigermaßen wieder zu Bewusstsein kam, war mein Zustand immer noch äußerst kritisch. Ich war zunächst fest der Ansicht, die anderen hätten irgendein Problem, nicht ich hätte den Unfall gehabt. Mein Sohn hat mir immer wieder die Situation erklärt. Schließlich hatte ich drei Punkte begriffen, die mir den Impuls zum Weiterleben gaben: Ich hatte den Unfall gehabt, nicht die anderen. Ich war nicht schuld an dem Unfall, und es war niemand anders zu Schaden gekommen.

Nach meiner Rehabilitationszeit in Deutschland fühlte ich mich relativ bald wieder weitgehend einsatzfähig und ging selbstverständlich davon aus, dass ich nach Namibia zurückfliegen und weiterarbeiten würde. Nach einigem Hin und Her und vielen Bedenken seitens der GTZ flog ich schließlich wieder nach Windhoek. Die Realität zeigte aber, dass ich dem normalen Arbeitstag nicht mehr gewachsen war. Es wurde die Erwerbsunfähigkeit festgestellt, und ich musste vorzeitig aus dem Berufsleben ausscheiden. Meine frühere Firma GTZ hat mich in dieser Zeit hervorragend unterstützt, und ich erfuhr eine große Anteilnahme, für die ich sehr dankbar bin. Auch heute noch bin ich hin und wieder ehrenamtlich für die GTZ tätig.

An der Stelle übrigens, wo mich der Blitz getroffen hatte, wurde später durch das Wasserwesen in Namibia eine Bohrung niedergebracht und auch tatsächlich Trinkwasser gefunden. War ich auf einem typischen „Blitzeinschlagpunkt" gestanden? Man sagt, wenn sich zwei so genannte Wasseradern mit verschiedener Intensität und Tiefenlage kreuzen, wäre dies ein Blitzeinschlagspunkt. In meinem Fall würde dies zutreffen, denn ich stand auf einem Kreuzungspunkt zweier wasserführender Verwerfungen, die gegenüber dem benachbarten Umfeld – absolut trockener Wüstensand – ein enormes Leitfähigkeitsgefälle, ein Potential bildeten.

Wie bewerten Sie diese Zäsur in ihrem Leben, die Ihnen der Blitz gebracht hat?

Jetzt, wo ich kaum noch Schmerzen habe, sehe ich den neuen Zustand als Chance. Irgendein Sinn, irgendeine Botschaft muss darin liegen. Ich habe das Gefühl, dass ich bisher in meinem Leben eine gute Arbeit gemacht habe, aber jetzt könnte ich noch einiges mehr erbringen. Gegenwärtig verfolge ich ein zukunftsträchtiges Projekt:

Auf der Grundlage meines Erfahrungsschatzes in der Wassersuche gehe ich davon aus, dass man an bestimmten Orten in Deutschland oberflächennahes heißes Thermalwasser finden könnte. Wenn in Kur-bädern 72 Grad heißes Wasser aus der Erde sprudelt, warum soll es dann in hundert Metern Tiefe nicht auch Wasser von 100 Grad geben? Normalerweise muss man zwischen 2000 und 4000 Meter tief bohren, um heißes Wasser zu erschließen.

Neuerdings wird der Einsatz solcher Heißwasservorkommen zur Energiegewinnung erforscht. An verschiedenen Orten in Deutschland, in der Gegend von München, bei Speyer und bei Aachen laufen meines Wissens sehr teure Versuchsprojekte der Geothermie, bei denen Wasser mehrere tausend Meter tief in heißes Gestein, das zum Teil durch Sprengungen gelockert wurde, hinuntergepumpt wird, um es unten zu erwärmen und wieder hinaufzupumpen, damit man es zur Energiegewinnung nutzen kann. Das halte ich für viel zu aufwendig. Oberflächennahes heißes Wasser wäre hingegen eine wirklich nachhaltige, umweltfreundliche und sehr kostengünstige Energiequelle, viel effektiver als die Geothermie, in die so viel Geld investiert wird.

In Baden-Württemberg habe ich einen Punkt gefunden, an dem eine erste solche Testbohrung durchgeführt werden konnte. Das notwendige Risikokapital dafür werde ich versuchen, selber bereitzustellen. Aber die dortige Stadtverwaltung muss dazu bereit sein und auch noch die Bohrgenehmigung erteilen, daran könnte das Projekt scheitern.

Es ist sicherlich nicht einfach, eine solche neue Technik zu etablieren. Energie- und Wasserpolitk ist immer auch Machtpolitik ...

Ja, die Verknüpfung von Wasser und Macht wurde mir mehrmals sehr deutlich vor Augen geführt. Beispielsweise war ich noch vor meinem Blitzunfall von der GTZ beauftragt worden, auf den Kapverdischen Inseln Wasser zu finden. In dieser vulkanischen Inselgruppe fällt Regen nur in den hohen Bergregionen um die Krater herum. Die Geologen sagen, dass auf der Insel, auf der ich tätig war, das Wasser, das sich im Vulkankrater sammelt, nur durch den Schlot des Vulkans abfließt und erst an der Küste wieder an Quellen austritt. Ich hatte nun die Aufgabe, auch im Landesinneren Wasser zu finden. Vierzehn Tage bin ich auf der Insel herumgewandert, ohne jeglichen Anhaltspunkt. Nachts bin ich senkrecht im Bett gestanden, weil ich nicht weiterkam. Indem ich immer wieder von den Quellen bis zum Gipfel des Vulkans wanderte, kam mir schließlich die richtige Idee: Oben sammelt sich das Wasser wie in einer Badewanne im Kraterbecken. Die Geologen sagen zwar, dass das Wasser nur senkrecht den Schlot hinunterfließt, aber warum sollten nicht auch in diesem Becken Risse sein, in denen das Wasser in relativ geringer Tiefe ablaufen könnte? Also habe ich rutengängerisch nach diesen Rissen gesucht und ihren Verlauf über die Insel hinweg verfolgt. Ich hatte bald ein plastisches Bild der Geologie der Insel vor Augen, und darin gab es in 10 oder 20 Metern Tiefe wasserführende Spalten im Gestein – dies hätte nun nur noch durch Bohrungen verfiziert werden müssen.

Ein erstaunliches Erlebnis zeigte mir dann, dass ich mit meinen Vermutungen wohl recht hatte: Ich war mit einem einheimischen Ingenieur in einem Dorf, wo wir eine Gruppe Einheimischer trafen. Ein älterer Herr fragte: „Kann ich mit euch in die Stadt fahren, meine Frau ist krank und braucht dringend Medizin". Ich schaute ihn an und hatte plötzlich den Eindruck, dass er mehr wusste als die anderen. „Vorher zeigst du mir, wo eure Quelle ist", sagte ich zu ihm. Offiziell war bekannt, dass es kein Wasser in diesem Dorf gab. Dementsprechend jammerte er auch, es gäbe hier kein Wasser, seine Frau sei krank, und ich müsste ihm doch helfen, aber ich blieb bei meiner Forderung. Schließlich stiegen wir ein und fuhren los. Der Mann sprang auf die hintere Ablage des Jeeps und jammerte weiter, er wolle mitfahren. Zornig ging ich nach hinten und bestand darauf, dass er mir die Quelle zeigte. Da wurde er kreidebleich, sagte gar nichts mehr und lief etwa 20 Meter ins Gebüsch hinein. Er hatte den Schlüssel zu der Quelle, aus der dort bestes Wasser emporsprudelte – in nur zweieinhalb Metern Tiefe kam Wasser aus einer Basaltspalte. Dieser Mann und noch ein paar weitere Leute waren die einzigen, die im Dorf Wasser verkauften. Das Wasser war ihr Monopol.

Ich schickte nach meinen Erkundungen auf der Insel ein Protokoll an die GTZ. Seitdem ist nichts mehr passiert, es ist dort nie nach Wasser gebohrt worden. Meine Vermutung ist, dass zu viele entscheidende Politiker auf der Insel mit der Wasserknappheit ihr Geld verdienen. Wer den Zugang zum Wasser hat, ist Herrscher über diese Insel.

Das sind Erlebnisse, die eine gehörige Portion transmaterielle und transpersonale Elemente aufweisen. Was ist Ihre Theorie darüber, wie das Wünschelrutengehen funktioniert – worauf meinen Sie zu reagieren?

Das weiß ich nicht. Warum sollte ich mich da zu weit aus dem Fenster lehnen? – Wenn man Aussagen in dieser Richtung macht, wird man schnell angreifbar. Radiästhesie ist Physik – und auch wieder nicht Physik. Mein ganz persönlicher Eindruck vom Ablauf der Mutung ist, dass ich innerhalb kürzester Zeit eine Antwort bekomme. Raum und Zeit scheinen da keine Rolle zu spielen. Aber ich bin immer skeptisch gegenüber meinen eigenen Erklärungsmodellen. Glücklicherweise wurden meine Mutungen so häufig verifiziert, dass meine Arbeit nicht als Spinnerei abgetan werden konnte. Rutengänger, die Hausuntersuchungen machen, haben es in dieser Hinsicht oft viel schwerer. Nur wenn ein Arzt den Vorgang begleitet und bestätigt, dass die Beratung des Rutengängers den Gesundheitszustand verbessert hat, wird ihre Arbeit zu einem gewissen Maß verifiziert.

Machen Sie Fernmutungen? Muten Sie manchmal auch auf der Landkarte?

Wenn ich auf einem hohen Punkt in der Landschaft stehe und die Gegend „abscanne“, ist das ähnlich wie das Muten über einer Landkarte. Man kann auch mit Landkarten radiästhetisch arbeiten, aber ich würde mich nie auf solche Ergebnisse verlassen, sondern immer die Situation vor Ort nochmals überprüfen und dann, wenn immer möglich, auch mit geophysikalischen Methoden. Obwohl ich zugeben muss, dass ich auch schon aus tausenden Kilometern Entfernung ohne geologische Vorarbeit treffsicher ein Brunnenbohrloch bestimmt habe.

Was halten Sie von dem Konzept der Spektroiden, die viele Rutengänger an Wasseradern feststellen?

So weit ich informiert bin, beruht dieses Konzept auf keiner überprüfbaren physikalischen Grundlage. Am Anfang meiner Arbeit mit der Wünschelrute habe ich teilweise auch wie die meisten Radiästheten gearbeitet, aber wenn man mitten im Dickicht oder im Dornenwald Reaktionszonen auszumessen versucht, kommt man nicht sehr weit. In der Praxis konnte ich besser mit der Peilmethode arbeiten. Ich bin ein reiner Mentalist, aber ich kann auch verstehen, wenn Radiästheten andere Arbeitsweisen bevorzugen. Radiästhesie ist immer eine sehr individuelle Angelegenheit, jeder muss die zu ihm passende Vorgehensweise finden. Es gibt nur ganz wenige Rutengänger in Deutschland, die ich fragen würde, ob sie ein Ergebnis von mir überprüfen könnten, weil nur ganz wenige so ähnlich wie ich arbeiten.

Ich konzentriere mich immer auf ganz klare Zielvorgaben und warte dann mit der Rute auf eine Reaktion, meistens auf Bruchzonen, Verwerfungen etc. Erhalte ich eine Reaktion, dann verfolge ich sie, um einen möglichen Standort für Trinkwasserbrunnen zu optimieren.

Meiner Beobachtung nach machen die Tiere das bei ihrer Orientierungssuche ganz ähnlich, sie folgen auch den so genannten Leit- oder Reaktionslinien. Wenn Zugvögel über ein Transformatorenhäuschen fliegen, kommen sie in der Regel aus dem Takt und fangen an zu flattern. Dann fliegt der Leitvogel einen Kreis, um seinen Orientierungspunkt zu finden, und damit ist die Ordnung im Vogelschwarm wiederhergestellt.

Wenn Sie nun ihre Methode an Menschen weitergeben – worauf legen Sie dann besonderes Gewicht?

An einem Wochenend-Seminar finde ich nicht ausreichend Zeit, auch auf geologische Fragen einzugehen, wie es für einen Wassersucher eigentlich notwendig wäre. Ein Geologie-Studium dauert immerhin vier bis fünf Jahre. Wie schon gesagt, lege ich in meinen Kursen ein besonderes Gewicht auf die Fähigkeit zur Unterscheidung. Wenn im Untergrund beispielsweise ein Kupfer-Erzgang vorhanden ist, löst das bei Rutengängern in der Regel starke Reaktionen aus. Auch auf geophysikalischen Geräten erhält man einen Ausschlag wie bei einem großen Wasservorkommen. Ein guter Rutengänger muss aber den Unterschied bemerken, er muss Wasser von z.B. Salzen und Erzen unterscheiden können.

Ein nächster Schritt wäre, die verschiedenen Qualitäten von Wasser zu erkennen. Ich wurde z.B. in Namibia in einer Gegend, wo Kinder und alte Menschen aufgrund von Wasser mit einem hohen Natriumanteil krank wurden, darum gebeten, speziell sehr natriumarmes Wasser zu finden. Oder ich sollte Mineralquellen mit einem bestimmten Jodgehalt finden. Um bei einer solchen Aufgabe erfolgreich zu sein, braucht man einerseits fundiertes geologisches Wissen, um abzuschätzen, in welchen Gebieten überhaupt solche Vorkommen sein könnten, und andererseits muss man ein eindeutiges Gefühl für alle diese Parameter des Wassers entwickeln, um sich z.B. klar auf die Information „Jodanteil von 1,5 mg" zu fokussieren. Am besten lässt sich diese Unterscheidungsfähigkeit mit Mineralwässern unterschiedlicher Qualität üben.

Haben Sie dann ein besonderes inneres Bild vor Augen, um sich zu „eichen"?

Das ist schwer zu beschreiben. Es ist weniger ein Sehen als ein Fokussieren der gesamten Aufmerksamkeit und aller Sensorien. Wichtig ist vor allem die Vorbereitungsphase; ich brauche zuerst alle geologischen Informationen über die zu untersuchende Gegend, um meinen Intellekt zufriedenzustellen. Dies ist der aufwendigste Teil der Arbeit, der Tage beanspruchen kann. Dabei kreise ich das Gesuchte innerlich bereits ein, durch diese intellektuelle Arbeit entsteht ein innerer Raum, in dem schließlich die richtige Antwort mit Hilfe der Rute gefunden werden kann. Die eigentliche Wassersuche mit der Wünschelrute dauert dann nur eine kurze Zeit.

Um sich exakt zu eichen, muss man vor allem auch von seinen Misserfolgen lernen. Im Jemen habe ich z.B. einmal Wasser in 80 Metern Tiefe mit einer Schüttung von 8 Litern pro Sekunde gefunden. Auf derselben geologischen Zone hat mir die Rute einen weiteren günstigen Bohrpunkt angezeigt – aber dort war nur fossiles Wasser, das durch eine geologische Verschiebung abgetrennt worden war. Meine Überzeugung, dass ich auf derselben geologischen Zone einige Kilometer weiter neben einem erfolgreichen Bohrpunkt einen weiteren günstigen Punkt finden könnte, wodurch ich mich nicht mehr sorgfältig auf alle Parameter von regenerierbarem Trinkwasser eingestellt hatte, führte zu diesem Misserfolg. Es ist immer gefährlich, wenn man eine vorgefasste Meinung im Kopf hat. Etwas Ähnliches habe ich im Jemen noch eimal erlebt, dort habe ich in eine Kluft bohren lassen, in der nur vor 3000 Jahren Wasser geflossen ist! In diesem Fall hatte ich mich nur auf die Geologie konzentriert – eine Kluftzone, in der theoretisch Wasser hätte sein können, war ja vorhanden, aber ich hatte mich nicht auf die richtige Zeitperiode geeicht. Solche Erfahrungen sind sehr lehrreich.

Haben Sie die Wünschelrute auch in anderen Bereichen eingesetzt, beispielsweise in der Archäologie?

Es ist mir wichtig, dass ich meine Kenntnisse nicht für ethisch verwerfliche Vorhaben einsetze. Einmal bin ich von Archäologen gebeten worden, mich während eines Wassersuchauftrags in der Mongolei an der Suche nach dem Grab von Dschingis Khan zu beteiligen. Das war eine völlig neue Aufgabenstellung, und ich musste mir überlegen, wie ich an die Lösung heranzugehen hatte. Ich habe mich damals zunächst mit der Kulturgeschichte der Mongolei ähnlich intensiv befasst wie mit der Geologie eines Ortes. Das Projekt wurde aber damals wegen Geldmangel nicht weiter verfolgt.

Die Mitarbeit an archäologischen Aufgaben reizt mich zwar, aber ich möchte, wie gesagt, meine Energie zur Zeit dafür nutzen, um oberflächennahes heißes Wasser zur Wärme- und Stromgewinnung zu finden. Meine Überlegungen, Mutungen und Messungen, um heißes Wasser schon in Tiefen zwischen 50 und 400 Metern anzutreffen, statt mit unsinnigem Kostenaufwand 3000 bis 5000 Meter tief bohren zu müssen, können sich zwar durchaus als Fehlaussagen herausstellen. Aber einen Versuch sollte man doch machen, denn im Erfolgsfall könnte dies einen wesentlichen Beitrag zur ökologischen Energiegewinnung leisten. Zur Realisierung dieses Projekts brauche ich noch weitere Partner und Investoren. Die nötigen Investitionen sind absolut überschaubar. Das Wichtigste dabei sind aufgeschlossene Gemeinden, die den Bau einer solchen Testanlage befürworten.

Herr Schröter, wir danken Ihnen für das Gespräch. Vielleicht finden sich im Kreis unserer Leserschaft Personen, die Sie bei Ihrem Vorhaben unterstützen.

Literaturverzeichnis

AGRICOLA, G. (1557). Zwölf Bücher vom Bergwesen und Hüttenwesen (De re metallica Libri XII, Basel) (Neudruck: VDI, 5. Aufl. 1978; Minerva, Frankfurt 1981).

ALCOCK, J. E. (1987). Parapsychology: Science of the anomalous or search for the soul? Behavioral and Brain Sciences, Vol. 10, p. 553–565.

APOSTOL, A., D. EISENBURGER & S. SPINOCHE (1977). Beiträge der Geophysik zur Erforschung der Kohlendioxydemanation in den Ostkarpaten. Rev. Roum. Géol. Géophys. et Géogr. – Géophysique, Vol. 21, No. 1, S. 167–176.

ARETIN, J. C. v. (1807). Beiträge zur Literaturgeschichte der Wünschelruthe (München).

ATHENSTAEDT, H., H. CLAUSSEN & D. SCHAPER (1982). Epidermis of Human Skin: Pyroelectric and Piezoelectric Sensor Layer. Science, Vol. 216, p. 1018–1020.

BAILEY, N., E. CAMBRIDGE & H. BRIGGS (1988). Dowsing and Church Archeology (Intercept, Wimborne).

BAKER, R. R. (1980a). Goal orientation by blindfolded humans after long-distance displacement: possible involvement of a magnetic sense. Science, N. Y., Vol. 210, p. 555–557.

BAKER, R. R. (1980b). A sense of magnetism. New Scientist, Vol. 87, p. 844–846.

BAKER, R. R. (1987). Human navigation and magnetoreception: the Manchester experiments do replicate. Anim. Behav., Vol. 35, p. 691–704; siehe auch: Bild der Wissenschaft, Vol. 1, S. 15 (1984).

BARRETT, W. F. (1897). On the so-called divining rod, or virgula divina. Proc. Roy. Soc. Psych. Res., Vol. 13, part 32 and Vol. 15, part 38; Nachdruck p. 1–282.

BARRETT, W. F. & TH. BESTERMAN (1926). The divining-rod (Methuen, London).

BAUER, E. & W. v. LUCADOU (1988). Parapsychologie. In: Handwörterbuch der Psychologie, R. ANSANGER & H. WENNIGER, Ed. (Verlags Union, München), S. 517–524.

BAUER, G. (1983). Das Geheimnis der Wünschelrute – Eine infantile Wunschphantasie. System ubw, Zeitschrift für klassische Psychoanalyse, Nr. 1, S. 66–95.

BENEDIKT, M. (1917). Ruten- und Pendellehre (Hartlebens, Wien).

BERGSMANN, O. (1990). Risikofaktor Standort – Rutengängerzone und Mensch; Wissenschaftliche Untersuchung zum Problem der Standorteinflüsse auf den Menschen (Facultas, Wien).

BERCKHEMER, H. (1993). Ein Konzept für vergleichende Untersuchungen zur Grundwasserprospektion mit geophysikalischen Methoden und Rutengängerindikationen, Mitteilungen der Deutschen Geophysikalischen Gesellschaft, Nr. 2, S. 42–44.

BETZ, H.-D.; KULZER, R. H.; KÖNIG, L.; TRITSCHLER, J.; WAGNER, H. (1996). Dowsing Reviewed – the Effect Persists, Naturwissenschaften 83, 272–275.

BETZ, H.-D. (2002). Rutengänger und Wissenschaft, Grenzgebiete der Wissenschaft, Nr. 51, S. 291–312.

BIRD, CH. (1987). Wünschelrute (Moos, München); amerikanische Originalausgabe ‚The Divining Hand', Dutton, New York (1979).

BRÜCHE, E. (1962). Zur Problematik der Wünschelrute. In: Documenta Geigy: Mensch und Umwelt Nr. 5 (Geigy, Basel).

BÜHLER, H. A. (1983). Gesundheitszustand je nach Schlafstelle – eine epidemiologische Studie zur Geopathiefrage. Institut für Gerichtsmedizin, Universität Bern (Dissertation).

CASTI, J. (1990). Verlust der Wahrheit – Streitfragen der Naturwissenschaften (Droemer Knaur, München).

CHADWICK, D. G. & L. JENSEN (1971). The detection of magnetic fields caused by groundwater and the correlation of such fields with water dowsing. Utah Water Research Laboratory/College of Engineering, Utah State University PRWG 78-1 (unveröffentlicht).

COMUNETTI, A. M. (1978). Systematic experiments to establish the spatial distribution of the physiologically effective stimuli of unidentified nature. Experientia, Vol. 34, S. 889–893.

COMUNETTI, A. M. (1979). Experimental investigation of the perceptibility of the artificial source for the dowsing agent. Experientia, Vol. 35, S. 420–424.

DRÖSCHER, V. B. (1987). Magie der Sinne im Tierreich (4. Aufl., DTV, München).

DRÖSCHER, V. B. (1988). Geniestreiche der Schöpfung (DTV, München).

EDGE, H. L., R. L. MORRIS, J. PALMER & J. H. RUSH (1986). Foundations of parapsychology. Exploring the boundaries of human capability (Routledge and Kegan, London).

ENGH, L. (1983). Detektering av Underjordiska Vattendrag – test av tre geofysiska metoder (Slingram, VLF, Georadar) samt biofysisk metod (slagruta). Lunds Universitets Naturgeografiska Institution, Bericht Nr. 55, ISSN 0438-3339 (unveröffentlicht).

FEYERABEND, P. (1978). Science in a free Society (Verso, London).

FEYERABEND, P. (1981). Wider den Methodenzwang (Suhrkamp, Frankfurt).

FISCHER, K. M. (1985). Radiästhesie und Geopathie – ein psychologischer Beitrag. Institut für Klinische Psychologie, Universität Salzburg (Dissertation).

FISCHER, K. M. & U. BAUMANN (1985). Eine empirische Untersuchung zur Geopathie. Institut für Klinische Psychologie, Universität Salzburg.

FOULKES, R. A. (1971). Dowsing Experiments. Nature, Vol. 229, p. 163–168; siehe auch kritische Kommentare: MERRYLEES, K. W. (1971). Dowsing Experiments Criticized. Nature, Vol. 233, p. 502; SMITH, D. G. (1971). More about Dowsing. Nature, Vol. 233, p. 501–502.

FRITSCH, V. & F. JELINEK (1936). Beiträge zur Physik der Wünschelrutenfrage (J. C. Huber, Dießen vor München).

FRITSCHI, E. (1971). Bericht zum Postulat Schib betreffend Erdstrahlen. Schweizer Archiv für Tierheilkunde, Band 113, Heft 8, S. 405–474.

GASSMANN, F. (1946). Bericht über Versuche mit der Wünschelrute. Vierteljahrschr. Naturf. Ges. Zürich, Band 91, p. 114–122.

HABERL, R. (1984). Untersuchungen zum Wünschelrutenphänomen. Institut für Elektro- und Biomedizinische Technik, Universität Graz (Diplomarbeit, unveröffentlicht).

HANSEN, G.P. (1982). Dowsing: a review of experimental research. J. Soc. Psych. Res., Vol. 51, p. 343–367.

HÄUSLER, H. (1986). Die historische Rolle der Wünschelrute für Aufgaben der Angewandten Geologie. Mitt. Ges. Geol. Bergbaustud. Österr., Vol. 33, S. 265–286.

HARTMANN, E. (1964). Krankheit als Standortproblem (5. Auflage 1986; Haug, Ulm).

HEYWANG, H. (1989). Intelligente Sensorsysteme in der Natur. Physik in unserer Zeit, Vol. 20, Nr. 2, S. 40–47.

JAHN, R.G. & B.J. DUNNE (1987). Margins of Reality (Harcourt Brace Jovanovich, New York). Siehe auch die Schriften der Autoren „On the quantum mechanics of consciousness with application to anomalous phenomena", Princeton Engineering Anomalies Research Laboratory, Princeton University, New Jersey, USA.

KING, CH.-Y. (1983). Electromagnetic emissions before earthquakes. Nature, Vol. 301, p. 377.

KLINCKOWSTROEM, C. v. & R. v. MALTZAHN (1931). Handbuch der Wünschelrute: Geschichte, Wissenschaft, Anwendung (R. Oldenbourg, München).

KLINCKOWSTROEM, C. v. (1918). Neues von der Wünschelrute – Theoretisches und Kritisches (Fr. Zillessen, Berlin); s. a. Naturwissenschaftliche Wochenschrift, Nr. 19 und 39 (1917), Nr. 2 (1918).

KÖNIG, H.L. (1986). Unsichtbare Umwelt – Der Mensch im Spielfeld elektromagnetischer Kräfte (Eigenverlag, München).

KÖNIG, H.L. & H.-D. BETZ (1989). Erdstrahlen – Der Wünschelruten-Report, Wissenschaftlicher Untersuchungsbericht (Eigenverlag H.L. König und H.-D. Betz, München; ISBN 3-923819-05-6).

KÖNIGLICH NIEDERLÄNDISCHE AKADEMIE DER WISSENSCHAFTEN (1954). Beknopt Overzicht van de Resultaten van een Onderzoek naar de betekenis van de Wichelroede voor de Landbouw (Noord-Hollandsche Uitgevers Maatschappij, Amsterdam).

KRIPPNER, S., Ed. (1977). Advances in parapsycological research. Vol. 1: Psychokinesis (Plenum, New York).

KRIPPNER, S., Ed. (1978). Advances in parapsycological research. Vol. 2: Extrasensory perception (Plenum, New York).

KRIPPNER, S., Ed. (1982). Advances in parapsycological research. Vol. 3 (Plenum, NY).

KRIPPNER, S., Ed. (1984). Advances in parapsycological research. Vol. 1 (MacFarland, London).

KUHN, TH. (1962). Die Struktur wissenschaftlicher Revolutionen (Deutsche Ausgabe: Suhrkamp, Frankfurt a.M. 1967).

LÖB, H. (1984). Deutsches Ärzteblatt Nr. 37, 12.9.1984; Interview in der TV-Sendung der ARD, Bilder aus der Wissenschaft, 15.5.1988; Skeptiker 4 (1989).

LUCADOU, W. v. (1986). Experimentelle Untersuchungen zur Beeinflussbarkeit von stochastischen quantenphysikalischen Systemen durch den Beobachter (Herchen, Frankfurt).

Lucadou, W. v. (1989). Psyche und Chaos. Neue Ergebnisse der Psychokinese-Forschung (Aurum, Freiburg).

Marks, D. F. (1986). Investigating the paranormal. Nature, Vol. 320, 13. März 1986, p. 119–124.

McAnulla, R. J. (1970). Weak Magnetic Fields and the Dowser's Reflex. City University London (M. Phil. Thesis, unveröffentlicht).

McAnulla, R. J. (1971). The Location of Underground Objects using Dowsing Rods. The Electricity Council Research Centre, Report No. ERCR/M337 – 037 (Ms.).

McConnell, R. A. (1987). Parapsychology in Restrospect – My Search for the Unicorn (Hrgb. McConnell, Biological Sciences Department, University of Pittsburgh).

Moshammer, W. (1986). Experimentelle Untersuchungen zur Treffsicherheit von Wünschelrutengeherangaben. Institut für Elektro- und Biomedizinische Technik, Universität Graz (Diplomarbeit, unveröffentlicht).

Neuberger, S. (1989). Untersuchungen zur Ortsabhängigkeit biologischer Prozesse (unveröffentlicht).

Oberneder, L., Ed. (1960) Tatsachen und Dokumente zum Streit um die Wünschelrute (Herold, München).

Osborne, Ch. F. (1981). J. Soc. Psych. Res., Vol. 51, No. 787, p. 37–39.

Osswald, K. (1938). Rutengänger berichten – Aus den Akten des Forschungsausschusses des Reichsverbandes für das Wünschelrutenwesen (Herold, München).

Palmer, J. A., Ch. Honorton & J. Utts (1989). Reply to the National Research Council Study on Parapsychology. The Journal of the American Society for Psychical Research, Vol. 83, Nr. 1, p. 31–49.

Pelka, R. B. & M. de Molière (1989). Migräne, Wetterfühligkeit und Spannungskopfschmerz – Essentielle Linderung durch Magnetwechselfelder? Notabene Medici, Vol. 12, S. 587–593.

Pietschmann, H. (1980). Das Ende des naturwissenschaftlichen Zeitalters (P. Zsolnay, Hamburg).

Pohl, G. Frh. v. (1932). Erdstrahlen als Krankheits- und Krebserreger (J. C. Hubers, Dießen vor München; Nachdruck Fortschritt für alle-Verlag, Feucht, 1978).

Popper, K. R. & J. C. Eccles (1977). The Self and its Brain – An Argument for Interactionism (Springer, Heidelberg); Deutsche Übersetzung: Das Ich und sein Gehirn (Piper, München 1982).

Prokop, O. (1955). Wünschelrute, Erdstrahlen und Wissenschaft (Enke, Stuttgart).

Prokop, O. & W. Wimmer (1985). Wünschelrute, Erdstrahlen, Radiästhesie, 3. Auflage (Enke, Stuttgart).

Purner, J. (1981). Radiästhetische Untersuchungen an Kirchen und Kultstätten. Fakultät für Bauingenieurwesen und Architektur, Universität Innsbruck (Dissertation, unveröffentlicht).

Rao, K. R. & J. Palmer (1987). The anomaly called psi: Recent research and criticism. Behavioral and Brain Sciences, Vol. 10, p. 539–552.

Reiter, H. (1936). Aufklärung (zur Wünschelruten- und Erdstrahlenfrage). Reichs-Gesundheitsblatt, Heft 38, S. 727–728.

Reiter, H. (1937). Gesundheitsschädliche „Erdstrahlen“? Reichs-Gesundheitsblatt, Heft 23, S. 403–404.

Rocard, Y. (1988). Mémoires sans concessions (Grasset, Paris).

Rodemann, H. P., K. Bayreuther and G. Pfleiderer (1989). The Differentiation of Normal and Transformed Human Fibroblasts in Vitro is Influenced by Electromagnetic Fields. Experimental Cell Research, Vol. 182, S. 610–621.

Rüdenauer, I. (1981). Die Bedeutung der Radiästhesie für die Pflanzen vorwiegend aus dem mitteleuropäischen Raum. Fachbereich Internationale Agrarwirtschaft, Gesamthochschule Kassel (Diplomarbeit, unveröffentlicht).

Schäfer, H. (1959). Der Okkulttäter (Kriminalistik, Hamburg).

Schleberger, E. (1986). Wasser für Alle. Schriftenreihe der Deutschen Gesellschaft für Technische Zusammenarbeit (GTZ), Eschborn, No. 183, S. 1–108.

Schriften des Verbandes zur Klärung der Wünschelrutenfrage (1912–1929), Band 1–12 (K. Wittwer, Stuttgart).

Schulten, K. & A. Weller (1984). Magnetfeldeffekte in Chemie und Biologie. Umschau, Nr. 25/26, S. 779–783.

Stegmüller, W. (1985). Neue Wege der Wissenschaftsphilosophie (2. Band, Teil E): Theoriendynamik. Normale Wissenschaft und wissenschaftliche Revolutionen. Methodologie der Forschungsprogramme oder epistemologische Anarchie? (Springer, Berlin).

Stierstadt, K. (1989). Physik der Materie (VCH, Weinheim).

Tributsch, H. (1978a). Wenn die Schlangen erwachen – Mysteriöse Erdbebenvorzeichen (Deutsche Verlagsanstalt, Stuttgart).

Tributsch, H. (1978b). Do aerosol anomalies precede earthquakes? Nature, Vol. 276, p. 606–608.

Tromp, S. W. (1949) Psychical Physics: a scientific analysis of dowsing (Elsevier, New York).

Viré, A. (1913). La Nature Nr. 2082, S. 328–333.

Viré, A. (1948). Comment devenir sourcier (Paris).

Werbik, C. (1978). Elektromagnetische und andere physikalische Zustände an sogenannten Reaktionszonen. Institut für Grundlagen und Theorie der Elektrotechnik der Technischen Universität Wien (Diplomarbeit, unveröffentlicht).

Wetzel, F., Hrgb. (1933) Tatsachen und Dokumente zum Streit um die Wünschelrute (Herold, München).

Williamson, T. (1979). Dowsing achieves new credence. New Scientist, Vol. 2081, No. 1141, 8. Feb. 1979, p. 371–373.

Williamson, T. (1987). A sense of direction for dowsers?. New Scientist, Vol. 20113, No. 1552, 19. März 1987, p. 40–43.

Literatur zu neueren Experimenten mit Rutengängern

Im Folgenden seien 21 Arbeiten ohne Bewertung zitiert, die hauptsächlich aus einem wissenschaftlichen Umfeld entstanden sind, den Fragenkreis „Erdstrahlen" und Wünschelrute von den verschiedensten Standpunkten aus ohne erkennbar extreme Vorurteile untersuchen und hauptsächlich auf eigene Experimentreihen basieren. Die Mehrzahl der betreffenden Autoren berichtete Evidenzen zugunsten der Rutengänger, jedoch erwiesen sich die Effekte in der Regel als äußerst schwach. Unter zwei von ihren Autoren als ergebnismäßig negativ eingestuften Experimentreihen (Nummer 5 und 8) sind jedoch bei näherem Hinsehen hochsignifikante Befunde zu entdecken. Mehrere der aufgeführten Berichte sind in dem Münchener Wünschelruten-Report (König & Betz, 1989) ausführlich kommentiert.

1 1954, Königlich Niederländische Akademie der Wissenschaften, „Beknopt Overzicht van de Resultaten van een Onderzoek naar de betekenis van de Wichelroede voor de Landbouw".

2 1970, R. J. McAnulla, City University London (M. Phil. Thesis), „Weak Magnetic Fields and the Dowser's Reflex".
1971, R. J. McAnulla, The Electricity Council Research Centre, „The Location of Underground Objects using Dowsing Rods".

3 1971, E. Fritschi, Eidgenössisches Veterinäramt, „Bericht zum Postulat Schib betreffend Erdstrahlen".

4 1971, D. G. Chadwick & L. Jensen, Utah State Univ., Coll. of Engineering, Water Research Lab., „The Detection of Magnetic Fields Caused by Groundwater".

5 1971, R. A. Foulkes, Institute for Industrial Research and Standards, Dublin, „Dowsing Experiments".

6 1978, C. Werbik, Institut für Grundlagen und Theorie der Elektrotechnik der Technischen Universität Wien (Diplomarbeit), „Elektromagnetische und andere physikalische Zustände an sogenannten Reaktionszonen".

7 1978, A. M. Comunetti, „Systematic experiments to establish the spatial distribution of the physiologically effective stimuli of unidentified nature".
1979, A. M. Comunetti, „Experimental investigation of the perceptibility of the artificial source for the dowsing agent".

8 1980, J. Randi, „Dowsing Experiments in Australia".

9 1981, J. Purner, Fakultät für Bauingenieurwesen und Architektur, Universität Innsbruck (Dissertation), „Radiästhetische Untersuchungen an Kirchen und Kultstätten".

10 1981, I. Rüdenauer, Fachbereich Internationale Agrarwirtschaft, Gesamthochschule Kassel (Diplomarbeit), „Die Bedeutung der Radiästhesie für die Pflanzen vorwiegend aus dem mitteleuropäischen Raum".

11 1983, H. A. Bühler, Institut für Gerichtsmedizin, Universität Bern (Dissertation), „Gesundheitszustand je nach Schlafstelle – eine epidemiologische Studie zur Geopathiefrage".

12 1983 L. Engh, Geographisches Institut, Universität Lund, „Detektering av Underjordiska Vattendrag – test av tre geofysiska metoder (Slingram, VLF, Georadar) samt biofysisk metod (slagruta)“.

13 1984, R. Haberl, Institut für Elektro- und Biomedizinische Technik, Universität Graz (Diplomarbeit), „Untersuchungen zum Wünschelrutenphänomen“.

14 1985, K.M. Fischer, Institut für Klinische Psychologie, Universität Salzburg (Dissertation), „Radiästhesie und Geopathie – ein psychologischer Beitrag“.

15 1985, K.M. Fischer & U. Baumann, Institut für Klinische Psychologie, Universität Salzburg, „Eine empirische Untersuchung zur Geopathie“.

16 1986, W. Moshammer, Institut für Elektro- und Biomedizinische Technik, Universität Graz (Diplomarbeit), „Experimentelle Untersuchungen zur Treffsicherheit von Wünschelrutengeherangaben“.

17 1988, O. Bergsmann, Forschungsgemeinschaft Pathogene Standorteinflüsse, Österreichisches Institut für Baubiologie, „Risikofaktor Standort – Rutengängerzone und Mensch; Wissenschaftliche Untersuchung zum Problem der Standorteinflüsse auf den Menschen“ (Abschluss 1990).

18 1989, H.L. König & H.-D. Betz, Sektion Physik der Universität München und Institut für Technische Elektrophysik der Technischen Universität München; in Zusammenarbeit mit 12 weiteren Wissenschaftlern aus 7 anderen Instituten, „Erdstrahlen? Der Wünschelruten-Report – Wissenschaftlicher Untersuchungsbericht“ (H.L. König und H.-D. Betz, Eigenverlag, München).

19 1989, S. Neuberger, (Facharbeit), „Untersuchungen zur Ortsabhängigkeit biologischer Prozesse“.

20 1989, R.B. Butsch, Fachhochschule Furtwangen, Fachbereich Product-Engineering, „Radiästhesie“.

21 1990, N.N., Gesellschaft für Technische Zusammenarbeit, Eschborn, gemeinsam mit der Universität München und mehreren Geowissenschaftlichen Institutionen, „Wasserfindung durch Rutengänger?“ (Abschluss 1990/1991)

Abbildungen: 2.1–2.4, 3.1, 3.3, 3.6, 4.1, 5.1, 5.5, 6.1–6.12, 7.1, 7.2, 8.2–8.5 Hans-Dieter Betz; 3.2, 3.4–3.6 Emmy Kittemann; 4.2–4.18 Hans Schröter; 5.2 Andrej Apostol; 5.3 Rudolf Rammner; 5.4 Dr. Helmut Gebrande; 8.1 Freifrau von Pohl; 8.6 Sascha Neuberger.

Jochen Kirchhoff

Die Anderswelt

Eine Annäherung an die Wirklichkeit

Einer suggestive Meditations- und Denkreise in die kosmischen Tiefen Ihrer eigenen Psyche.

ISBN 978-3927369-07-8, 248 Seiten, 18,50 €

Jochen Kirchhoff

Die Erlösung der Natur

Impulse für ein kosmisches Menschenbild

Ein Plädoyer für die kosmische Verantwortung, in die der Mensch gestellt ist – ein Grundlagenwerk der spirituellen Ökologie.

ISBN 978-3927369-11-5, 268 Seiten, 19,50 €

Jochen Kirchhoff

Räume, Dimensionen, Weltmodelle

Impulse für eine andere Naturwissenschaft

Dem Universum des Urknalls und der glühenden Gasbälle in eisiger Leere, die nur oasenhaft Leben hervorbringt, wird die Vision eines bis in den letzten Winkel hinein lebendigen Universums gegenübergestellt.

ISBN 978-3927369-17-7, 318 Seiten, 19,50 €

Rüdiger Sünner

Totenschiff und Sternenschloss

Reisen zu mythischen Orten Europas

Megalithen von Callanish, Kyffhäuser, frühgeschichtliche Opfermoore in Norddeutschland, der Schamanen-See Inari und die Katharer-Burg Montségur.

ISBN 978-3927369-09-2, 156 Seiten, 16,50 €

Reinhard Falter

Natur neu denken

Erfahrung – Bedeutung – Sinn

Ein nachvollziehbarer Weg, Natur in ihrer Ganzheit als Wesenheit zu erfahren, ihr Bedeutung zu geben und Sinn aus ihr zu gewinnen.

ISBN 978-3927369-08-5, 326 Seiten, 19,50 €

Marco Bischof

Unsere Seele kann fliegen

Über Nikola Tesla, Außerkörperlichkeit, heilige Orte im magischen Klangfeld, biologische und kosmische Zyklen, Gesichter der Steinzeit, UFOs, keltisches Christentum und Geomantie.

ISBN 978-3927369-19-1, 128 Seiten, 16,50 €

Marco Bischof

Der Kristallplanet

Globale Netze, platonische Körper und die Musik der Erde

Schwingt unsere Erde als ein großer Kristall? Das Buch untersucht die Theorien über Gitterstrukturen und kosmische Proportionen. Das umfassende Werk zur Ideengeschichte der Kristallplaneten-Theorien.

ISBN 978-3927369-20-7, 312 Seiten, 19,50 €

Robert Josef Kozljanič

Freundschaft mit der Natur

Naturphilosophische Praxis und Tiefenökologie

Ein durchdachter, an der eigenen Lebenspraxis erprobter Weg für alle, die einen neuen Zugang zur Natur suchen.

ISBN 978-3927369-12-2, 168 Seiten, 16,50 €

Lara Mallien, Johannes Heimrath (Hrsg.)

Was ist Geomantie?

Die neue Beziehung zu unserem Heimatplaneten

Die Geomantie wird in der Öffentlichkeit erst rudimentär verstanden. Geomantie umschreibt heute die Wahrnehmung von Naturqualitäten, erweitert ökologische Betrachtungsweisen in die seelische Ebene hinein und gestaltet die Interaktion zwischen Mensch und Natur in Hinblick auf eine nachhaltige Gesunderhaltung ganzer Biosysteme. Ihre Anwendungsfelder umfassen Architektur und Wohngesundheit, Garten- und Städtebau, Landschaftsplanung, Medizin und Psychologie, Kulturgeschichte, Philosophie, Kunst und Naturwissenschaft, aber auch eine verantwortungsbewusste, über transpersonale und transmaterielle Bereiche aufgeklärte Lebensführung. Das Buch vermittelt die spannende Geschichte der Wiederentdeckung der Geomantie in Europa und zeigt Praxisfelder dieser Erfahrungswissenschaft.

ISBN 978-3927369-18-4, 260 Seiten, 19,50 €

DRACHENVERLAG

Drachen Verlag GmbH • Am See 1 • D-17440 Klein Jasedow
Telefon (038374) 752 24 • Fax 752 23 • mail@drachenverlag.de • www.drachenverlag.de